William Guy Carr

DES PIONS SUR L'ÉCHIQUIER

OMNIA VERITAS.

William Guy Carr

(1895-1959)

Commandant de la Marine royale du Canada

William Guy Carr (1895-1959) était un officier de marine et un auteur canadien. Il a beaucoup écrit sur les théories de la conspiration, notamment dans son livre *Pawns in the Game*. Son œuvre a été à la fois encensée et critiquée.

DES PIONS SUR L'ÉCHIQUIER

Pawns in the Game
Première publication en 1956

Traduit et publié par
OMNIA VERITAS LTD

OMNIA VERITAS®
www.omnia-veritas.com

© Omnia Veritas Limited - 2025

À propos de l'auteur

William Guy Carr

À l'âge de douze ans, l'auteur a été complètement endoctriné dans l'idéologie bolchevique par deux missionnaires révolutionnaires qui ont voyagé sur le même bateau que lui vers l'Orient en 1907. Contrairement à beaucoup d'autres, il n'a pas avalé l'appât qu'ils lui ont tendu "Hook, Line, and Sinker". Il a décidé de garder l'esprit ouvert et d'étudier les choses en profondeur avant de tirer des conclusions. Ses enquêtes et ses études sur tous les aspects de la conspiration internationale l'ont conduit dans presque tous les pays du monde.

Le capitaine de frégate Carr a mené une brillante carrière dans la marine. Pendant la Première Guerre mondiale, il a servi comme officier de navigation des sous-marins H.M. Pendant la Seconde Guerre mondiale, il a été officier de contrôle naval pour le Saint-Laurent. Pendant la Seconde Guerre mondiale, il a été officier de contrôle naval pour le Saint-Laurent, puis officier d'état-major des opérations à Shelbourne, en Nouvelle-Écosse, et enfin officier supérieur de la marine à Goose Bay, au Labrador.

En tant qu'officier de l'état-major du commodore Reginald Brock, il a organisé le 7e emprunt de la Victoire pour les vingt-deux divisions d'instruction de la Marine royale du Canada. En tant qu'auteur, il a publié sur les sept livres mentionnés ci-dessus. Certains ont été spécialement reliés pour être inclus dans la bibliothèque royale, la bibliothèque du musée impérial de la guerre, la bibliothèque Sir Millington Drake (léguée à Eton College) et la bibliothèque Braille pour les aveugles. Plusieurs de ses livres ont été publiés dans des langues européennes.

Le commandant Carr est connu de nombreux Canadiens qui ont assisté à ses conférences publiques. Il a effectué une tournée au Canada pour les Canadian Clubs en 1930-31. Il a averti les gens de l'existence d'une conspiration internationale. Il prédit que les conspirateurs, s'ils ne sont pas arrêtés, entraîneront le monde dans une nouvelle guerre mondiale. Entre 1931 et 1939, il s'adresse aux clubs sociaux et de service de tout l'Ontario. En 1944 et 1945, les autorités navales l'ont envoyé pour une nouvelle tournée de conférences au Canada.

Il explique pourquoi il est nécessaire de gagner la paix, si l'on ne veut pas que les fruits de la victoire militaire soient à nouveau jetés aux orties.

Le commandant Carr est déterminé à informer le plus grand nombre de personnes possible sur les forces du mal qui affectent nos vies et celles de nos enfants. Son livre ouvrira les yeux des parents, des ecclésiastiques, des enseignants, des étudiants, des hommes d'État, des politiciens et des dirigeants syndicaux.

Préface

Les pions sur l'échiquier

Voici une histoire *VRAIE* d'intrigues internationales, de romances, de corruption, de pots-de-vin et d'assassinats politiques, comme il n'en a jamais été écrit auparavant. C'est l'histoire de la façon dont différents groupes d'hommes athées et matérialistes ont participé à un tournoi d'échecs international pour décider quel groupe obtiendrait le contrôle ultime des richesses, des ressources naturelles et de la puissance humaine du monde entier. Il est expliqué comment le jeu a atteint le stade final.

Les communistes internationaux et les capitalistes internationaux (qui ont tous deux des ambitions totalitaires) ont temporairement uni leurs forces pour vaincre la démocratie chrétienne. La couverture [publication originale] montre que toutes les actions des conspirateurs internationaux sont dirigées par Satan et que si la situation est résolument sérieuse, elle n'est certainement pas sans espoir. La solution consiste à mettre fin au jeu des conspirateurs internationaux avant que l'un ou l'autre groupe totalitaire n'impose ses idées au reste de l'humanité. L'histoire est sensationnelle et choquante, mais elle est éducative parce qu'elle est la VÉRITÉ. L'auteur propose des solutions pratiques à des problèmes que beaucoup considèrent comme insolubles.

-L'éditeur

Introduction

La conspiration internationale

Si ce que je révèle surprend et choque le lecteur, je vous prie de ne pas développer un complexe d'infériorité parce que j'ai la franchise d'admettre que, bien que j'aie travaillé depuis 1911, en essayant de découvrir pourquoi la race humaine ne peut pas vivre en paix et profiter des bienfaits et des bénédictions que Dieu fournit pour notre usage et notre bénéfice en si grande abondance ? Ce n'est qu'en 1950 que j'ai percé le secret selon lequel les guerres et les révolutions qui empoisonnent nos vies, et les conditions chaotiques qui prévalent, ne sont ni plus ni moins que les effets de la conspiration luciférienne qui se poursuit. Tout a commencé dans cette partie de l'univers que nous appelons le ciel, lorsque Lucifer a contesté le droit de Dieu à exercer l'autorité suprême. Les Saintes Écritures nous racontent comment la conspiration luciférienne a été transférée dans ce monde dans le jardin d'Eden. Jusqu'à ce que je comprenne que notre lutte n'est pas contre la chair et le sang, mais contre les forces spirituelles des ténèbres qui contrôlent tous ceux qui occupent des postes élevés sur cette terre (Eph. 6:12), les éléments de preuve recueillis dans le monde entier ne s'emboîtaient pas et n'avaient pas de sens. (Je n'ai pas honte d'admettre que la "Bible" a fourni la "Clé" qui m'a permis d'obtenir une réponse à la question citée ci-dessus).

Très peu de gens semblent capables de comprendre que Lucifer est le plus brillant et le plus intelligent de l'armée céleste et que, parce qu'il est un pur esprit, il est indestructible. Les Écritures nous disent que son pouvoir est tel qu'il a poussé un tiers des membres les plus intelligents de l'armée céleste à se détourner de Dieu et à le rejoindre, parce qu'il prétendait que le plan de Dieu pour gouverner l'univers était faible et impraticable parce qu'il partait du principe que l'on pouvait apprendre à des êtres inférieurs à le connaître, à l'aimer et à vouloir le servir volontairement, par respect pour ses propres perfections infinies. L'idéologie luciférienne affirme que la force est le droit. Elle prétend que les êtres dont l'intelligence supérieure est prouvée ont le droit de gouverner ceux qui sont moins doués parce que les masses ne savent pas ce qui est le mieux pour elles. L'idéologie luciférienne est ce que nous appelons aujourd'hui le totalitarisme.

L'Ancien Testament est simplement l'histoire de la façon dont Satan est devenu le prince du monde et a amené nos premiers parents à s'éloigner de Dieu. Il raconte comment la synagogue de Satan a été établie sur cette terre, et comment elle a travaillé depuis pour empêcher le plan de Dieu pour la domination de l'univers d'être établi sur cette terre. Le Christ est venu sur terre lorsque la conspiration a atteint le stade où, pour reprendre ses propres termes, Satan contrôlait tous ceux qui se trouvaient en haut lieu.

Il a dénoncé la synagogue de Satan (Apoc. 2:9 ; 3:9) ; il a dénoncé ceux qui en faisaient partie comme étant des fils du diable (Lucifer), qu'il a fustigé comme étant le père du mensonge (Jean 8:44) et le prince de la tromperie (2 Cor. 11:14). Il a précisé que ceux qui composaient la synagogue de Satan étaient ceux qui se disaient juifs, mais qui ne l'étaient pas et qui mentaient (Apoc. 2:9 ; 3:9). Il a identifié les changeurs d'argent (banquiers), les scribes et les pharisiens comme étant les Illuminati de son époque. Ce que tant de gens semblent oublier, c'est le fait que le Christ est venu sur terre pour nous libérer des liens de Satan avec lesquels nous étions liés de plus en plus étroitement au fil des ans. Le Christ nous a donné la solution à notre problème en nous disant que nous devions aller enseigner la vérité, concernant cette conspiration (Jean 8. 31:59 ;), à tous les peuples de toutes les nations. Il a promis que si nous faisions cela, la connaissance de la vérité nous rendrait libres (Matt. 28:19 ;). La conspiration luciférienne s'est développée jusqu'à atteindre son stade semi-final (Matt. 24 : 15:34 ;), simplement parce que nous n'avons pas mis en œuvre le mandat que le Christ nous a donné.

En 1784, un "acte de Dieu" a mis le gouvernement bavarois en possession de preuves qui ont prouvé l'existence d'une conspiration luciférienne permanente. Adam Weishaupt, professeur de droit canon formé par les Jésuites, a quitté le christianisme et embrassé l'idéologie luciférienne alors qu'il enseignait à l'université d'Ingolstadt. En 1770, les prêteurs (qui venaient d'organiser la maison Rothschild) l'ont chargé de réviser et de moderniser les "protocoles" séculaires conçus pour permettre à la Synagogue de Satan de dominer le monde, afin d'imposer l'idéologie luciférienne à ce qui restera de la race humaine, après le cataclysme social final, en recourant au despotisme satanique. Weishaupt a achevé sa tâche le 1er mai 1776.

Le plan exigeait la destruction de TOUS les gouvernements et religions existants. Cet objectif devait être atteint en divisant les masses, qu'il appelait Goyim (qui signifie bétail humain), en camps opposés de plus en plus nombreux sur des questions politiques, raciales, sociales, économiques et autres.

Les camps opposés devaient alors être armés et un "incident" devait les amener à se battre et à s'affaiblir en détruisant les gouvernements nationaux et les institutions religieuses.

En 1776, Weishaupt a organisé les Illuminati pour mettre le complot à exécution. Le mot Illuminati est dérivé de Lucifer et signifie "détenteurs de la lumière ". En faisant croire que son objectif était d'instaurer un gouvernement mondial unique pour permettre à des hommes aux capacités mentales avérées de gouverner le monde, il a recruté environ deux mille adeptes. Parmi eux se trouvaient les hommes les plus intelligents dans les domaines des arts et des lettres, de l'éducation, des sciences, de la finance et de l'industrie : de l'éducation, des sciences, de la finance et de l'industrie. Il a ensuite créé les Loges du Grand Orient, qui constituaient leur quartier général secret.

Le plan révisé de Weishaupt exigeait de ses Illuminati qu'ils fassent les choses suivantes pour les aider à atteindre leur but.

(1) Utiliser la corruption monétaire et sexuelle pour obtenir le contrôle de personnes occupant déjà des postes élevés dans les différents niveaux de TOUS les gouvernements et dans d'autres domaines de l'activité humaine. Une fois qu'une personne influente était tombée dans le piège des mensonges, des tromperies et des tentations des Illuminati, elle devait être maintenue en esclavage par l'application du chantage politique et d'autres formes de chantage et par des menaces de ruine financière, d'exposition publique, de dommages physiques et même de mort pour elle-même et pour ses proches.

(2) Les Illuminati présents dans les facultés des collèges et des universités devaient recommander aux étudiants possédant des capacités mentales exceptionnelles et appartenant à des familles bien élevées ayant des penchants internationaux de suivre une formation spéciale à l'internationalisme.

Cette formation devait être assurée par l'octroi de bourses aux personnes sélectionnées. Ils devaient être éduqués (endoctrinés) pour accepter l'"idée" que seul un gouvernement mondial unique peut mettre fin aux guerres et aux tribulations récurrentes.

Ils devaient d'abord être persuadés, puis convaincus que les hommes dotés de capacités et de cerveaux particuliers avaient le DROIT de diriger ceux qui étaient moins doués, parce que les Goyim (masses populaires) ne savent pas ce qui est le mieux pour eux sur le plan physique, mental et spirituel. Aujourd'hui, trois écoles spéciales de ce type sont situées à Gordonstoun en Écosse, à Salem en Allemagne et à Anavryta en Grèce. Le prince Phillip, époux de la reine Elizabeth d'Angleterre, a été éduqué à Gordonstoun à l'instigation de Lord Louis Mountbatten, son oncle, qui est devenu l'amiral de la flotte britannique après la fin de la Seconde Guerre mondiale.

(3) Les personnes influentes piégées pour passer sous le contrôle des Illuminati, et les étudiants qui avaient été spécialement éduqués et formés devaient être utilisés comme agents et placés dans les coulisses de TOUS les gouvernements en tant qu'"experts" et "spécialistes" afin qu'ils puissent conseiller les dirigeants d'adopter des politiques qui, à long terme, serviraient les plans secrets des One Worlders et entraîneraient la destruction finale des gouvernements et des religions qu'ils avaient été élus ou nommés pour servir.

(4) Les Illuminati devaient prendre le contrôle de la presse et de toutes les autres agences qui diffusent des informations au public. Les nouvelles et les informations devaient être orientées de manière à ce que les Goyim en viennent à croire qu'un gouvernement mondial unique est la SEULE solution à nos problèmes nombreux et variés.

La Grande-Bretagne et la France étant les deux plus grandes puissances à la fin du XVIIIe siècle, Weishaupt ordonne aux Illuminati de fomenter les guerres coloniales pour affaiblir l'Empire britannique et d'organiser la Grande Révolution pour affaiblir l'Empire français. Cette dernière devait débuter en 1789.

Un auteur allemand du nom de Zwack a mis sous forme de livre la version révisée de la conspiration séculaire de Weishaupt et l'a intitulée "Einige Original-Scripten". En 1784, une copie de ce document fut envoyée aux Illuministes que Weishaupt avait chargés de fomenter la révolution française. Le messager fut foudroyé alors qu'il traversait

Ratisbonne pour se rendre de Francfort à Paris. La police a trouvé les documents subversifs sur son corps et les a remis aux autorités gouvernementales compétentes.

Après avoir soigneusement étudié le complot, le gouvernement bavarois a ordonné à la police de perquisitionner les nouvelles loges du Grand Orient de Weishaupt et les maisons de certains de ses associés les plus influents, y compris le château du baron Bassus-in-Sandersdorf.

Les preuves supplémentaires ainsi obtenues ont convaincu les autorités que les documents étaient une copie authentique d'une conspiration par laquelle la synagogue de Satan, qui contrôlait les Illuminati au sommet, prévoyait d'utiliser les guerres et les révolutions pour mettre en place, d'une manière ou d'une autre, un gouvernement mondial unique, dont ils avaient l'intention d'usurper les pouvoirs dès qu'il serait mis en place.

En 1785, le gouvernement bavarois interdit les Illuminati et ferme les loges du Grand Orient. En 1786, ils ont publié les détails de la conspiration. Le titre anglais est "The Original Writings of the Order and Sect of The Illuminati" (Les écrits originaux de l'ordre et de la secte des Illuminati).

Des copies de la conspiration ont été envoyées aux chefs de l'Église et de l'État. Le pouvoir des Illuminati était si grand que cet avertissement a été ignoré, tout comme les avertissements que le Christ avait donnés au monde.

Les Illuminati sont entrés dans la clandestinité. Weishaupt a demandé à ses Illuminati de s'infiltrer dans les loges de la Maçonnerie bleue et de former une société secrète au sein des sociétés secrètes.

Seuls les maçons qui se sont révélés internationalistes et ceux dont la conduite a prouvé qu'ils s'étaient détournés de Dieu sont initiés aux Illuminati. Les conspirateurs ont donc utilisé le voile de la philanthropie pour dissimuler leurs activités révolutionnaires et subversives. Afin de s'infiltrer dans les loges maçonniques britanniques, les Illuminati ont invité John Robison en Europe. C'était un maçon de haut degré du Rite écossais : Professeur de philosophie naturelle à l'université d'Édimbourg et secrétaire de la Société royale d'Édimbourg. John Robison n'est pas tombé dans le piège du mensonge selon lequel l'objectif des partisans d'un monde unique était de former une dictature bienveillante. Il a toutefois gardé ses réactions pour lui et s'est vu confier un exemplaire de la Conspiration révisée de Weishaupt pour l'étudier et le conserver en lieu sûr.

Parce que les chefs de l'Église et de l'État français ont été invités à ignorer les avertissements qui leur étaient adressés, la révolution a éclaté en 1789. Afin d'alerter les autres gouvernements sur le danger qu'ils courent, John Robison a publié en 1798 un livre intitulé "Preuve d'une conspiration visant à détruire tous les gouvernements et toutes les religions".[1] Mais ses avertissements ont été ignorés, comme les autres.

Thomas Jefferson était devenu un élève de Weishaupt. Il fut l'un de ses plus ardents défenseurs lorsqu'il fut mis hors-la-loi par son gouvernement. Jefferson a infiltré les Illuminati dans les nouvelles loges du Rite écossais en Nouvelle-Angleterre.

Conscient que cette information va choquer de nombreux Américains, je souhaite consigner les faits suivants : En 1789, John Robison a averti les dirigeants maçonniques que les Illuminati s'étaient infiltrés dans leurs loges.

Le 19 juillet 1798, David Pappen, président de l'université de Harvard, a lancé le même avertissement à la classe de diplômés et leur a fait un exposé sur l'influence de l'illuminisme sur la politique et la religion américaines. John Quincy Adams avait organisé les loges maçonniques de la Nouvelle-Angleterre. En 1800, il décide de s'opposer à Jefferson pour la présidence. Il écrivit trois lettres au colonel Wm. L. Stone pour lui expliquer comment Jefferson utilisait les loges maçonniques à des fins subversives. Les informations contenues dans ces lettres ont permis à Adams de remporter l'élection. Les lettres sont conservées à la bibliothèque Rittenburg Square, à Philadelphie.

---

[1] Il a été imprimé à Londres pour T. Madell Jr. et W. Davies, Strand, et W. Creeck, Edinburgh. Des exemplaires se trouvent dans des musées et deux sont la propriété privée d'amis de l'auteur en Amérique.

Insigne de l'Ordre des Illuminati dont l'illuministe Jefferson a fait le revers du sceau des États-Unis.

L'insigne ci-dessus de l'Ordre des Illuminati a été adopté par Weishaupt au moment où il a fondé l'Ordre, le 1er mai 1776. C'est cet événement qui est commémoré par le MDCCLXXVI à la base de la pyramide, et n'est pas la date de la signature de la Déclaration d'Indépendance, comme l'ont supposé les personnes non informées.

La signification du dessin est la suivante : la pyramide représente la conspiration pour la destruction de l'Église catholique (chrétienne universelle) et l'établissement d'un "monde unique" ou d'une dictature de l'ONU, le "secret" de l'Ordre ; l'œil rayonnant dans toutes les directions est "l'œil qui aspire tout" qui symbolise l'agence d'espionnage terroriste, de type Gestapo, que Weishaupt a créée sous le nom de "Frères Insinuants", pour garder le "secret" de l'Ordre et pour terroriser la population afin qu'elle accepte sa domination. Cet "Ogpu" a fait ses premiers pas dans le règne de la Terreur de la Révolution française, qu'il a contribué à organiser. Il est stupéfiant que l'électorat tolère la poursuite de l'utilisation de cet insigne dans le cadre du Grand Sceau des États-Unis.

"ANNUIT COEPTIS" signifie "notre entreprise (conspiration) a été couronnée de succès". Plus bas, "NOVUS ORDO SECLORUM" explique la nature de l'entreprise : il signifie "un nouvel ordre social", ou "New Deal".

Il convient de noter que cet insigne n'a acquis une signification maçonnique qu'après la fusion de cet Ordre avec l'Ordre des Illuminati lors du Congrès de Wilhelmsbad, en 1782.

Benjamin Franklin, John Adams (parent de Roosevelt) et Thomas Jefferson, ardent illuministe, proposèrent au Congrès, qui l'adopta le 20 juin 1782, le motif ci-dessus comme revers du sceau, sur la face duquel figurait le symbole de l'aigle. Lors de l'adoption de la Constitution, le Congrès décréta, par la loi du 15 septembre 1789, son maintien en tant que sceau des États-Unis. Il est cependant précisé par le Département d'État dans sa dernière publication sur le sujet (2860), que "le revers n'a jamais été découpé et utilisé comme sceau", et que seul l'observateur portant le symbole de l'aigle a été utilisé comme sceau officiel et armoiries. Il a été publié pour la première fois à gauche du verso des billets de banque au début du New Deal, en 1933, sur ordre du président F.D. Roosevelt.

Quelle est la signification de la publication, au début du New Deal, de ce symbole de la "Gestapo" qui avait été si soigneusement occulté jusqu'à cette date que peu d'Americana en connaissaient l'existence, si ce n'est en tant que symbole maçonnique ?

Cela ne peut que signifier qu'avec l'avènement du New Deal, les conspirateurs illuministes-socialistes-communistes, disciples du professeur Weishaupt, ont considéré que leurs efforts commençaient à être couronnés de succès.

En effet, ce sceau proclame aux partisans d'un seul monde que l'ensemble du pouvoir du gouvernement américain est désormais contrôlé par l'agentur des Illuminati et qu'il est persuadé ou forcé d'adopter des politiques qui favorisent les plans secrets des conspirateurs visant à le saper et à le détruire, ainsi que les autres gouvernements du soi-disant "monde libre", TOUTES les religions existantes, etc, etc., afin que la Synagogue de Satan soit en mesure d'usurper les pouvoirs du premier gouvernement mondial qui sera établi et d'imposer ensuite une dictature totalitaire luciférienne à ce qui reste de la race humaine.

En 1826, le capitaine Wm. Morgan décida qu'il était de son devoir d'informer les autres francs-maçons et le grand public de la VÉRITÉ concernant les Illuminati, leurs plans secrets et leurs objectifs. Les Illuminati obtinrent les services de Richard Howard, un Illuministe anglais, pour exécuter leur sentence : "Que Morgan soit EXÉCUTÉ en tant que traître". Le capitaine Morgan fut averti du danger qui le guettait. Il tenta de s'enfuir au Canada, mais Howard le rattrapa près de la frontière. Il fut assassiné près des gorges du Niagara. Des recherches ont prouvé qu'un certain Avery Allyn a fait une déclaration sous serment dans la ville de New York, selon laquelle il a entendu Richard Howard raconter à une réunion de Templiers à St. John's Hall, New York, comment il avait "exécuté" Morgan. Il a raconté que des dispositions avaient alors été prises pour renvoyer Howard en Angleterre.

Très peu de gens savent aujourd'hui que la désapprobation générale et le dégoût suscités par cet incident ont poussé près de 40% des francs-maçons appartenant à la juridiction nord des États-Unis à faire sécession. J'ai des copies des minutes d'une réunion tenue pour discuter de cette question particulière. La puissance de ceux qui dirigent la conspiration luciférienne contre Dieu et l'homme peut être mesurée par la capacité de leurs agents à empêcher que des événements historiques aussi marquants soient enseignés dans nos écoles publiques.

En 1829, les Illuminati ont tenu une réunion à New York, au cours de laquelle un Illuministe britannique nommé Wright a pris la parole. Les participants ont été informés que les Illuminati avaient l'intention d'unir les groupes nihilistes et athées, ainsi que toutes les autres organisations subversives, au sein d'une organisation internationale connue sous le nom de communisme. Cette force destructrice devait permettre aux Illuminati de fomenter de futures guerres et révolutions. Clinton Roosevelt (ancêtre direct de F.D.R.), Horace Greeley et Chas. Dana ont été nommés membres d'un comité chargé de collecter des fonds pour cette nouvelle entreprise. Les fonds qu'ils ont collectés ont financé Karl Marx et Engels lorsqu'ils ont écrit "Das Capital" et "The Communist Manifesto" à Soho, en Angleterre.

En 1830, Weishaupt meurt. Pour convaincre ses conseillers spirituels, il fait semblant de se repentir et de réintégrer l'Église.

Selon la version révisée de la conspiration séculaire de Weishaupt, les Illuminati devaient organiser, financer, diriger et contrôler TOUTES les organisations et tous les groupes internationaux en plaçant leurs agents à des postes de direction au sommet. Ainsi, alors que Karl Marx rédigeait le Manifeste communiste sous la direction d'un groupe d'Illuministes, le professeur Karl Ritter de l'Université de Francfort rédigeait l'antithèse sous la direction d'un autre groupe, afin que ceux qui dirigent la conspiration au sommet puissent utiliser les différences entre ces deux idéologies pour commencer à diviser un nombre de plus en plus important de membres de la race humaine en camps opposés, afin qu'ils puissent être armés et amenés à se battre et à se détruire les uns les autres, ainsi que leurs institutions politiques et religieuses. Le travail commencé par Ritter a été poursuivi par le soi-disant philosophe allemand Friedrich Wilhelm Nietzsche (1844-1900), qui a fondé le nietzschéisme.

Le nietzschéisme s'est transformé en fascisme, puis en nazisme, et a été utilisé pour permettre aux agents des Illuminati de fomenter les deux premières guerres mondiales.

En 1834, le leader révolutionnaire italien Gussepi [Giuseppe] Mazzini a été choisi par les Illuminati pour diriger leur programme révolutionnaire dans le monde entier. Il occupe ce poste jusqu'à sa mort en 1872.

En 1840, le général Albert Pike a subi l'influence de Mazzini parce qu'il était devenu un officier mécontent lorsque le président Jefferson Davis a dissous ses troupes indiennes auxiliaires au motif qu'elles avaient commis des atrocités sous le couvert d'une guerre légitime. Pike accepta l'idée d'un gouvernement mondial unique et devint finalement le chef de la prêtrise luciférienne. Entre 1859 et 1871, il a élaboré les détails d'un plan militaire pour trois guerres mondiales et trois révolutions majeures qui, selon lui, permettraient à la conspiration d'atteindre son stade final au cours du XXe siècle.

La plupart de ses travaux ont été réalisés dans le manoir de 13 pièces qu'il a construit à Little Rock, Arkansas, en 1840. Lorsque les Illuminati et les loges du Grand Orient sont devenus suspects en raison des activités révolutionnaires de Mazzini en Europe, Pike a organisé le Rite palladien nouveau et réformé. Il établit trois conseils suprêmes, l'un à Charleston, S.C., l'autre à Rome, en Italie, et le troisième à Berlin, en Allemagne. Il a demandé à Mazzini d'établir vingt-trois conseils subordonnés dans des lieux stratégiques à travers le monde. Depuis lors, ces conseils constituent le siège secret du mouvement révolutionnaire mondial. Bien avant que Marconi n'invente la radio, les scientifiques des Illuminati avaient rendu possible la communication secrète entre Pike et les chefs de ses conseils. C'est la découverte de ce secret qui a permis aux officiers de renseignement de comprendre comment des "incidents" apparemment sans rapport entre eux se produisaient simultanément dans le monde entier, aggravaient une situation et se transformaient en guerre ou en révolution.

Le plan de Pike était aussi simple qu'il s'est avéré efficace. Il exigeait que le communisme, le nazisme, le sionisme politique et d'autres mouvements internationaux soient organisés et utilisés pour fomenter trois guerres mondiales et trois révolutions majeures. La première guerre mondiale devait permettre aux Illuminati de renverser le pouvoir des Tzars en Russie et de faire de ce pays le bastion du communisme athée. Les divergences suscitées par les agents des Illuminati entre les Empires britannique et allemand devaient être utilisées pour fomenter cette guerre. Une fois la guerre terminée, le communisme devait être développé et utilisé pour détruire d'autres gouvernements et affaiblir les religions.

La deuxième guerre mondiale devait être fomentée en utilisant les différences entre les fascistes et les sionistes politiques. Cette guerre devait être menée pour détruire le nazisme et renforcer le pouvoir du sionisme politique afin d'établir l'État souverain d'Israël en Palestine. Au cours de la deuxième guerre mondiale, le communisme international devait se développer jusqu'à ce qu'il égale en puissance la chrétienté unie. À ce stade, il devait être contenu et maintenu sous contrôle jusqu'au cataclysme social final. Une personne bien informée peut-elle nier que Roosevelt et Churchill n'ont pas mis en œuvre cette politique ?

La troisième guerre mondiale doit être fomentée en utilisant les différences que les agents des Illuminati attisent entre les sionistes politiques et les dirigeants du monde musulman. La guerre doit être dirigée de telle manière que l'Islam (le monde arabe, y compris le mahométanisme) et le sionisme politique (y compris l'État d'Israël) se détruiront eux-mêmes, tandis que les autres nations, une fois de plus divisées les unes contre les autres sur cette question, seront forcées de se battre jusqu'à un état d'épuisement complet, physiquement, mentalement, spirituellement et économiquement. Une personne impartiale et raisonnable peut-elle nier que les intrigues qui se déroulent actuellement au Proche, au Moyen et à l'Extrême-Orient ne sont pas conçues pour atteindre ce but diabolique ?

Le 15 août 1871, Pike dit à Mazzini qu'après la fin de la troisième guerre mondiale, ceux qui aspirent à une domination mondiale incontestée provoqueront le plus grand cataclysme social que le monde ait jamais connu. Nous citons ses propres paroles écrites (extraites de la lettre cataloguée dans la British Museum Library, Londres, Angleterre) :

"Nous déchaînerons les Nihilistes et les Athées, et nous provoquerons un formidable cataclysme social qui, dans toute son horreur, montrera clairement aux nations l'effet de l'athéisme absolu, origine de la sauvagerie et des plus sanglantes agitations. Alors, partout, les citoyens, obligés de se défendre contre la minorité mondiale des révolutionnaires, extermineront ces destructeurs de la civilisation, et la multitude, désabusée du christianisme, dont les esprits déistes seront dès ce moment sans boussole, anxieuse d'un idéal, mais ne sachant où rendre son adoration, recevra la vraie lumière par la manifestation universelle de la pure doctrine de Lucifer mise enfin à la vue de tous, manifestation qui résultera du mouvement réactionnaire général qui suivra la destruction du christianisme et de l'athéisme, tous deux vaincus et exterminés à la fois."

À la mort de Mazzini en 1872, Pike a fait d'un autre dirigeant révolutionnaire italien, Adriano Lemmi, son successeur. Lénine et Trotsky lui succéderont plus tard. Les activités révolutionnaires de tous ces hommes ont été financées par des banquiers internationaux britanniques, français, allemands et américains. Le lecteur doit se rappeler que les banquiers internationaux d'aujourd'hui, comme les changeurs d'argent de l'époque du Christ, ne sont que des outils ou des agents des Illuminati.

Alors que le grand public a été amené à croire que le communisme est un mouvement des travailleurs (soviets) visant à détruire le capitalisme, Pawns In The Game et The Red Fog Over America prouvent que les officiers de renseignement britanniques et américains ont obtenu des preuves documentaires authentiques prouvant que les capitalistes internationalistes opérant par l'intermédiaire de leurs banques internationales ont financé les deux camps dans toutes les guerres et les révolutions menées depuis 1776. Ceux qui composent aujourd'hui la Synagogue de Satan dirigent nos gouvernements, qu'ils tiennent par l'usure, pour qu'ils mènent les guerres et les révolutions afin de faire avancer les plans de Pike pour amener le monde à ce stade de la conspiration où le communisme athée et l'ensemble de la chrétienté peuvent être contraints à une guerre totale au sein de chaque nation restante ainsi qu'à l'échelle internationale.

De nombreux documents prouvent que Pike, comme Weishaupt, était à la tête de la prêtrise luciférienne à son époque. Outre la lettre qu'il a écrite à Mazzini en 1871, une autre qu'il a adressée aux chefs de ses conseils palladiens le 14 juillet 1889 est tombée entre d'autres mains que celles prévues. Elle était destinée à expliquer le dogme luciférien, concernant l'adoration de Satan et l'adoration de Lucifer. Il y dit en partie

> "Ce que nous disons à la foule, c'est que nous adorons Dieu. Mais c'est le Dieu que l'on adore sans superstition. La religion doit être, par nous tous, initiés des hauts degrés, maintenue dans la pureté de la doctrine luciférienne... Oui ! Lucifer est Dieu. Et malheureusement Adonay (le nom donné par les luciériens au Dieu que nous adorons) est aussi Dieu... car l'absolu ne peut exister que sous la forme de deux dieux. Ainsi, la doctrine du satanisme est une hérésie : et la vraie et pure religion philosophique est la croyance en Lucifer, l'égal d'Adonay : mais Lucifer, Dieu de la Lumière, et Dieu du Bien, lutte pour l'humanité contre Adonay, le Dieu des Ténèbres et du Mal."

La propagande de ceux qui dirigent la conspiration luciférienne a fait croire au grand public que tous ceux qui s'opposent au christianisme sont athées. Il s'agit d'un mensonge délibéré diffusé pour cacher les plans secrets des grands prêtres du credo luciférien qui dirigent la synagogue de Satan, afin que la race humaine se trouve encore dans l'impossibilité d'établir sur cette terre le plan de Dieu pour la domination de l'univers, tel qu'il l'a expliqué à nos premiers parents dans le jardin d'Eden, raconté dans la Genèse. Les grands prêtres du credo luciférien travaillent dans les ténèbres. Ils restent dans les coulisses. Ils gardent secrets leur identité et leur véritable objectif, même pour la grande majorité de ceux qu'ils trompent pour qu'ils fassent leur volonté et poursuivent leurs plans et leurs ambitions secrètes. Ils savent que le succès final de leur conspiration visant à usurper les pouvoirs du gouvernement mondial dépend de leur capacité à garder leur identité et leur VRAI but secrets jusqu'à ce qu'aucune ruse ou pouvoir ne puisse les empêcher de couronner LEUR chef Roi despote du monde entier. Les Saintes Écritures ont prédit que ce que Weishaupt et Pike ont planifié serait mis en œuvre jusqu'à ce que les forces spirituelles du mal contrôlent cette terre. Apocalypse 20 nous dit comment, après que les choses que nous relatons se soient accomplies, Satan sera lié pour mille ans.

Je ne prétends pas savoir ce que le terme mille ans signifie dans la mesure du temps tel que nous le connaissons. En ce qui me concerne, l'étude de la conspiration luciférienne, à la lumière des connaissances contenues dans les Saintes Écritures, m'a convaincu que l'enchaînement de Satan et l'endiguement des forces sataniques sur cette terre peuvent être réalisés plus rapidement si l'ENTIÈRE VÉRITÉ concernant l'existence de la conspiration luciférienne persistante est portée le plus rapidement possible à la connaissance de TOUS les peuples de TOUTES les nations restantes.

Des recherches ont permis de déterrer des lettres de Mazzini qui révèlent comment les grands prêtres du credo luciférien gardent secrètes leur identité et leur véritable raison d'être. Dans une lettre que Mazzini a adressée à son associé révolutionnaire, le Dr Breidenstine, quelques années seulement avant sa mort, il déclare : "Nous formons une association de frères dans tous les points du globe. Nous voulons briser tous les jougs. Pourtant, il y en a un qui est invisible, que l'on peut à peine sentir, mais qui pèse sur nous. D'où vient-il ? D'où vient-il ? Personne ne le sait... ou du moins personne ne le dit. Cette association est secrète, même pour nous, les vétérans des sociétés secrètes".

En 1925, son éminence le cardinal Caro y Rodriguez, archevêque de Santiago du Chili, a publié un livre intitulé "The Mystery of Freemasonry Unveiled" (Le mystère de la franc-maçonnerie dévoilé), afin d'exposer sur comment les Illuminati, les Satanistes et les Lucifériens ont imposé une société secrète à une société secrète. Il produit de nombreuses preuves documentaires pour démontrer que même les maçons des 32e et 33e degrés ne savent pas ce qui se passe dans les loges du Grand Orient et du Rite palladien nouveau et réformé de Pike, ainsi que dans les loges d'adoption affiliées dans lesquelles les membres féminins de la conspiration sont initiés. À la page 108, il cite l'autorité Margiotta pour prouver qu'avant que Pike ne choisisse Lemmi pour succéder à Mazzini en tant que directeur du Mouvement révolutionnaire mondial, Lemmi était un sataniste enragé et confirmé. Mais après avoir été sélectionné, il a été initié à l'idéologie luciférienne.

Le fait que les grands prêtres du credo luciférien sur cette terre aient introduit le culte de Satan dans les degrés inférieurs des loges du Grand Orient et des conseils du Rite Palladien, puis initié des individus sélectionnés au PLEIN SECRET que Lucifer est Dieu, l'égal d'Adonay, a laissé perplexes de nombreux historiens et chercheurs. Les Saintes Écritures ne mentionnent Lucifer qu'à quelques reprises - Isaïe 14 ; Luc 10:18 ; Apocalypse 9:1-11. La doctrine luciférienne affirme cependant avec certitude que Lucifer a mené la révolte céleste, que Satan est le fils aîné de Dieu (Adonay) et le frère de Saint Michel qui a vaincu la conspiration luciférienne dans le ciel. Les enseignements lucifériens affirment également que Saint Michel est venu sur terre en la personne de Jésus-Christ pour essayer de répéter ce qu'il avait fait au Ciel... et qu'il a échoué. Parce que Lucifer, Satan, le Diable - appelez-le comme vous voulez - est le père du mensonge, il semblerait que ces forces spirituelles des ténèbres trompent le plus grand nombre possible de soi-disant intellectuels pour qu'ils fassent leur volonté ici comme ils l'ont fait au ciel.

Sans entrer dans la controverse, il devrait être facile pour le chrétien moyen de comprendre qu'il existe DEUX puissances surnaturelles. L'une que nous appelons Dieu et à laquelle les Écritures donnent de nombreux noms, et l'autre, le Diable, qui semble également avoir de nombreux noms. Ce qu'il faut retenir, c'est que, selon l'Apocalypse, il y aura un jugement final. Satan rompra ou sera libéré des liens qui le retiennent depuis mille ans. Il sèmera à nouveau le chaos sur cette terre. Ensuite, le Christ interviendra en faveur des élus et Dieu séparera les brebis des boucs. Il nous est dit que ceux qui auront abandonné Dieu seront gouvernés dans le chaos et la confusion par Lucifer, Satan ou le Diable, pour l'éternité, et qu'ils haïront leur chef, eux-mêmes et les uns les autres parce qu'ils réaliseront qu'ils ont été trompés en abandonnant Dieu et en perdant son amour et son amitié pour l'éternité.

Lorsqu'une personne aura lu *Pawns In The Game* et *The Red Fog Over America*, il lui sera facile de se rendre compte que la lutte qui se déroule actuellement n'est PAS de nature mondaine ou temporelle. Elle a pris naissance dans cette partie de l'univers que nous appelons "le monde céleste" ; son but est de gagner les âmes des hommes pour les éloigner de Dieu tout-puissant.

Des théologiens érudits ont affirmé que Lucifer, Satan, ou simplement "le Diable", le chef des forces du mal, sait qu'il a mal agi et qu'il sait qu'il a mal agi. Il est un pur esprit et donc indestructible. Sachant qu'il a tort, il est toujours déterminé à entraîner le plus grand nombre d'âmes possible en enfer avec lui pour partager sa misère. Cela étant, notre devoir est clair : nous devons faire connaître la VÉRITÉ à ce sujet au plus grand nombre et le plus rapidement possible, afin qu'ils puissent éviter les pièges et les embûches tendus par ceux qui servent les desseins du diable et pénétrer les mensonges et les tromperies de ceux qui errent dans le monde à la recherche de la ruine des âmes. Les guerres et les révolutions donnent au diable ses plus grandes récoltes d'âmes humaines , car "il y a tant d'appelés et si peu d'élus" Matt. 20 ; 16 ; 22 : 14. Nous entendons si souvent parler de ce qui se passe dans le monde aujourd'hui comme d'une "guerre pour l'esprit des hommes". Ce n'est qu'une demi-vérité et c'est pire qu'un mensonge. Le complot de Weishaupt exige :

1. Abolition de TOUS les gouvernements nationaux ordonnés.

2. Suppression de l'héritage.

3. Abolition de la propriété privée.

4. Abolition du patriotisme.

5. Abolition du foyer individuel et de la vie familiale en tant que cellule à l'origine de toutes les civilisations.

6. Abolition de TOUTES les religions établies et existantes afin que l'idéologie luciférienne du totalitarisme puisse être imposée à l'humanité.

À la fin des années 1700, le siège de la conspiration se trouvait à Francfort, en Allemagne, où la maison Rothschild s'était établie et avait établi des liens avec d'autres financiers internationaux qui avaient littéralement "vendu leur âme au diable". Après la révélation du gouvernement bavarois en 1786, les grands prêtres du credo luciférien ont établi leur siège en Suisse ; depuis la Seconde Guerre mondiale, le siège se trouve dans le Harold Pratt Building, à New York. Les Rockefeller ont remplacé les Rothschild dans la manipulation des finances.

Dans la phase finale de la conspiration, le gouvernement sera composé du roi-despote, de la Synagogue de Satan et de quelques millionnaires, économistes et scientifiques ayant prouvé leur dévouement à la cause luciférienne. Tous les autres seront intégrés dans un vaste conglomérat d'humanité bâtarde, par insémination artificielle pratiquée à l'échelle internationale. Aux pages 49-51 "L'impact de la science sur la société", Bertrand Russell affirme qu'à terme, moins de 30% de la population féminine et 5% de la population masculine seront utilisés à des fins de reproduction. La reproduction sera strictement limitée au type et au nombre requis pour répondre aux besoins de l'État.

Parce que les décisions des tribunaux sont tellement présentes dans l'esprit du public aujourd'hui, je conclurai mon introduction en citant un extrait d'une conférence donnée au début de ce siècle aux membres de la Loge du Grand Orient de Paris, en France, par un haut responsable du Rite Palladien de Pike. Il disait :

> "Sous notre influence, l'exécution des lois des Goyim a été réduite au minimum. Le prestige de la loi a été réduit à néant par les interprétations libérales introduites dans ce domaine. Dans les affaires et les questions les plus importantes et les plus fondamentales, les juges décident comme nous le leur dictons : ils voient les choses sous l'angle où nous les plaçons pour l'administration des Goyim, bien sûr par l'intermédiaire de personnes qui sont nos outils, bien que nous ne semblions pas avoir quoi que ce soit en commun avec elles. Même les sénateurs et la haute administration acceptent notre conseil..."

Cela devrait expliquer l'incident de "Little Rock", qui s'est produit un demi-siècle plus tard. Une personne sensée peut-elle nier que la conspiration révisée par Weishaupt à la fin du XVIIIe siècle et les plans élaborés par Pike à la fin du XIXe siècle n'ont pas mûri exactement comme prévu ? Les empires de Russie et d'Allemagne ont été détruits.

Celles de la Grande-Bretagne et de la France ont été réduites à des puissances de troisième ordre. Les têtes couronnées sont tombées comme des fruits trop mûrs. La population mondiale a été divisée à deux reprises en camps opposés grâce à la propagande des Illuminati. Deux guerres mondiales ont vu les chrétiens s'entretuer efficacement par dizaines de millions sans qu'aucune personne engagée n'ait la moindre animosité personnelle envers l'autre. Deux des révolutions majeures, celle de la Russie et celle de la Chine, sont des faits accomplis.

Le communisme s'est développé jusqu'à atteindre une puissance égale à celle de toute la chrétienté. Les intrigues qui se déroulent actuellement à l'Est et au Moyen-Orient fomentent la troisième guerre mondiale. Après cela, s'il n'est pas arrêté dès maintenant par le simple poids d'une opinion publique informée, viendra le cataclysme social final ; suivra alors l'esclavage physique, mental et spirituel absolu.

Une personne bien informée peut-elle nier que le communisme est toléré dans les derniers pays dits libres ? Les services spéciaux de renseignements britanniques, la GRC canadienne et le F.B.I. américain pourraient arrêter tous les dirigeants communistes dans les vingt-quatre heures suivant l'ordre donné, mais ils n'ont pas le droit d'agir. POURQUOI ? La réponse est simple. Le communisme est "contenu" aux niveaux national et international du gouvernement sur les "conseils" de l'agentur des Illuminati qui donne un grand nombre d'excuses tout à fait peu convaincantes pour la politique actuelle de la Grande-Bretagne, du Canada et des États-Unis à l'égard du communisme national et international. Si le F.B.I. ou le R.C.M.P. agissent, les juges des cours suprêmes des deux pays trouvent des raisons juridiques pour lesquelles les personnes arrêtées devraient être libérées. Une telle action serait tout à fait ridicule si le communisme n'était pas contenu pour être utilisé dans le cataclysme social final.

N'est-il pas temps que les chrétiens se réveillent et prennent conscience du danger qui les guette ? N'est-il pas temps que les parents refusent que leurs enfants soient utilisés comme chair à canon pour servir la cause luciférienne ? N'est-il pas temps de devenir des "faiseurs" de la PAROLE de Dieu au lieu de n'être que des "auditeurs" ?

La Fédération des laïcs chrétiens, que j'ai l'honneur de présider, a mis à disposition toutes les connaissances acquises à ce jour sur les différents aspects de la conspiration. Nous avons publié *Pawns In The Game* et *Red Fog Over America* sous forme de livres, ainsi que d'autres brochures. Nous tenons ceux qui ont lu nos livres au courant des progrès de la conspiration en publiant une lettre d'information mensuelle, intitulée *News Behind The News*. Nos prédictions sur les événements à venir sont basées sur notre connaissance de la conspiration en cours. Elles se sont réalisées à un point tel que nous avons suscité l'intérêt de personnes réfléchies dans le monde entier. Nous vous invitons à vous joindre à nous. Familiarisez-vous avec les différents aspects de la conspiration, puis transmettez ces connaissances à d'autres. Faites-le et le pouvoir de l'opinion publique informée deviendra le plus grand pouvoir sur terre.

Je vous invite à organiser des ligues civiques chrétiennes ou des groupes similaires. Utilisez-les comme groupes d'étude. Utilisez-les pour élire des hommes qui sont des citoyens loyaux. Mais avant de choisir un candidat à une fonction publique, assurez-vous qu'il est parfaitement informé de tous les aspects de la conspiration internationale aux niveaux municipal, étatique et fédéral du gouvernement. Tous les partisans d'un seul monde ne serviront pas la Synagogue de Satan, en toute connaissance de cause.

Il est de notre devoir de leur faire connaître la vérité. Les ligues civiques chrétiennes devraient être non partisanes et non confessionnelles. Leur but devrait être de remettre Dieu dans la politique afin que nous puissions établir un gouvernement en accord avec son plan de gouvernement de l'univers, tel qu'il nous a été expliqué dans les Écritures et par le Fils unique de Dieu, Jésus-Christ. Ce n'est qu'alors que sa volonté sera faite ici comme au ciel. À mon humble avis, , ce n'est que lorsque cela sera fait que Dieu interviendra en notre faveur et que les paroles du Notre Père seront accomplies.

William Guy Carr
Clearwater Fla.
13 octobre 1958.

Chapitre 1

Le mouvement révolutionnaire mondial

Pour comprendre causes qui, dans le passé, ont produit les effets que nous connaissons aujourd'hui, en particulier en ce qui concerne l'état insatisfaisant des affaires nationales et internationales, il faut étudier l'histoire parce qu'elle se répète. L'histoire se répète parce qu'il y a eu une parfaite continuité dans la lutte qui se déroule depuis le début des temps entre les forces du Bien et du Mal pour décider si la règle de Dieu tout-puissant doit prévaloir ou si le monde doit littéralement aller au diable. La question est aussi simple que cela. Il est un fait que les forces du Bien et les forces du Mal ont été divisées et divisées en factions. Ces factions s'opposent souvent les unes aux autres dans le but d'atteindre un objectif commun, ce qui complique l'étude du sujet. Ces divergences d'opinion ont été produites par la propagande, qui est plus souvent utilisée pour répandre des mensonges et des demi-vérités que pour dire la vérité pure et simple sur un événement ou un sujet donné.

Les fauteurs de guerre ont utilisé la propagande pour diviser les êtres humains en camps opposés sur des questions politiques, sociales, économiques et religieuses afin de les pousser à un tel degré d'émotivité qu'ils se battent et s'entretuent. Afin de découvrir les causes qui ont produit les effets que nous connaissons aujourd'hui, toutes les preuves disponibles doivent être étudiées avec soin. Il faut séparer les vérités des mensonges et la fiction des faits. Les événements passés doivent être étudiés pour voir comment ils ont affecté et influencé les conditions actuelles.

L'humanité est divisée en deux camps principaux en ce qui concerne la religion. Les uns croient en l'existence d'un Dieu. Ceux de l'autre camp nient l'existence d'un être suprême quel qu'il soit. Ce fait est d'une importance capitale, car il sera prouvé que toutes les guerres et révolutions ont été le résultat d'un groupe ou d'un autre qui a essayé d'imposer ses idéologies aux peuples du monde entier.

La conception de DIEU varie selon les sectes. Le théisme enseigne que Dieu est un être personnel et qu'il est l'auteur et le maître de l'univers. Le panthéisme identifie Dieu à l'univers mais pas à un être personnel. Les panthéistes croient en la doctrine de la présence universelle de l'Esprit divin dans la nature. Une forme de panthéisme a trouvé son chemin dans de nombreux systèmes religieux et philosophiques - le bouddhisme et l'hindouisme font tous deux partie de cette doctrine. La croyance en un Dieu personnel inclut la croyance en un monde céleste, la croyance en l'âme et en la vie dans le monde céleste après la mort de nos corps mortels. Les personnes qui croient en un Dieu personnel doivent nécessairement croire en l'existence de Satan - un Diable personnel.

Une étude comparative des religions prouve que, aussi loin qu'il soit possible de remonter dans le temps, même les membres de tribus isolées ont toujours eu un instinct religieux qui les poussait à discuter et à réfléchir aux questions : "Pourquoi sommes-nous nés ? "Dans quel but vivons-nous ?" "Quelles fins servons-nous ?". "Où allons-nous quand nous mourrons ?" Même les tribus les plus arriérées d'Afrique centrale et d'Australie semblent n'avoir eu aucun doute quant à l'existence de Dieu, d'un monde spirituel et d'une autre existence pour leur propre âme, après la mort de leur corps mortel.

Une étude comparative des religions indique également que la plupart, sinon toutes les religions (qui enseignent la croyance en un Être suprême) ont commencé à un niveau plus ou moins uniformément élevé dans lequel l'adoration et l'amour de Dieu tout-puissant, le respect de nos aînés et de nos parents, l'amour de nos voisins, c'est-à-dire de nos bienfaiteurs, et l'offrande de prières pour les parents et les amis décédés constituaient le principe de base. Des hommes malveillants, mus par des motifs d'égoïsme et de cupidité et par le désir de pouvoir, ont provoqué la détérioration de presque toutes les religions jusqu'aux niveaux que nous leur connaissons aujourd'hui. Certaines religions se sont détériorées jusqu'à ce que les prêtres sacrifient des êtres humains en guise d'offrande à Dieu. Même le christianisme, qui est l'une des religions les plus récentes, s'est détérioré. Le christianisme a été divisé en de nombreuses factions (dénominations) et il faudrait beaucoup d'imagination pour se représenter la grande majorité de ceux qui professent être chrétiens aujourd'hui comme de véritables soldats, ou disciples, de Jésus-Christ.

D'une manière générale, le christianisme s'est dégradé en ce qui concerne la pratique des bonnes œuvres. Cela revêt une importance majeure lorsque nous étudions la lutte qui se déroule aujourd'hui entre les forces du Bien et du Mal, car la pratique des bonnes œuvres a créé le voisinage et a apporté l'unité au sein du Peuple Chrétien. La véritable définition du mot "prochain" est une personne qui s'est révélée être votre bienfaiteur, une personne sur laquelle vous pouvez compter, une personne qui, vous en êtes certain, ne vous ferait en aucun cas du mal, cet homme ou cette femme est votre prochain. Les Écritures nous disent que nous devons aimer notre prochain comme nous-mêmes pour l'amour de Dieu. La seule façon de faire de bons voisins est d'accomplir de bonnes œuvres de manière désintéressée. L'absence de bonnes œuvres individuelles est synonyme d'absence d'unité et d'esprit communautaire. Aujourd'hui, nous avons adopté le type de chéquier froid pour faire de bonnes œuvres.

Nous laissons cette tâche aux travailleurs sociaux professionnels. C'est ce qui a justifié l'utilisation de l'expression "aussi froid que la charité professionnelle". Il est bon de se rappeler que même la législation gouvernementale en matière de sécurité sociale ne dispense pas les individus de leurs devoirs de voisinage. La prière sans les bonnes œuvres n'apporte rien à l'homme. C'est dans la faiblesse et la désunion des chrétiens que réside la force de l'athéisme.

Pour une raison ou une autre, de nombreuses confessions chrétiennes perdent rapidement leur emprise sur la jeunesse des nations dites libres. Chaque personne perdue pour la foi chrétienne se tourne généralement vers le sécularisme et finit souvent comme "compagnon de route" dans l'une ou l'autre des idéologies athées du communisme ou du nazisme.[2]

La grande majorité des chrétiens professants ne sont pas de véritables "soldats de Jésus-Christ", alors que tout membre porteur d'une carte du parti communiste ou du parti nazi doit jurer d'accorder une obéissance

---

[2] Les termes nazi et nazisme sont utilisés pour désigner et identifier les membres extrémistes des partis de "droite" qui ont prêté allégeance et loyauté aux seigneurs de la guerre aryens à l'esprit totalitaire qui ont comploté pour utiliser le fascisme afin de faire avancer leurs plans et ambitions secrets, exactement de la même manière que le "groupe international" composé de banquiers, de monopolistes et de certains politiciens a utilisé le communisme et tous les autres groupes de "gauche" pour faire avancer leurs plans secrets et leurs ambitions totalitaires.

illimitée aux dirigeants, de consacrer toutes ses heures de veille à la promotion de la cause et de consacrer un dixième de ses revenus au financement des activités du parti.

Alors que les chrétiens sont désespérément divisés en quelque 400 dénominations, les communistes et les nazis sont tous solidement unis en tant qu'anti-chrétiens. La poursuite de cet état de fait ne peut que permettre aux dirigeants de l'un ou l'autre groupe athée de conquérir la domination mondiale. Ils réduiront alors en esclavage, corps, âme et esprit, tous ceux qui refuseront d'accepter leur idéologie païenne. Les Illuminati imposeront alors le despotisme de Satan.

Il existe une grande similitude dans les croyances de ceux qui vénèrent un Être Suprême, en ce qui concerne l'origine de l'homme. La majorité croit que le "Grand Père" a peuplé ce monde dans le but de donner aux moins coupables de ceux qui ont suivi Lucifer pendant la révolution céleste une nouvelle chance de décider, de leur propre gré, si ils acceptent l'autorité de Dieu et lui accordent une obéissance illimitée ou, littéralement, s'ils vont vers le Diable.

Ce sont ces croyances qui soutiennent des sectes aussi méprisées que les Doukhobors dans leur résistance passive aux lois créées par l'homme qu'ils considèrent comme contraires aux lois divines de Dieu. Il est bon de se rappeler que le nom de Lucifer signifie Détenteur de la Lumière - un être très brillant, le plus "lumineux" des Anges. Malgré ces dons et privilèges spéciaux, il s'est révolté contre la suprématie du Dieu tout-puissant.

La plupart des gens, à l'exception des athées et des darwinistes, acceptent l'histoire de la Création. Il existe cependant un grand nombre d'opinions différentes concernant l'histoire d'Adam et Ève et du jardin d'Éden. De nombreux étudiants en religions comparées soutiennent qu'il est probable que Dieu ait créé de nombreux mondes, et de nombreux Adam et Ève, et qu'il les ait placés à des endroits où ils pouvaient reproduire leur espèce et peupler les planètes sur lesquelles ils vivaient.

Le fait que les êtres humains soient placés sur cette terre par une méthode et un processus de naissance qui les empêchent d'avoir connaissance d'une existence antérieure s'inscrit dans cette théorie. Tout ce que nous savons de la période précédant la Création est ce qui nous a été révélé dans les Écritures. Il importe peu qu'il y ait eu un ou plusieurs Adams et Eves. Ce qu'il faut retenir, c'est que tous les êtres humains ont reçu le libre arbitre et doivent décider eux-mêmes s'ils croient en un Dieu et un Diable, ou s'ils croient en l'idéologie athée et matérialiste. Chaque être humain doit se décider dans un sens ou dans l'autre. Si une personne croit qu'il y a un Dieu et un Diable, elle doit décider lequel elle va servir. Un athée, s'il adhère à l'une ou l'autre des idéologies totalitaires, sert le parti et l'État. Il doit obéir sans limite au chef du parti et de l'État. La peine encourue en cas de détournement est la souffrance, l'emprisonnement, voire la mort.

La croyance en l'existence de Dieu inclut automatiquement la croyance en des esprits surnaturellement bons et mauvais qui peuvent influencer l'esprit des hommes à des fins bonnes ou mauvaises. C'est la lutte pour la possession de l'âme des hommes qui est à l'origine des conditions qui prévalent sur cette terre aujourd'hui. Le pouvoir du diable a été mis en évidence de façon spectaculaire lorsqu'il a tenté le Christ lui-même, alors qu'il se trouvait dans le désert pour se préparer à son ministère.

Les athées, quant à eux, ne croient pas en l'existence d'êtres surnaturels. Ils soutiennent que l'existence de Dieu n'a jamais été prouvée. Il existe de nombreux groupes d'athées. Les vrais communistes, les francs-maçons du Grand Orient, les libres penseurs, les membres de la Ligue des sans-dieu, les illuminati, les nihilistes, les anarchistes, les vrais nazis,[3] et la mafia. De nombreuses personnes sans Dieu adhèrent à diverses formes de laïcité, même si elles hésitent à devenir actives au sein des groupes communistes et nazis athées.[4]

La plupart des athées fondent leurs croyances sur le principe qu'il n'existe qu'une seule réalité - la MATIÈRE - et que les forces aveugles

---

[3] Les termes "vrai communiste" et "vrai nazi" sont utilisés pour identifier les dirigeants et les agents des deux idéologies totalitaires qui ont été initiés au rituel satanique de l'illuminisme dans la franc-maçonnerie du Grand Orient ou aux rites aryens païens utilisés par les loges militaires allemandes nazies du Grand Orient.

[4] Le lecteur doit comprendre la différence entre le nazisme et le fascisme car, contrairement à ce que la propagande antifasciste a fait croire à tant de gens, le mouvement fasciste, tel qu'il a débuté en Italie en 1919, se voulait une croisade chrétienne pour combattre l'idéologie athée de Karl Marx et soutenir le "nationalisme" contre l'"internationalisme" tel qu'il avait été planifié par les chefs des seigneurs de guerre nazis allemands et les banquiers, les industriels et les politiciens internationaux.

de la MATIÈRE (parfois appelées ÉNERGIE) évoluent vers le végétal, l'animal et l'homme. Ils nient l'existence d'une âme et la possibilité d'une vie, dans un autre monde, après la mort de nos corps mortels.

Des preuves seront apportées pour démontrer que le communisme moderne a été organisé en 1773 par un groupe de barons de l'argent internationaux qui l'ont utilisé depuis, comme manuel d'action, pour faire avancer leurs plans secrets visant à instaurer un État totalitaire sans Dieu. Lénine l'a clairement expliqué dans son livre Le communisme de gauche. À la page 53, il déclare "Notre théorie (le communisme) n'est pas un dogme (une doctrine établie) ; c'est un manuel d'action ". De nombreux dirigeants modernes ont dit et fait les mêmes choses que Lucifer pendant la révolution céleste. Il n'y a pas de différence notable entre l'athéisme rouge et l'athéisme noir. La seule différence réside dans les plans utilisés par les dirigeants opposés pour finalement gagner le contrôle incontesté des ressources mondiales et mettre en œuvre leurs idées pour une dictature totalitaire et sans Dieu.

Karl Marx (1818-1883) était un Allemand d'origine juive. Il fut expulsé d'Allemagne, puis de France, pour ses activités révolutionnaires. Il a reçu l'asile en Angleterre. En 1848, il a publié le Manifeste communiste. Marx admet que ce plan à long terme, qui consiste à transformer le monde en une Internationale des républiques socialistes soviétiques, pourrait prendre des siècles à réaliser.

Karl Ritter (1779-1859) était un professeur allemand d'histoire et de géopolitique. Il a rédigé l'antithèse du Manifeste communiste de Karl Marx. Il a également élaboré un plan selon lequel la race aryenne pourrait d'abord dominer l'Europe, puis le monde entier. Certains dirigeants athées du groupe aryen ont adopté le plan de Karl Ritter. Ils organisèrent le nazisme pour servir leurs ambitions secrètes d'obtenir le contrôle ultime du monde et d'en faire un État sans Dieu, selon leur conception d'une dictature totalitaire. Ce petit groupe d'hommes savait qu'il devait soit s'allier au pouvoir et à l'influence des banquiers internationaux, soit les détruire. Il est douteux que plus d'une poignée de dirigeants de haut niveau des mouvements communistes et fascistes sachent que leurs organisations sont utilisées pour servir les ambitions secrètes des Illuminati, qui sont les grands prêtres du satanisme.

Selon les dirigeants des deux groupes athées, l'État doit être suprême. Dès lors, le chef de l'État est Dieu sur terre. Cette croyance met en pratique la déification de l'homme.

On en sait généralement beaucoup plus sur Karl Marx et le communisme que sur Karl Ritter et le nazisme. Ritter a été pendant de nombreuses années professeur d'histoire à l'université de Frankfort, en Allemagne. Il a ensuite enseigné la géographie à l'université de Berlin. Dans les milieux éducatifs, il était considéré comme l'une des plus grandes autorités en matière d'histoire, de géographie et de science géopolitique. Les "buts et objectifs" des dirigeants du parti aryen ayant toujours été tenus secrets, les liens de Karl Ritter avec les dirigeants et le nazisme sont très peu connus. Des officiers de renseignement du gouvernement britannique ont découvert ses liens avec les seigneurs de la guerre aryens alors qu'ils étudiaient l'économie politique , les sciences géopolitiques et les religions comparées dans les universités allemandes. [5] Ces informations ont été transmises aux autorités compétentes mais, comme c'est souvent le cas, les dirigeants politiques et les diplomates n'ont pas compris l'importance de ce qu'on leur disait ou ont voulu l'ignorer.[6]

L'étude de l'histoire par Karl Ritter l'a convaincu qu'un très petit groupe de banquiers internationaux riches et influents, , qui ne prêtaient allégeance à aucun pays mais se mêlaient des affaires de tous, avait, en 1773, organisé la franc-maçonnerie du Grand Orient dans le but d'utiliser le mouvement révolutionnaire mondial pour servir leurs ambitions secrètes. Leur plan à long terme était de permettre à leur groupe de prendre le contrôle ultime des richesses, des ressources naturelles et de la puissance humaine du monde entier. Leur objectif ultime était de former une dictature totalitaire basée sur leurs théories de la dialectique athée et du matérialisme historique. Ritter a affirmé que la plupart des banquiers internationaux, sinon tous, étaient d'origine juive, qu'ils pratiquent ou non la religion juive.

---

[5] Il ne faut pas confondre les seigneurs de la guerre nazis aryens avec les Junkers, plus modérés, qui étaient de jeunes Allemands ayant suivi un entraînement militaire pour protéger ce qu'ils considéraient comme les droits politiques et économiques "nationaux" de l'Allemagne, menacés par des groupes d'inspiration internationale.

[6] L'un des plus grands officiers de renseignement britanniques est le parrain de ma fille Eileen. Je le connais intimement depuis octobre 1914. J'ai servi avec lui, à l'occasion, pendant les deux guerres mondiales. Lui et moi avons enquêté indépendamment sur cet aspect du nazisme, mais lorsque nous avons vérifié nos preuves, nous avons constaté que nous étions presque tous d'accord.

Dans son antithèse au Manifeste communiste de Karl Marx, il traite des dangers qui menacent si ce groupe d'hommes est autorisé à continuer à contrôler et à diriger les politiques du communisme international. Il a offert aux seigneurs de la guerre aryens allemands des suggestions très concrètes et pratiques pour vaincre la conspiration des barons de l'argent internationaux.[7]

Le professeur Ritter a présenté aux seigneurs de la guerre aryens un plan alternatif à long terme qui leur permettrait d'obtenir le contrôle ultime des ressources mondiales pour les races aryennes.

Pour contrecarrer les plans des barons de l'argent internationaux, Karl Ritter a conseillé aux chefs des groupes aryens d'organiser le nazisme et d'utiliser le fascisme, c'est-à-dire le national-socialisme, comme manuel d'action pour poursuivre leurs ambitions secrètes de conquête du monde. Le professeur Ritter a également souligné que, puisque les banquiers internationaux avaient l'intention d'utiliser toutes les phases du sémitisme pour réaliser leurs plans, les dirigeants aryens devraient utiliser toutes les phases de l'antisémitisme pour faire avancer leur cause.

Le plan à long terme de Karl Ritter pour la conquête ultime du monde comprenait les suggestions suivantes :

1. L'assujettissement de tous les pays européens par l'Allemagne. Pour atteindre cet objectif, il suggère d'encourager et d'aider les militaires allemands, les Junkers, à prendre le contrôle du gouvernement afin qu'ils puissent s'engager dans une série d'aventures militaires, entrecoupées de guerres économiques. L'objectif étant d'affaiblir l'économie et la main-d'œuvre des nations européennes à soumettre.[8]

---

[7] Le terme "Barons de l'argent internationaux" est utilisé pour définir le groupe international d'hommes qui contrôlent les banques, les industries, le commerce et les échanges internationaux. Ce sont les hommes qui ont utilisé le communisme pour détruire les autorités constituées et les institutions politiques et religieuses existantes, afin de pouvoir finalement s'approprier le contrôle incontesté des ressources mondiales.

[8] Cela illustre la manière dont les extrémistes anticommunistes utilisent également le "principe de la société par actions" et utilisent d'autres personnes pour servir leurs objectifs, tandis que les véritables directeurs et instigateurs restent cachés et inconnus du grand public.

Karl Ritter a déclaré qu'il n'était pas absolument essentiel, pour le succès de son plan à long terme, que chaque aventure militaire se termine par une victoire nette, à condition que les autres nations concernées soient laissées dans un tel état d'affaiblissement que leur rétablissement économique et en termes de force humaine prenne plus de temps que celui de l'Allemagne. Karl Ritter souligne l'importance de convaincre le peuple allemand qu'il est physiquement et mentalement supérieur aux races sémitiques. C'est à partir de cette idée que les propagandistes aryens ont développé l'idée de la race maîtresse allemande. Ils ont agi ainsi pour contrer la propagande des banquiers internationaux qui prétendaient que la race sémite était le peuple élu de Dieu et qu'elle avait été divinement choisie pour hériter de la terre. Les dirigeants aryens ont promulgué la doctrine selon laquelle "leur race" était la race maîtresse sur cette Terre. C'est ainsi que des millions de personnes ont été divisées en camps opposés.

2. Karl Ritter a recommandé une politique financière qui empêcherait les banquiers internationaux de prendre le contrôle de l'économie de l'Allemagne et de ses États satellites, comme ils l'ont fait en Angleterre, en France et en Amérique.

3. Il recommande l'organisation d'une 5ème colonne nazie pour contrer l'organisation clandestine communiste. Son objectif était de persuader les classes moyennes et supérieures des pays qu'ils prévoyaient de soumettre, d'accepter le fascisme comme seul antidote au communisme. Les 5e colonnes allemandes devaient conditionner les populations d'autres pays à accueillir les armées allemandes comme leurs protecteurs militaires contre les menaces d'agression communiste. Karl Ritter a averti les dirigeants du groupe aryen qu'une invasion militaire d'un autre pays ne devait JAMAIS être entreprise avant que la 5e colonne et les machines de propagande n'aient préparé le terrain et convaincu la majorité de la population d'accepter leur intervention armée comme l'acte de sauveurs ou de croisés, et non comme des agresseurs. [9]

---

[9] Lorsque Hitler a agi contrairement aux principes fondamentaux définis par Karl Ritter, les généraux allemands appartenant au noyau dur des dirigeants nazis ont tenté de le faire assassiner, sans tenir compte du fait qu'ils l'avaient à l'origine désigné comme l'instrument de leur volonté.

4. Karl Ritter a recommandé de sang-froid la destruction totale du communisme et l'extermination de la race juive comme étant essentielles à l'obtention du contrôle ultime des affaires internationales par les dirigeants aryens. Il justifiait cette stipulation drastique par les faits historiques qui, selon lui, prouvaient que le communisme était utilisé par les banquiers juifs internationaux pour servir leurs propres ambitions matérialistes égoïstes.

De nombreux autres éléments constituaient le *plan* global *à long terme*, mais ce chapitre se contente de fournir suffisamment de preuves pour ouvrir la porte derrière laquelle se cachaient les plans secrets de deux petits groupes d'hommes athées et matérialistes à l'esprit totalitaire. L'étude des religions comparées, des sciences géopolitiques et de l'économie politique, ainsi que des années de recherches intensives, ont révélé la vérité : des millions d'êtres humains ont été utilisés comme des pions dans le jeu par les dirigeants des deux groupes totalitaires athées, qui continueront à jouer leur hideuse partie d'échecs internationale jusqu'à ce que l'un ou l'autre soit éliminé. Des preuves seront produites pour montrer comment ce jeu a été mené dans le passé, et quels mouvements sont susceptibles d'être faits dans un avenir proche, pour permettre à un groupe de gagner la partie.

Les adeptes de toutes les religions qui enseignent l'existence de Dieu et la vie dans un au-delà, croient en l'amour et l'adoration de Dieu, et en la charité envers tous les hommes de bonne volonté. Les croyants sincères sont prêts à souffrir n'importe quelle épreuve et à faire n'importe quel sacrifice pour assurer leur salut éternel. Les adeptes de l'athéisme apprennent à haïr tous ceux qui refusent d'accepter leur credo matérialiste. La détermination des dirigeants des deux groupes athées à dominer le monde leur permet de concevoir les conspirations les plus diaboliques et de perpétrer toutes sortes de crimes, des assassinats individuels aux génocides. Ils fomentent des guerres pour affaiblir les nations qu'ils doivent encore soumettre.

L'étude des religions comparées montre également que le communisme et le nazisme sont totalement incompatibles avec toutes les religions qui croient en l'existence d'un Dieu tout-puissant. L'expérience et l'histoire prouvent que ceux qui croient en Dieu et ceux qui nient son existence sont en telle contradiction qu'aucun des deux ne peut survivre au triomphe de l'autre. Les dirigeants athées des pays assujettis peuvent, pendant un certain temps, tolérer les religions qui enseignent la croyance en Dieu, mais ils ne permettent aux prêtres de fonctionner qu'à la périphérie de la société. Ils veillent à ce que les prêtres n'aient pas la possibilité d'influencer le comportement social et politique de leurs fidèles. Les faits prouvent que l'objectif ULTIME des deux grandes idéologies athées est d'effacer de l'esprit de l'humanité, par la persécution et un programme de lavage de cerveau continu systématiquement appliqué , toute connaissance d'un Être suprême, de l'existence d'une âme et de l'espoir d'une vie dans un au-delà. Ces faits étant avérés, tout discours sur la coexistence est soit un non-sens total, soit de la propagande.

Le problème aujourd'hui est la poursuite de la Révolution céleste. Si Dieu a placé les êtres humains sur cette terre pour qu'ils puissent Le connaître, L'aimer et Le servir dans cette vie afin d'être heureux avec Lui pour toujours dans l'autre monde, il est logique de penser que le seul moyen pour Lucifer d'espérer reconquérir les âmes en conflit serait de leur inoculer la doctrine de l'athéisme-matérialisme.

Sans aucun doute, de nombreuses personnes demanderont : "Mais comment le Diable pourrait-il inoculer des idées athées et autres idées maléfiques dans l'esprit des hommes ?". La réponse à cette question est la suivante : si les êtres humains créent des stations de radio et de télévision à partir desquelles un individu peut influencer des millions d'autres en diffusant ses opinions sur n'importe quel sujet sur les ondes invisibles, alors pourquoi ne serait-il pas possible pour les êtres célestes de diffuser leurs messages jusqu'à nous ? Aucun spécialiste du cerveau n'a osé nier qu'il existe dans le cerveau de chaque individu une sorte de récepteur mystérieux.

Chaque heure de la journée, les êtres humains se disent "j'ai été inspiré de faire ceci" ou "j'ai été tenté de faire cela". Les pensées, qu'elles soient bonnes ou mauvaises, doivent provenir de quelque part, d'une "cause", et être transmises au cerveau humain. Le corps n'est que l'instrument qui met en œuvre la pensée dominante pour le "Bien" ou pour le "Mal".

Un fait fondamental que toutes les personnes qui croient en l'existence de Dieu ne doivent jamais oublier est le suivant : si nous sommes sur cette terre pour une période d'essai, si nous avons reçu notre libre arbitre, c'est pour nous permettre de décider si nous voulons aller vers Dieu ou vers le Diable. Par conséquent, si le Diable n'avait pas la possibilité d'influencer l'esprit des hommes, il n'y aurait pas de test.

Si Dieu tout-puissant a envoyé ses prophètes et son fils Jésus-Christ pour nous montrer clairement ce qu'est le Bien et ce qu'est le Mal, alors pourquoi le Diable n'enverrait-il pas ses faux christs et ses faux prophètes pour essayer de nous prouver que le Mal est le Bien et que le Bien est le Mal ?

La façon la plus simple de comprendre ce qui se passe dans le monde aujourd'hui est d'étudier les événements de l'Histoire comme les mouvements d'une partie d'échecs internationale... Les dirigeants des Illuminati ont divisé les peuples du monde en deux camps principaux. Ils ont utilisé les rois et les reines, les fous et les chevaliers , ainsi que les masses de la population mondiale, comme des pions dans leurs jeux. La politique impitoyable des dirigeants consiste à considérer tous les autres êtres humains comme EXPENSABLES, à condition que le sacrifice d'une pièce majeure ou d'un million de pions les rapproche de leur objectif totalitaire ultime. Le despotisme de Satan.

Le professeur Ritter aurait déclaré que la phase actuelle de ce jeu a commencé dans la maison de comptage d'Amschel Mayer Bauer alias Rothschild, située à Francfort-sur-le-Main en Allemagne, lorsque treize orfèvres [10] ont décidé qu'ils devaient éliminer toutes les têtes couronnées d'Europe, détruire tous les gouvernements existants et éliminer toutes les religions organisées, avant de pouvoir s'assurer le contrôle absolu des richesses, des ressources naturelles et de la puissance humaine du monde entier, et d'établir un despotisme satanique. Le matérialisme dialectique et historique devait être utilisé pour réaliser ces plans.

Aussi étrange que cela puisse paraître, l'histoire prouvera que les dirigeants des groupes sémites et antisémites ont parfois uni leurs forces pour lutter contre un ennemi commun tel que l'Empire britannique ou la religion chrétienne. Et pendant que les masses se battaient, les Illuminati, qui constituent le pouvoir secret derrière les mouvements révolutionnaires mondiaux, jouaient des coudes pour obtenir la

---

[10] TOUS les orfèvres n'étaient pas juifs. Seuls CERTAINS d'entre eux pratiquaient l'usure. L'un des orfèvres les plus riches est celui de la London City Company, qui date de 1130.

meilleure position, celle dont ils tireraient le plus grand bénéfice à l'avenir.

Les dirigeants du communisme et du nazisme se sont croisés et doublés, mais il est douteux que beaucoup d'entre eux aient réalisé, avant qu'il ne soit trop tard, qu'ils n'étaient que des outils contrôlés par l'Agentur des Illuminati, qui utilise tout ce qui est maléfique pour parvenir à ses fins. Lorsque les puissances secrètes à la tête de l'un ou l'autre groupe soupçonnent l'un de leurs "outils" d'en savoir trop, elles ordonnent sa liquidation. Des preuves seront apportées pour démontrer que les dirigeants de ces deux groupes d'hommes à l'esprit totalitaire ont fomenté de nombreux assassinats individuels et provoqué de nombreuses révolutions et guerres, au cours desquelles des dizaines de millions d'êtres humains ont été tués, tandis que des millions d'autres ont été blessés et sont devenus des sans-abri. Il est difficile de trouver un chef militaire qui puisse justifier la décision de larguer des bombes atomiques sur Hiroshima ou Nagasaki où, en un clin d'œil, environ 100 000 personnes ont été tuées et deux fois plus ont été gravement blessées. Les forces militaires japonaises avaient déjà été vaincues. La capitulation n'était plus qu'une question d'heures ou de jours lorsque cet acte diabolique a été perpétré. La seule conclusion logique est que les puissances secrètes, qui, on le verra, influencent et contrôlent les politiques de la plupart des gouvernements nationaux, ont décidé que cette arme mortelle la plus moderne devait être utilisée pour rappeler à Staline ce qui se passerait s'il devenait trop odieux. C'est la seule excuse qui donne ne serait-ce que l'apparence d'une justification à un tel outrage à l'humanité.

Mais la bombe atomique et la bombe à hydrogène ne sont plus les armes les plus meurtrières au monde. Le gaz neurotoxique, actuellement stocké par les nations communistes et non communistes, est capable d'anéantir toutes les créatures vivantes d'un pays, d'une ville ou d'un village. L'ampleur de la destruction de toute vie humaine dans une nation peut être adaptée aux exigences militaires et économiques de ceux qui décident d'utiliser le gaz neurotoxique pour atteindre leur objectif. On dit que le gaz neurotoxique est du fluor hautement concentré sous forme gazeuse. C'est le gaz le plus pénétrant et le plus mortel jamais découvert par l'homme. Il est incolore, inodore, insipide et économique à produire. Une seule goutte, même fortement diluée dans de l'eau ou de l'huile, provoquera, si elle entre en contact avec un corps vivant, la paralysie de l'appareil respiratoire et la mort. En quelques minutes, il pénètre même à travers les vêtements en caoutchouc portés par les pompiers en service. Le gaz neurotoxique n'endommage pas sérieusement les objets inanimés.

Quelques jours après l'application du gaz neurotoxique, les forces d'invasion pourront à nouveau pénétrer dans les zones contaminées. Il s'agirait de zones de morts, mais tous les bâtiments et toutes les machines seraient intacts. Le seul antidote connu au gaz neurotoxique est l'atropine. Pour être efficace, il doit être injecté dans les veines des victimes immédiatement, et à plusieurs reprises, après leur contamination. Ce moyen de défense n'est pas pratique pour les zones densément peuplées. Les gouvernements communistes et anticommunistes disposent tous deux de gaz neurotoxiques. Le fait de savoir que les deux camps disposent de ce gaz en quantité peut les faire hésiter à l'utiliser. Mais c'est un fait bien connu que les hommes désespérés et impitoyables recourent à tous les extrêmes pour atteindre leurs objectifs. Et, comme nous le verrons, ils n'ont jamais hésité à sacrifier des millions et des millions d'êtres humains - hommes, femmes et enfants - si, ce faisant, ils se rapprochent d'un pas de leur but ultime.

On peut se poser la question : "Comment la lutte qui se déroule actuellement sur cette terre va-t-elle se terminer ?". Il est douteux qu'il y ait un seul être vivant qui ne se soit pas posé cette question. C'est une question que les jeunes couples mariés se posent avec anxiété lorsqu'ils se demandent s'ils doivent permettre à leur bonheur conjugal d'amener d'autres enfants dans ce monde en proie à la haine. La réponse la plus complète se trouve dans l'Évangile de saint Matthieu, chapitre XXIV, versets 15 à 34 - En ce temps-là, Jésus dit à ses disciples :

> "Lorsque vous verrez l'abomination de la désolation, dont a parlé le prophète Daniel, se dresser dans le lieu saint (que celui qui lit comprenne), que ceux qui seront en Judée s'enfuient dans les montagnes, que celui qui sera sur le toit de la maison ne descende pas pour prendre quelque chose dans sa maison, et que celui qui sera dans les champs ne revienne pas pour prendre son manteau. Malheur à celles qui sont enceintes et qui allaitent en ces jours-là ! Priez pour que votre fuite n'ait pas lieu en hiver ou le jour du sabbat, car il y aura une grande tribulation, telle qu'il n'y en a pas eu depuis le commencement du monde jusqu'à présent, et qu'il n'y en aura jamais ; et si ces jours ne sont pas abrégés, PERSONNE NE SERA SAUVÉ ; mais à cause des élus, ces jours seront abrégés".

Le Christ a ensuite abordé le problème des faux chefs et des antéchrists dont il avait prédit qu'ils utiliseraient la propagande pour embrouiller la pensée des hommes. Il a dit :

> "Si quelqu'un vous dit : Voici le Christ ou Là, ne le croyez pas, car il s'élèvera de faux Christs et de faux prophètes, qui feront de grands signes et des prodiges pour séduire, si possible, même les élus. Je vous l'ai annoncé d'avance. Si donc on vous dit Voici qu'il est dans le désert, n'en sortez pas. Voici qu'il est dans l'armoire, n'en croyez rien. Car, de même que l'éclair sort de l'Orient et apparaît jusqu'à l'Occident, ainsi sera l'avènement du Fils de l'homme. Là où sera le corps, là se rassembleront les aigles. Aussitôt après les tribulations de ces jours, le soleil s'obscurcira, la lune ne donnera plus sa lumière, les étoiles se déplaceront et les puissances des cieux seront ébranlées. [11] Alors apparaîtra dans le ciel le signe du Fils de l'homme, et alors les tribus de la terre se lamenteront ; elles verront le Fils de l'homme venant sur les nuées du ciel, avec beaucoup de puissance et de majesté ; et il enverra ses anges avec une trompette et un grand bruit, et ils rassembleront ses élus des quatre vents, de l'extrémité des cieux jusqu'à leurs confins. Apprenez cette parabole du figuier : lorsque son rameau est encore tendre et que les feuilles sortent, vous savez que l'été est proche. Vous aussi, quand vous verrez toutes ces choses, sachez que l'été est proche, même aux portes. En vérité, je vous le dis à , cette génération ne passera point que toutes ces choses n'aient été accomplies."

Il ne manque plus qu'une guerre, au cours de laquelle les deux camps utiliseront des bombes atomiques et à hydrogène, ainsi que des gaz neurotoxiques, et nous nous serons infligé les abominations de la désolation qui réduiront la race humaine à des conditions si chaotiques que l'intervention divine sera notre seul salut.

Aujourd'hui, il est courant que les gens, en particulier ceux qui agissent volontairement ou involontairement en tant qu'agents des puissances du mal, accusent Dieu d'être responsable de la situation désastreuse dans laquelle nous nous trouvons. La personne intelligente admettra que Dieu ne peut être blâmé. Il nous a donné notre libre arbitre, il nous a donné les commandements pour nous guider. Il nous a donné le Christ

---

[11] Le mot grec pour "Ciel" est "Ouranos", d'où le nom de la planète Uranus et du métal Uranium. Cela permet de prédire les bombes "A" et "H".

comme maître et exemple vivant. Si nous refusons obstinément d'accepter les enseignements et l'exemple du Christ, si nous refusons également d'obéir aux commandements de Dieu , comment pouvons-nous raisonnablement blâmer un autre organisme que nous-mêmes pour avoir permis aux forces du mal de prendre le dessus dans ce monde qui est le nôtre ? Edmund Burke a écrit un jour : "Tout ce qui est nécessaire au triomphe du Mal, c'est que les hommes de bien ne fassent rien". Il a écrit une grande vérité.

L'étude comparative des religions, en relation avec les conditions que nous connaissons dans le monde d'aujourd'hui, amène l'étudiant impartial à la conclusion que les êtres humains qui adorent Dieu et croient en une autre vie après la mort de nos corps mortels jouissent d'une religion d'amour et d'espoir. L'athéisme est une religion de haine et de désespoir le plus noir. Et pourtant, jamais auparavant dans l'histoire du monde, un effort aussi déterminé n'a été déployé pour introduire la laïcité dans nos vies que depuis 1846, lorsque C.J. Holyoake, C. Bradlaugh et d'autres ont affirmé leur opinion "QUE L'INTÉRÊT HUMAIN DEVRAIT ÊTRE LIMITÉ AUX PRÉOCCUPATIONS DE LA VIE PRÉSENTE".

Ces défenseurs de la laïcité étaient les prédécesseurs du troupeau le plus récent de faux christs et de faux prophètes - Karl Marx, Karl Ritter, Lénine, Staline, Hitler et Mussolini. Ces hommes ont trompé des millions et des millions de personnes en faisant de grands signes et des prodiges. Ils ont trompé de nombreux chrétiens professant la foi, qui auraient dû être mieux informés.

Chapitre 2

La révolution anglaise 1640 - 1660

Les Forces du Mal se rendent compte que pour prendre le contrôle incontesté des biens matériels du monde et établir une dictature totalitaire athée et matérialiste, il est nécessaire de détruire toutes les formes de gouvernement constitutionnel et de religion organisée. Pour ce faire, les Forces du Mal ont décidé qu'elles devaient diviser les peuples du monde les uns contre les autres sur diverses questions. Dès l'Antiquité, les races aryennes et sémitiques ont été poussées à l'inimitié pour servir les ambitions secrètes de leurs dirigeants athées et matérialistes. Si les peuples des races aryenne et sémite étaient restés fidèles à leur foi en Dieu et à ses commandements, les forces du mal n'auraient jamais pu accomplir leur dessein maléfique.

Le terme "aryen" désigne en fait les groupes linguistiques connus sous le nom d'indo-européen ou d'indo-germanique. Il comprend deux groupes. Le groupe occidental ou européen et le groupe oriental ou arménien. Les langues aryennes témoignent d'une origine commune par leur vocabulaire, leur système et leurs flexions.

En fait, le mot Aryen signifie "Un honorable Seigneur du sol". C'est ainsi que la plupart des dirigeants du groupe aryen en Europe étaient des barons fonciers qui entretenaient des forces armées puissantes pour protéger leurs propriétés. C'est de ces barons que sont issus les seigneurs de la guerre aryens. Ils ont à leur tour organisé le nazisme et utilisé le fascisme et tous les groupes antisémites à droite et à gauche pour servir leurs objectifs et faire avancer leurs plans secrets de domination du monde.

Les principales divisions des groupes aryens sont les races teutoniques, romanes et slaves, qui se sont installées en Europe occidentale. Les Turcs, les Magyars, les Basques et les Finlandais sont des races non aryennes. Les ancêtres communs des groupes aryens ont vécu dans les Pamirs à une époque très reculée.

D'autre part, les groupes sémitiques sont en fait divisés en deux sections. L'une comprend les groupes assyrien, araméen, hébreu et phénicien. L'autre section comprend les groupes arabe et éthiopien. L'Arabe est le groupe le plus abondant, l'Araméen le plus pauvre. Les Hébreux occupent une position intermédiaire.[12]

Aujourd'hui, le terme "juif" est utilisé de manière très vague pour définir les personnes qui ont, à un moment ou à un autre, embrassé la foi juive. Nombre d'entre elles ne sont pas réellement d'origine raciale sémite. Un grand nombre de personnes qui ont accepté la foi juive sont des descendants des Hérodiens qui étaient des Iduméens de sang turco-mongol. Ce sont en fait des Édomites.[13]

Ce qu'il faut retenir, c'est que parmi les dirigeants juifs, exactement comme parmi les dirigeants aryens, il y a toujours eu un petit noyau dur d'hommes qui ont été, et sont encore, des illuministes ou des athées. Ils ont pu se contenter d'adhérer aux religions juive ou chrétienne pour servir leurs propres intérêts, mais ils n'ont jamais cru en l'existence de Dieu. Ils sont aujourd'hui internationalistes. Ils ne prêtent allégeance à aucune nation en particulier, même s'ils ont parfois utilisé le nationalisme pour faire avancer leur cause. Leur seule préoccupation est d'acquérir un plus grand pouvoir économique et politique. L'objectif ultime des dirigeants des deux groupes est identique. Ils sont déterminés à obtenir, pour eux-mêmes, le contrôle incontesté des richesses, des ressources naturelles et de la puissance humaine du monde entier. Ils ont l'intention de transformer le monde en LEUR conception d'une dictature totalitaire et sans Dieu.

Les races non sémites et turco-finlandaises se sont infiltrées en Europe depuis l'Asie vers le premier siècle après l'avènement du Christ. Ils ont emprunté la voie terrestre au nord de la mer Caspienne. Ces peuples

---

[12] Voir *Pears Cyclopedia*, pages 514 et 647.

[13] Voir l'*encyclopédie juive*, vol. 5, p. 41 : 1925. On y lit : "Édom fait partie de la juiverie moderne". Le professeur Lothrop Stoddard, éminent ethnologue, déclare également : "Les registres des Juifs eux-mêmes admettent que 82% de ceux qui adhèrent au mouvement sioniste politique sont des Juifs : "Les juifs eux-mêmes admettent que 82% de ceux qui adhèrent au mouvement sioniste politique sont des Ashkénazes, des soi-disant juifs, mais pas des sémites. Il existe de nombreuses opinions différentes sur ces questions raciales.

sont désignés dans l'histoire sous le nom de Khazars. Il s'agissait d'un peuple païen. Ils se sont installés en Europe de l'Est et ont établi le puissant royaume khazar. Ils ont étendu leurs domaines par des conquêtes militaires jusqu'à ce que, à la fin du 8e siècle, ils occupent la majeure partie de l'Europe de l'Est à l'ouest des montagnes de l'Oural et au nord de la mer Noire. Les Khazars ont fini par accepter le judaïsme comme religion, de préférence au christianisme ou au mahométanisme. Des synagogues et des écoles pour l'enseignement du judaïsme ont été construites dans tout le royaume. À l'apogée de leur puissance, les Khazars percevaient des tributs de la part de vingt-cinq peuples conquis.

Le grand royaume khazar a prospéré pendant près de cinq cents ans. Puis, vers la fin du 10e siècle, les Khazars ont été vaincus au combat par les Varangiens (Russes) qui ont déferlé sur eux depuis le nord. La conquête des Khazars s'est achevée à la fin du 13ème siècle. Le mouvement révolutionnaire inspiré par les Juifs khazars s'est poursuivi au sein de l'Empire russe du XIIIe siècle jusqu'à la révolution rouge d'octobre 1917. La conquête des Khazars au XIIIe siècle explique pourquoi tant de personnes, aujourd'hui communément appelées Juifs, sont restées dans l'Empire russe.

Un autre fait important éclaire le sujet de l'aryanisme et du sémitisme. Les Finlandais, et d'autres groupes généralement classés comme Varangiens (Russes), n'étaient pas d'origine aryenne et le peuple allemand les a généralement traités comme des ennemis.

Un acte du Christ revêt une grande importance dans l'étude du mouvement révolutionnaire mondial. Le Christ était considéré par beaucoup comme un radical qui fondait son mouvement de réforme sur l'adoration du Dieu tout-puissant, l'obéissance aux autorités constituées et l'amour du prochain. L'histoire de la vie du Christ montre qu'il aimait TOUS les hommes, à l'exception d'un groupe particulier. Il détestait les prêteurs d'argent avec une intensité qui semble étrange chez un homme au caractère si doux. Jésus a réprimandé à plusieurs reprises les prêteurs pour leur pratique de l'usure. Il les dénonce publiquement comme des adorateurs de Mammon. Il a dit qu'ils appartenaient à la synagogue de Satan. (Apoc. 2 : - 9). Il a exprimé avec force sa haine extrême des prêteurs en les chassant du Temple à coups de fouet. Il les a réprimandés en ces termes : "Ce Temple a été construit pour être la maison de Dieu... Mais vous en avez fait une caverne de voleurs". En accomplissant cet acte de vengeance sur les prêteurs, le Christ a signé son propre arrêt de mort.

Ce sont les Illuminati et les faux prêtres et anciens à leur solde qui ont ourdi le complot par lequel le Christ serait exécuté par les soldats romains.

Ce sont eux qui ont fourni les trente pièces d'argent utilisées pour soudoyer Judas. Ce sont eux qui ont utilisé leurs propagandistes pour désinformer et tromper la foule. Ce sont les agents des Illuminati qui ont dirigé la foule lorsqu'elle a accepté Barabbas et crié que le Christ soit crucifié. CE SONT LES ILLUMINATI QUI ONT FAIT EN SORTE QUE LES SOLDATS ROMAINS SOIENT LEURS BOURREAUX. Puis, une fois l'acte ignoble accompli et leur vengeance assouvie, les conspirateurs se sont éclipsés et ont laissé leur culpabilité reposer sur les masses juives et leurs enfants. L'histoire prouve qu'ils avaient une raison diabolique de faire porter au peuple juif la responsabilité de la mort du Christ. L'histoire prouve qu'ils avaient l'intention d'utiliser la haine engendrée au sein du peuple juif à la suite de la persécution, pour servir leurs vils desseins et promouvoir leurs ambitions totalitaires secrètes. Le Christ savait tout cela.

Il a fait connaître sa connaissance de la manière la plus spectaculaire qui soit. Alors qu'il agonisait sur la croix, il a prié son Père céleste et a dit : "Père, pardonne-leur car ils ne savent pas ce qu'ils font" : "Père, pardonne-leur, car ils ne savent pas ce qu'ils font". Il priait certainement pour la mafia ? Il demandait pardon pour les hommes qui avaient été UTILISÉS par les Illuminati pour être l'instrument de leur vengeance. L'histoire prouve que les prêteurs internationaux ont toujours utilisé la mafia pour servir leurs ambitions secrètes. À l'Institut Lénine de Moscou, les professeurs qui donnent des cours aux aspirants leaders révolutionnaires du monde entier font invariablement référence aux masses en les appelant "la pègre". Les Illuminati dirigent toutes les forces du mal.

L'étude du Mouvement Révolutionnaire Mondial (M.R.M.), depuis l'époque du Christ jusqu'à nos jours, prouve qu'il est injuste de blâmer toute la race juive pour les crimes commis contre l'humanité par un petit groupe de faux prêtres et d'usuriers. Ces hommes ont toujours été, et sont encore, la puissance secrète derrière l'internationalisme. Ils utilisent aujourd'hui le communisme comme leur manuel d'action pour faire avancer leurs plans secrets de domination ultime du monde.

L'étude de l'histoire prouvera qu'il est tout aussi injuste de blâmer l'ensemble des peuples allemand et italien pour les crimes contre l'humanité commis par le petit groupe de seigneurs de la guerre aryens qui ont organisé le nazisme, dans l'espoir de vaincre le communisme international et le sionisme politique et de leur permettre de dominer le monde par la conquête militaire. L'histoire prouve clairement que les dirigeants des deux groupes opposés ont divisé les masses populaires, sans distinction de race, de couleur ou de croyance, en deux camps opposés et les ont ensuite utilisés comme des pions dans le jeu d'échecs international. Ils jouent pour décider quel groupe finira par l'emporter. Ils jouent pour déterminer quel groupe finira par vaincre l'autre et établira, une fois pour toutes, un contrôle incontesté sur le monde, ses richesses, ses ressources naturelles, sa force humaine et sa religion. Il faut se rappeler que le but du Diable étant de gagner l'âme des hommes à Dieu, Satan utilise à la fois le communisme "rouge" et le nazisme "noir" pour influencer l'esprit des hommes afin qu'ils embrassent l'une ou l'autre des idéologies athées. Ceux qui acceptent l'une ou l'autre idéologie athée vendent leur âme au Diable.

Les événements historiques prouvent la continuité des objectifs maléfiques des Illuminati. De nombreux théologiens s'accordent à dire que cette parfaite continuité de leurs plans à long terme est une preuve positive qu'ils sont, comme le Christ les a nommés, "de la Synagogue de Satan". Les théologiens fondent leur opinion sur la théorie selon laquelle aucun être humain ne pourrait avoir une telle continuité dans le mal à travers les âges. La continuité du mal est l'exact opposé de la succession apostolique de l'Église catholique romaine. Dans ce domaine, comme dans beaucoup d'autres, on nous rappelle avec force le pouvoir réel des forces surnaturelles d'influencer nos vies individuelles, la politique nationale et les affaires internationales. Les arguments de ce type concernant les Juifs mal intentionnés s'appliquent également aux Aryens mal intentionnés et aux hommes mal intentionnés de toutes races, couleurs et croyances.

L'histoire prouve que Sénèque (4 av. J.-C. à 65 ap. J.-C.) est mort parce que, comme le Christ, il a tenté de dénoncer les pratiques corrompues et l'influence néfaste des usuriers qui s'étaient infiltrés dans l'Empire romain. Sénèque était un célèbre philosophe romain. Il fut choisi comme précepteur par Néron, qui devint empereur de Rome. Pendant longtemps, Sénèque a été le meilleur ami et le conseiller le plus fiable de Néron. Néron épousa Popée, qui le plaça sous l'influence néfaste des prêteurs. Néron devint l'un des dirigeants les plus infâmes que le monde ait jamais connus. Sa conduite licencieuse et ses habitudes dépravées lui donnèrent un caractère si bas qu'il ne vécut que pour persécuter et détruire tout ce qui était bon. Ses actes de vengeance prenaient la forme d'atrocités généralement commises en public sur les victimes de sa colère. Sénèque perdit son influence sur Néron, mais il ne cessa jamais de dénoncer publiquement les prêteurs pour leur influence néfaste et leurs pratiques corrompues. Les prêteurs finirent par exiger de Néron qu'il prenne des mesures contre Sénèque, qui était très populaire auprès du peuple. Pour ne pas susciter la colère du peuple contre lui-même et les usuriers, Néron ordonna à Sénèque de mettre fin à ses activités. Néron ordonna à Sénèque de mettre fin à ses jours.

C'est le premier cas répertorié dans lequel les prêteurs ont poussé une personne à se suicider parce qu'elle était devenue gênante pour eux, , mais ce n'est pas le dernier. L'histoire rapporte des dizaines de suicides similaires et de meurtres qui ont été maquillés en accidents ou en suicides.

L'une des plus célèbres de ces dernières années est celle de James V. Forrestal. En 1945, Forrestal était convaincu que les banquiers américains étaient étroitement liés aux banquiers internationaux qui contrôlaient les banques d'Angleterre, de France et d'autres pays. Il était également convaincu, selon son journal, que les barons internationaux de l'argent étaient les Illuminati et qu'ils étaient directement responsables du déclenchement de la première et de la deuxième guerre mondiale. Il a tenté de convaincre le président Roosevelt et d'autres hauts fonctionnaires de la vérité. Soit il a échoué et s'est suicidé dans un accès de dépression, soit il a été assassiné pour lui fermer la bouche à jamais. Le meurtre, maquillé en suicide, est une politique acceptée dans les hautes sphères de l'intrigue internationale depuis de nombreux siècles. [14]

Justinien Ier (Flavius Anicius Justianiamus 483-565 après J.-C.) a écrit son célèbre livre de droit "Corpus Juris Civilis". Il a tenté de mettre un terme aux méthodes illégales de trafic et de commerce auxquelles se livraient certains marchands juifs. En s'engageant dans le commerce illégal et la contrebande en gros, les marchands juifs, qui n'étaient que des agents des Illuminati, obtenaient un avantage déloyal sur leurs concurrents païens.

---

[14] *The Forrestal Diaries* Viking press, New York, 1951.

Ils les ont mis hors d'état de nuire. Le livre de la loi, écrit par Justinien, a été accepté comme le texte de la loi jusqu'au 10ème siècle. Aujourd'hui encore, il est considéré comme le plus important de tous les documents de jurisprudence. Mais les prêteurs ont réussi à contrecarrer les efforts de Justinien.[15] L'encyclopédie juive de Funk & Wagnall dit ceci à propos des Juifs à cette époque : "Ils jouissaient d'une liberté religieuse totale... Des fonctions mineures leur étaient ouvertes. Le commerce des esclaves constituait la principale source de revenus des Juifs romains, et des décrets contre ce trafic ont été publiés en 335, 336, 339, 384 après J.-C., etc.

Voilà l'histoire en noir et blanc. Mais l'histoire révèle que les marchands et les prêteurs juifs n'ont pas limité leurs activités illégales à la traite des esclaves. On sait qu'ils se livraient à toutes les formes de trafic illégal, y compris le commerce de la drogue, la prostitution, la contrebande en gros de liqueurs, de parfums, de bijoux et d'autres marchandises soumises à des droits de douane. Afin de protéger leur commerce et leur trafic illégaux, ils soudoyaient et corrompaient les fonctionnaires ; par l'usage de drogues, de liqueurs et de femmes, ils détruisaient la moralité du peuple. L'histoire rapporte que Justinien, bien qu'empereur de l'Empire romain, n'était pas assez fort pour mettre un terme à leurs activités.[16]

Edward Gibbon (1737-1794) traite de l'influence corruptrice des marchands et des prêteurs juifs. Il leur attribue le mérite d'avoir largement contribué à "The Decline and Fall of the Roman Empire" (Le déclin et la chute de l'Empire romain). Il a écrit le livre qui porte ce titre. Gibbon accorde une place considérable au rôle joué par Popée, l'épouse de Néron, dans la mise en place des conditions qui ont conduit le peuple de Rome, ivre mort, à sa propre destruction. Avec la chute de l'Empire romain, la prédominance juive s'est établie. Les nations d'Europe sont entrées dans ce que les historiens appellent "l'âge des ténèbres".

---

[15] Certains lecteurs prétendent que Justianiamus n'avait pas ce but. Je prétends que la connaissance du mal pousse les hommes à créer une législation et des lois correctives.

[16] Les mêmes influences néfastes sont responsables des mêmes conditions néfastes qui existent dans toutes les grandes villes aujourd'hui.

L'*Encyclopaedia Britannica* s'exprime ainsi sur le sujet. "Les marchands et les prêteurs juifs avaient inévitablement tendance à se spécialiser dans des activités commerciales pour lesquelles leur perspicacité et leur omniprésence leur conféraient des qualifications particulières. Au cours de l'âge des ténèbres, le commerce de l'Europe occidentale était en grande partie entre leurs mains, en particulier le commerce des esclaves".

Le contrôle juif du commerce et des échanges, légaux et illégaux, devient de plus en plus étroit. Il s'est étendu très largement, jusqu'à ce que l'économie de tous les pays européens soit plus ou moins entre leurs mains. Des pièces de monnaie polonaises et hongroises portant des inscriptions juives témoignent du pouvoir qu'ils exerçaient à l'époque sur les questions financières. Le fait que les Juifs aient déployé des efforts particuliers pour émettre et contrôler la monnaie conforte l'opinion selon laquelle les prêteurs avaient adopté le slogan "Emettons et contrôlons la monnaie d'une nation et nous ne nous soucions pas de savoir qui fait ses lois", bien avant qu'Amschel Mayer Bauer [17] (1743-1812) n'utilise ce slogan pour expliquer à ses complices la raison pour laquelle les prêteurs juifs avaient obtenu le contrôle de la Banque d'Angleterre en 1694.

Les barons, qui étaient les chefs de file de l'aryanisme, ont décidé de briser le contrôle juif sur les échanges, le commerce et l'argent en Europe. C'est dans ce but qu'en 1095, ils ont obtenu le soutien de certains souverains chrétiens pour lancer les croisades ou guerres saintes. [18] Entre 1095 et 1271, huit croisades ont été organisées. Officiellement, les croisades étaient des expéditions militaires entreprises pour assurer la sécurité des pèlerins qui souhaitaient visiter le Saint-Sépulcre et instaurer un régime chrétien en Palestine. En réalité, il s'agit de guerres fomentées dans le but de diviser la population européenne en deux camps. Un camp pro-juif et l'autre anti-juif. Plus récemment, les puissances secrètes ont divisé la race blanche en

---

[17] Bauer est l'orfèvre juif qui a créé la "Maison Rothschild" à Francfort-sur-le-Main. Lui et ses (confrères) ont comploté la Révolution française de 1789.

[18] Parce que la haine et la vengeance sont le fonds de commerce des forces du mal, elles utiliseront n'importe quel prétexte pour fomenter des guerres et des révolutions, même en utilisant le nom de Dieu, qu'elles haïssent.

groupes sémites et antisémites. Certaines des croisades ont été couronnées de succès, d'autres non. Le résultat net est qu'en 1271, la Palestine était toujours aux mains des infidèles, bien que les pays de la chrétienté aient dépensé des MILLIONS D'ARGENT et de trésors pour financer les croisades et sacrifié des MILLIONS DE VIES HUMAINES dans ces guerres saintes. Curieusement, les prêteurs juifs sont devenus plus riches et plus forts que jamais.

Il y a une phase des croisades qui ne doit pas être négligée lorsque l'on étudie les "causes" par rapport aux "effets" qu'elles ont produits par la suite. En 1215, la hiérarchie catholique romaine a tenu le quatrième concile du Latran. Le principal sujet abordé était l'agression juive dans tous les pays d'Europe. Au cours de cette période de l'histoire, les dirigeants de l'Église et les dirigeants de l'État ont travaillé dans l'unité. Les chefs de l'Église, après mûre réflexion, se prononcent en faveur de la poursuite des croisades.

Ils ont également élaboré et adopté des décrets visant à mettre fin à l'usure et à la pratique des prêteurs juifs consistant à utiliser des méthodes contraires à l'éthique dans le trafic et le commerce pour obtenir un avantage déloyal sur les concurrents païens, et à mettre un terme aux pratiques corrompues et immorales. Pour atteindre cet objectif, les dignitaires présents au quatrième concile du Latran ont décrété que dans l'avenir les juifs ne pourraient plus vivre que dans leurs propres quartiers. Il était absolument interdit aux juifs d'embaucher des chrétiens. Ce décret a été adopté parce que les prêteurs et les marchands juifs opéraient selon le principe de la société anonyme. Ils employaient des chrétiens pour servir de prête-nom tandis qu'ils se cachaient pour diriger les opérations. C'était pratique car, en cas de problème, les hommes de paille chrétiens étaient blâmés et punis, tandis qu'ils s'en tiraient à bon compte. En outre, les décrets interdisaient absolument aux Juifs d'employer des femmes chrétiennes dans leurs maisons et leurs établissements. Ce décret a été adopté parce qu'il a été prouvé que les jeunes femmes étaient systématiquement séduites, puis transformées en prostituées ; leurs maîtres les utilisaient pour obtenir le contrôle de fonctionnaires influents. D'autres décrets interdisent aux Juifs d'exercer de nombreuses activités commerciales. Mais même le pouvoir de l'Église, soutenu par la plupart des fonctionnaires chrétiens de l'État, n'a pas réussi à faire plier les barons de l'argent devant la loi. Ces décrets n'ont fait qu'intensifier la haine des Illuminati pour l'Église du Christ, et ils ont lancé une campagne permanente pour séparer l'Église de l'État. Pour atteindre cet objectif, , ils ont introduit l'idée de laïcité parmi les laïcs.

En 1253, le gouvernement français a ordonné l'expulsion des Juifs qui refusaient d'obéir à la loi. La plupart des Juifs expulsés sont passés en Angleterre. En 1255, les prêteurs juifs avaient obtenu le contrôle absolu de nombreux dignitaires de l'Église et de la plupart des membres de la noblesse.[19] L'appartenance des prêteurs, des rabbins et des anciens aux Illuminati a été prouvée par les preuves fournies lors de l'enquête ordonnée par le roi Henri III sur le meurtre rituel de saint Hugues de Lincoln en 1255. Il a été prouvé que dix-huit Juifs étaient les coupables. Ils ont été jugés, reconnus coupables et exécutés. En 1272, le roi Henri meurt. Édouard Ier devient roi d'Angleterre. Il décide que les dirigeants juifs doivent abandonner la pratique de l'usure. En 1275, il fait adopter par le Parlement les Statuts de la juiverie. Ils étaient conçus pour réduire le pouvoir que les usuriers juifs exerçaient sur leurs débiteurs, qu'ils soient chrétiens ou juifs. Les Statuts de la juiverie ont probablement été la première législation dans laquelle les Communes du Parlement ont joué un rôle actif. Ils ne peuvent être qualifiés d'antisémites car ils protégeaient en fait les intérêts des Juifs honnêtes et respectueux de la loi.[20]

Mais, comme cela s'était déjà produit si souvent, les prêteurs juifs pensèrent que le pouvoir qu'ils pouvaient exercer à la fois sur l'Église et sur l'État leur permettrait de défier les décrets du roi de la même manière qu'ils avaient mis en échec ceux du concile de Latran. Ils commettent une grave erreur. En 1290, le roi Édouard promulgue un

---

[19] Le livre "Aaron of Lincoln". Shapiro-Valentine & Co. donne des informations intéressantes sur cette période de l'histoire. L'encyclopédie juive de Valentine dit ceci. "Leur nombre et leur prospérité augmentèrent. Aaron de Lincoln (dont la maison existe encore aujourd'hui) devint l'homme le plus riche d'Angleterre. Ses transactions financières couvraient l'ensemble du pays et concernaient un grand nombre de nobles et d'ecclésiastiques de premier plan... À sa mort, ses biens passèrent aux Grown, et une branche spéciale de l'Échiquier dut être créée pour s'occuper des successions.

[20] Les statuts de la juiverie ont été imprimés en détail en annexe de *The Nameless War* (*La guerre sans nom*) du capitaine A.H.M. Ramsay. Publié par Omnia Veritas Ltd, www.omnia-veritas.com.

nouveau décret. TOUS les Juifs sont expulsés d'Angleterre. C'est le début de ce que les historiens appellent la Grande Éviction.

Après qu'Édouard Ier a ouvert le bal, toutes les têtes couronnées d'Europe ont suivi son exemple.

En 1306, la France expulse les Juifs. En 1348, la Saxe fait de même. En 1360, la Hongrie ; en 1370, la Belgique ; en 1380, la Slovaquie ; en 1420, l'Autriche ; en 1444, les Pays-Bas ; en 1492, l'Espagne.

L'expulsion des Juifs d'Espagne a une signification particulière. Elle met en lumière l'Inquisition espagnole. La plupart des gens pensent que l'Inquisition a été instituée par les catholiques romains pour persécuter les protestants qui s'étaient détachés de l'Église. En réalité, l'Inquisition, introduite par le pape Innocent III, était un moyen de démasquer les hérétiques et les infidèles qui se faisaient passer pour des chrétiens dans le but de détruire la religion chrétienne de l'intérieur.[21]

Pour les inquisiteurs, il importait peu que l'accusé soit juif ou païen, noir ou blanc. La terrible cérémonie de l'"Auto-da-Fé" ou "Acte de foi" a été spécialement conçue pour être utilisée dans le cadre de l'exécution de tous les hérétiques et infidèles condamnés, lorsque Torquemada (1420-1498) était Grand Inquisiteur.[22]

Ce sont ces incidents cachés qui révèlent tant de vérité. C'est en Espagne, au XIVe siècle, que les prêteurs juifs ont réussi pour la première fois à faire garantir les prêts qu'ils accordaient à l'État par le droit de percevoir les impôts prélevés sur le peuple. Ils ont fait preuve d'une telle cruauté, en exigeant leur livre de chair, qu'il a suffi de

---

[21] Parce que les Juifs étaient expulsés de tous les pays européens, Chemor, rabbin d'Arles en Provence, demanda conseil au Sanhédrin qui se trouvait alors à Constantinople. Son appel est daté du 13 janvier 1489. La réponse est arrivée en novembre 1459. Elle est signée V.S.S. - V.F.F. Prince des Juifs. Elle conseillait aux rabbins d'utiliser la tactique du "cheval de Troie" chrétien et de faire de leurs fils des prêtres, des laïcs, des avocats, des médecins, etc. afin qu'ils puissent détruire la structure chrétienne de l'intérieur.

[22] L'Encyclopaedia Britannica, page 67, Vol. 13, 1947, dit ceci : "Le XIVe siècle a été l'âge d'or des Juifs en Espagne. En 1391, la prédication d'un prêtre de Séville, Fernando Martenez, a conduit au premier massacre général des Juifs qui étaient enviés pour leur prospérité et détestés parce qu'ils étaient les collecteurs d'impôts du roi.

l'éloge enflammé du prêtre Fernando Martenez pour provoquer une action de masse qui s'est soldée par l'un des massacres les plus sanglants de l'histoire. Voici à nouveau un exemple parfait de la façon dont des milliers de Juifs innocents ont été victimes des péchés et des crimes commis contre l'humanité par quelques-uns seulement.[23] En 1495, la Lituanie a expulsé les Juifs. En 1498, le Portugal ; en 1540, l'Italie ; en 1551, la Bavière. Il est important de rappeler que lors des expulsions générales, certains Juifs riches et influents ont réussi à obtenir un sanctuaire à Bordeaux, Avignon, dans certains États pontificaux, à Marseille, en Alsace du Nord et dans une partie de l'Italie du Nord. Mais, comme l'indique l'Encyclopaedia Britannica,

"Les masses du peuple juif se retrouvèrent donc à nouveau en Orient et dans les empires polonais et turc. Les quelques communautés qui subsistaient en Europe occidentale furent entre-temps soumises à toutes les restrictions que les âges précédents avaient généralement laissé subsister à titre d'idéal ; de sorte que, dans un certain sens, on peut dire que l'âge des ténèbres juif commença avec la Renaissance. Cet aveu indiquerait que l'affirmation de certains historiens selon laquelle la renaissance de la civilisation occidentale n'a eu lieu que lorsque les nations d'Europe occidentale ont arraché le contrôle économique aux prêteurs juifs, est quelque peu justifiée"

Après la grande expulsion, les Juifs ont recommencé à vivre dans des ghettos ou des kahals. Ainsi isolés de la masse de la population, les Juifs sont placés sous la direction et le contrôle des rabbins et des anciens, dont beaucoup sont influencés par les Illuminati et les riches prêteurs juifs restés dans leurs différents sanctuaires. Dans les ghettos, les agents des Illuminati inspirent au peuple juif un esprit de haine et de vengeance à l'égard de ceux qui l'ont expulsé. Les rabbins leur rappellent qu'en tant que peuple élu de Dieu, le jour viendra où ils prendront leur revanche et hériteront de la terre.

Il convient de mentionner que la plupart des Juifs qui se sont installés en Europe de l'Est ne pouvaient vivre qu'à l'intérieur de la "zone de peuplement" située aux frontières occidentales de la Russie et s'étendant des rives de la mer Baltique, au nord, aux rives de la mer

---

[23] Cette question est traitée plus en détail dans les chapitres consacrés à l'Espagne.

Noire, au sud. La plupart d'entre eux étaient des Juifs khazars.[24] Les Juifs khazars se distinguaient par leur culture yiddish, leurs pratiques rapaces en matière financière et leur manque d'éthique dans les transactions commerciales. Il ne faut pas les confondre avec les Hébreux bibliques, qui sont des gens doux et, en général, pastoraux.

Dans les ghettos, dans une atmosphère de haine, le désir de vengeance a été développé par les agents des Illuminati. *Ils ont organisé ces conditions négatives en un Mouvement Révolutionnaire Mondial, basé sur le Terrorisme.*

Dès le début, les barons de l'argent à l'esprit international et leurs grands prêtres ont conçu, financé et contrôlé le Mouvement révolutionnaire mondial. Ils l'ont utilisé comme l'instrument qui leur permettrait de se venger des églises chrétiennes et des têtes couronnées d'Europe.

L'histoire prouve que les barons de l'argent ont développé le mouvement révolutionnaire pour en faire le communisme international tel que nous le connaissons aujourd'hui. Ils ont organisé des actes de terrorisme individuels en un mouvement révolutionnaire discipliné. Ils ont ensuite planifié l'infiltration systématique des Juifs dans les pays d'où ils avaient été expulsés.

Comme leur retour était illégal, la seule méthode d'infiltration possible consistait à créer des quartiers juifs clandestins. Comme les Juifs infiltrés dans les quartiers clandestins des villes européennes ne pouvaient pas obtenir d'emploi légal, ils disposaient des fonds nécessaires pour développer le système du marché noir. Ils se sont livrés à toutes sortes de trafics et de commerces illégaux. Fonctionnant sur le principe de la société anonyme, l'identité des barons de l'argent, qui possédaient et contrôlaient ce vaste système souterrain, est toujours restée secrète.[25]

---

[24] H.G. Wells définit très clairement les différences dans son *Outline of History*, pages 493-494.

[25] C'est encore le cas aujourd'hui. L'entrée illégale aux États-Unis et en Palestine a atteint des chiffres sans précédent depuis la fin de la Seconde Guerre mondiale. Des

Le comte de Poncins, Mme Nesta Webster, Sir Walter Scott et de nombreux autres auteurs et historiens ont soupçonné les Illuminati et un groupe d'internationalistes d'être la puissance secrète à l'origine du mouvement révolutionnaire mondial, mais ce n'est que récemment que des preuves suffisantes ont été rassemblées pour prouver que ce qu'ils soupçonnaient était un fait réel. Au fur et à mesure que les événements de l'histoire défilent dans leur séquence chronologique, on verra comment les Illuminati ont utilisé les groupes sémites et les groupes aryens pour servir leurs objectifs, et ont impliqué des millions et des millions de personnes dans des révolutions et des guerres pour servir leurs propres ambitions secrètes et égoïstes. William Foss et Cecil Gerahty, auteurs de l'ouvrage *The Spanish Arena*, ont déclaré : "La question de savoir qui sont les figures de proue de la tentative de domination du monde par la JOINT STOCK COMPANY, et comment ils parviennent à leurs fins, dépasse le cadre de ce livre. Mais c'est l'un des plus importants Libres à faire qui reste à écrire. IL DEVRA ÊTRE ÉCRIT PAR UN HOMME DU PLUS GRAND COURAGE QUI CONSIDÉRERA QUE SA VIE N'EST RIEN COMPARÉE À LA VOLONTÉ D'ÉCLAIRER LE MONDE SUR CE QUE LA PRÊTRISE SATANIQUE AUTOPROCLAMÉE ORDONNERAIT."

La réussite de ce plan, qui consistait à s'infiltrer dans les pays d'où ils avaient été expulsés, peut être jugée à l'aune des données suivantes. Les Juifs étaient de retour en Angleterre en 1600, en Hongrie en 1500. Ils ont été expulsés à nouveau en 1582 ; ils étaient de retour en Slovaquie en 1562 mais ont été expulsés à nouveau en 1744 ; ils étaient de retour en Lituanie en 1700. Mais, quel que soit le nombre de fois où ils ont été expulsés, il y a toujours eu une clandestinité juive à partir de laquelle les activités révolutionnaires des Puissances secrètes ont été menées.

Le roi Édouard Ier d'Angleterre ayant été le premier à expulser les Juifs, les barons de l'argent juifs de France, de Hollande et d'Allemagne décidèrent que ce serait une justice poétique que d'essayer d'abord en Angleterre la technique révolutionnaire qu'ils avaient planifiée. Ils utilisent leurs agents clandestins, ou cellules, pour semer le trouble entre le roi et son gouvernement, les employeurs et les travailleurs, la classe dirigeante et les ouvriers, l'Église et l'État. Les comploteurs

---

preuves seront apportées pour démontrer que l'Underground est invariablement associé aux personnages antisociaux qui constituent le Underworld.

introduisent des questions controversées dans la politique et la religion, afin de diviser le peuple en deux camps opposés.[26] Ils ont d'abord divisé la population anglaise entre catholiques et protestants, puis entre conformistes et non-conformistes.

Lorsque le roi Charles Ier fut en désaccord avec son Parlement, un baron juif de l'argent en Hollande, nommé Manasseh Ben Israel, demanda à ses agents de contacter Oliver Cromwell. Ils lui ont offert de grosses sommes d'argent s'il acceptait de mettre en œuvre leur plan visant à renverser le trône britannique. Manasseh Ben Israel et d'autres prêteurs allemands et français ont financé Cromwell. Fernandez Carvajal, du Portugal, souvent appelé dans l'histoire "le grand Juif", est devenu l'entrepreneur militaire en chef de Cromwell.

Il réorganise les têtes rondes pour en faire une armée modèle. Il leur fournit les meilleures armes et le meilleur équipement que l'argent puisse acheter. Une fois la conspiration en marche, des centaines de révolutionnaires entraînés ont été introduits clandestinement en Angleterre et ont été absorbés par le Jewish Underground. La même chose se passe aujourd'hui en Amérique.

Le chef de la clandestinité juive en Angleterre à cette époque était un Juif nommé De Souze. Le Grand Juif, Fernandez Carvajal, avait usé de son influence pour que De Souze soit nommé ambassadeur du Portugal. C'est dans sa maison, protégée par l'immunité diplomatique, que les dirigeants de la révolution juive clandestine restaient cachés et élaboraient leurs complots et intrigues.[27]

Une fois la révolution décidée, les comploteurs juifs ont introduit le calvinisme sur le site afin de diviser l'Église et l'État, et de diviser le peuple. Contrairement à ce que l'on croit généralement, le calvinisme est d'origine juive. Il a été délibérément conçu pour diviser les adeptes des religions chrétiennes et diviser le peuple. Le vrai nom de Calvin

---

[26] L'ouvrage de Sombart, "Les Juifs et le capitalisme moderne", et l'"Encyclopédie juive" confirment cette affirmation.

[27] Cette politique est devenue une pratique courante depuis lors. Les ambassades soviétiques dans tous les pays ont été transformées en quartiers généraux de l'intrigue et de l'espionnage, comme d'autres preuves le démontreront.

était Cohen ! Lorsqu'il a quitté Genève pour la France afin de commencer à prêcher sa doctrine, il a été connu sous le nom de Cauin. Puis, en Angleterre, il est devenu Calvin.

L'histoire prouve qu'il n'y a guère de complot révolutionnaire qui n'ait été ourdi en Suisse ; il n'y a guère de chef révolutionnaire juif qui n'ait changé de nom.

Lors des célébrations du B'nai B'rith qui se sont tenues à Paris, en France, en 1936, Cohen, Cauvin ou Calvin, quel que soit son nom, a été acclamé avec enthousiasme comme étant d'origine juive.[28]

Outre la controverse religieuse, les dirigeants révolutionnaires ont organisé des foules armées pour aggraver toutes les situations introduites dans la politique et le travail par leurs maîtres. Isaac Disraeli, 1766-1848, juif et père de Benjamin Disraeli, qui devint par la suite Lord Beaconsfield, traite en détail de cet aspect de la révolution britannique dans son récit en deux volumes The Life of Charles II. Il remarque, à l'adresse , qu'il a obtenu de nombreuses informations dans les archives de Melchior de Salem, un juif, qui était à l'époque l'envoyé de la France auprès du gouvernement britannique. Disraeli attire l'attention sur la grande similitude, ou le modèle, des activités révolutionnaires qui ont précédé les révolutions britannique et française. En d'autres termes, le travail des directeurs secrets et réels du Mouvement Révolutionnaire Mondial (M.R.M.) était clairement visible dans les deux cas, ce que nous allons prouver.

La preuve qui condamne ABSOLUMENT Oliver Cromwell pour avoir participé au complot révolutionnaire juif a été obtenue par Lord Alfred Douglas, qui éditait une revue hebdomadaire Plain English publiée par la North British Publishing Co. Dans un article paru dans le numéro du 3 septembre 1921, il expliquait comment son ami, M. L.D. Van Valckert d'Amsterdam, en Hollande, était entré en possession d'un volume manquant des archives de la synagogue de Muljeim. Ce volume avait été perdu pendant les guerres napoléoniennes. Le volume contient des lettres écrites aux directeurs de la synagogue et les réponses de ces derniers.

---

[28] Ce fait a été commenté dans la *Gazette catholique* en février de cette année-là.

Elles sont rédigées en allemand. L'une d'entre elles, datée du 16 juin 1647, se lit comme suit : De O.C. (c'est-à-dire Olivier Cromwell) à Ebenezer Pratt.

> "En échange d'un soutien financier, il plaidera en faveur de l'admission des Juifs en Angleterre. Ceci est cependant impossible tant que Charles est en vie. Charles ne peut être exécuté sans procès, car il n'existe pas actuellement de motifs suffisants à cet effet. C'est pourquoi nous conseillons l'assassinat de Charles, mais nous n'avons rien à voir avec les dispositions prises pour trouver un assassin, bien que nous soyons prêts à l'aider à s'enfuir.

En réponse à cet envoi, les archives montrent qu'E. Pratt a écrit une lettre datée du 12 juillet 1647 adressée à Oliver Cromwell.

> "Accordera une aide financière dès que Charles sera retiré et que les Juifs seront admis. L'assassinat est trop dangereux. Il faut donner à Charles la possibilité de s'échapper. [29] Sa capture rendra alors possible le procès et l'exécution. L'aide sera généreuse, mais il est inutile de discuter des conditions jusqu'à ce que le procès commence."

Le 12 novembre de la même année, Charles a eu l'occasion de s'échapper. Il fut bien sûr repris. Hollis et Ludlow, qui font autorité sur ce chapitre de l'histoire, considèrent tous deux que la fuite est un stratagème de Cromwell. Après la recapture de Charles, les événements s'accélérèrent. Cromwell fit purger le Parlement britannique de la plupart des membres qu'il savait loyaux envers le roi. Malgré cette action drastique, lorsque la Chambre siège toute la nuit du 5 décembre 1648, la majorité convient "que les concessions offertes par le roi sont satisfaisantes pour un règlement".

Un tel accord aurait empêché Cromwell de recevoir l'argent du sang qui lui avait été promis par les barons de l'argent internationaux par l'intermédiaire de leur agent E. Pratt, aussi Cromwell frappa-t-il à nouveau. Il ordonne au colonel Pryde de purger le Parlement des membres qui ont voté en faveur d'un accord avec le roi. Ce qui s'est alors passé est appelé , dans les livres d'histoire des écoles, la *purge de*

---

[29] Charles était alors en garde à vue.

Pryde.[30] À la fin de la purge, il restait cinquante membres. Ils sont connus sous le nom de *"The Rump Parliament" (le Parlement croupion)*. Ils ont usurpé le pouvoir absolu. Le 9 janvier 1649, une "HAUTE COUR DE JUSTICE" est proclamée dans le but de juger le roi d'Angleterre. Les deux tiers des membres de la Cour étaient des "niveleurs" de l'armée de Cromwell. Les conspirateurs ne parviennent pas à trouver un avocat anglais capable de rédiger une accusation criminelle contre le roi Charles. Carvajal chargea un juif étranger, Isaac Dorislaus, agent de Manasseh Ben Israël en Angleterre, de rédiger l'acte d'accusation sur lequel le roi Charles fut jugé. Charles est reconnu coupable des accusations portées contre lui par les prêteurs juifs internationaux, et non par le peuple anglais. Le 30 janvier 1649, il est décapité en public devant la Banqueting House à Whitehall, à Londres. Les prêteurs juifs, dirigés par les grands prêtres de la Synagogue de Satan, avaient pris leur revanche parce qu'Édouard Ier avait expulsé les Juifs d'Angleterre. Oliver Cromwell reçut l'argent du sang comme Judas l'avait fait.

L'histoire prouve que les prêteurs juifs internationaux avaient un objectif autre que la vengeance pour se débarrasser de Charles. Ils l'ont enlevé pour prendre le contrôle de l'économie et du gouvernement de l'Angleterre. Ils prévoyaient d'impliquer de nombreux pays européens dans une guerre contre l'Angleterre. De grandes sommes d'argent sont nécessaires pour faire la guerre. En prêtant aux têtes couronnées d'Europe l'argent nécessaire pour mener les guerres qu'ils fomentaient, les Internationalistes ont pu augmenter rapidement la dette nationale de toutes les nations européennes.

La séquence chronologique des événements, de l'exécution du roi Charles en 1649 à l'institution de la Banque d'Angleterre en 1694, montre comment la dette nationale a augmenté. Les banquiers internationaux ont usé d'intrigues et de ruse pour jeter les chrétiens à la gorge les uns des autres.

---

[30] Il est important de noter que les livres d'histoire des écoles ne mentionnent pas les deux groupes d'hommes opposés qui ont été la "puissance secrète" des affaires internationales et qui ont fait l'histoire. Cette politique semble avoir fait l'objet d'un accord tacite. -L'auteur.

1649 Cromwell, financé par les Juifs, fait la guerre en Irlande. Il s'empare de Drogheda et de Wexford. Les protestants britanniques sont accusés de persécuter les catholiques irlandais.

1650 Montrose en rébellion contre Cromwell. Capturé et exécuté.

1651 Charles II envahit l'Angleterre. Vaincu, il s'enfuit en France.

1652 L'Angleterre entre en guerre contre les Hollandais.

1653 Cromwell se proclame Lord Protecteur de l'Angleterre.

1654 L'Angleterre s'engage dans de nouvelles guerres.

1656 Début des troubles dans les colonies américaines.

1657 Mort de Cromwell - Le fils Richard est nommé protecteur.

1659 Richard, dégoûté par les intrigues, démissionne.

1660 Le général Monk occupe Londres. Charles II est proclamé roi.

1661 La révélation de la vérité concernant l'intrigue menée par Cromwell et ses acolytes Ireton et Bradshaw suscite de vives réactions dans l'opinion publique. Les corps sont exhumés et pendus à la potence de Tyburn Hill, à Londres.

1662 Des conflits religieux éclatent pour diviser les membres des confessions protestantes. Les non-conformistes à l'Église établie d'Angleterre sont persécutés.

1664 L'Angleterre entre à nouveau en guerre avec la Hollande.

1665 Une grande dépression s'installe en Angleterre. Le chômage et les pénuries de nourriture minent la santé de la population et la Grande Peste se déclare. [31]

---

[31] Le grand incendie de Londres, connu sous le nom de "Grand Nettoyeur", met fin à la peste.

1666 L'Angleterre entre en guerre avec la France et la Hollande.

1667 Les agents de la Cabale déclenchent de nouveaux conflits religieux et politiques.[32]

1674 L'Angleterre et la Hollande font la paix. Les hommes qui dirigent les intrigues internationales changent de caractère. Ils deviennent des entremetteurs. Sur le site , ils élèvent le simple William Stradholder au rang de capitaine général des forces néerlandaises. Il devient le prince Guillaume d'Orange. Il est convenu qu'il rencontre Marie, la fille aînée du duc d'York. Ce dernier n'est plus qu'à une place de devenir roi d'Angleterre.

1677 La princesse Marie d'Angleterre épouse Guillaume, prince d'Orange. Pour placer Guillaume, prince d'Orange, sur le trône d'Angleterre, il fallait se débarrasser de Charles II et du duc d'York, qui devait devenir Jacques II.

1683 Le complot de Rye House est ourdi. L'intention était d'assassiner à la fois le roi Charles II et le duc d'York. Il échoue.

1685 Le roi Charles II meurt. Le duc d'York devient le roi Jacques II d'Angleterre. Une campagne d'*infamie* est immédiatement lancée contre Jacques II. Le duc de Monmouth est persuadé, ou soudoyé, de prendre la tête d'une insurrection visant à renverser le roi. Le 30 juin, la bataille de Sedgemoor a lieu. Monmouth est vaincu et capturé. Il est exécuté le 15 juillet. En août, le juge

---

[32] Le mot Cabal est étroitement lié à la Cabale, une théosophie hébraïque mystérieuse qui remonte à l'Antiquité mais qui est devenue très active au cours du Xe siècle et des siècles suivants. La Cabale était annoncée comme "une révélation spéciale" qui permettait aux rabbins d'expliquer au peuple juif les significations cachées des écrits sacrés. La page 529 de la 57e édition de la Pear's Cyclopedia indique que "le cabalisme a ensuite été poussé à l'excès". Les chefs de liste cabalistique prétendaient lire des signes et des preuves dans les lettres, les formes et les nombres contenus dans les Écritures. Les Français ont donné à ce rite mystérieux le nom de Cabale. Les Français utilisaient le terme Cabale pour désigner tout groupe d'intrigants politiques ou privés. Les Anglais ont inventé le nom Cabal parce que les principaux personnages concernés par les intrigues cabalistiques en Angleterre étaient Clifford Ashley, Buckingham, Arlington et Lauderdale, dans cet ordre. La première lettre de leur nom s'écrit Cabal ! Les cabalistes ont été les instigateurs de diverses formes d'agitation politique et religieuse sous le règne malheureux de Charles II.

Jeffreys ouvre ce que les historiens ont appelé les "Assises sanglantes". Plus de trois cents personnes impliquées dans la rébellion de Monmouth ont été condamnées à mort dans des circonstances d'une cruauté atroce. Près d'un millier d'autres ont été condamnés à être vendus comme esclaves. Il s'agit là d'un exemple typique de la manière dont les puissances secrètes, agissant dans l'ombre, créent des conditions pour lesquelles d'autres personnes sont blâmées. D'autres sont incités à s'opposer activement à ceux qu'ils accusent. Ils sont à leur tour liquidés. Le roi Jacques devait encore être éliminé avant que Guillaume d'Orange puisse être placé sur le trône pour exécuter leur mandat. Tous les habitants de l'Angleterre ont été ensorcelés et déconcertés. Ils n'avaient pas le droit de connaître la vérité. Ils blâmaient tout le monde et tout, sauf les "puissances secrètes" qui tiraient les ficelles sur. C'est alors que les conspirateurs passèrent à l'action.

1688 Ils ordonnent à Guillaume, prince d'Orange, de débarquer en Angleterre à Torbay. C'est ce qu'il fait le 5 novembre. Le roi Jacques abdique. Il s'enfuit en France. Il était devenu impopulaire à cause de la campagne de *L'Infamie*, des intrigues et de sa propre bêtise et culpabilité.

1689 Guillaume d'Orange et Marie sont proclamés roi et reine d'Angleterre. Le roi Jacques n'avait pas l'intention de céder le trône sans se battre. Comme il était catholique, les puissances secrètes ont désigné Guillaume d'Orange comme le champion de la foi protestante. Le 15 février 1689, le roi Jacques débarque en Irlande. La bataille de la Boyne a été livrée par des hommes aux convictions religieuses définies et opposées. Depuis lors, la bataille est célébrée par les orangistes le 12 juillet.

Il n'y a probablement pas un Orangiste sur dix mille qui sache que toutes les guerres et rébellions qui ont eu lieu entre 1640 et 1689 ont été fomentées par les prêteurs internationaux dans le but de se mettre en position de contrôler la politique et l'économie britanniques. Leur premier objectif était d'obtenir sur le site la permission d'instituer une banque d'Angleterre et de consolider et garantir les dettes que la Grande-Bretagne leur devait pour les prêts qu'elle lui avait accordés afin de mener les guerres dont ils étaient les instigateurs. L'histoire montre comment ils ont mené à bien leurs projets.

En fin de compte, aucun des pays et des peuples impliqués dans les guerres et les révolutions n'a obtenu de bénéfices durables. Aucune solution permanente ou satisfaisante n'a été trouvée pour les questions politiques, économiques et religieuses en jeu.

LES SEULS BÉNÉFICIAIRES SONT LE PETIT GROUPE DE PRÊTEURS QUI ONT FINANCÉ LES GUERRES ET LES RÉVOLUTIONS , AINSI QUE LEURS AMIS ET AGENTS, QUI ONT FOURNI LES ARMÉES, LES NAVIRES ET LES MUNITIONS.

Il est important de rappeler qu'à peine assis sur le trône d'Angleterre, le général hollandais a persuadé le Trésor britannique d'emprunter 1 250 000 livres sterling aux banquiers juifs qui l'avaient mis en place. Les livres d'histoire scolaires informent nos enfants que les négociations ont été menées par Sir John Houblen et M. William Patterson au nom du gouvernement britannique avec des prêteurs DONT L'IDENTITÉ EST RESTREINTE SECRÈTE.

Les recherches dans les documents historiques révèlent qu'afin de préserver le secret, les négociations concernant les conditions du prêt se déroulaient dans une église. À l'époque du Christ, les prêteurs utilisaient le Temple. À l'époque de Guillaume d'Orange, ils profanaient une église.

Les prêteurs internationaux ont accepté d'aider le Trésor britannique à hauteur de 1 250 000 livres sterling, à condition qu'ils puissent imposer leurs propres conditions. C'est ce qui a été convenu.

Les conditions étaient en partie les suivantes :

1 Que les noms de ceux qui ont fait le prêt restent secrets et qu'ils reçoivent une charte pour établir une banque d'Angleterre.[33]

---

[33] L'identité des hommes qui contrôlent la Banque d'Angleterre reste toujours un secret. La commission Macmillan nommée en 1929 pour faire la lumière sur le sujet a complètement échoué. M. Montague Norman, le directeur officiel de la Banque d'Angleterre, s'est montré très évasif et n'a pris aucun engagement dans les réponses qu'il a données à la commission. Pour plus d'informations, lire "Faits concernant la Banque d'Angleterre" par A.N. Field, p. 4.

2 Que les directeurs de la Banque d'Angleterre se voient accorder le droit légal d'établir l'étalon-or pour la monnaie par lequel...

3 Elles pouvaient accorder des prêts à hauteur de 10 livres sterling pour chaque livre sterling d'or qu'elles avaient en dépôt dans leurs coffres.

4 Qu'ils soient autorisés à consolider la dette nationale et à garantir le paiement des montants dus au titre du principal et des intérêts par l'imposition directe du peuple.

Ainsi, pour la somme de 1 250 000 livres sterling, le roi Guillaume d'Orange a vendu le peuple d'Angleterre comme esclave économique sur le site. Les prêteurs juifs ont eu gain de cause. Ils avaient usurpé le pouvoir d'émettre et de contrôler la monnaie de la nation. Et, ayant obtenu ce pouvoir, ils ne se souciaient pas de savoir qui faisait les lois.

Les directeurs de la Banque d'Angleterre pouvaient prêter 1000 livres sterling pour chaque 100 livres sterling d'or qu'ils avaient en dépôt en guise de garantie. Ils percevaient des intérêts sur la totalité du prêt de 1000 livres. Au taux de 5%, cela représentait 50 livres par an. Par conséquent, à la fin de la première année, les banquiers ont récupéré 50% du montant qu'ils avaient initialement déposé pour garantir le prêt. Si un particulier souhaitait obtenir un prêt, les banquiers l'obligeaient à fournir une garantie, sous forme de biens immobiliers, d'actions ou d'obligations, dépassant largement la valeur du prêt qu'il demandait. S'il ne parvenait pas à rembourser le capital et les intérêts, une procédure de saisie était engagée à l'encontre de ses biens et les prêteurs obtenaient plusieurs fois la valeur du prêt.

Les banquiers internationaux n'ont jamais eu l'intention de permettre à l'Angleterre de rembourser sa dette nationale. Leur plan consistait à créer des conditions internationales qui plongeraient TOUTES les nations concernées dans une situation d'endettement de plus en plus grave.[34]

---

[34] Si une telle politique est menée jusqu'à sa conclusion logique, ce n'est qu'une question de temps avant que les prêteurs internationaux ne contrôlent les richesses, les

En ce qui concerne l'Angleterre, en seulement quatre ans, de 1694 à 1698, la dette nationale est passée de un à seize millions de livres sterling. Cette dette s'est accumulée à cause des guerres. Il est intéressant de noter que John Churchill, 1650-1722, est devenu la principale figure militaire de cette période de l'histoire anglaise. En raison de son génie militaire et des services qu'il a rendus à la Grande-Bretagne, il a été créé premier duc de Marlborough.[35]

La puissance secrète du mouvement révolutionnaire mondial a tiré les ficelles nécessaires pour que *soit le théâtre* des guerres de succession d'Espagne. *En 1701*, le duc de Marlborough est nommé commandant en chef des forces armées de Hollande. L'encyclopédie juive rapporte que pour ses nombreux services, le duc de Marlborough recevait pas moins de 6000 livres sterling par an de la part du banquier juif néerlandais SOLOMON MEDINA.

Les événements qui ont précédé la Révolution française montrent comment, entre 1698 et 1815, la dette nationale de la Grande-Bretagne a été portée à 885 000 000 de livres sterling. En 1945, la dette nationale britannique avait atteint le chiffre astronomique de 22 503 532 372 livres sterling et, pour les années 1945-46, les frais financiers s'élevaient à eux seuls à 445 446 241 livres sterling. Comme l'a fait remarquer un économiste irlandais

> "Seule une organisation contrôlée par les juifs insisterait sur les livres bizarres."

---

ressources naturelles et la puissance humaine du monde entier. L'histoire montre à quelle vitesse ils ont progressé vers leur objectif depuis 1694.

[35] Le duc est l'ancêtre direct de Sir Winston Churchill, le Premier ministre de l'Angleterre d'aujourd'hui... c'est-à-dire de 1954 - Churchill est reconnu comme étant le plus grand sioniste de cette époque. Il est l'homme qui a le plus influencé les Nations unies pour la création de l'État d'Israël.

Chapitre 3

Les hommes qui ont fait la Révolution française 1789

Dans le chapitre précédent, nous avons démontré comment un petit groupe de prêteurs étrangers, opérant par l'intermédiaire de leurs agents anglais, sont restés anonymes alors qu'ils s'assuraient le contrôle de l'économie du pays pour la modique somme de 1 250 000 livres sterling. Des preuves seront maintenant apportées pour identifier certains de ces prêteurs juifs internationaux et prouver qu'ils, ou leurs successeurs, ont comploté, planifié et aidé à financer la Grande Révolution française de 1789, exactement de la même manière qu'ils avaient comploté, planifié et financé la Révolution anglaise de 1640-1649. Dans les chapitres suivants, des preuves seront apportées pour démontrer que les descendants de ces mêmes financiers juifs internationaux ont été la puissance secrète derrière toutes les guerres et les révolutions depuis 1789.

L'encyclopédie juive indique qu'Édom fait partie de la juiverie moderne. Il s'agit là d'un aveu très important, car le mot Édom signifie "rouge". L'histoire révèle qu'un orfèvre juif, Amschel Moses Bauer, fatigué de ses pérégrinations en Europe de l'Est, décida en 1750 de s'installer à Francfort-sur-le-Main en Allemagne. Il ouvre une boutique, ou maison des comptes, dans le quartier de la Jundenstrasse. Au-dessus de la porte de sa boutique, il plaça comme enseigne un BOUCLIER ROUGE. Il est de la plus haute importance de rappeler que les Juifs d'Europe de l'Est, qui appartenaient au mouvement révolutionnaire basé sur le terrorisme, avaient également adopté le drapeau rouge comme emblème parce qu'il représentait le sang.

Amschel Moses Bauer a eu un fils né en 1743, qu'il a appelé Amschel Mayer Bauer. Le père meurt en 1754, alors que son fils n'a que onze ans. Le garçon avait fait preuve d'une grande habileté et d'une intelligence extraordinaire, et son père lui avait enseigné tout ce qui était possible sur les principes rudimentaires de l'activité de prêt d'argent. Le père avait l'intention de former son fils au métier de rabbin, mais la mort est intervenue.

Quelques années après la mort de son père, Amschel Mayer Bauer est employé par la banque Oppenheimer en tant qu'employé de bureau. Il a rapidement prouvé ses capacités naturelles pour les affaires bancaires et a été récompensé par un partenariat junior. Plus tard, il retourna à Frankfort où il prit le contrôle et la propriété de l'entreprise fondée par son père en 1750. Le bouclier rouge est toujours fièrement affiché sur la porte. Connaissant la signification secrète du bouclier rouge, Amschel Mayer Bauer décide de l'adopter comme nouveau nom de famille. En allemand, le bouclier rouge est Roth Schild et c'est ainsi que la Maison Rothschild a vu le jour.

Amschel Mayer Bauer a vécu jusqu'en 1812. Il a eu cinq fils. Tous ont été spécialement formés pour devenir des capitaines de la haute finance. Nathan, l'un des fils, fait preuve de capacités exceptionnelles et, à l'âge de vingt et un ans, se rend en Angleterre dans le but précis de prendre le contrôle de la Banque d'Angleterre.

L'objectif était d'utiliser ce contrôle pour travailler en collaboration avec son père et ses autres frères afin d'établir et de consolider un monopole bancaire international en Europe. La richesse combinée du pool bancaire international pourrait alors être utilisée pour poursuivre les ambitions secrètes que son père avait fait connaître à tous ses fils. Pour prouver ses capacités, Nathan Rothschild transforme 20 000 livres sterling, qui lui avaient été confiées, en 60 000 livres sterling en l'espace de trois ans.

En étudiant le mouvement révolutionnaire mondial, il est important de se rappeler que le drapeau rouge a été le symbole de la Révolution française et de toutes les révolutions qui ont suivi. Plus significatif encore est le fait que lorsque Lénine, financé par les banquiers internationaux, a renversé le gouvernement russe et établi la première dictature totalitaire en 1917, le dessin du drapeau était un drapeau rouge, avec un marteau et une faucille, et l'ETOILE DE JUDEA imposée.

En 1773, alors que Mayer Rothschild n'avait que trente ans, il invita douze autres hommes riches et influents à le rencontrer à Francfort. Son but était de les convaincre que s'ils acceptaient de mettre en commun leurs ressources, ils pourraient alors financer et contrôler le Mouvement révolutionnaire mondial et l'utiliser comme manuel d'action pour gagner le contrôle ultime des richesses, des ressources naturelles et de la main-d'œuvre du monde entier.

Rothschild révèle comment la révolution anglaise a été organisée. Il souligne les erreurs et les fautes commises. La période révolutionnaire a été trop longue. L'élimination des réactionnaires n'a pas été accomplie avec suffisamment de rapidité et d'impitoyabilité. Le règne de la terreur planifié, par lequel l'assujettissement des masses devait être accompli rapidement, n'a pas été mis en œuvre de manière efficace. Même après toutes ces erreurs, l'objectif initial de la révolution a été atteint. Les banquiers à l'origine de la révolution avaient pris le contrôle de l'économie nationale et consolidé la dette nationale. Grâce à des intrigues menées à l'échelle internationale , ils ont augmenté la dette nationale en empruntant l'argent nécessaire pour combattre les guerres et les rébellions qu'ils ont fomentées depuis 1694.

Fondant ses arguments sur la logique et le raisonnement, Mayer Rothschild souligne que les résultats financiers obtenus à la suite de la Révolution anglaise ne seraient rien en comparaison des récompenses financières qu'obtiendrait une Révolution française, à condition que les personnes présentes acceptent l'unité d'objectif et mettent en œuvre son plan révolutionnaire soigneusement pensé et révisé. Le projet serait soutenu par toute la puissance que l'on pourrait acheter avec leurs ressources mises en commun. Une fois l'accord conclu, Mayer Rothschild met en œuvre son plan révolutionnaire. Par une habile manipulation de leurs richesses combinées, il serait possible de créer des conditions économiques si défavorables que les masses seraient réduites à un état proche de la famine par le chômage. Grâce à une propagande habilement conçue, il serait facile de rejeter la responsabilité des conditions économiques défavorables sur le roi, sa cour, les nobles, l'Église, les industriels et les employeurs de main-d'œuvre. Leurs propagandistes rémunérés susciteraient des sentiments de haine et de vengeance contre les classes dirigeantes en exposant tous les cas réels et supposés d'extravagance, de conduite licencieuse, d'injustice, d'oppression et de persécution. Ils inventeraient également des infamies pour jeter le discrédit sur d'autres personnes qui pourraient, si on les laissait tranquilles, interférer avec leurs plans d'ensemble.[36]

Après l'introduction générale destinée à susciter un accueil enthousiaste pour le complot qu'il s'apprêtait à dévoiler, Rothschild s'est tourné vers un manuscrit et a commencé à lire un plan d'action soigneusement préparé. Voici ce que l'on m'a assuré être une version condensée du complot par lequel les conspirateurs espéraient obtenir le contrôle ultime et incontesté des richesses, des ressources naturelles et de la main-d'œuvre du monde entier.

1. L'orateur a commencé à dérouler l'intrigue en disant que la majorité des hommes étant enclins au mal plutôt qu'au bien, les meilleurs résultats pour les gouverner pouvaient être obtenus en recourant à la violence et au terrorisme et non à des discussions académiques. L'orateur a expliqué qu'à l'origine, la société humaine avait été soumise à une force brutale et aveugle qui s'est ensuite transformée en LOI. Il a affirmé que le DROIT n'était qu'une FORCE déguisée. Il a estimé qu'il était logique de conclure que "selon les lois de la nature, le droit réside dans la force".

2. Il affirme ensuite que la liberté politique est une idée et non un fait. Il affirme que pour usurper le pouvoir politique, il suffit de prêcher le "libéralisme" pour que les électeurs, au nom d'une idée, cèdent une partie de leur pouvoir et de leurs prérogatives que les comploteurs pourront ensuite rassembler entre leurs mains.

3. L'orateur a affirmé que le pouvoir de l'or avait usurpé le pouvoir des dirigeants libéraux dès cette époque, c'est-à-dire en 1773. Il a rappelé à son auditoire qu'il y avait eu une époque où la FOI régnait, mais il a déclaré qu'une fois que la LIBERTÉ avait été substituée à la FOI, le peuple n'avait pas su l'utiliser avec modération. Il a soutenu que, de ce fait, il était logique de supposer qu'ils pouvaient utiliser l'idée de la LIBERTÉ pour provoquer des "GUERRES DE CLASSE". Il a souligné qu'il

---

[36] Ce sont les théories initiales sur lesquelles la guerre des classes a finalement été organisée.

importait peu, pour la réussite de SON plan, que les gouvernements établis soient détruits par des ennemis internes ou externes, car le vainqueur devait nécessairement rechercher l'aide du "Capital" qui "est entièrement entre nos mains[37]

4. Il a soutenu que l'utilisation de tous les moyens pour atteindre leur objectif final était justifiée par le fait que le dirigeant qui gouvernait selon le code moral n'était pas un politicien compétent parce qu'il se laissait vulnérable et dans une position instable sur son trône. Il a déclaré : "Ceux qui veulent gouverner doivent avoir recours à la ruse et à l'illusion, car les grandes qualités nationales comme la franchise et l'honnêteté sont des vices en politique."[38]

5. Il affirme : "Notre droit réside dans la force. Le mot DROIT est une pensée abstraite qui ne prouve rien. Je trouve un nouveau DROIT... pour attaquer par le DROIT du fort, et pour disperser au vent toutes les forces d'ordre et de régulation existantes, pour reconstruire toutes les institutions existantes, et pour devenir le Seigneur souverain de tous ceux qui nous ont laissé les DROITS à leurs pouvoirs en les déposant volontairement dans leur 'Libéralisme'".

6. Il a ensuite mis en garde ses auditeurs en ces termes : "La puissance de nos ressources doit rester invisible jusqu'au moment où elle a acquis une telle force qu'aucune ruse ou force ne peut l'ébranler". Il les avertit que tout écart par rapport à la ligne du plan stratégique qu'il leur fait connaître risque de réduire à néant "LE TRAVAIL DES SIÈCLES".

7. Il a ensuite préconisé l'utilisation de la "psychologie de la foule" pour obtenir le contrôle des masses. Il a expliqué que la puissance de

---

[37] Cette déclaration dans les documents originaux devrait convaincre tout le monde, sauf les personnes partiales, que l'orateur n'était pas un rabbin ou un ancien des Juifs et qu'il ne s'adressait pas non plus à des anciens ou à des rabbins, car ce sont les orfèvres, les prêteurs et leurs affiliés dans le commerce et l'industrie qui, en 1773, avaient la richesse du monde entre leurs mains, comme ils l'ont encore au 20e siècle.

[38] *The Red Fog* explique comment cette théorie a été mise en œuvre en Amérique depuis 1900.

la foule est aveugle, insensée et irraisonnée et qu'elle est toujours à la merci de suggestions venant de n'importe quel côté. Il a déclaré : "Seul un dirigeant despotique peut gouverner efficacement la foule, car sans despotisme absolu, il ne peut y avoir d'existence pour la civilisation, qui n'a pas été réalisée par les masses, mais par leur guide, quel qu'il soit". Il a prévenu : "Dès que la foule s'empare de la LIBERTÉ, elle tourne rapidement à l'anarchie."

8. Il a ensuite préconisé que l'usage des liqueurs alcooliques, des drogues, de la corruption morale et de toutes les formes de vice soit systématiquement utilisé par leurs "agents"[39] pour corrompre les mœurs de la jeunesse des nations. Il recommande que ces "agents" spéciaux soient formés comme tuteurs, laquais, gouvernantes, commis et par nos femmes dans les lieux de dissipation fréquentés par les Goyim.[40] Et d'ajouter : "Dans le nombre de ces dernières, je compte aussi les soi-disant dames de la société qui suivent volontairement les autres dans la corruption et le luxe. Nous ne devons pas nous arrêter à la corruption, à la tromperie et à la trahison lorsqu'elles doivent servir à atteindre notre but".

9. Passant à la politique, il affirme qu'ils ont le DROIT de s'emparer des biens par n'importe quel moyen, et sans hésitation, s'ils obtiennent ainsi la soumission et la souveraineté. Il déclare : "Notre ÉTAT qui marche sur la voie de la conquête pacifique a le DROIT de remplacer les horreurs des guerres par des condamnations à mort moins visibles et plus satisfaisantes, nécessaires au maintien de la "terreur" qui tend à produire une soumission aveugle".

10. Traitant de l'utilisation des slogans, il déclare : "Dans les temps anciens, nous avons été les premiers à mettre les mots "Liberté",

---

[39] Le mot "agentur" désigne l'ensemble des agents organisés... espions, contre-espions, maîtres chanteurs, saboteurs, personnages de la pègre, et tout ce qui, en dehors de la LOI, permet aux conspirateurs internationaux de réaliser leurs plans et leurs ambitions secrètes.

[40] Le mot "Goyim" désigne tous ceux qui ne font pas partie de leur propre groupe. Les gens sans importance.

"Égalité" et "Fraternité" dans la bouche des masses... des mots répétés jusqu'à ce jour par des perroquets de sondage stupides ; des mots que les prétendus sages des Goyim ne pouvaient pas comprendre dans leur abstraction, et n'ont pas noté la contradiction de leur signification et de leur interrelation". Il affirme que ces mots ont amené sous leur direction et leur contrôle des "légions" "qui ont porté nos bannières avec enthousiasme". Selon lui, il n'y a pas de place dans la nature pour l'"égalité", la "liberté" ou la "fraternité". Sur les ruines de l'aristocratie naturelle et généalogique des Goyim, nous avons créé l'aristocratie de l'ARGENT. La qualification pour cette aristocratie est la RICHESSE qui dépend de nous".

11. Il a ensuite exposé ses théories sur la guerre. En 1773, il a énoncé un principe que les gouvernements de la Grande-Bretagne et des États-Unis ont publiquement annoncé comme leur politique commune en 1939. Il a déclaré que la politique des pays présents devrait être de fomenter des guerres, mais de diriger les conférences de paix de manière à ce qu'aucun des belligérants n'obtienne de gains territoriaux. Il a ajouté que les guerres devraient être dirigées de telle sorte que les nations engagées de part et d'autre soient encore plus endettées et soumises au pouvoir de "nos" agents.

12. Il traite ensuite de l'administration. Il a dit aux personnes présentes qu'elles devaient utiliser leur richesse pour faire choisir sur des candidats aux fonctions publiques qui seraient "serviles et obéissants à nos ordres, afin qu'ils puissent facilement être utilisés comme pions dans notre jeu par les hommes savants et géniaux que nous désignerons pour agir dans les coulisses du gouvernement en tant que conseillers officiels". Il a ajouté : "Les hommes que nous nommerons "conseillers" auront été élevés et formés dès l'enfance conformément à nos idées pour diriger les affaires du monde entier".

13. Il a traité de la propagande et a expliqué comment leur richesse combinée pouvait contrôler tous les moyens d'information publique tout en restant dans l'ombre et à l'abri de tout reproche, quelles que soient les répercussions de la publication de calomnies, de diffamations ou de contre-vérités. L'orateur a déclaré : "Grâce à la presse, nous avons de l'or entre les mains, bien que nous ayons dû le recueillir dans des océans de sang et de larmes.... Mais elle nous a payés même si nous avons sacrifié beaucoup de nos concitoyens. Chaque victime de notre côté vaut mille Goyim".

14. Il expliqua ensuite la nécessité pour leur "Agentur" de toujours sortir au grand jour et d'apparaître sur la scène lorsque les conditions avaient atteint leur niveau le plus bas et que les masses avaient été subjuguées par le besoin et la terreur.. Il a souligné que lorsque le moment est venu de rétablir l'ordre, il faut le faire de manière à ce que les victimes croient qu'elles ont été la proie de criminels et d'irresponsables. En exécutant les criminels et les fous après qu'ils aient mené à bien notre "règne de la terreur" préconçu, nous pouvons nous faire passer pour les sauveurs des opprimés et les champions des travailleurs", a-t-il ajouté. L'orateur a ensuite ajouté : "Nous sommes intéressés par le contraire... par la diminution, l'élimination des Goyim".

15. Il a ensuite expliqué comment les dépressions industrielles et les paniques financières pouvaient être provoquées et utilisées pour servir leurs objectifs en déclarant : "Le chômage et la faim forcés, imposés aux masses en raison du pouvoir que nous avons de créer des pénuries de nourriture, créeront le droit du Capital de régner plus sûrement qu'il n'a été donné à la véritable aristocratie, et par l'autorité légale des Rois." Il a affirmé qu'en faisant contrôler la "foule" par leur agent, la "foule" pourrait ensuite être utilisée pour éliminer tous ceux qui osent se mettre en travers de leur chemin.

16. L'infiltration de la franc-maçonnerie continentale a ensuite fait l'objet d'une discussion approfondie. L'orateur a déclaré que leur but serait de profiter des facilités et du secret offerts par la franc-maçonnerie. Il a souligné qu'ils pourraient organiser leurs propres Loges du Grand Orient au sein de la Franc-maçonnerie bleue afin de poursuivre leurs activités subversives et de dissimuler la véritable nature de leur travail sous le couvert de la philanthropie. Il a déclaré que tous les membres initiés dans leurs Loges du Grand Orient devraient être utilisés à des fins de prosélytisme et pour répandre leur idéologie athée et matérialiste parmi les Goyim. Il a conclu cette phase de la discussion par ces mots. "Lorsque l'heure du couronnement de notre souverain Seigneur du monde sonnera, ces mêmes mains balaieront tout ce qui pourrait se trouver sur son chemin.

17. Il explique ensuite la valeur des tromperies systématiques, soulignant que leurs agents doivent être formés à l'utilisation de phrases à forte consonance et à l'emploi de slogans populaires. Ils doivent faire aux masses les promesses les plus généreuses. Il observe que "le contraire de ce qui a été promis peut toujours être fait par la suite... cela n'a pas d'importance". Il estimait qu'en utilisant des mots tels que "liberté", les Goyim pouvaient être poussés à un tel degré de ferveur patriotique qu'ils pouvaient être amenés à se battre contre les lois de Dieu et de la nature. Il a ajouté : "C'est pour cette raison qu'une fois que nous aurons pris le contrôle, le nom même de Dieu sera effacé du "lexique de la vie"[41]

18. Il détaille ensuite les plans de la guerre révolutionnaire, l'art du combat de rue et le modèle du "règne de la terreur" qui, selon lui, doit accompagner tout effort révolutionnaire "parce que c'est le moyen le plus économique d'amener la population à une soumission rapide".

19. La diplomatie est ensuite abordée. Après toutes les guerres, il faut insister sur la diplomatie secrète "afin que nos agents, qui se font passer pour des conseillers "politiques", "financiers" et "économiques", puissent exécuter nos mandats sans craindre de dévoiler qui est "la puissance secrète" à l'origine des affaires nationales et internationales". L'orateur a ensuite déclaré aux personnes présentes que, par la diplomatie secrète, ils devaient obtenir un contrôle tel "que les nations ne puissent pas parvenir à un accord privé, même minime, sans que nos agents secrets n'y participent".

20. L'ultime gouvernement mondial est l'objectif. Pour atteindre ce but, l'orateur leur dit : "Il sera nécessaire d'établir d'énormes monopoles, des réservoirs de richesses si colossales que même les plus grandes fortunes des Goyim dépendront de nous à un point tel qu'elles s'effondreront en même temps que le crédit de leurs gouvernements LE JOUR D'APRÈS LE GRAND CHOC POLITIQUE". L'orateur a ajouté : "Vous, messieurs ici présents,

---

[41] Le "lexique de la vie" auquel il faisait référence était le plan de création de Dieu tout-puissant.

qui êtes des économistes, vous venez de faire une estimation de l'importance de cette combinaison."

21. La guerre économique. Les plans visant à dépouiller les Goyim de leurs propriétés foncières et de leurs industries ont ensuite été discutés. Une combinaison de taxes élevées et de concurrence déloyale est préconisée pour provoquer la ruine économique des Goyim en ce qui concerne leurs intérêts financiers et leurs investissements nationaux. Dans le domaine international, il a estimé qu'ils pouvaient être encouragés à s'exclure eux-mêmes des marchés. On peut y parvenir en contrôlant soigneusement les matières premières, en organisant l'agitation parmi les travailleurs pour réduire les heures de travail et augmenter les salaires, et en subventionnant les concurrents. L'orateur a averti ses co-conspirateurs qu'ils devaient organiser les choses et contrôler les conditions de manière à ce que "l'augmentation des salaires obtenue par les travailleurs ne leur profite en aucune façon".

22. L'armement. Il a été suggéré que la construction d'armements dans le but d'amener les Goyim à s'entre-détruire soit lancée sur une échelle si colossale qu'en dernière analyse "il ne restera dans le monde que les masses du prolétariat, avec quelques millionnaires dévoués à notre cause... et une police et des soldats suffisants pour protéger nos intérêts".

23. Le nouvel ordre. Les membres du Gouvernement Mondial Unique seront nommés par le Dictateur. Il choisira des hommes parmi les scientifiques, les économistes, les financiers, les industriels, et parmi les millionnaires car "en substance, tout sera réglé par la question des chiffres".

24. L'importance de la jeunesse. L'importance de capter l'intérêt des jeunes a été soulignée par l'avertissement suivant : "Nos agents devraient s'infiltrer dans toutes les classes et à tous les niveaux de la société et du gouvernement, dans le but de tromper, d'embobiner et de corrompre les jeunes membres de la société en leur enseignant des théories et des principes que nous savons être faux".

25. Les lois nationales et internationales ne doivent pas être modifiées mais doivent être utilisées telles quelles pour détruire la

civilisation des Goyim "simplement en les déformant dans une contradiction de l'interprétation qui d'abord masque la loi et ensuite la cache complètement. Notre but ultime est de substituer l'ARBITRAGE au DROIT".

L'orateur a ensuite déclaré à ses auditeurs : "Vous pensez peut-être que les Goyim vont se jeter sur nous avec des armes, mais à l'OUEST nous avons contre cette possibilité une organisation d'une terreur si épouvantable que les cœurs les plus robustes en tremblent... le 'Underground'... Les Métropolitains... Les couloirs souterrains... ils seront établis dans les capitales et les villes de tous les pays avant que ce danger ne menace".

L'utilisation du mot "OUEST" a une grande signification. Il montre clairement que Rothschild s'adressait à des hommes qui avaient rejoint le mouvement révolutionnaire mondial qui avait débuté dans la zone de peuplement à l'EST. Il faut se rappeler qu'avant que Amschel Moses Bauer ne s'installe à Francfort, en Allemagne, il avait exercé son métier d'orfèvre, voyageant beaucoup à l'Est de l'Europe, où il avait sans aucun doute rencontré les hommes auxquels son fils Amschel Mayer s'était adressé après avoir évolué d'un prêteur à un banquier et établi LA MAISON DE ROTHSCHILD dans la Jundenstrasse, où la réunion susmentionnée aurait eu lieu en 1773.

Pour autant que l'on puisse en juger, le plan original de la conspiration s'est achevé là où il s'est achevé ci-dessus. Je suis convaincu que les documents qui sont tombés entre les mains du professeur S. Nilus en 1901, et qu'il a publiés sous le titre "Le péril juif" en 1905 en Russie, étaient un élargissement du plan original. La première partie ne semble pas avoir été modifiée, mais divers ajouts révèlent comment les conspirateurs ont utilisé le darwinisme, le marxisme et même le nietzschéisme. Plus important encore , les documents découverts en 1901 révèlent comment le sionisme devait être utilisé. Il faut rappeler que le sionisme n'a été organisé qu'en 1897.

Cette question est évoquée plus loin, lorsque l'intrigue menant à l'abdication du roi Édouard VIII est expliquée. La traduction que M. Victor Marsden a faite du *Péril juif* a été publiée par The Britons Publishing Society, Londres, Angleterre, sous le titre *The Protocols of The Learned Elders of Zion* (Les Protocoles des Sages de Sion) en 1921. Ce livre est également abordé. Il semble logique de dire que la découverte du dernier document confirme l'existence du premier. Peu de choses ont été modifiées, mais des éléments considérables ont été ajoutés, probablement en raison de l'évolution rapide de la conspiration internationale. Le seul point sur lequel il semble y avoir des motifs de désaccord concerne les titres choisis par le professeur Nilus et M. Marsden pour leurs livres.

M. Marsden affirme clairement que le contenu de son livre est les Protocoles des réunions des Sages de Sion, alors qu'il semblerait qu'il s'agisse d'un complot présenté aux prêteurs, orfèvres, industriels, économistes et autres, par Amschel Mayer Rothschild, qui était passé du statut de prêteur à celui de banquier.

Une fois que l'esprit de révolte contre l'autorité constituée a été éveillé dans les cœurs et les esprits des masses, l'effort révolutionnaire proprement dit est mené sous l'impulsion d'un règne de la terreur préconçu. Le règne de la terreur serait conçu par les dirigeants des Illuminati juifs. Ceux-ci, à leur tour, demanderaient à leurs agents de s'infiltrer dans la franc-maçonnerie française nouvellement organisée et d'y établir des loges de la maçonnerie du Grand Orient qui serviraient de clandestinité révolutionnaire et d'instrument de prosélytisme de la doctrine du matérialisme athée, dialectique et historique. Rothschild termina son discours en soulignant que si les précautions nécessaires étaient prises, leurs liens avec le mouvement révolutionnaire ne seraient jamais connus.

On peut se poser la question suivante : "Comment peut-on prouver que ces réunions secrètes ont eu lieu ?" et "Si elles ont eu lieu, comment peut-on prouver quels sujets ont été discutés lors de ces réunions ?". La réponse est simple. Le complot diabolique a été révélé par un "acte de Dieu".

En 1785, un messager galopait follement à cheval de Francfort à Paris, porteur d'informations détaillées sur le mouvement révolutionnaire mondial en général et d'instructions pour la révolution française prévue en particulier. Ces instructions émanaient des Illuminati juifs en Allemagne et étaient adressées au Grand Maître des Maçons du Grand Orient en France. Les loges du Grand Orient avaient été créées par le duc d'Orléans en tant que mouvement révolutionnaire clandestin après que celui-ci, en tant que Grand Maître de la Maçonnerie française, eut été initié par Mirabeau aux Illuminati juifs de Francfort. Le courrier fut foudroyé lors de son passage à Ratisbonne et tué. Les documents qu'il transportait tombèrent entre les mains de la police qui les remit au gouvernement bavarois. Une série d'événements historiques racontés dans l'ordre chronologique relie la Maison Rothschild aux Illuminati juifs de Francfort et aux Illuminati au sein de la franc-maçonnerie française , connue sous le nom de Loges du Grand Orient, comme nous le verrons plus loin.

On a vu comment les rabbins juifs revendiquaient le pouvoir d'interpréter les significations secrètes et cachées des écrits de la Sainte Écriture par une révélation spéciale obtenue par le biais de la Cabale. Revendiquer de tels pouvoirs n'était guère utile s'ils ne disposaient pas d'une organisation ou d'un instrument leur permettant de mettre en œuvre l'inspiration qu'ils prétendaient avoir reçue. Les prêteurs, certains grands prêtres, directeurs et anciens décidèrent d'organiser une société très secrète pour servir leurs objectifs maléfiques - ils l'appelèrent "les Illuminati". Le mot Illuminati est dérivé du mot Lucifer, qui signifie "porteur de lumière" ou "être d'une brillance extraordinaire". Par conséquent, les Illuminati ont été organisés pour exécuter les inspirations données aux grands prêtres par Lucifer pendant l'exécution de leurs rites cabalistiques. C'est donc à juste titre que le Christ les a désignés comme faisant partie de la Synagogue de Satan. Le Conseil suprême des Illuminati juifs était au nombre de treize. Ils étaient, et sont toujours, l'organe exécutif du Conseil des Trente-Trois. Les chefs des Illuminati juifs prétendent posséder une connaissance superlative de tout ce qui a trait à la doctrine religieuse, aux rites religieux et aux cérémonies religieuses. Ce sont eux qui ont conçu l'idéologie athée et matérialiste qui a été publiée en 1848 sous le nom de "Manifeste communiste" par Karl Marx. Marx était le neveu d'un rabbin juif, mais il s'est dissocié officiellement de la grande prêtrise juive lorsqu'il a été désigné pour exercer ses importantes fonctions, mettant une fois de plus en pratique le principe de fonctionnement de la société par actions.

La raison pour laquelle le Conseil suprême comptait treize membres était de rappeler aux membres que leur seul et unique devoir était de détruire la religion fondée par le Christ et ses douze apôtres.[42] Pour garantir le secret et éviter la possibilité d'une trahison à la Judas, chaque homme initié aux Illuminati devait prêter serment d'obéissance

---

[42] Il y avait également treize tribus d'Israël, ce qui pourrait avoir un rapport avec la question des nombres.

illimitée au chef du Conseil des Trente-Trois et ne reconnaître aucun mortel comme étant au-dessus de lui. Dans une organisation comme les Illuminati, cela signifiait que chaque membre reconnaissait le chef du Conseil des Trente-Trois comme son Dieu sur cette terre. Ce fait explique comment les communistes de haut niveau, même aujourd'hui, jurent sous serment qu'ils ne prêtent pas allégeance à la Russie. Ils ne le font pas. Ils ne prêtent allégeance qu'au chef des directeurs du Mouvement révolutionnaire mondial.

Le Conseil Suprême décida d'utiliser la Loge d'Ingolstadt pour organiser une campagne par laquelle les agents ou les cellules des Illuminati s'infiltreraient dans la franc-maçonnerie continentale et, sous le couvert de la jouissance sociale et de la philanthropie publique, organiseraient leur révolution clandestine. Ceux qui se sont infiltrés dans la franc-maçonnerie continentale ont reçu l'ordre d'établir des loges du Grand Orient et de les utiliser pour le prosélytisme afin qu'ils puissent rapidement contacter des non-Juifs riches, bien placés et influents, liés à la fois à l'Église et à l'État. Ensuite, en utilisant les méthodes ancestrales de corruption, ils pouvaient les amener à devenir, volontairement ou non, des disciples de l'Illuminisme. Ils pourraient les amener à prêcher l'inversion des dix commandements de Dieu. Ils pourraient les amener à prôner le matérialisme athée.

Une fois cette politique décidée, les agents du Conseil suprême contactent le marquis de Mirabeau comme la personne la plus apte à servir leurs desseins en France. Il appartient à la noblesse. Il avait une grande influence dans les cercles de la cour, c'était un ami intime du duc d'Orléans qu'ils avaient décidé d'utiliser comme homme de paille pour diriger la révolution française. Mais plus important encore, le marquis de Mirabeau était dépourvu de morale et ses excès licencieux l'avaient conduit à s'endetter lourdement.

Les prêteurs n'ont aucun mal à contacter Mirabeau, le célèbre orateur français, par l'intermédiaire de leurs agents. Sous l'apparence d'amis et d'admirateurs, ils lui proposent de l'aider à sortir de ses difficultés financières. En réalité, ils l'ont entraîné sur le "chemin de l'herbe", dans les profondeurs du vice et de la débauche , jusqu'à ce qu'il soit si endetté qu'il soit contraint d'obéir à leurs ordres. Lors d'une réunion visant à consolider ses dettes, Mirabeau est présenté à Moïse Mendelssohn, l'un des grands financiers juifs, qui le prend en charge. Mendelssohn présente alors Mirabeau à une femme, célèbre pour sa beauté et son charme, mais sans scrupules moraux.

Cette superbe juive est mariée à un certain Herz, mais pour un homme comme Mirabeau, le fait qu'elle soit mariée ne fait que la rendre plus désirable. Très vite, elle passe plus de temps avec Mirabeau qu'avec son mari. Lourdement endetté auprès de Mendelssohn, étroitement piégé par Mme Herz, Mirabeau est totalement désemparé... Il avait avalé leur appât à la ligne, à l'hameçon et au plomb. Mais, en bons pêcheurs, ils ont joué avec douceur pendant un certain temps. S'ils exerçaient une pression trop forte, le fil risquait de se rompre et le poisson de s'échapper. Leur prochaine étape a été de l'initier à l'Illuminisme. Il a prêté serment de garder le secret et d'obéir sans limite sous peine de mort. L'étape suivante consistait à l'entraîner dans des situations compromettantes qui devenaient mystérieusement publiques. Cette méthode de destruction du caractère d'un homme est connue sous le nom de pratique de l'*infamie*. À cause des scandales et de la détraction organisée, Mirabeau est mis au ban de la société par nombre de ses égaux. Son ressentiment a engendré un désir de vengeance et c'est ainsi qu'il a embrassé la cause révolutionnaire.

La tâche de Mirabeau est d'inciter le duc d'Orléans à prendre la tête du mouvement révolutionnaire en France. Il était sous-entendu qu'une fois que le roi aurait été contraint d'abdiquer, il deviendrait le dirigeant démocratique de la France. Les véritables auteurs de la Révolution française ont pris soin de ne pas faire savoir à Mirabeau et au duc d'Orléans qu'ils avaient l'intention d'assassiner le roi et la reine, ainsi que des milliers de membres de la noblesse. Ils ont fait croire à Mirabeau et au duc d'Orléans que le but de la révolution était de libérer la politique et la religion de la superstition et du despotisme. Un autre facteur qui a poussé les hommes qui étaient Le pouvoir secret derrière le mouvement révolutionnaire à décider que le duc d'Orléans devait être leur homme de paille était le fait qu'il était le Grand Maître de la franc-maçonnerie française.

Adam Weishaupt a été chargé d'adapter le rituel et les rites de l'Illuminisme en vue de l'initiation à la Maçonnerie du Grand Orient. Il vit également à Francfort, en Allemagne. Mirabeau présente le duc d'Orléans et son ami Talleyrand à Weishaupt qui les initie aux secrets de la Maçonnerie du Grand Orient. À la fin de l'année 1773, Philippe, Duc d'Orléans avait introduit le rituel du Grand Orient dans la franc-maçonnerie française. En 1788, il y avait plus de deux mille loges en France affiliées à la Maçonnerie du Grand Orient et le nombre d'adeptes individuels dépassait les cent mille. C'est ainsi que les Illuminati juifs de Moïse Mendelssohn ont été introduits dans la franc-maçonnerie continentale par Weishaupt sous la forme de loges du Grand Orient. Les Illuminati juifs organisèrent ensuite des comités révolutionnaires secrets au sein des loges. C'est ainsi que les directeurs révolutionnaires clandestins ont été établis dans toute la France.

Une fois que Mirabeau eut réussi à faire amalgamer par le duc d'Orléans la franc-maçonnerie bleue ou nationale en France avec les rites du Grand Orient, il entraîna son ami sur le même "chemin de traverse" qui l'avait conduit à sa propre mise au ban de la société. En quatre ans exactement, le duc d'Orléans était si lourdement endetté qu'il était PERSUADÉ de s'engager dans toutes les formes de trafic et de commerce illégaux pour récupérer ses pertes. Mais d'une manière mystérieuse, ses entreprises semblaient toujours mal tourner et il perdait de plus en plus d'argent.

En 1780, il doit 800 000 livres. Une fois de plus, les prêteurs se présentent et lui offrent des conseils sur ses transactions commerciales et une aide financière. Ils l'amènent très gentiment à leur céder, en garantie de leurs emprunts, son palais, ses domaines, sa maison et le Palais Royal. Le duc d'Orléans signa un accord en vertu duquel ses financiers juifs étaient autorisés à gérer ses propriétés et ses domaines de manière à lui assurer des revenus suffisants pour faire face à ses obligations financières et lui laisser un revenu stable et adéquat.

Le duc d'Orléans n'a jamais été très brillant en matière financière. Pour lui, l'accord qu'il a signé avec ses banquiers juifs semble être une bonne affaire financière. Ils avaient proposé de gérer ses affaires et de les transformer d'un échec lamentable en un grand succès financier. Que pouvait-il vouloir de plus ? Il est douteux que le duc d'Orléans se soit douté qu'un nègre était caché au fond de la pile de bois. Il n'est pas certain qu'il se soit douté qu'il s'était vendu corps et âme aux agents du diable... Mais il l'avait fait. Il était complètement entre leurs mains.[43]

---

[43] Ces mêmes mauvais génies ont utilisé leurs agents pour endetter William Pitt et le forcer à démissionner de son poste de Premier ministre d'Angleterre parce que, au début de son ministère, il a obstinément refusé que l'Angleterre soit impliquée dans des guerres qu'ils avaient planifiées pour servir leurs propres plans et ambitions secrètes. Pitt avait beaucoup appris sur le rôle joué par les barons de l'argent dans les affaires internationales lorsqu'il était chancelier de l'Échiquier en 1785.

Les puissances secrètes qui dirigent la Révolution française ont nommé Choderlos de Laclos pour gérer le Palais Royal et les domaines du duc d'Orléans. On pense que De Laclos était un juif d'origine espagnole. Lorsqu'il est nommé directeur du Palais Royal, il est acclamé comme l'auteur des Liaisons Dangereuses et d'autres œuvres pornographiques. Il défendit publiquement son extrême immoralité en affirmant qu'il étudiait la politique de l'amour sous tous ses aspects parce qu'il aimait la politique.

Peu importe qui était Choderlos de Laclos, c'est ce qu'il a fait qui est important. Il a transformé le Palais Royal en la plus grande et la plus notoire maison d'infamie que le monde ait jamais connue. Au Palais Royal, il a mis en place toutes sortes de divertissements obscènes, de conduites licencieuses, de spectacles impudiques, de galeries d'images obscènes, de bibliothèques pornographiques, et a organisé des expositions publiques des formes les plus bestiales de dépravation sexuelle. Des possibilités spéciales étaient offertes aux hommes et aux femmes qui souhaitaient s'adonner à toutes les formes de débauche. Le Palais Royal devient le centre où sont conçus et mis en œuvre les détails de la campagne de destruction systématique de la foi religieuse et de la morale publique françaises. Cette campagne était fondée sur la théorie cabalistique selon laquelle le meilleur révolutionnaire est un jeune dépourvu de morale.

Un juif de Palerme, Cagliostro, alias Joseph Balsamo, est associé à de Laclos. Il transforme l'une des propriétés du duc en une imprimerie d'où il publie des pamphlets révolutionnaires. Balsamo organise une équipe de propagandistes révolutionnaires. Outre la littérature, ils organisent des concerts, des pièces de théâtre et des débats destinés à faire appel aux plus bas instincts de la nature humaine et à faire avancer la cause révolutionnaire. Balsamo a également organisé les réseaux d'espionnage qui ont permis aux hommes qui étaient la puissance secrète derrière le mouvement révolutionnaire de mettre en œuvre leur plan de L'Infamie qui devait être utilisé pour l'assassinat systématique de personnages gênants leurs plan.

Les hommes et les femmes attirés par la toile tissée par de Laclos et Balsamo pouvaient être soumis à un chantage pour répondre à leurs besoins. C'est ainsi que les domaines du duc d'Orléans devinrent le centre de la politique révolutionnaire tandis que, sous le couvert de salles de conférences, de théâtres, de galeries d'art et de clubs d'athlétisme, les salles de jeu, les maisons closes et les magasins de vins et de drogues faisaient un commerce florissant.

C'est dans ce monde souterrain révolutionnaire que les dirigeants potentiels ont d'abord été pris au piège. Leurs consciences ont d'abord été endormies par des associations malveillantes, puis tuées par l'indulgence à l'égard de pratiques malveillantes. Les domaines du duc d'Orléans étaient transformés en usines dans lesquelles le pouvoir secret derrière le mouvement révolutionnaire mondial fabriquait les pièces qu'il avait l'intention d'utiliser dans son jeu d'échecs international. Scudder, qui a écrit "Prince de sang", dit du Palais Royal : "Il donnait à la police plus de travail que tous les autres quartiers de la ville". Mais pour le public, ce lieu infâme était la propriété du duc d'Orléans, cousin du roi. Seule une poignée d'hommes et de femmes savent que les usuriers la contrôlent et l'utilisent pour créer une organisation révolutionnaire qui sera l'instrument de leur vengeance et leur manuel d'action pour réaliser leurs objectifs et leurs ambitions secrètes.

Après avoir été lus par la police, les documents secrets trouvés sur le corps du Courrier ont été transmis au gouvernement bavarois. Le gouvernement bavarois a ordonné à la police de perquisitionner le siège des Illuminati. D'autres preuves ont été obtenues qui ont révélé les ramifications étendues du Mouvement révolutionnaire mondial. Les gouvernements français, anglais, polonais, allemand, autrichien et russe ont été informés de la nature internationale du complot révolutionnaire, mais comme cela s'est produit à maintes reprises depuis, les gouvernements concernés n'ont pris aucune mesure sérieuse pour mettre fin à la conspiration diabolique. Pourquoi ? La seule réponse à cette question est la suivante : Le pouvoir des hommes à l'origine du mouvement révolutionnaire mondial est plus grand que le pouvoir de n'importe quel gouvernement élu. Ce fait sera prouvé à maintes reprises au fur et à mesure que l'histoire se déroulera.

Les hommes malveillants qui complotent et planifient le W.R.M. ont un autre avantage sur les personnes honnêtes. La personne moyenne, qui croit en Dieu et trouve du plaisir et de la joie dans les belles choses dont Dieu nous a gratifiés, ne peut tout simplement pas se résoudre à croire qu'un plan diabolique de haine et de vengeance puisse être conçu par des êtres humains. Bien que tous les chrétiens croient très sincèrement que la grâce de Dieu pénètre dans leur propre âme lorsqu'ils assistent à leurs services religieux, reçoivent les sacrements et récitent leurs prières, ils ne peuvent s'y résoudre par les cérémonies et les rites des Illuminati, qu'il s'agisse de la Cabale sémitique ou du Grand Orient païen aryen, le Diable inocule son influence et ses pouvoirs maléfiques dans les cœurs et les âmes des hommes et des femmes qui acceptent comme religion le satanisme ou l'athéisme et mettent en pratique les théories de leurs grands prêtres.

Quelques illustrations seront données pour montrer comment les individus et les gouvernements sont restés tout aussi stupides et naïfs par rapport aux avertissements qui leur ont été donnés concernant le mécanisme maléfique des véritables dirigeants du Mouvement Révolutionnaire Mondial.

Après que plusieurs gouvernements n'ont pas réagi aux informations communiquées par la police bavaroise en 1785, la sœur de Marie-Antoinette lui a écrit des lettres personnelles pour l'avertir du complot révolutionnaire, des liens avec les banquiers internationaux, du rôle que la franc-maçonnerie était destinée à jouer et du danger qu'elle courait elle-même. Marie-Antoinette (1755 - 1793) était la fille de l'empereur François Ier d'Autriche.

Elle a épousé Louis XVI de France. Elle ne pouvait se résoudre à croire aux terribles événements que sa propre sœur lui annonçait comme étant préparés par les Illuminati. Aux avertissements répétés de sa sœur, Marie-Antoinette répond par de longues lettres.

À l'affirmation de sa sœur selon laquelle des preuves avaient été obtenues que les Illuminati, agissant sous le couvert de la franc-maçonnerie philanthropique, projetaient de détruire à la fois l'Église et l'État en France, Marie-Antoinette a répondu : "Je crois qu'en ce qui concerne la France, vous vous inquiétez trop de la franc-maçonnerie. Elle est loin d'avoir ici l'importance qu'elle peut avoir ailleurs en Europe".

L'histoire nous apprend à quel point elle s'est trompée. Parce qu'elle a toujours refusé d'écouter les avertissements répétés de sa sœur, elle et son mari sont morts sous la guillotine.

Entre 1917 et 1919, le gouvernement britannique a reçu des informations complètes sur les banquiers internationaux qui étaient à l'époque la puissance secrète derrière le W.R.M. Ces informations ont été communiquées officiellement par des agents des services de renseignements britanniques et américains et confirmées par M.

Oudendyke et Sir M. Findlay. M. Oudendyke était à l'époque le représentant du gouvernement néerlandais à Saint-Pétersbourg (aujourd'hui Leningrad). Il a veillé aux intérêts de la Grande-Bretagne après que la mafia eut détruit l'ambassade britannique et tué le commandant E.N. Cromie. Cet aspect de la W.R.M. est traité en détail dans les chapitres suivants consacrés à la Russie.

La majorité des étudiants en histoire pensent que Marie-Antoinette était une femme qui participait pleinement à l'esprit et à la gaieté de la cour de France. Il est généralement admis qu'elle s'est engagée dans de nombreuses liaisons amoureuses avec les amis proches de son mari et qu'elle s'est livrée à des extravagances inconsidérées. Tel est le portrait que Balsamo et ses propagandistes ont dressé d'elle. Le fait qu'ils aient fait coller leur *L'Infamie* leur a permis de faire réclamer sa vie par la foule. Mais leur version de la conduite de Marie-Antoinette est un tissu de mensonges, comme l'ont prouvé les historiens. La force d'âme avec laquelle elle a supporté les souffrances que lui infligeaient ses ennemis, la dignité avec laquelle elle a affronté son destin, la résignation et le courage avec lesquels elle a offert sa vie sur l'échafaud, ne peuvent être conciliés avec les caractéristiques d'une femme dévergondée.

Pour diffamer Marie-Antoinette, Weishaupt et Mendelssohn ont eu l'idée du collier de diamants. À l'époque, les ressources financières de la France étaient au plus bas et le gouvernement français suppliait les grands argentiers internationaux de lui accorder de nouveaux crédits. Un agent secret des archi-conspirateurs commanda un fabuleux collier de diamants aux joailliers de la Cour. La commande de ce collier, dont la valeur est estimée à un quart de million de livres, est passée au nom de la Reine. Lorsque les joailliers de la cour ont présenté le collier de diamants à la reine pour qu'elle l'accepte, elle a refusé de s'en mêler. Elle n'a pas eu connaissance de la transaction. Mais la nouvelle du fabuleux collier s'est répandue comme les comploteurs l'avaient prévu. Balsamo met en place sa machine de propagande. Marie-Antoinette est inondée de critiques, son caractère est sali, sa réputation est traînée dans la boue par une campagne de dénigrement. Et, comme d'habitude, personne n'a jamais pu mettre le doigt sur la ou les personnes à l'origine de ces calomnies. Après cette accumulation, Balsamo a mis au point son propre chef-d'œuvre. Ses presses ont produit des milliers de pamphlets qui prétendaient qu'un amant secret de la reine avait envoyé le collier en remerciement de ses faveurs.

Mais les responsables de *L'Infamie* ont imaginé des calomnies encore plus diaboliques à faire circuler sur la Reine. Ils écrivirent une lettre au Cardinal Prince de Rohan dans laquelle ils imitèrent la signature de la Reine. Dans cette lettre, il lui est demandé de la rencontrer au Palais Royal vers minuit pour discuter de l'affaire du collier de diamants. Une prostituée du Palais Royal a été engagée pour se déguiser en la Reine et impliquer le Cardinal. L'incident est repris dans les journaux et les brochures et les insinuations les plus grossières circulent, impliquant deux des plus hauts personnages de l'Église et de l'État.

L'histoire rapporte qu'une fois que le collier de diamants a rempli sa fonction, il a été transporté en Angleterre et démonté. Un juif du nom d'Eliason aurait conservé la majorité des précieux diamants utilisés dans sa composition d'origine.

Un autre élément de preuve établissant un lien entre les prêteurs juifs anglais et le complot visant à provoquer la Révolution française a été découvert par Lady Queensborough, auteur de *"Occult Theocrasy"* *(Théocratie occulte)*. Alors qu'elle effectuait des recherches sur le site , elle a lu un exemplaire de "L'Anti-Semitisme" écrit par un juif nommé Bernard Lazare et publié en 1849. Grâce aux informations obtenues dans ce livre, Lady Queensborough affirme que Benjamin Goldsmid, son frère Abraham, leur associé Moses Mecatta et son neveu Sir Moses Montifiore étaient des financiers juifs en Angleterre qui étaient certainement affiliés à leurs frères juifs du continent dans le complot visant à provoquer la révolution en France. D'autres preuves ont été trouvées pour relier Daniel Itsig de Berlin, son gendre David Friedlander et Herz Gergbeer d'Alsace aux Rothschild et au complot. C'est ainsi que sont révélés les hommes qui, à l'époque, constituaient le pouvoir secret derrière le Mouvement révolutionnaire mondial.

Il est important de connaître les méthodes utilisées par ces hommes pour mettre le gouvernement français en difficulté financière, car elles ont servi de modèle aux États-Unis, à la Russie, à l'Espagne et à d'autres pays par la suite.

Sir Walter Scott, dans le deuxième volume de sa Vie de Napoléon, raconte clairement les premiers mouvements. Il résume ensuite la situation en ces termes...

> "Ces financiers se sont servis du gouvernement (français) comme les prodigues en faillite sont traités par les usuriers qui, nourrissant l'extravagance d'une main, de l'autre arrachent à leurs fortunes

ruinées les récompenses les plus déraisonnables pour leurs avances. Par une longue succession de ces prêts ruineux, et de divers droits accordés pour les garantir, les finances de la France tout entière ont été mises dans une confusion totale"[44]

Lorsque le gouvernement français a été contraint de solliciter d'énormes prêts en raison des dettes contractées en menant des guerres pour servir les ambitions secrètes des conspirateurs internationaux, il a très gentiment proposé de fournir l'argent à condition de pouvoir rédiger les termes de l'accord. À première vue, leurs conditions étaient très clémentes. Mais une fois de plus, ils avaient placé un nègre dans la pile à bois en la personne de M. Necker. Celui-ci devait être nommé au Conseil du roi de France en tant que ministre en chef des affaires financières. Les financiers juifs ont souligné que ce magicien des finances sortirait la France de ses difficultés monétaires en moins de temps qu'il n'en faut pour le dire. Ce qu'il fit en réalité au cours des quatre années suivantes fut d'impliquer le gouvernement français de manière si importante avec les financiers juifs que la dette nationale augmenta jusqu'à atteindre 170 000 000 de livres sterling.

Le capitaine A.H.M. Ramsay résume bien la situation dans *La guerre sans nom*.[45] Il y déclare : "La guerre sans nom n'est pas un problème :

> "La révolution est un coup porté à un paralytique.... Lorsque l'emprise de la dette a été fermement établie, le contrôle de toute forme de publicité et d'activité politique suit rapidement, ainsi qu'une emprise totale sur les industriels, [à la fois le patronat et les syndicats]. La scène est alors prête pour le coup révolutionnaire. L'emprise de la main droite de la finance établit la paralysie, tandis que la main gauche révolutionnaire tient le poignard et porte le coup fatal. La corruption morale facilite l'ensemble du processus".

---

[44] En raison des propos antisémites qu'il aurait tenus, les œuvres importantes de Sir Walter Scott, qui comprennent au total neuf volumes traitant de nombreuses phases de la Révolution française, ont été passées sous silence par ceux qui contrôlent les maisons d'édition ainsi que la plus grande partie de la presse. Elles sont pratiquement introuvables, sauf dans les bibliothèques des musées, et ne sont jamais répertoriées avec les autres œuvres de l'auteur.

[45] Publié par Omnia Veritas Ltd, www.omnia-veritas.com.

Tandis que les feuilles de propagande de Balsamo accablent les hauts fonctionnaires de l'Église et de l'État, les agents spéciaux des Illuminati organisent les hommes qui seront utilisés comme leaders dans le règne de la Terreur prévu pour accompagner l'effort révolutionnaire.

Parmi ces dirigeants, on trouve Robespierre, Danton et Marat. Pour dissimuler leur véritable objectif, les hommes qui devaient libérer les prisonniers et les fous afin de créer l'atmosphère nécessaire à l'instauration du règne de la Terreur se réunissaient dans le couvent jacobéen. Entre les murs de l'édifice sacré, les détails du plan sanglant sont mis au point.

Les listes des réactionnaires à liquider sont dressées. On expliqua que pendant que les criminels et les fous se déchaînaient pour terroriser la population en commettant des meurtres en masse et des viols en public, les travailleurs clandestins organisés, sous la direction de Manuel, procureur de la Commune, rassembleraient toutes les personnalités politiques importantes, les chefs du clergé et les officiers militaires connus pour leur loyauté envers le roi.[46] Les hommes qui émergent de la clandestinité organisée par les juifs sont regroupés dans des clubs jacobins.

Sous la direction de chefs qui connaissaient parfaitement les tâches qui leur incombaient pour diriger le "règne de la terreur", ils ont perpétré des atrocités de masse afin de servir les objectifs de leurs maîtres cachés et de les faire progresser vers leur but ultime.

---

[46] Sir Walter Scott - "Life of Napoleon", Vol. 2, P. 30 - dit : "La demande de la Communauté de Paris, devenue le Sanhédrin des Jacobins, était bien sûr du sang".

Chapitre 4

La chute de Napoléon

Les banquiers internationaux ont planifié la Révolution française afin de devenir la puissance secrète derrière les gouvernements d'Europe et de faire avancer leurs plans à long terme.

Avec le déclenchement de la révolution, les Jacobins ont pris le contrôle de la situation. Il s'agit d'hommes triés sur le volet par les Illuminati et la Maçonnerie du Grand Orient. Ils ont utilisé le duc d'Orléans pour servir leurs desseins jusqu'au moment où il a dû voter la mort de son cousin le roi. Le duc croyait qu'il deviendrait le monarque constitutionnel, mais les Jacobins avaient d'autres instructions. Une fois qu'il a voté la mort du roi et qu'il en a assumé la responsabilité, il a laissé les vrais comploteurs à l'abri de tout soupçon. Alors, ceux qui constituaient le pouvoir secret de la révolution ont ordonné qu'il soit également liquidé. Ils ont utilisé toute la force de leur propagande et de *L'Infamie* contre lui. En un temps incroyablement court, il se dirigea vers la guillotine. Alors qu'il roulait sur les pavés de la charrette de la mort, il s'entendit injurier et exécrer par toutes les classes du peuple.

Lorsque Mirabeau se rendit compte du terrible instrument de vengeance qu'il avait contribué à faire naître, il se repentit. Sauvage et dissolu comme il l'avait été, il n'a pas supporté de voir les atrocités terribles et choquantes que les Jacobins commettaient systématiquement sur tous ceux qui étaient désignés par leurs maîtres secrets pour être outragés et tués. Mirabeau était en fait opposé à toute violence à l'égard du roi. Son projet personnel était de réduire Louis XVI à l'état de monarque limité, puis de se faire nommer son principal conseiller. Lorsqu'il se rendit compte que ses maîtres étaient déterminés à tuer le roi, il essaya de faire en sorte que Louis s'échappe de Paris afin qu'il puisse se placer sous la protection de ses fidèles généraux qui commandaient encore son armée. Lorsque ses plans sont trahis par les Jacobins, Mirabeau est également liquidé. Dans son cas, une exécution publique n'a pas pu être organisée parce que ses ennemis ne pensaient pas avoir le temps de formuler des accusations contre lui et de les faire tenir, alors il a été empoisonné. Sa mort a été maquillée en suicide. Un livre a été écrit sur Le collier de diamants déjà mentionné. On y trouve la remarque significative suivante : "Louis n'ignorait pas que Mirabeau avait été empoisonné".

Danton et Robespierre étaient les deux incarnations du diable qui ont déclenché le règne de la Terreur conçu par les Illuminati pour leur permettre de se venger de leurs ennemis et d'éliminer les personnes qu'ils considéraient comme des obstacles sur leur chemin. Pourtant, lorsqu'ils eurent atteint leur but, leurs deux principaux bourreaux furent arrêtés et accusés de leurs nombreuses infamies, puis exécutés.[47]

Lafayette était franc-maçon. C'était un homme de bien. Il a rejoint les forces révolutionnaires parce qu'il croyait sincèrement qu'une action révolutionnaire était nécessaire pour apporter rapidement les réformes indispensables. Mais Lafayette n'a jamais pensé un seul instant qu'il allait conduire le peuple de France de son ancienne oppression à une nouvelle sujétion. Lorsqu'il a tenté de sauver le roi, il a été envoyé faire la guerre en Autriche.

Depuis la Révolution française de 1789 jusqu'aux révolutions d'aujourd'hui, le pouvoir secret qui les sous-tend a utilisé de nombreux Ducs d'Orléans, Mirabeaus et Lafayettes. Bien que ces hommes aient porté noms différents, ils ont tous été utilisés comme des outils et ont joué des rôles similaires. Ils ont été utilisés pour fomenter les révolutions et, après avoir rempli leur mission, ils ont été liquidés par ceux-là mêmes qu'ils servaient. Leur mort est toujours arrangée de telle sorte qu'ils meurent sous une chape de culpabilité qui aurait dû légitimement recouvrir les épaules des hommes qui restent Le pouvoir secret dans les coulisses de l'intrigue internationale. Sir Walter Scott comprenait très bien le fonctionnement de La puissance secrète dans les

---

[47] Il est intéressant de le noter. Dans le numéro 15 des *Protocoles de Sion*, on peut lire : "Nous exécutons les francs-maçons de telle manière que personne, hormis la confrérie, ne puisse jamais en avoir le moindre soupçon", et encore : "C'est de cette manière que nous procéderons avec les francs-maçons GOY qui en savent trop". E. Scudder, dans sa "Vie de Mirabeau", dit : "Il (Mirabeau) est mort à un moment où la révolution pouvait encore être enrayée".

coulisses de la Révolution française. Quiconque lit sa *Vie de Napoléon* sent que l'auteur a cru déceler l'origine juive des complots.[48]

Sir Walter souligne que les véritables acteurs de la révolution étaient pour la plupart des étrangers. Il a observé qu'ils utilisaient des termes typiquement juifs, tels que "directeurs" et "anciens", dans leur travail. Il souligne qu'un homme du nom de Manuel a été mystérieusement nommé procureur de la Commune sur le site. Sir Walter affirme que cet homme était responsable de l'arrestation et de la détention, dans les prisons de toute la France, des victimes des massacres préétablis qui ont eu lieu en septembre 1792. Au cours de ces massacres, 8 000 victimes ont été assassinées dans les seules prisons de Paris. Sir Walter a également noté que la Communauté de Paris est devenue le SANHEDRIN des Jacobins qui réclamaient du sang et encore du sang. Scott raconte que Robespierre, Danton et Marat, jusqu'à ce qu'ils aient atteint leur but, se partageaient les hauts lieux du SYNAGOGUE des Jacobins. (C'est Manuel qui a déclenché l'attaque contre le roi Louis et Marie-Antoinette qui les a finalement conduits à la guillotine. Manuel était bien soutenu par un homme nommé David qui, en tant que membre éminent du Comité de salut public, jugeait les nombreuses victimes de Manuel. La voix de David appelait toujours au sang et à la mort.

Sir Walter raconte que David avait l'habitude de faire précéder son "travail sanglant de la journée par la phrase professionnelle "broyons assez de rouge". C'est David qui a introduit le culte de l'Être suprême. Le rituel païen était une momerie cabalistique qui remplaçait tout signe extérieur de dévotion rationnelle. Scott mentionne également que Choderlos de Laclos, dont on pense qu'il était d'origine espagnole, était le directeur du Palais Royal qui joua un rôle si diabolique dans les préparatifs du déclenchement de la Révolution. Un autre point important est le suivant : Après la liquidation de Robespierre, deux hommes, Reubel et Gohir, furent nommés directeurs du Conseil des Anciens. Avec trois autres personnes, ils devinrent pour un temps le

---

[48] Mes recherches prouvent que les hommes qui ont constitué les puissances secrètes dans les coulisses de l'intrigue internationale et dirigé le W.R.M. et le plan nazi de conquête du monde n'étaient pas tous d'origine sémite ou membres de la religion juive. Je suis certain qu'ils appartenaient tous aux Illuminati, quelle que soit leur origine raciale. Les barons de l'argent, les monopoles industriels, les politiciens cupides n'ont jamais hésité à blâmer les Juifs et les Gentils pour les crimes qu'ils ont commis contre l'humanité.

véritable gouvernement de la France. Les cinq hommes mentionnés étaient connus sous le nom de Directoires. Il est tout à fait remarquable que la *Vie de Napoléon* de Sir Walter Scott (en neuf volumes), qui révèle une grande partie de la vérité, soit pratiquement inconnue.[49]

Il faut mentionner la *Vie de Robespierre* de G. Renier. Il écrit comme si certains secrets lui étaient connus. Il dit : "Du 27 avril au 28 juillet 1794 (date de la défaite de Robespierre), le règne de la terreur fut à son apogée. Ce ne fut jamais la dictature d'un seul homme, encore moins celle de Robespierre. Une vingtaine d'hommes se partageaient le pouvoir". Et encore : "Le 28 juillet, Robespierre prononça un long discours devant la Convention... une philippique contre les ultra-terroristes... au cours de laquelle il lança des accusations vagues et générales". Robespierre aurait dit

> "Je n'ose pas les nommer en ce moment et en ce lieu. Je ne peux me résoudre à déchirer entièrement le voile qui couvre ce profond mystère d'iniquité. Mais je puis affirmer très positivement que parmi les auteurs de ce complot se trouvent les agents de ce système de corruption et d'extravagance, le plus puissant de tous les moyens inventés par les étrangers pour détruire la République : Je veux parler des apôtres impurs de l'athéisme et de l'immoralité qui en est la base".

a ajouté M. Renier :

> "S'il (Robespierre) n'avait pas prononcé ces mots, il aurait peut-être encore triomphé".

Robespierre en avait trop dit. Il fut délibérément abattu d'une balle dans la mâchoire pour le faire taire jusqu'à ce qu'il puisse être traîné à la guillotine le jour suivant. C'est ainsi qu'un autre franc-maçon, qui en savait trop, a été éliminé. Lorsque les événements qui ont conduit aux révolutions russe et espagnole seront passés en revue, il sera démontré que la section révolutionnaire cachée des Illuminati au sein des loges du Grand Orient de la franc-maçonnerie continentale était l'instrument

---

[49] Les volumes ne sont jamais mentionnés ou réimprimés avec ses autres œuvres. Ils sont pratiquement introuvables. Au fur et à mesure que l'histoire du Pouvoir secret se déroulera, le lecteur se rendra compte de l'importance de ce fait significatif qui illustre la façon dont les canaux de publicité sont contrôlés.

des hommes qui constituaient le pouvoir secret à l'origine du mouvement révolutionnaire mondial.

Des milliers d'individus sont publiquement blâmés et de nombreuses organisations jetées dans le discrédit, simplement parce qu'il était dans le pouvoir des dirigeants secrets du W.R.M. de leur faire porter le chapeau de leurs crimes et de dissimuler ainsi leur propre identité.

Peu de personnes vivant aujourd'hui savent que Robespierre, Marat et Danton n'étaient que les instruments utilisés par les treize directeurs des Illuminati qui ont comploté et dirigé la Grande Révolution française. Ce sont les hommes de l'ombre qui ont conçu le modèle du règne de la Terreur comme le moyen d'assouvir leur désir de vengeance. Ce n'est qu'au cours d'un règne de la Terreur qu'ils pouvaient éliminer les obstacles humains de leur chemin.

À court de victimes, les hommes qui ont dirigé la Révolution française décident de se livrer à nouveau à des intrigues internationales. Afin d'accroître leur pouvoir économique et politique, Anselm Mayer Rothschild forme son fils Nathan Mayer à l'ouverture d'une Maison Rothschild à Londres, en Angleterre. Son intention était de consolider, plus que jamais, les liens entre les hommes qui contrôlaient la Banque d'Angleterre et ceux qui contrôlaient les Banques de France, d'Allemagne et de Hollande. Nathan entreprend cette tâche importante à l'âge de 21 ans. Il a triplé sa fortune sur le site. Les banquiers décident alors d'utiliser Napoléon comme instrument de leur volonté. Ils organisèrent les guerres napoléoniennes pour renverser plusieurs autres têtes couronnées d'Europe.

Après que Napoléon a balayé l'Europe, il s'est proclamé empereur en 1804. Il nomme son frère Joseph roi de Naples. Louis, roi de Hollande ; Jérôme, roi de Westphalie. Dans le même temps, Nathan Rothschild s'arrange pour que ses quatre frères deviennent les rois de la finance en Europe. Ils sont le pouvoir secret derrière les trônes nouvellement établis. Les prêteurs internationaux établissent leur siège en Suisse. Il a été convenu entre eux que, dans leur intérêt et pour leur sécurité, la Suisse devait rester neutre dans tous les litiges. Dans leur quartier général suisse de Genève, ils organisèrent les différents combinats et cartels à l'échelle internationale. Ils se sont arrangés pour que, peu importe qui combattait qui, ou qui gagnait et qui perdait, les membres des prêteurs de deniers internationaux gagnent de plus en plus d'argent. Ce groupe d'hommes a rapidement pris le contrôle des usines de munitions, de l'industrie navale, de l'industrie minière, des usines chimiques, des dépôts de médicaments, des aciéries, etc. Le seul hic, c'est que Napoléon est devenu de plus en plus égoïste, jusqu'à ce qu'il ait l'audace de les dénoncer publiquement. C'est ainsi qu'il a décidé de son propre destin. Ce n'est pas le temps, ni le froid, qui a transformé son invasion victorieuse de la Russie en l'une des plus tragiques défaites militaires que le monde ait jamais connues. Si les munitions et le ravitaillement n'ont pas pu parvenir à ses armées, c'est parce que ses lignes de communication ont été sabotées.

La stratégie secrète utilisée pour vaincre Napoléon et forcer son abdication a été reconnue comme essentielle pour tous les efforts révolutionnaires depuis cette date. Elle est très simple. Les dirigeants du mouvement révolutionnaire s'arrangent pour placer secrètement leurs agents à des postes clés dans les départements d'approvisionnement, de communication, de transport et de renseignement des forces armées qu'ils projettent de renverser. En sabotant les approvisionnements, en interceptant les ordres, en émettant des messages contradictoires, en immobilisant ou en détournant les transports, et en faisant du contre-espionnage, les chefs révolutionnaires ont découvert qu'ils pouvaient créer un chaos total dans l'organisation militaire la plus efficace sur terre, sur mer ou dans les airs. Dix cellules placées secrètement à des postes clés valent dix mille hommes sur le terrain.

Les méthodes utilisées pour ruiner Napoléon au début du XIXe siècle ont été utilisées pour provoquer la défaite des armées russes à la guerre contre le Japon en 1904, et à nouveau pour provoquer la mutinerie des armées russes en 1917, et la mutinerie de l'armée et de la marine allemandes en 1918.

L'infiltration des communistes dans les positions clés a été la véritable raison pour laquelle les généraux allemands ont demandé et obtenu l'armistice en novembre 1918. Les mêmes méthodes ont été utilisées pour détruire l'efficacité de l'armée, de la marine et de l'aviation espagnoles en 1936. Ce sont exactement les mêmes tactiques qui ont été utilisées pour provoquer la défaite d'Hitler après ses avancées victorieuses en Russie lors de la Seconde Guerre mondiale.

Ainsi, l'histoire se répète, car les mêmes puissances utilisent toujours les mêmes méthodes. Mais surtout, ce sont les descendants des hommes qui ont provoqué la chute de Napoléon qui ont provoqué la défaite des forces nationales chinoises à partir de 1945. De mystérieux ordres ont été donnés qui ont entraîné le déversement dans l'océan Indien de millions de dollars d'armes et de munitions qui auraient dû être livrées à Tchang-Kaï-Chek. La véritable histoire de la manière dont les politiciens britanniques et américains ont trahi nos alliés chinois et coréens anticommunistes prouvera que ce sont les agents des banquiers internationaux, manœuvrant pour laisser le communisme prendre le contrôle de l'Asie, qui ont trompé et mal conseillé nos hommes d'État de haut niveau. Le communisme est aujourd'hui ce qu'il a toujours été depuis 1773, l'instrument de destruction et le manuel d'action utilisé par les archi-conspirateurs internationaux pour faire avancer leurs propres plans secrets par lesquels, en dernière analyse, ils ont l'intention d'obtenir le contrôle des richesses, des ressources naturelles et de la main d'œuvre du monde entier.

L'histoire nous apprend que Napoléon a été contraint d'abdiquer à Paris en 1814, puis qu'il a été envoyé en exil à l'île d'Elbe ; il s'est échappé et a tenté de revenir, mais il jouait contre des hommes qui utilisaient des dés pipés. Nathan Rothschild et sa clique internationale avaient aidé l'Allemagne à vaincre Napoléon. Ils avaient prévu de gagner de l'argent quelle que soit l'issue de la bataille. À l'approche de la bataille de Waterloo, Nathan Rothschild se trouvait à Paris. Il avait obtenu, comme lieu de résidence, un palais qui donnait sur celui occupé par Louis XVIII. Il pouvait, quand il le souhaitait, regarder directement à la fenêtre du palais occupé par l'aspirant au trône de France.

Il s'était également arrangé pour que des agents présents sur le champ de bataille lui envoient par pigeon voyageur des informations sur les combats. Nathan Rothschild s'est également arrangé pour que de fausses informations soient envoyées en Angleterre par des pigeons voyageurs concernant les résultats de la bataille. Lorsqu'il fut certain de la victoire de Wellington, il demanda à ses agents d'informer le public britannique que Wellington avait été vaincu et que Napoléon était à nouveau en pleine action. Le fait que les pigeons voyageurs aient joué un rôle si important dans cette conspiration a donné naissance à l'expression "Un petit oiseau m'a dit" (si une personne en Angleterre demande à une autre "Où avez-vous obtenu cette information ?)

Les petits oiseaux de Nathan Rothschild ont raconté des mensonges d'une telle ampleur, concernant la bataille de Waterloo, que la population britannique a été prise de panique. Le marché boursier s'est effondré. On pouvait acheter des livres anglaises pour une chanson ou un shilling. La valeur de tous les biens est tombée à son plus bas niveau. Nathan affrète un petit navire pour la somme de 2000 livres sterling afin de se rendre de France en Angleterre. À son arrivée, lui et ses associés financiers achètent toutes les actions, les obligations, les parts, les autres propriétés et les titres qui leur tombent sous la main. Lorsque la vérité sur la victoire de Wellington a été connue, les valeurs sont revenues à la normale. Les prêteurs internationaux ont fait des fortunes astronomiques.

La raison pour laquelle ils n'ont pas été assassinés par certains de ceux qu'ils ont ruinés dépasse l'entendement. En guise de témoignage de leur joie et de leur gratitude pour les merveilleux faits d'armes accomplis par Wellington et Blücher, les Rothschild ont prêté à l'Angleterre 18 000 000£ et à la Prusse 5 000 000£ de ce gain mal acquis, afin de réparer les dommages de la guerre.

Lorsque Nathan Rothschild meurt en 1836, il a pris le contrôle de la Banque d'Angleterre et de la dette nationale qui, après son grand coup financier de 1815, atteint 885 000 000 de livres sterling.

Il est très peu probable qu'un franc-maçon sur mille connaisse la VRAIE histoire de la façon dont les chefs des Illuminati du Grand Orient ont infiltré leurs agents dans la franc-maçonnerie continentale. Parce que les faits relatés sont la vérité, les Grands Maîtres des Francs-Maçons anglais ont averti leurs Frères Maçons qu'ils ne devaient pas avoir de relations avec les Francs-Maçons du Grand Orient ni s'affilier à eux de quelque manière que ce soit. Le fait que les Illuminati révolutionnaires se soient établis au sein de la franc-maçonnerie continentale a amené le pape Pie IX à dénoncer publiquement le communisme et à interdire aux catholiques de devenir maçons. Pour convaincre tout lecteur qui aurait encore des doutes sur le rôle joué par la franc-maçonnerie dans la Révolution française, nous citerons une partie d'un débat qui s'est déroulé à ce sujet à la Chambre des députés française en 1904. Le marquis de Rosanbe, après avoir posé des questions visant à prouver que la franc-maçonnerie française était à l'origine de la Révolution française, a déclaré :

"La franc-maçonnerie a joué un rôle important dans la Révolution française :

"Nous sommes donc bien d'accord sur le point que la franc-maçonnerie a été le seul auteur de la révolution, et les applaudissements que je reçois de la gauche, et auxquels je suis peu habitué, prouvent, messieurs, que vous reconnaissez avec moi que c'est la maçonnerie qui a fait la Révolution française ?"

À cette affirmation, M. Jumel, un Maçon du Grand Orient bien connu, a répondu :

"Nous faisons plus que le reconnaître... nous le proclamons"[50]

En 1923, lors d'un grand banquet auquel assistaient de nombreux hommes éminents dans les affaires internationales, dont certains étaient liés à l'organisation de la Société des Nations, le Président du Grand Orient porta ce toast :

"À la République française, fille de la franc-maçonnerie française. À la République universelle de demain, fille de la Maçonnerie universelle"[51]

Pour prouver que les francs-maçons du Grand Orient ont contrôlé la politique française à partir de 1923, un bref rappel des événements historiques sera effectué. La plus importante victoire des banquiers internationaux, après que leurs agents aient agi en tant que conseillers des dirigeants politiques qui ont conçu et finalement ratifié l'infâme traité de Versailles, a été de faire élire M. Herriot au pouvoir en France en 1924. Toutes les politiques dictées par les chefs de la franc-maçonnerie du Grand Orient en 1923 ont été mises en œuvre par le gouvernement Herriot en l'espace d'un an.

1. En janvier 1923, le G.O.L. (Grandes Loges d'Orient) décrète la suppression de l'ambassade auprès du Vatican. Le Parlement français a exécuté cet ordre le 24 octobre 1924.

2. En 1923, le G.O.L. demande le triomphe de l'idée de Laïcité (principe premier indispensable à l'établissement de l'idéologie du Grand Orient d'un État athée). Herriot fait sa déclaration

---

[50] Ceci a été cité dans le Convent du Grand Orient 1923, p. 402, Les Illuminati contrôlent la maçonnerie.

[51] Passage d'Henry Delassus cité dans *La Conjuration Anti-Chrétienne* Vol. I, p. 146 ; cité à nouveau dans "The Spanish Arena", p. 143.

ministérielle publique en faveur de cette politique le 17 juin 1924.

3. Le 31 janvier 1923, le G.O.L. réclame une amnistie pleine et entière pour les condamnés et les traîtres. Plusieurs dirigeants communistes de premier plan devaient en bénéficier, parmi lesquels Marty, qui devint par la suite célèbre en tant qu'organisateur des Brigades internationales qui combattirent du côté communiste en Espagne entre 1936 et 1939. Le 15 juillet 1924, la Chambre des députés a voté une amnistie générale sur le site , libérant ainsi dans une société sans méfiance un certain nombre de gangsters internationaux dont le maître était le Conseil suprême de la maçonnerie du Grand Orient, les Illuminati.

4. En octobre 1922, le G.O.L. avait lancé une campagne pour populariser l'idée de l'ouverture de relations diplomatiques avec le gouvernement SOVIET établi à Moscou. Ce mouvement n'alla pas très loin jusqu'à l'élection de M. Herriot au pouvoir. Cette campagne d'amitié avec la Russie fut lancée en France lorsque le *Bulletin Officiel de la Grande Loge de France* publia un article sur le sujet dans le numéro d'octobre 1922 à la page 286. Des relations politiques ont été établies avec les dirigeants révolutionnaires communistes par Herriot le 28 octobre 1924.[52] Les mêmes forces du mal prônent aujourd'hui la reconnaissance de la Chine rouge.

L'un des dirigeants du Grand Orient à cette époque était Léon Blum. Il était préparé à devenir un instrument politique prêt à obéir aux ordres de ses dirigeants. Des membres de haut rang des Loges militaires en Espagne qui ont fait défection (après avoir découvert qu'ils étaient utilisés comme des instruments par les dirigeants du W.R.M.), ont révélé que chaque Maçon du Grand Orient était tenu de prêter un serment d'OBÉISSANCE ILLIMITÉE au chef du Conseil des Trente-Trois et de ne reconnaître aucun être humain comme étant au-dessus de lui. Un tel serment prêté par un athée avoué signifie littéralement qu'il reconnaît l'État comme étant au-dessus de tout, et le chef de l'État

---

[52] A.G. Michel dans *La Dictature de la Franc-Maçonnerie en France* citée dans l'arène espagnole, p. 143.

comme son Dieu. De nombreux détails sur les intrigues du Grand Orient en France et en Espagne, de 1923 à 1939, sont relatés dans *The Spanish Arena*, écrit par William Foss et Cecil Gerahty et publié par The Right Book Club, Londres, Angleterre, en 1939. Pour assurer la continuité de l'intrigue du banquier international, il suffit d'en évoquer quelques points saillants. Léon Blum est né à Paris en 1872 de parents juifs. Il est connu pour le rôle qu'il a joué dans l'affaire Dreyfus. Il est élu Premier ministre français en juin 1936. Il conserve son poste jusqu'en juin 1937. Il est réélu en mars et le reste jusqu'en avril 1937. Ses partisans parviennent à le faire revenir en politique en tant que vice-Premier ministre de juin 1937 à janvier 1938. Mendes-France est utilisé de la même manière aujourd'hui.

> "Pendant toute cette période, la tâche de Léon Blum a consisté à modeler la politique gouvernementale française de manière à ce qu'elle soutienne les plans des dirigeants du W.R.M. en ce qui concerne l'Espagne. Afin de détourner les soupçons qui pèsent sur eux, les archiconspirateurs ont fait croire que c'était Franco et ses associés militaires qui étaient les planificateurs et les organisateurs des événements qui ont conduit à la guerre civile en Espagne. Il est maintenant prouvé que Staline et ses experts révolutionnaires du Comintern étaient les conspirateurs qui ont exécuté les plans du pouvoir secret derrière le W.R.M. Ils prévoyaient de reproduire ce qu'ils avaient réalisé lors de la Révolution française de 1789 et de la Révolution russe de 1917. Dès 1929, M. Gustave a indiqué dans son journal "La Victoire" la vérité concernant Léon Blum et ses associés. Il a eu le courage de déclarer "Le parti collectiviste de Léon Blum, deuxième branche de la franc-maçonnerie... n'est pas seulement antireligieux, c'est un parti de lutte des classes et de révolution sociale".

Léon Blum a mis en œuvre les plans des dirigeants de la W.R.M. pour fournir aux loyalistes espagnols des armes, des munitions et des moyens financiers. Il a contribué à maintenir les Pyrénées ouvertes, mais il a suivi une politique unilatérale de non-intervention... Elle ne s'appliquait qu'aux nationalistes des forces franquistes.

Dans les chapitres traitant de la révolution en Espagne, il est prouvé que les Loges du Grand Orient de France et d'Espagne étaient la ligne de communication entre les directeurs de la W.R.M. et leurs agents à Moscou, Madrid et Vienne.[53]

Si le lecteur pense que l'on accorde trop d'importance à l'influence de la Maçonnerie du Grand Orient sur les affaires internationales, A.G. Michel, auteur de La Dictature de la Franc-Maçonnerie sur la France, apporte la preuve que le Grand Orient de France a décrété, en 1924, de faire de la Société des Nations "un outil international pour la Franc-Maçonnerie". Trotsky a écrit dans son livre Staline :

> "Aujourd'hui, il existe une tour de Babel au service de Staline, dont l'un des principaux centres est Genève, ce haut lieu de l'intrigue."

L'importance de ce que dit Trotsky réside dans le fait que les accusations qu'il a portées sur l'influence néfaste des francs-maçons du Grand Orient au sein de la Société des Nations s'appliquent également à l'influence néfaste qu'ils exercent aujourd'hui au sein des Nations Unies. L'étudiant qui étudie les événements d'aujourd'hui aux Nations Unies verra leur travail, en particulier en ce qui concerne les politiques étranges qui n'ont tout simplement pas de sens pour l'homme de la rue moyen à. Mais ces politiques étranges deviennent extrêmement claires si nous les étudions pour voir comment elles font avancer le plan à long terme du W.R.M. Pour ce faire, il suffit de se souvenir d'un ou deux faits importants : Premièrement, les Illuminati considèrent qu'il est nécessaire de détruire toutes les formes existantes de gouvernement constitutionnel, qu'il s'agisse de monarchie ou de république. Deuxièmement, ils ont l'intention d'introduire une dictature mondiale dès qu'ils considéreront qu'ils sont en position d'usurper le contrôle absolu. M.J. Marques-Rivière[54] a déclaré ce qui suit

---

[53] Tous les événements politiques qui se sont produits en France depuis le début de la Seconde Guerre mondiale jusqu'au récent refus de Mendes-France d'accepter la CED doivent être étudiés en tenant compte du [Plan] à long terme des Illuminati dont les agents, les francs-maçons du Grand Orient, sont membres de tous les niveaux du gouvernement français et de tous les partis politiques. Aux dernières nouvelles, plus de cent membres du Parlement français étaient des francs-maçons du Grand Orient.

[54] J. Marques-Rivière est l'auteur de Comment la Franc-Maçonnerie fait une Révolution.

"Le centre de la franc-maçonnerie internationale est à Genève. Les bureaux de l'Association maçonnique internationale se trouvent à Genève. C'est le lieu de rencontre des délégués de presque toutes les formes de maçonnerie à travers le monde. L'interprétation de la Ligue et de l'A.M.I. est facile, apparente et avouée".

On peut comprendre l'exclamation prononcée en 1924 par le frère Barcia, ancien Grand Maître du Grand Orient d'Espagne, au couvent du Grand Orient , à son retour de Genève :

"J'ai assisté aux travaux des commissions. J'ai entendu Paul-Boncour, Jeuhaux, Loucheur, de Jouvenal. Tous les Français avaient le même esprit. À côté de moi, il y avait des représentants des francs-maçons américains, et ils se demandaient les uns aux autres : "Sommes-nous dans une assemblée laïque ou dans un ordre maçonnique ?... Le frère Joseph Avenal est le secrétaire général de la Ligue".

Il est bon de se rappeler que les Illuminati internationaux ont choisi Genève comme siège près d'un siècle avant que l'événement susmentionné ne soit enregistré. Conformément à leur politique, ils avaient fait de la Suisse une nation neutre dans tous les conflits internationaux, car ils devaient disposer d'un lieu où ils pouvaient se réunir et donner des instructions à leurs agents qui exécutaient leurs ordres et mettaient en œuvre leurs politiques secrètes. Le gouvernement des États-Unis a refusé d'adhérer à la Société des Nations. Certains intérêts ont encouragé la politique isolationniste. Les puissances secrètes étaient déterminées à exploiter ceux qui soutenaient honnêtement l'idée d'un super-gouvernement mondial unique pour assurer la paix et la prospérité. Elles étaient déterminées à détruire la Société des Nations et à lui substituer les Nations Unies. La deuxième guerre mondiale leur en a donné l'occasion. En 1946, les vestiges de la Société des Nations ont été ramassés et utilisés pour créer les Nations Unies, dont les deux membres les plus puissants sont les États-Unis et le Royaume-Uni. Le fait que les Nations Unies aient donné Israël aux sionistes politiques, qu'ils convoitaient depuis un demi-siècle, et que, sur les conseils de ces mêmes hommes, elles aient confié la Chine, la Corée du Nord, la Mandchourie, la Mongolie, les Indes néerlandaises et une partie de l'Indochine aux dirigeants communistes, prouve à quel point les puissances secrètes ont réussi à élaborer et à mettre en œuvre leurs plans. Il faut se rappeler que Lénine avait prédit que les forces du communisme allaient, selon toute probabilité, déferler sur le monde occidental à partir de l'Est. Les personnes qui étudient la PROJECTION

DU MONDE PAR LE MERCATOR ne parviennent pas à comprendre comment les nations d'Extrême-Orient pourraient déferler sur les nations du monde occidental comme un raz-de-marée. Pour ceux qui étudient la guerre mondiale, les déclarations de Lénine sont aussi claires que du cristal. Ce qui est encore plus important, c'est que lorsque Lénine n'a plus été utile, il est mort ou a été démis de ses fonctions. Peu de gens peuvent comprendre comment Staline, par quelques actions impitoyables et meurtrières, a écarté tous ceux qui, en raison de leurs activités dans la révolution russe, étaient considérés comme mieux qualifiés pour diriger l'U.R.S.S.., et a usurpé le pouvoir à son profit.

Ceux qui étudient la W.R.M. à partir des éléments présentés dans ce livre comprendront pourquoi Staline a été choisi pour succéder à Lénine. Le vieux principe de la société par actions était à nouveau appliqué. Les agents de renseignement américains et britanniques avaient révélé à leurs gouvernements le rôle joué par les banquiers internationaux dans la révolution russe. En avril 1919, le gouvernement britannique a publié un livre blanc sur ce sujet. Il a été rapidement supprimé, mais un certain nombre de dommages ont été causés. Les banquiers internationaux ont été accusés de financer la juiverie internationale pour qu'elle mette en œuvre ses projets de dictature internationale. Les banquiers internationaux ont dû trouver un moyen de contrer ces impressions et ces idées. La véritable image de leur impitoyabilité totale apparaît lorsqu'on souligne que Staline, un Gentil, a été choisi par les prêteurs internationaux et que, agissant sur leurs instructions, il a mis Trotsky à l'écart et a procédé à la liquidation de centaines de milliers de Juifs russes au cours des purges qui l'ont amené au pouvoir, après la mort de Lénine. Cela devrait prouver aux personnes sincères, mais malavisées, partout dans le monde, que les banquiers internationaux et leurs agents et amis soigneusement sélectionnés ne considèrent pas la MASSES des gens, quelle que soit leur race, leur couleur ou leur croyance , comme autre chose que des pions sacrifiables dans le jeu. Il est vrai que de nombreux Juifs sont devenus des communistes et des disciples de Karl Marx. Ils ont travaillé et se sont battus pour mettre en œuvre les théories publiées par Karl Marx pour une Internationale des républiques socialistes soviétiques. Mais, comme beaucoup de Gentils, ils ont été trompés. Au moment où Staline était fermement installé à Moscou en tant qu'agent principal des banquiers internationaux, il était difficile de trouver des membres de la Première et de la Deuxième Internationale encore en vie. La manière dont les Archi-conspirateurs ont utilisé les Maçons du Grand Orient, puis les ont fait liquider dès qu'ils ont atteint leur but, n'est qu'une autre illustration de l'impitoyabilité de ceux dont le seul dieu est Satan.

D'autres preuves seront apportées pour démontrer que les banquiers internationaux ne s'intéressent à rien d'autre qu'à l'obtention, pour leur petit groupe très sélect, du contrôle ultime et incontesté des richesses, des ressources naturelles et de la force humaine du monde entier.[55] La seule pensée honnête dans leur esprit est qu'ils croient manifestement qu'ils sont tellement supérieurs au reste de l'humanité en termes de capacités mentales qu'ils sont mieux à même que n'importe quel autre groupe d'individus de gérer les affaires du monde. Ils sont convaincus qu'ils peuvent élaborer un plan de gouvernement mondial meilleur que celui de Dieu. C'est pourquoi ils sont déterminés à effacer de l'esprit de tous les êtres humains toute connaissance de Dieu et de ses commandements et à lui substituer leur propre Nouvel Ordre fondé sur la théorie selon laquelle l'État est suprême en toutes choses et que le chef de l'État est, par conséquent, Dieu tout-puissant sur cette terre. La tentative de déification de Staline est la preuve de cette affirmation. Lorsque les gens seront convaincus de cette grande vérité, ils se rendront compte que les hommes de toutes races, couleurs et croyances ont été utilisés, et le sont encore, comme des "pions dans le jeu".

---

[55] La raison pour laquelle les banquiers internationaux ont soutenu le sionisme politique de 1914 à aujourd'hui est expliquée dans un autre chapitre traitant des événements qui ont conduit à la Seconde Guerre mondiale. Il suffit de dire ici que les banquiers internationaux étaient intéressés par le contrôle des cinq billions de dollars de minéraux et de pétrole qui avaient été découverts en Palestine par Cunningham-Craig, géologue consultant du gouvernement britannique, et d'autres, avant 1918. Ces rapports géologiques ont été gardés secrets. En 1939, Cunningham-Craig a été rappelé du Canada pour effectuer une nouvelle étude au Moyen-Orient. Il est mort dans des circonstances mystérieuses juste après avoir terminé sa mission. Aujourd'hui, en 1954, les grands argentiers prennent discrètement des dispositions pour exploiter ces ressources.

Chapitre 5

La révolution américaine

Pour comprendre comment les hommes qui ont pris le contrôle de la Banque d'Angleterre et de la dette nationale britannique ont également pris le contrôle du commerce et du système monétaire des colonies américaines, il suffit de reprendre le fil de l'histoire au moment où Benjamin Franklin (1706-1790) s'est rendu en Angleterre pour représenter les intérêts des hommes qui avaient été associés avec lui dans la construction de la prospérité des colonies américaines.

Robert L. Owen, ancien président de la commission des banques et de la monnaie du Sénat des États-Unis, explique cette question à la page 98 du document sénatorial n° 23. Il affirme que lorsque des associés des Rothschild ont demandé à Franklin comment il expliquait la prospérité qui régnait dans les colonies, il a répondu :

> "C'est simple : dans les colonies, nous émettons notre propre monnaie. Nous l'émettons en fonction des besoins du commerce et de l'industrie."

Robert L. Owen a fait remarquer que peu de temps après que les Rothschild eurent entendu parler de cette affaire, ils réalisèrent l'opportunité d'exploiter la situation avec un profit considérable pour eux-mêmes. La chose évidente à faire était de faire adopter une loi interdisant aux fonctionnaires coloniaux d'émettre leur propre monnaie et les obligeant à obtenir l'argent dont ils avaient besoin par l'intermédiaire des banques.

Amschel Mayer Rothschild est toujours en Allemagne, mais il fournit au gouvernement britannique des troupes de mercenaires à 8 livres sterling par homme. Son influence est telle qu'en 1764, il parvient, par l'intermédiaire des directeurs de la Banque d'Angleterre, à faire adopter des lois conformes à ses exigences.

Les autorités des colonies ont dû se débarrasser de leur monnaie scripturale. Elles ont dû hypothéquer les actifs et les titres des colonies auprès de la Banque d'Angleterre afin d'emprunter l'argent dont elles avaient besoin pour poursuivre leurs activités. Se référant à ces faits, Benjamin Franklin a déclaré.

> "En un an, les conditions se sont tellement inversées que l'ère de la prospérité a pris fin et qu'une dépression s'est installée, à tel point que les rues des colonies se sont remplies de chômeurs".

a déclaré Franklin :

> "La Banque d'Angleterre a refusé de donner plus de 50% de la valeur nominale du script lorsqu'il a été retourné comme l'exige la loi. Le moyen d'échange en circulation a donc été réduit de moitié"[56]

M. Franklin a révélé la cause première de la Révolution lorsqu'il a dit :

> "Les colonies auraient volontiers supporté la petite taxe sur le thé et d'autres produits si l'Angleterre ne leur avait pas pris leur argent, ce qui a créé du chômage et du mécontentement."

Le mécontentement s'est généralisé, mais très peu de colons ont réalisé que les impôts et autres sanctions économiques qui leur étaient imposés étaient le résultat des activités d'un petit groupe de gangsters internationaux qui avaient réussi à prendre le contrôle du Trésor britannique, après avoir pris le contrôle de la Banque d'Angleterre. Il a déjà été démontré comment ils ont fait passer la dette nationale britannique de 1 250 000 livres en 1694 à 16 000 000 livres en 1698, et l'ont progressivement augmentée pour atteindre 885 000 000 livres en 1815, et 22 503 532 372 livres en 1945.

Le 19 avril 1775, les premiers affrontements armés entre Britanniques et Coloniaux ont lieu à Lexington et Concord. Le 10 mai, le deuxième Congrès continental se réunit à Philadelphie et George Washington est placé à la tête des forces navales et militaires. Il prend le

---

[56] Des citations directes du document du Sénat n° 23 appuient les déclarations ci-dessus.

commandement à Cambridge. Le 4 juillet 1776, le Congrès adopte la Déclaration d'indépendance.

Pendant les sept années suivantes, les bailleurs de fonds internationaux ont encouragé et financé la guerre coloniale. Les Rothschild ont gagné beaucoup d'argent en fournissant aux Britanniques des soldats allemands de la Hesse pour combattre les colons. Le Britannique moyen n'avait rien contre ses cousins américains.[57] Il sympathisait secrètement avec eux.

Le 19 octobre 1781, le commandant britannique, le général Cornwallis, rendit toute son armée, y compris ce qui restait des Hessois. Le 3 septembre 1783, l'indépendance des États-Unis est reconnue par le traité de paix de Paris. Les seuls vrais perdants sont les Britanniques. Leur dette nationale avait été considérablement augmentée et les prêteurs internationaux (qui étaient en réalité la puissance secrète derrière le mouvement révolutionnaire mondial) avaient réussi la première étape des plans à long terme visant à la dissolution de l'Empire britannique.[58]

Les agents des banquiers internationaux ont travaillé avec acharnement pour empêcher l'unité. En maintenant les différents États américains séparés, il était beaucoup plus facile de les exploiter. Pour prouver la continuité de l'ingérence des prêteurs étrangers dans les affaires de chaque nation, il suffit de rappeler que les pères fondateurs des États-Unis, réunis à Philadelphie en 1787, ont discuté de l'importance d'adopter une forme de législation qui les protégerait contre l'exploitation des banquiers internationaux.

Les agents des banquiers internationaux ont organisé un lobbying actif. Ils ont eu recours à l'intimidation. Mais malgré tous leurs efforts, le

---

[57] Le comte de Chatham et son fils William Pitt (1769-1806) ont tous deux dénoncé la politique des argentiers internationaux à l'égard des colonies avant 1783. Le jeune William Pitt a été choisi par le roi George III comme Premier ministre parce qu'il a convaincu le roi que les prêteurs impliquaient les pays européens dans des guerres pour servir leurs intérêts égoïstes.

[58] Arrêtez-vous un instant et réfléchissez à la façon dont ils ont fait avancer cette partie de leurs plans depuis lors. Jefferson et John Adams (le parent de Roosevelt) sont tous deux devenus d'ardents illuministes. Cela explique la politique de Roosevelt.

paragraphe 5 de la section 8 du premier article de la nouvelle Constitution américaine se lit comme suit :

"LE CONGRÈS A LE POUVOIR DE BATTRE MONNAIE ET D'EN RÉGLER LA VALEUR."

La grande majorité des citoyens des États-Unis considèrent la Constitution comme un document honoré et presque sacré. Toutes les lois adoptées depuis lors sont SUPPOSÉES être conformes aux dispositions de la Constitution. Le fait que les lois ultérieures traitant de la finance et de la monnaie aient violé les dispositions de l'article 1, section 8, paragraphe 5, prouve la puissance des banquiers dans le domaine politique.

L'histoire de la manière dont les prêteurs internationaux ont obtenu le contrôle économique des États-Unis afin de promouvoir leurs plans à long terme est résolument intéressante.

Utilisant le bon vieux principe de la Joint Stock Company, les directeurs de la Banque d'Angleterre ont désigné l'un de leurs valets, Alexander Hamilton, pour représenter leurs intérêts aux États-Unis. En 1780, cet homme, un soi-disant patriote, a proposé la création d'une banque fédérale. Celle-ci devait être détenue par des INTÉRÊTS PRIVÉS, afin d'offrir une alternative à ceux qui insistaient pour que l'émission et le contrôle de la monnaie restent entre les mains du gouvernement élu par le peuple. Alexander Hamilton suggère que la banque fédérale qu'il propose soit capitalisée à hauteur de 12 000 000 dollars. La Banque d'Angleterre fournirait 10 000 000 de dollars et les 2 000 000 de dollars restants seraient attribués à des personnes fortunées en Amérique. En 1783, Alexander Hamilton et son associé Robert Morris créent la Bank of America. En tant que surintendant financier du Congrès continental, Morris a pu réduire le Trésor des États-Unis à un état d'indigence à la fin des sept années de guerre. Il s'agit là d'une autre illustration de la façon dont le pouvoir secret utilise les guerres pour faire avancer son plan pour la W.R.M. Afin de s'assurer que le placard financier des États-Unis était vide, Hamilton a transféré les derniers 250 000 dollars du département du Trésor et les a investis dans le capital-actions de la banque. Les directeurs de la Bank of America étaient des agents de la Bank of England. Les Illuminati contrôlaient les deux. Le fait qu'ils aient vendu leur âme à Satan pour s'emparer du monde est la vérité qu'ils souhaitent dissimuler.

Les pères de l'indépendance américaine avaient compris que si les directeurs de la Banque d'Angleterre obtenaient le contrôle monopolistique du système monétaire américain, ils pourraient récupérer tout l'argent qu'ils avaient perdu par le simple processus de l'hypothèque et de la saisie. Le résultat net de cette lutte pour le contrôle économique de la nation fut que le Congrès refusa d'accorder une charte à la Bank of America.

Benjamin Franklin meurt en 1790 et les agents des prêteurs juifs internationaux font immédiatement une nouvelle tentative pour prendre le contrôle des finances de l'Amérique. Ils ont réussi à faire nommer Alexander Hamilton au poste de secrétaire au Trésor. Hamilton obtint du gouvernement la charte de la banque que ses mandants réclamaient à cor et à cri. Il était alors facile d'usurper le droit d'émettre de la monnaie sur la base de dettes publiques et privées. L'argument le plus convaincant que les agents des banquiers avaient utilisé pour vaincre leur opposition était que la monnaie émise par le Congrès, sur le crédit de la nation, n'aurait aucune valeur dans les transactions à l'étranger, alors que la monnaie empruntée aux banquiers, moyennant un intérêt, serait accueillie comme une garantie légale dans toutes sortes de transactions. Ainsi, le public devenait la proie de l'exploitation des hommes qui prétendaient être leurs amis. Alexander Hamilton et Morris n'ont jamais été que les mercenaires des prêteurs internationaux.

La nouvelle banque est capitalisée à hauteur de 35 000 000$. Sur ce montant, 28 000 000$ ont été souscrits par des banquiers européens, contrôlés par les Rothschild. On soupçonne les banquiers internationaux d'avoir décidé que Hamilton en savait trop et qu'on ne pouvait plus lui faire confiance. Il a été entraîné dans un duel avec un expert nommé Aaron Burr, qui a agi comme son bourreau.

Tandis que les citoyens américains étaient utilisés comme hommes de paille par les banquiers internationaux, la politique était déterminée en Europe. Les intérêts des Rothschild ont donné l'ordre aux banquiers américains d'accorder des crédits presque illimités sur le site en échange de bonnes garanties et de mettre beaucoup d'argent en circulation. Les médias de propagande ont joué sur les notes d'optimisme les plus élevées. La prospérité est assurée. Les Américains étaient destinés à devenir le plus grand peuple de la Terre. Chacun est invité à investir dans l'avenir de sa grande nation.

Lorsque toutes les personnes dignes d'intérêt se sont hypothéquées jusqu'au cou, des ordres ont été donnés pour resserrer les crédits, rappeler les prêts en cours et réduire la quantité d'argent en circulation. Une dépression artificielle a été créée. Les citoyens n'ont pas pu faire face à leurs obligations financières et les barons de l'argent ont obtenu des millions de dollars de biens et de titres à une fraction de leur valeur normale. Certes, tout s'est déroulé dans le respect de la loi, mais Al Capone et ses gangsters n'étaient que des gentlemen comparés aux banquiers internationaux.

De nombreux grands Américains ont commenté cette phase de l'histoire des États-Unis, mais les opinions qu'ils ont exprimées ne semblent pas avoir empêché leurs successeurs de tomber dans les mêmes pièges et les mêmes écueils. John Adams (1735-1826) a écrit à Thomas Jefferson en 1787. Il disait :

> "Toutes les perplexités, la confusion et la détresse ne proviennent pas des défauts de la Constitution, ni d'un manque d'honneur et de vertu, mais plutôt de l'ignorance pure et simple de la nature de la monnaie, du crédit et de la circulation ".

Thomas Jefferson a dit :

> "Je crois que les institutions bancaires sont plus dangereuses pour nos libertés que les armées permanentes. Elles ont déjà créé une aristocratie de l'argent qui défie les gouvernements. Le pouvoir d'émission devrait être retiré aux banques et restitué au peuple auquel il appartient légitimement".

Andrew Jackson a déclaré

> "Si le Congrès a le droit, en vertu de la Constitution, d'émettre du papier-monnaie, ce droit lui a été donné pour qu'il l'utilise lui-même, et non pour qu'il le délègue à des individus ou à des sociétés.

Ces commentaires francs ont averti les banquiers internationaux qu'ils devaient s'attendre à une opposition sérieuse lorsque leur charte pour la Banque des États-Unis arriverait à échéance en 1811. Pour se préparer à cette éventualité, Amschel Mayer Rothschild avait obtenu le contrôle absolu de la Banque d'Angleterre afin de renforcer sa mainmise sur l'économie mondiale. Son fils Nathan avait été spécialement formé pour mener à bien cette tâche colossale, comme nous l'avons vu précédemment. Nathan a fait preuve d'un talent et d'une capacité exceptionnels pour les affaires financières. Il s'est entraîné à ne penser qu'en termes de profits, tout comme le politicien professionnel ne pense qu'en termes de votes. En 1798, à l'âge précoce de vingt et un ans, il quitta l'Allemagne pour prendre le contrôle de la Banque d'Angleterre. On lui confie la modeste somme de 20 000 livres sterling. Pour démontrer ses talents de financier, il spécule et, en un temps relativement court [3 ans], il porte son capital à 60 000 livres sterling. En 1811, lorsque la question du renouvellement de la charte de la Banque d'Amérique doit être examinée, Nathan Rothschild est à la tête des banquiers internationaux. Il lança son ultimatum.

"Soit la demande de renouvellement de la charte est acceptée, soit les États-Unis se retrouveront impliqués dans une guerre des plus désastreuses.

Le président Andrew Jackson ne croyait pas que les banquiers internationaux allaient fomenter une guerre. Il a décidé de les mettre au pied du mur. Il leur a dit sans ambages :

"Vous êtes un repaire de voleurs et de vipères. J'ai l'intention de vous mettre en déroute, et par le Dieu éternel, je vous mettrai en déroute."

Mais le président Jackson avait sous-estimé le pouvoir des Rothschild. Nathan Rothschild a donné des ordres.

"Donnez une leçon à ces Américains impudents. Ramenez-les au statut de colons."

Le gouvernement britannique, toujours soumis à la Banque d'Angleterre, a déclenché la guerre de 1812. Cette guerre était destinée à appauvrir les États-Unis à un point tel que les législateurs seraient obligés de plaider pour la paix et de demander une aide financière. Nathan Rothschild stipula qu'aucune aide financière ne serait accordée sans le renouvellement de la charte de la Banque d'Amérique.

Le plan de Nathan Rothschild a fonctionné à la perfection. Peu lui importait le nombre d'hommes tués et blessés, le nombre de femmes veuves, le nombre d'enfants orphelins, le nombre de personnes démunies. Lui et ses complices se réjouissaient d'avoir atteint leur objectif et, ce faisant, ils avaient créé un mécontentement croissant parmi les masses populaires qui blâmaient les politiques maladroites de leurs propres gouvernements, tandis que le pouvoir secret en coulisses restait insoupçonné de tous, à l'exception d'un très petit nombre de personnes.

En 1816, le Congrès des États-Unis a accordé le renouvellement de la charte de la Banque des États-Unis, comme cela avait été demandé. De nombreuses autorités affirment franchement que les membres du Congrès ont été soudoyés ou menacés pour qu'ils votent en faveur de la législation qui a remis le peuple américain dans l'esclavage financier.[59] Les hommes qui complotent et planifient pour s'assurer le contrôle économique et politique du monde n'hésitent pas à prostituer l'Amour pour parvenir à leurs fins, pas plus qu'ils n'hésitent à ordonner des meurtres pour se débarrasser des hommes qui se mettent en travers de leur chemin. En 1857, le mariage de Lenora, fille de Lionel Rothschild, avec son cousin Alfonso de Paris (ils croient qu'il faut garder les choses dans la famille) a attiré de nombreuses personnalités internationales à Londres, en Angleterre, où la cérémonie a été célébrée. Benjamin Disraeli, le célèbre homme d'État anglais, qui fut nommé Premier ministre en 1868 puis en 1874, fut invité à assister à la cérémonie.

Disraeli aurait déclaré lors de son discours à cette occasion mémorable...

> "Sous ce toit se trouvent les chefs de la famille Rothschild, un nom célèbre dans toutes les capitales d'Europe et dans toutes les régions du monde. Si vous le voulez, nous diviserons les États-Unis en deux parties, l'une pour vous, James, et l'autre pour vous, Lionel. Napoléon fera exactement - et tout ce que je lui conseille de faire - et on proposera à Bismarck un programme si enivrant qu'il deviendra notre esclave abject."

L'histoire rapporte que Judah P. Benjamin, un parent des Rothschild, fut désigné comme leur stratège professionnel en Amérique. La guerre civile américaine , qui a divisé l'Union en deux, est devenue un fait accompli.

---

[59] Le fait que Franklin, Adams et Jefferson soient tous devenus membres des Illuminati et que le Grand Sceau de l'Amérique soit en fait l'insigne des Illuminati prouve le pouvoir de la Synagogue de Satan.

Napoléon III se laisse convaincre par les banquiers d'étendre son empire français au Mexique. Le gouvernement britannique a été persuadé que les États du Nord pouvaient redevenir une colonie. La guerre civile aux États-Unis était une guerre économique provoquée par les banquiers internationaux. En exerçant une pression économique, il était facile d'aggraver les difficultés économiques rencontrées par les États du Nord après que les esclaves eurent été libérés. Abraham Lincoln a admis qu'"aucune nation ne peut supporter longtemps une moitié d'hommes libres et une moitié d'esclaves".[60]

Les banquiers internationaux accordent des crédits illimités à toutes les forces engagées par le Sud contre les forces du Nord. Ils ont prêté à Napoléon III 201 500 000 francs pour sa campagne mexicaine. Lorsque la Confédération a eu besoin d'aide en 1863, les puissances en place ont proposé à Napoléon le Texas et la Louisiane en échange d'une intervention française contre les États du Nord.

Le tsar de Russie entendit parler de ces offres grotesques et informa les gouvernements anglais et français que s'ils intervenaient activement et apportaient une aide militaire au Sud, la Russie considérerait cette action comme une déclaration de guerre contre l'empire impérial russe. Pour renforcer son ultimatum, des navires de guerre russes ont été envoyés à New York et à San Francisco et mis à la disposition de Lincoln.[61]

Lorsque les autorités du Nord se sont trouvées en difficulté financière, les banquiers internationaux n'ont pas refusé de prêter de l'argent. Ils ont simplement stipulé que le taux d'intérêt pour les États du Nord serait de 28%. Après tout, ils étaient des prêteurs d'argent. Un aspect important de la guerre civile américaine est qu'elle se serait probablement terminée en quelques mois si les prêteurs internationaux n'avaient pas consenti de nouveaux prêts. Ces prêts étaient des prêts usuraires. Ils étaient basés sur des conditions et des taux d'intérêt

---

[60] Il est tout aussi impossible pour la moitié du monde qui emploie une main-d'œuvre rémunérée et jouit d'un niveau de vie élevé de rivaliser éternellement avec l'autre moitié qui emploie une main-d'œuvre esclave dans le cadre d'une dictature.

[61] Cet acte d'ingérence a poussé les banquiers internationaux à décider de renverser le gouvernement russe.

calculés pour donner aux banquiers internationaux le contrôle de l'économie de tout le pays. Lorsqu'ils ont estimé qu'il était temps, ils ont mis fin à la guerre.

Lincoln tente de rompre les liens financiers qui unissent les États du Nord. Pour lui, l'article 1, section 8, paragraphe 5 de la Constitution est une autorité suffisante. Il ne tient pas compte des ouvertures des banquiers. Il a fait imprimer 450 000 000$ de monnaie honnête. Il a placé le crédit de la nation en garantie de cette monnaie. Les banquiers internationaux ripostent en faisant adopter par le Congrès un projet de loi stipulant que les billets verts de Lincoln ne seront pas acceptés en paiement des intérêts sur les obligations d'État ni des droits de douane à l'importation. Les banquiers ont fait en sorte que l'argent de Lincoln devienne presque sans valeur en refusant d'accepter les Greenbacks, sauf avec une forte décote. Après avoir réduit la valeur des billets verts à 30 cents, ils les ont tous achetés. Ils ont ensuite fait volte-face et acheté des obligations d'État en exigeant qu'elles aient la même valeur qu'un dollar. Ils ont ainsi surmonté une menace sérieuse et gagné 70 cents sur le dollar.

Un article, inspiré par les banquiers internationaux, paraît dans le *London Times*. Il concernait l'émission de billets verts par Abraham Lincoln. L'article disait :

> "Si cette politique financière malveillante, qui trouve son origine en Amérique du Nord, devient endurante jusqu'à une fixation, alors ce gouvernement fournira son propre argent sans frais. Il remboursera ses dettes et n'aura plus de dettes. Il disposera de tout l'argent nécessaire à son commerce. Il connaîtra une prospérité sans précédent dans l'histoire du monde. Les cerveaux et les richesses de tous les pays iront en Amérique du Nord. CE PAYS DOIT ÊTRE DÉTRUIT OU IL DÉTRUIRA TOUTES LES MONARCHIES DU MONDE."[62]

La circulaire Hazard a été envoyée à toutes les banques d'outre-mer. On pouvait y lire :

---

[62] C'est un exemple typique du double langage des Illuminati. Monarchie signifiait en réalité prêteur d'argent.

"L'esclavage sera probablement aboli par la puissance de guerre. Mes amis européens et moi-même sommes en faveur de cette abolition, car l'esclavage n'est rien d'autre que la propriété du travail et implique la prise en charge des travailleurs, alors que le plan européen, mené par l'Angleterre, prévoit que le capital contrôlera le travail en contrôlant les salaires.

"La grande dette, dont les capitalistes verront qu'elle résulte de la guerre, doit être utilisée pour contrôler la valeur de l'argent. Pour ce faire, les obligations d'État doivent être utilisées comme base bancaire. Nous attendons maintenant que le secrétaire au Trésor des États-Unis fasse cette recommandation. Il n'est pas question de laisser les Greenbacks, comme on les appelle, circuler en tant que monnaie pendant un certain temps, car nous ne pouvons pas contrôler cela. En revanche, nous pouvons contrôler les obligations et, à travers elles, les émissions bancaires".

Les banquiers ont financé les campagnes électorales d'un nombre suffisant de sénateurs et de membres du Congrès pour leur garantir que la loi sur les banques nationales serait adoptée. La loi sur les banques nationales a été adoptée en 1863, malgré les protestations vigoureuses du président Lincoln. Les banquiers internationaux ont ainsi remporté une nouvelle victoire. Les peuples du monde se sont rapprochés un peu plus de l'esclavage économique, politique et religieux.

Sur l'en-tête de Rothschilds' Brothers, Bankers, Londres, Angleterre, sous la date du 25 juin 1863, le texte suivant a été écrit à MM. Ikelheimer, Morton and Vandergould, No. 3 Wall Street, New York, U.S.A.

Mesdames et Messieurs

Un certain M. John Sherman nous a écrit d'une ville de l'Ohio, aux États-Unis, au sujet des profits qui peuvent être réalisés dans les affaires bancaires nationales, en vertu d'une loi récente de votre Congrès ; une copie de cette loi accompagne la présente lettre. Apparemment, cette loi a été élaborée sur la base du plan formulé par l'Association des banquiers britanniques, qui l'a recommandée à nos amis américains , comme une loi qui, si elle était promulguée, s'avérerait très profitable à la fraternité bancaire dans le monde entier.

M. Sherman déclare que les capitalistes n'ont jamais eu autant d'occasions d'accumuler de l'argent que celles offertes par cette loi.

Elle donne à la Banque nationale un contrôle presque total sur les finances nationales. Les quelques personnes qui comprennent le système, dit-il, seront tellement intéressées par ses profits, ou tellement dépendantes de ses faveurs, qu'il n'y aura pas d'opposition de leur part, tandis que, d'autre part, la grande masse du peuple, mentalement incapable de comprendre les énormes avantages que le capital tire du système, supportera son fardeau sans se plaindre, et peut-être même sans se douter que le système est contraire à ses intérêts...

Vos serviteurs respectueux,

FRÈRES ROTHSCHILD

En réponse à cette lettre, MM. Ikelheimer, Morton et Vandergould ont répondu :

Mesdames et Messieurs

Nous vous prions d'accuser réception de votre lettre du 25 juin, dans laquelle vous faites référence à une communication reçue de l'honorable John Sherman, de l'Ohio, concernant les avantages et les bénéfices d'un investissement américain en vertu des dispositions de la loi sur les banques nationales.

M. Sherman possède, à un degré élevé, les caractéristiques distinctives d'un financier prospère. Son tempérament est tel que ses sentiments, quels qu'ils soient, ne lui font jamais perdre de vue l'essentiel. Il est jeune, astucieux et ambitieux. Il a les yeux fixés sur la présidence des États-Unis et est déjà membre du Congrès (il a aussi des ambitions financières). Il pense à juste titre qu'il a tout à gagner en se liant d'amitié avec des hommes et des institutions qui disposent de ressources financières importantes et qui, parfois, ne sont pas trop regardants sur les méthodes qu'ils emploient pour obtenir l'aide du gouvernement ou pour se protéger contre une législation inamicale.

En ce qui concerne l'organisation de la Banque Nationale ici, et la nature et les bénéfices de ces investissements, nous vous prions de bien vouloir vous référer à nos circulaires imprimées ci-jointes, à savoir

Un nombre de personnes au moins égal à cinq peut constituer une société bancaire nationale.

Sauf dans les villes de 6 000 habitants ou moins, une banque nationale ne peut avoir un capital inférieur à 1 000 000 de dollars.

Il s'agit de sociétés privées organisées à des fins privées, qui choisissent elles-mêmes leurs dirigeants et leurs employés.

Ils ne sont pas soumis au contrôle des lois des États, sauf si le Congrès le prévoit de temps à autre.

Elles peuvent recevoir des dépôts et les prêter pour leur propre compte. Elles peuvent acheter et vendre des obligations et du papier d'escompte et effectuer des opérations bancaires générales.

Pour créer une banque nationale à l'échelle de 1 000 000 de dollars, il faut acheter ce montant (valeur nominale) d'obligations du gouvernement américain. Les obligations américaines peuvent maintenant être achetées avec un escompte de 50%, de sorte qu'une banque d'un capital de 1 000 000 de dollars peut être créée à l'heure actuelle pour seulement 500 000 dollars. Ces obligations doivent être déposées auprès du Trésor américain à Washington comme garantie de la monnaie de la Banque nationale, qui sera fournie par le gouvernement à la banque.

Le gouvernement des États-Unis paiera 6% d'intérêt sur toutes les obligations en or, l'intérêt étant payé semestriellement. On voit donc que au prix actuel des obligations, l'intérêt payé par le gouvernement lui-même est de 12% en or sur l'ensemble de l'argent investi.

Le gouvernement des États-Unis, après avoir déposé les obligations susmentionnées auprès du trésorier, sur la base de cette garantie, fournira de la monnaie nationale à la banque qui a déposé les obligations, à un taux d'intérêt annuel de seulement 1% par an.

La monnaie est imprimée par le gouvernement américain sous une forme qui ressemble tellement aux billets verts que les gens ne voient pas la différence. Bien que la monnaie ne soit qu'une promesse de paiement de la banque.

La demande d'argent est si importante que cet argent peut être facilement prêté aux gens au guichet de la banque avec un escompte de 10% à trente ou soixante jours, ce qui donne un taux d'intérêt d'environ 12% sur la monnaie.

L'intérêt sur les obligations, plus l'intérêt sur la monnaie que l'obligation garantit, plus les frais accessoires de l'entreprise, devraient faire en sorte que les revenus bruts de la banque s'élèvent de 28% à 33 et un tiers pour cent.

Les banques nationales ont le privilège d'augmenter ou de réduire leur monnaie à volonté et, bien entendu, d'accorder ou de refuser des prêts, comme elles l'entendent. Comme les banques ont une organisation nationale et peuvent facilement agir ensemble en refusant des prêts ou en les accordant, il s'ensuit qu'elles peuvent, par une action unie en refusant de faire des prêts, provoquer un resserrement du marché monétaire et, en une seule semaine ou même en un seul jour, provoquer une baisse de tous les produits du pays.

Les banques nationales ne paient pas d'impôts sur leurs obligations, ni sur leur capital, ni sur leurs dépôts.

Nous vous demandons de bien vouloir considérer ce document comme strictement confidentiel.

Je vous prie d'agréer, Monsieur le Président, l'expression de mes sentiments les plus respectueux,

IKELHEIMIER, MORTON & VANDERGOULD

Après l'échange des lettres susmentionnées, les banquiers américains mirent à nouveau en pratique les manipulations mentionnées. Ils ont récolté une nouvelle fois une riche moisson en saisissant des biens et des titres qui leur avaient été confiés en garantie de prêts, que leurs clients ne pouvaient pas rembourser parce que les banquiers, agissant de concert, retiraient la monnaie et restreignaient les crédits à un point tel qu'il était impossible pour la grande majorité des emprunteurs de faire face à leurs obligations financières.

Abraham Lincoln a estimé qu'après cette triste et coûteuse expérience, le peuple américain pourrait être prêt à entendre raison et il a donc lancé une nouvelle fois une attaque publique contre les banquiers. Dans un discours, il a déclaré

"Je vois s'approcher dans un avenir proche une crise qui m'inquiète et me fait trembler pour la sécurité de mon pays ; les corporations ont été intronisées, une ère de corruption dans les hautes sphères suivra, et le pouvoir monétaire du pays s'efforcera de prolonger son règne en travaillant sur les préjugés du peuple, jusqu'à ce que la richesse soit agrégée dans quelques mains et que la République soit détruite."

Peu après avoir prononcé ce discours capital, Abraham Lincoln a été réélu président, mais avant d'avoir pu faire adopter une législation qui aurait mis un frein aux pratiques avaricieuses des banquiers, il a été assassiné par John Wilkes Booth alors qu'il assistait à une représentation théâtrale, dans la nuit du 14 avril 1865. Très peu d'Américains savent pourquoi le président Lincoln a été assassiné. La véritable réponse a été trouvée lorsque les enquêteurs ont trouvé un message codé dans les effets personnels de Booth. La clé de ce message codé était en possession de Judah P. Benjamin, agent de Rothschild en Amérique.

Bien que le message codé n'ait pas eu de rapport direct avec le meurtre, il a définitivement établi le contact que Booth avait avec les banquiers internationaux. Une fois de plus, , ils sont restés cachés dans les coulisses tandis que le juif Booth était tenu pour responsable de la mort d'un grand homme. Si Abraham Lincoln avait vécu, il aurait très certainement coupé les ailes et réduit les voiles des prêteurs internationaux.

Avant l'assassinat de Lincoln, Salmon P. Chase, qui était secrétaire au Trésor américain de 1861 à 1864, a déclaré publiquement :

"Mon action en faveur de l'adoption de la loi sur les banques nationales a été la plus grande erreur financière de ma vie. Cette loi a créé un monopole qui affecte tous les intérêts du pays. Elle devrait être abrogée, mais avant que cela ne soit possible, le peuple sera rangé d'un côté, et les banques de l'autre, dans un combat tel que nous n'en avons jamais vu dans ce pays."[63]

En 1866, il y avait 1 906 687 770$ de monnaie en circulation aux États-Unis. Cela représentait 50,46 dollars par habitant. À la fin de l'année 1876, il n'y avait plus que 605 250 000 dollars en circulation, soit 14,60

[63] Pour des informations plus détaillées sur cet aspect du mouvement révolutionnaire mondial, lisez Lightning Over The Treasury Building de John R. Elsom et *The Federal Reserve Conspiracy* d'Eustace Mullins.

dollars par habitant. La monnaie de la nation avait été réduite par les retraits bancaires à hauteur de plus de 1 300 000 000$. L'importance de ces chiffres sera mieux comprise par l'homme moyen lorsqu'il apprendra que le résultat net de la politique des banquiers a été un total de 56 446 faillites d'entreprises représentant une perte de 2 245 105 000 dollars en investissements en espèces. La plus grande partie des pertes a été encourue par les saisies hypothécaires. En d'autres termes, en retirant la monnaie et en limitant les crédits, les banquiers se sont enrichis de plus de 2 000 000 000$ en un peu plus de dix ans. De nombreux éléments prouvent que les banquiers américains et les banquiers européens ont été affiliés depuis lors et que les dépressions ultérieures ont été créées par des manipulations financières similaires, comme nous l'expliquerons dans d'autres chapitres.

Chapitre 6

Manipulation monétaire

Lorsque les Rothschild ont pris le contrôle de la Banque d'Angleterre, à la suite du spectaculaire "assassinat" financier de Nathan en 1815, lui et ses associés ont insisté pour que l'or devienne la seule base d'émission du papier-monnaie. En 1870, les banquiers européens ont été quelque peu gênés dans leur système de contrôle par le fait qu'en Amérique, une quantité considérable de pièces d'argent était utilisée. Les banquiers européens décidèrent que l'argent devait être démonétisé aux États-Unis.

À cette époque, l'Angleterre possédait beaucoup d'or et très peu d'argent : L'Amérique avait beaucoup d'argent et très peu d'or.[64] Les banquiers des deux côtés de l'Atlantique savaient que tant que cette différence persisterait, ils ne pourraient pas obtenir un contrôle absolu de l'économie de la nation, et un contrôle absolu est essentiel pour le succès d'une manipulation à grande échelle.

Les banquiers internationaux européens ont envoyé Ernest Seyd en Amérique et ont mis à sa disposition, dans des banques américaines, 500 000 dollars pour corrompre des membres importants du corps législatif américain. En 1873, à l'instigation des banquiers, leurs agents ont présenté un "projet de loi", innocemment intitulé "A Bill to reform Coinage and Mint Laws" (projet de loi visant à réformer les lois relatives à la monnaie et à l'hôtel des monnaies). Ce projet de loi était habilement rédigé. De nombreuses pages d'écriture dissimulaient

---

[64] C'est pour aggraver cette situation que les agents des conspirateurs internationaux en Amérique ont organisé des gangs de voleurs de diligences et de trains pour intercepter les cargaisons d'or envoyées de diverses mines au Trésor américain pendant cette période. Ce lien entre les banquiers internationaux et la pègre sera prouvé aujourd'hui encore.

l'objectif réel du projet de loi. Le projet de loi était parrainé par nul autre que le sénateur John Sherman, dont la lettre à la Maison Rothschild a déjà été mentionnée. Sherman était soutenu par le député Samuel Hooper. Après que le sénateur Sherman eut présenté un rapport très plausible, mais trompeur, concernant l'objectif du projet de loi, celui-ci fut adopté sans aucune voix discordante. Trois ans se sont écoulés avant que l'on commence à prendre conscience de la portée de ce projet de loi. Il s'agissait d'un projet de loi camouflé visant à démonétiser l'argent. Le président Grant a signé le projet de loi sans en lire le contenu, après qu'on lui eut assuré qu'il s'agissait d'une simple question de routine nécessaire à la mise en œuvre de certaines réformes souhaitables dans les lois sur la monnaie et l'argent. D'après les archives du Congrès, seuls les membres de la commission qui a présenté le projet de loi en ont compris le sens.

Les banquiers internationaux considéraient l'adoption du projet de loi comme si essentielle à leurs plans, pour obtenir le contrôle absolu du système monétaire des États-Unis, qu'Ernest Seyd a été chargé de se présenter comme un expert en matière de frappe de monnaie. Après avoir organisé la formation d'un comité favorable aux objectifs de son maître, il a siégé avec le comité, en qualité de conseiller professionnel, et a contribué à la rédaction du projet de loi conformément aux instructions des Rothschild.

Le député Samuel Hooper a présenté le projet de loi à la Chambre des représentants le 9 avril 1872. Il a déclaré "M. Ernest Seyd, de Londres, écrivain distingué, a accordé une grande attention au sujet des monnaies et du monnayage. Après avoir examiné la première version du projet de loi, il a formulé de nombreuses et précieuses suggestions qui ont été incorporées dans le projet de loi". M. John R. Elsom, dans son livre *Lightning over the Treasury Building*, déclare à la page 49 : Selon sa propre déclaration (Seyd), faite à son ami M. Frederick A. Lukenback, de Denver, Colorado, qui nous a raconté l'histoire sous serment, il (Seyd) a dit

> "J'ai vu la commission de la Chambre et du Sénat, j'ai payé l'argent et je suis resté en Amérique jusqu'à ce que je sache que la mesure était sûre".

En 1878, un nouveau retrait de monnaie et une restriction des crédits ont provoqué 10 478 faillites d'entreprises et de banques aux États-Unis. En 1879, l'émission de nouvelles pièces de monnaie, sur l'insistance du Congrès, a mis fin à la récession artificiellement créée et ramené le nombre de faillites à 6658. Mais en 1882, la "puissance secrète" responsable des affaires internationales a donné l'ordre de ne plus tergiverser. Elle rappelle à ses associés bancaires aux États-Unis que les sentiments n'ont pas leur place dans les affaires. Ces avertissements ont produit des résultats aussi spectaculaires que drastiques. Entre 1882 et 1887, l'argent en circulation par habitant aux États-Unis a été ramené à 6,67 dollars. De 1878 à 1892, le nombre total de faillites d'entreprises s'éleva à 148 703, tandis que les fermes et les habitations privées faisaient l'objet d'une saisie proportionnelle. Seuls les banquiers et leurs agents, qui ont accordé les prêts et pris les mesures de saisie, en ont profité.

Il semblerait que les banquiers internationaux aient délibérément créé des conditions de pauvreté et de désespoir aux États-Unis afin de créer des conditions qui permettraient à leur instrument, le Word Revolutionary Party, de recruter des forces révolutionnaires. Cette accusation est étayée par une lettre adressée à tous les banquiers américains, , par l'Association des banquiers américains. Il a été prouvé que cette association était intimement liée au monopole européen de Rothschild, voire contrôlée par la maison Rothschild, à l'époque. La lettre se lit comme suit :

11 mars 1893.

Monsieur

Les intérêts des banques nationales exigent une législation financière immédiate de la part du Congrès.

Les certificats d'argent et les billets du Trésor doivent être retirés et les billets des banques nationales, sur une base de 151 or, doivent devenir la seule monnaie. Cela nécessitera l'autorisation de nouvelles obligations pour un montant de 500 000 000$ à 1 000 000 000$ comme base de circulation. Vous retirerez immédiatement un tiers de votre circulation et appellerez la moitié de vos emprunts. Veillez à créer un climat de rigueur monétaire parmi vos clients, en particulier parmi les hommes d'affaires influents. La vie des banques nationales, en tant qu'investissements fixes et sûrs, dépend d'une action immédiate, car il y a un sentiment croissant en faveur du cours légal du gouvernement et de la monnaie d'argent.

Cet ordre a été immédiatement suivi et la panique de 1893 a été créée. William Jennings Bryan tenta de contrecarrer la conspiration des banquiers, mais une fois de plus, le public crut aux fausses accusations diffusées dans la presse par les propagandistes des banquiers. L'homme de la rue rejette la faute sur le gouvernement.

Le citoyen moyen n'a jamais soupçonné le rôle joué par les banquiers dans l'instauration du chaos afin de remplir leurs propres nids. William Jennings Bryan était incapable de faire quoi que ce soit de constructif. Sa voix, comme celle de nombreux autres citoyens honnêtes et loyaux, était une voix qui criait dans le désert.

En 1899, J.P. Morgan et Anthony Drexel se rendent en Angleterre pour assister à la Convention internationale des banquiers. À leur retour, J.P. Morgan est nommé représentant principal des intérêts des Rothschild aux États-Unis. Il a probablement été choisi comme Top-man en raison de l'ingéniosité dont il avait fait preuve en faisant fortune en vendant à son gouvernement des fusils de l'armée de l'Union qui avaient déjà été condamnés.[65]

À la suite de la Conférence de Londres, J.P. Morgan & Co. de New York, Drexel & Co. de Philadelphie, Grenfell & Co. de Londres, Morgan Harjes & Co. de Paris, M.M. Warburgs d'Allemagne et d'Amsterdam et la Maison Rothschild ont tous été affiliés.

La combinaison Morgan-Drexel a organisé la Northern Securities Corporation en 1901 dans le but de mettre le groupe Heinze-Morse hors d'état de nuire. Le groupe Heinze-Morse contrôlait un nombre considérable de banques, de compagnies maritimes, d'entreprises sidérurgiques et d'autres industries. Il fallait les mettre hors d'état de

---

[65] Gustavus Myers traite de manière beaucoup plus détaillée des liens de J.P. Morgan et de son père avec la Maison Rothschild et tous les Américains qui souhaitent que l'histoire ne se répète pas devraient lire comment ils ont été vendus au milieu du siècle dernier. Un autre chapitre explique comment les banquiers internationaux se réunissaient dans un quartier de Londres pour planifier leur politique, tandis que les dirigeants révolutionnaires se réunissaient dans un autre quartier pour mettre au point les détails des intrigues qui permettraient de mettre en œuvre les guerres et les révolutions planifiées par les maîtres d'œuvre.

nuire pour que l'association Morgan-Drexel puisse contrôler les prochaines élections fédérales.

La combinaison Morgan-Drexel a réussi à faire élire Theodore Roosevelt en 1901. Cela a retardé les poursuites qui avaient été engagées contre eux par le ministère de la Justice en raison des méthodes illégales qu'ils auraient utilisées pour se débarrasser de la concurrence. Morgan-Drexel s'est ensuite affilié à Kuhn-Loeb & Co. Pour tester leur force combinée, il est décidé d'organiser une nouvelle "tuerie" financière. C'est ainsi qu'est née la "panique de Wall Street de 1907". La réaction du public face à ces méthodes de gangstérisme légalisé était suffisante pour que le gouvernement prenne des mesures, mais les preuves qui suivent montrent clairement comment le public a été trahi.

Le gouvernement a nommé une Commission monétaire nationale. Le sénateur Nelson Aldrich a été nommé à la tête de cette commission. Il fut chargé d'effectuer une étude approfondie des pratiques financières et de formuler des réformes bancaires et monétaires en soumettant la législation nécessaire au Congrès. On a découvert par la suite qu'Aldrich avait des intérêts financiers dans les puissants trusts du caoutchouc et du tabac. Il était à peu près le dernier homme du Sénat à qui l'on aurait pu confier une telle tâche. Immédiatement après sa nomination, Aldrich a constitué un petit groupe de lieutenants de confiance et ils sont tous partis pour l'Europe. Pendant leur séjour en Europe, ils bénéficient de toutes les facilités pour étudier la manière dont les banquiers internationaux contrôlent l'économie des pays européens. Après avoir passé deux ans en Europe et dépensé plus de 300 000 dollars de l'argent des contribuables américains, Aldrich rentre aux États-Unis.

Tout ce que le public a reçu en échange de son argent, c'est qu'Aldrich lui a dit qu'il n'avait pas été en mesure d'élaborer un plan précis pour empêcher les paniques financières récurrentes qui ont perturbé les affaires, créé du chômage et détruit de nombreuses petites fortunes aux États-Unis depuis la guerre de Sécession. Aldrich était si proche des Rockefeller que J.D. Jr. épousa sa fille Abby.

Avant son tour d'Europe, Aldrich avait été invité à consulter Paul Warburg. Ce Paul Moritz Warburg était un personnage unique. Il était arrivé aux États-Unis en tant qu'immigrant allemand vers 1902. Il s'est avéré par la suite qu'il était membre de la société financière européenne

M.M. Warburg & Co. de Hambourg et d'Amsterdam. Comme nous l'avons vu, cette société appartenait à la maison Rothschild. Paul Warburg avait étudié la finance internationale en Allemagne, en France, en Grande-Bretagne, en Hollande et dans d'autres pays avant d'immigrer en Amérique. Les États-Unis se sont révélés être la terre de toutes les opportunités car, en un rien de temps, il a acquis une participation dans Kuhn-Loeb & Co. de New York. Il se voit attribuer un salaire de 500 000 dollars par an. L'un de ses nouveaux associés était Jacob Schiff, qui avait déjà acheté des actions de la société avec l'or de Rothschild. Ce Jacob Schiff est l'homme qui, preuves à l'appui, a financé le mouvement terroriste en Russie de 1883 à 1917.

Schiff n'avait pas trop mal réussi pour lui-même et ses bailleurs de fonds. Il avait réussi à prendre le contrôle incontesté des transports, des systèmes de communication et des lignes d'approvisionnement aux États-Unis. Comme l'a prouvé, le contrôle de ces éléments est absolument essentiel à la réussite d'un effort révolutionnaire dans n'importe quel pays.[66]

Dans la nuit du 22 novembre 1910, une voiture privée attend à la gare de Hoboken, dans le New Jersey. Le sénateur Aldrich arrive accompagné de A. Piatt Andrews, économiste professionnel et fonctionnaire du Trésor, qui a été invité à dîner en Europe. Shelton, le secrétaire privé d'Aldrich, se présente également. Il est suivi par Frank Vanderlip, président de la National City Bank of New York, qui représente les intérêts pétroliers de Rockefeller et les intérêts ferroviaires de Kuhn-Loeb. Les directeurs de la National City Bank avaient été publiquement accusés d'avoir aidé à fomenter une guerre entre les États-Unis et l'Espagne en 1898. Indépendamment de la véracité ou non de ces accusations, le fait demeure que la National City Bank possédait et contrôlait l'industrie sucrière de Cuba à la fin de la guerre. D'autres personnes se sont jointes à Aldrich, notamment H.P.

---

[66] Les enquêtes menées dans plusieurs pays déjà soumis prouvent que les magnats de la finance qui possèdent et contrôlent les systèmes de transport terrestre et maritime, ainsi que les industries affiliées, ont délibérément créé les conditions qui ont conduit à des grèves générales immédiatement avant la date fixée pour la mise en œuvre d'un effort révolutionnaire. Il doit être évident que ces magnats internationaux ne peuvent former des dictatures comme ils l'ont fait en Russie tant que les gouvernements et les institutions existants n'ont pas été renversés. Ce livre montre comment cet objectif a été atteint en Russie.

Davison, associé principal de J.P. Morgan & Co. et Charles D. Norton, président de la First National Bank of New York de Morgan. Ces trois derniers avaient été accusés par le législateur américain de contrôler l'ensemble de la monnaie et du crédit des États-Unis. Les derniers arrivés sont Paul Warburg et Benjamin Strong. Warburg était alors si riche et si puissant qu'il aurait inspiré la célèbre bande dessinée "Orphan Annie", dans laquelle Warbucks est présenté comme l'homme le plus riche et le plus influent du monde, un homme qui peut, lorsqu'il le souhaite, utiliser des pouvoirs surhumains ou surnaturels pour se protéger et protéger ses intérêts. Benjamin Strong s'est fait connaître lors des manipulations préliminaires de la haute finance qui ont conduit à la panique de Wall Street en 1907. En tant que lieutenant de J.P. Morgan, il avait acquis la réputation d'exécuter les ordres sans poser de questions et avec une efficacité impitoyable.

La voiture privée d'Aldrich est attachée au train. Les journalistes ont appris l'existence de ce rassemblement des hommes qui contrôlent le pétrole, les finances, les communications, les transports et les industries lourdes de l'Amérique. Ils ont commencé à envahir le wagon privé comme des sauterelles... Mais ils n'ont pas réussi à faire parler qui que ce soit. M. Vanderlip a finalement balayé les demandes d'information des journalistes en expliquant : "Nous partons pour un week-end tranquille".

Il a fallu des années pour découvrir ce qui s'était passé lors de ce week-end tranquille. Une réunion secrète s'est tenue sur l'île de Jekyll, en Géorgie. Cette cachette appartenait à J.P. Morgan et à un petit groupe de ses affiliés financiers. Les questions abordées lors de cette réunion étaient les suivantes : "Les moyens de s'assurer que la législation proposée pour freiner le racket financier et la manipulation monétaire aux États-Unis soit sabotée et remplacée par une législation favorable aux participants à la réunion secrète". Atteindre ces deux objectifs importants n'était pas une tâche facile. Il a été demandé à M. Paul Warburg de proposer des solutions. Ses conseils ont été acceptés.

Des réunions ultérieures ont été organisées par le même groupe pour régler les détails à New York. Les conspirateurs ont baptisé leur groupe le First Name Club car, lorsqu'ils se réunissaient, ils s'adressaient toujours les uns aux autres par leurs prénoms afin d'éviter que des étrangers ne s'intéressent à eux en entendant prononcer les noms de famille de financiers nationaux et internationaux. Pour faire court, Aldrich, Warburg and Company ont élaboré la législation monétaire qu'Aldrich a finalement présentée comme le travail de son comité spécial. Il l'a fait adopter par le Congrès en 1913 sous le titre "The Federal Reserve Act of 1913". La grande majorité des citoyens américains croyait sincèrement que cette loi protégeait leurs intérêts et plaçait le gouvernement fédéral aux commandes de l'économie du pays.

Rien n'est plus éloigné de la vérité. Le système de la Réserve fédérale a mis les banquiers affiliés d'Amérique et d'Europe en position de provoquer et de contrôler la Première Guerre mondiale. Cette affirmation sera prouvée. La Première Guerre mondiale a été déclenchée pour permettre aux conspirateurs internationaux de provoquer la révolution russe de 1917.

Ces faits illustrent comment l'histoire se répète et pourquoi. Par le biais de complots et d'intrigues similaires, les banquiers internationaux ont provoqué la révolution anglaise de 1640-1649 et la grande révolution française de 1789.[67]

En 1914, le système de la Réserve fédérale était composé de douze banques qui avaient acheté pour 134 millions de dollars d'actions de la Réserve fédérale. Selon le Congressional Record du 29 mai 1939 (8896), elles ont réalisé un bénéfice de 23 141 456 197 dollars. En 1940, les actifs de la Réserve fédérale s'élevaient à cinq milliards de dollars. En 1946, ils ont été déclarés comme étant de quarante-cinq milliards de dollars. Les banquiers ont réalisé quarante milliards de dollars de bénéfices grâce à leurs transactions pendant la Seconde Guerre mondiale.

La majorité des citoyens des États-Unis pensent que le système de la Réserve fédérale profite à l'ensemble de la population du pays. Ils pensent que le système de la Réserve fédérale protège l'argent des déposants en rendant les faillites bancaires impossibles. Ils pensent que les profits réalisés par les banques de la Réserve fédérale profitent au Trésor national. Ils se trompent sur toute la ligne.

---

[67] Pour plus de détails sur la Réserve Fédérale, lisez *Les Secrets de la Réserve Fédérale* écrit par Eustace Mullins et publié par Le Retour aux Sources, www.leretourauxsources.com

Ce que pense la majorité des gens est exactement ce que le système de la Réserve fédérale devait accomplir à l'origine, mais la législation élaborée sur l'île de Jekyll, en Géorgie, en 1910, et adoptée par le Congrès américain en 1913, n'a pas profité au peuple ou au gouvernement des États-Unis.

Le président des États-Unis nomme quatre des hommes chargés de faire fonctionner le système de la Réserve fédérale. Ils sont payés 15 000 dollars par an pour leurs services. Les archives du Congrès prouveront que les banques membres ont partagé illégalement les profits réalisés dès la création du système. Ce n'est qu'en 1922 que la loi initiale a été amendée afin que les banquiers puissent s'approprier les bénéfices en toute légalité.

En ce qui concerne l'illusion selon laquelle le système de la Réserve fédérale protège les personnes qui déposent leur argent dans des banques américaines contre d'éventuelles faillites, les statistiques montrent que depuis l'entrée en vigueur du système de la Réserve fédérale en 1913, plus de 14 000 banques ont fait faillite. Des millions et des millions d'argent durement gagné par les déposants ont été perdus au profit de leurs propriétaires légitimes. L'argent ou la richesse étant généralement indestructible, quelqu'un a récupéré ce que les autres ont perdu. C'est ce que nous appelons aujourd'hui le "Smart Business".

Chapitre 7

Événements précédant la révolution russe

L'invasion de la Russie par Napoléon en 1812 a profondément ébranlé le peuple russe. Le tsar Alexandre Ier s'est attelé à la tâche d'organiser un programme de redressement. Dans l'espoir d'unir les efforts de tout l'empire russe, il assouplit bon nombre des restrictions qui avaient été imposées aux Juifs lorsqu'ils avaient été confinés dans la Zone de résidence en 1772. Des concessions spéciales sont accordées aux artisans et aux professions libérales. Un effort déterminé est fait pour établir les Juifs dans l'agriculture. Sous Alexandre Ier, ils sont encouragés à s'assimiler au mode de vie russe.

Nicolas Ier succède à Alexandre Ier en 1825. Il était moins enclin à favoriser les Juifs, car il considérait avec inquiétude leurs rapides incursions dans l'économie russe. Son gouvernement voit d'un très mauvais œil la détermination des Juifs à maintenir leur culture, leur langue, leur mode vestimentaire, etc. distincts.

Pour tenter d'assimiler les Juifs dans la société russe, Nicolas Ier, en 1804, a rendu obligatoire la fréquentation de l'école publique pour tous les enfants juifs. Nicolas pensait que si les jeunes Juifs pouvaient être convaincus qu'ils seraient bien accueillis dans la société russe, cela contribuerait grandement à éliminer les malentendus. Son but avoué était de contrebalancer l'histoire unilatérale de la persécution religieuse qui leur était inculquée dès leur plus jeune âge.

Les résultats nets de l'expérience russe n'ont pas été à la hauteur des espérances. L'éducation des enfants non juifs n'était pas obligatoire. Les Juifs sont devenus le segment le mieux éduqué de la Russie.[68]

---

[68] Ce fait a joué un rôle important dans la destruction du pouvoir tsariste, qui s'est achevée par l'assassinat du tsar Nicolas II et de toute sa famille dans la maison

Alexandre II a succédé à Nicolas Ier sur le trône de Russie en 1855. Benjamin Disraeli a qualifié Alexandre II de "prince le plus bienveillant qui ait jamais régné sur la Russie". Alexandre a consacré sa vie à l'amélioration des conditions de vie des paysans, des classes pauvres et des Juifs. En 1861, il a émancipé 23 000 000 de serfs. Cette classe infortunée avait été contrainte de travailler la terre. Ils étaient littéralement des esclaves. Ils pouvaient être transférés d'un propriétaire à un autre dans toutes les ventes ou locations de propriétés foncières.

De nombreux Juifs, qui avaient profité de l'enseignement obligatoire, sont entrés à l'université. Après l'obtention de leur diplôme, ils se sont trouvés gravement handicapés dans leur recherche d'emploi. Pour remédier à cette injustice, Alexandre II a décidé que tous les diplômés juifs seraient autorisés à s'installer et à occuper des postes gouvernementaux dans la Grande Russie. En 1879, les apothicaires, infirmières, sages-femmes, dentistes, distillateurs et artisans juifs ont été autorisés à travailler et à résider partout en Russie.

Mais les dirigeants révolutionnaires juifs sont déterminés à poursuivre leur mouvement en faveur d'une révolution populaire mondiale. Leurs groupes terroristes commettent un attentat après l'autre. Ils s'efforcent d'obtenir le soutien des intellectuels russes mécontents et d'implanter l'idée générale d'une révolution violente dans l'esprit de la population ouvrière industrielle. En 1866, ils attentent pour la première fois à la vie d'Alexandre II. Ils tentent de l'assassiner une seconde fois en 1879. Par miracle, les deux tentatives échouèrent. Il fut alors décidé qu'un effort tout particulier devait être fait pour éliminer Alexandre. En effet, son règne bienveillant contredisait totalement leur affirmation selon laquelle "les réformes indispensables ne peuvent être mises en œuvre rapidement que par une action révolutionnaire". C'est dans la maison de la juive Hesia Helfman que les conspirateurs ont ourdi leur prochain complot contre la vie d'Alexandre II. Le tsar est assassiné en 1881.

Tandis que les forces révolutionnaires en Russie tentent d'embarrasser le gouvernement par tous les moyens possibles et commettent toutes

---

d'Ekaterinbourg, le 17 juillet 1918, par un homme nommé Yorovrest. Ekaterinbourg a ensuite été rebaptisée Sverdlovsk en l'honneur du juif Yakov Sverdlov, président de la République soviétique à l'époque des exécutions. Des symboles des Illuminati ont été dessinés sur les murs de la cave mortuaire.

sortes d'exactions, y compris des assassinats, les "puissances secrètes" derrière le W.R.M., depuis leurs quartiers généraux en Angleterre, en Suisse et aux États-Unis, essaient une fois de plus d'impliquer l'Angleterre dans une guerre avec la Russie. En une telle guerre, aucun des deux Empire ne pourrait faire de gains appréciables. Le résultat final d'une telle guerre serait d'affaiblir matériellement les deux empires et d'en faire des proies plus faciles pour des actions révolutionnaires ultérieures.

Dans le Nineteenth Century, numéro d'octobre 1881, Goldwyn Smith, professeur d'histoire moderne à l'université d'Oxford, écrit :

> "Lorsque j'étais en Angleterre pour la dernière fois, nous étions au bord de la guerre avec la Russie, qui aurait impliqué tout l'Empire, et les intérêts juifs à travers l'Europe, avec la presse juive de Vienne comme principal organe, faisaient tout leur possible pour nous y pousser"[69]

L'assassinat du "petit père" des Russes en 1881 a provoqué un ressentiment généralisé qui s'est exprimé sur le site par une flambée de violence spontanée contre la population juive dans de nombreuses régions de Russie. Le gouvernement russe a adopté les "lois de mai". Il s'agissait de lois sévères adoptées parce que les fonctionnaires russes qui les avaient parrainées soutenaient que

> "Si les Juifs ne pouvaient être satisfaits et réconciliés par la politique bienveillante d'Alexandre II, il était évident qu'ils ne se satisferaient de rien de moins que de la domination absolue de la Russie."

Une fois de plus, l'ensemble de la race juive est punie pour les péchés de quelques chefs révolutionnaires autoproclamés.

---

[69] C'est une nouvelle illustration du fait que même un professeur d'histoire peut tomber dans les pièges antisémites tendus par les conspirateurs. Certes, la majorité des gens croient que tous les banquiers et magnats internationaux sont juifs, mais c'est faux. La majorité d'entre eux ne sont pas juifs, ni par le sang, ni par l'ascendance raciale, ni par la religion. En fait, ils encouragent l'antisémitisme parce qu'ils peuvent utiliser tous les mouvements d'opposition pour faire avancer leurs plans diaboliques.

Le 23 mai 1882, une délégation juive, dirigée par le baron Ginzberg,[70] s'est adressée au nouveau tsar Alexandre III et a officiellement protesté contre les lois de mai. Le tsar a promis une enquête approfondie sur toute l'affaire concernant le conflit entre les factions juives et non juives de la population de l'empire. Le 3 septembre, il a publié la déclaration suivante :

"Depuis un certain temps, le gouvernement s'intéresse aux Juifs, à leurs problèmes et à leurs relations avec le reste des habitants de l'Empire, afin de déterminer les tristes conditions de vie de la population chrétienne provoquées par la conduite des Juifs dans les affaires. Au cours des vingt dernières années, les Juifs se sont non seulement emparés de toutes les branches du commerce et de l'industrie, mais aussi d'une grande partie des terres en les achetant ou en les cultivant. À quelques exceptions près, ils ont, en tant que groupe, consacré leur attention non pas à enrichir le pays ou à en tirer profit, mais à escroquer le peuple russe par leurs ruses. Les habitants pauvres en ont particulièrement souffert, et cette conduite a suscité des protestations de la part du peuple, qui se sont traduites par des actes de violence à l'encontre des Juifs. Le gouvernement, tout en faisant de son mieux pour étouffer ces troubles et pour délivrer les Juifs de l'oppression et du massacre, a estimé qu'il était urgent et juste d'adopter des mesures rigoureuses pour mettre fin à l'oppression pratiquée par les Juifs sur les autres habitants et pour débarrasser le pays de leurs pratiques répréhensibles, qui étaient, comme on le sait, la cause initiale des agitations anti-juives".

Les lois de mai ont été adoptées par le gouvernement non seulement par ressentiment à la suite de l'assassinat du tsar Alexandre II, mais aussi parce que des économistes russes avaient averti le gouvernement que l'économie nationale risquait d'être ruinée si des mesures n'étaient pas prises pour mettre un terme aux activités illégales des Juifs. Les économistes soulignaient que les Juifs ne représentaient que 4,2% de la population totale, mais qu'ils avaient réussi à s'implanter si solidement dans l'économie russe que la nation était confrontée à un désastre économique. Les mesures prises après l'échec de la députation du baron Ginzberg à faire abroger les lois de mai montrent à quel point les économistes avaient raison. Les banquiers internationaux ont imposé

---

[70] Ginzberg était le représentant officiel de la maison Rothschild en Russie.

des sanctions économiques à l'Empire russe. Ils ont presque réduit la nation à la faillite. Ils ont imposé un embargo sur le commerce russe. En 1904, après avoir impliqué l'Empire russe dans une guerre désastreuse avec le Japon, la Maison bancaire anglaise de Rothschild a renié sa promesse d'aide financière et a tenté de mettre l'Empire russe en faillite, tandis que Kuhn-Loeb & Co. New York a accordé au Japon tous les crédits demandés.

L'Encyclopaedia Britannica, page 76, Vol. 2-1947, dit ceci des lois de mai :

> "Les lois russes de mai ont été le monument législatif le plus remarquable réalisé par l'antisémitisme moderne... Leurs résultats immédiats furent une dépression commerciale ruineuse qui fut ressentie dans tout l'empire et qui affecta profondément le crédit national. Le ministre russe ne savait plus où donner de la tête pour obtenir de l'argent. Des négociations pour un prêt important furent entamées avec la maison Rothschild et un contrat préliminaire était signé lorsque le ministre des Finances fut informé que si les persécutions contre les Juifs ne cessaient pas, la grande maison bancaire serait obligée de se retirer du contrat... C'est ainsi que l'antisémitisme, qui avait déjà si profondément influencé la politique intérieure de l'Europe, marqua de son empreinte les relations internationales des puissances, car c'est le besoin urgent du Trésor russe, tout autant que la résiliation du traité secret de neutralité mutuelle du prince Bismarck, qui provoqua l'alliance franco-russe".

De nombreux Juifs orthodoxes s'inquiètent du terrorisme impitoyable pratiqué par leurs compatriotes. Ils savaient qu'une politique similaire était menée en France, en Allemagne, en Espagne et en Italie. Les Juifs moins radicaux s'inquiètent car ils craignent que la poursuite de ce terrorisme n'entraîne une vague d'antisémitisme telle qu'elle pourrait bien aboutir à l'extermination de la race juive. Leurs pires craintes sont confirmées par un Juif allemand, Théodore Herzl, qui les informe de la politique antisémite de Karl Ritter et les prévient qu'elle se répand rapidement en Allemagne. Il suggère aux Juifs orthodoxes d'organiser un mouvement juif de retour en Israël. C'est le début du mouvement sioniste. [71]

Après que le tsar Alexandre III eut rendu son verdict accusant les juifs AVARICIEUX d'être la cause des troubles et de la ruine économique de l'Empire, les chefs des révolutionnaires organisèrent le "Parti de la révolution sociale". Un homme sans pitié, Gershuni, est nommé organisateur des groupes terroristes. Un tailleur du nom de Yevno Azev est chargé d'organiser les "sections de combat". Les dirigeants du parti social-révolutionnaire insistent également sur l'importance d'enrôler les Gentils dans le mouvement.

Les Gentils, qui réussissent les tests auxquels ils sont soumis, deviennent membres à part entière. C'est cette décision qui a permis à Alexandre Oulianov d'entrer dans le parti. Avant que les dirigeants révolutionnaires ne l'admettent comme membre à part entière, il reçoit l'ordre de participer au complot visant à assassiner le tsar Alexandre III. La tentative d'assassinat du tsar échoue. Alexandre Oulianov est arrêté. Il est jugé et condamné à mort. Son exécution incite son jeune frère, Vladimir, à se consacrer à la cause révolutionnaire. Vladimir monte en puissance jusqu'à devenir le chef du parti bolchevique. Il prend alors le nom de Lénine. Il est finalement devenu le premier dictateur de l'U.R.S.S.

Entre 1900 et 1906, le parti révolutionnaire a non seulement provoqué de graves conflits du travail et créé de terribles malentendus entre toutes les couches de la société russe, mais il a aussi frotté la plaie de la bigoterie religieuse jusqu'à ce qu'elle se transforme en un furoncle. Ce furoncle a été porté à son paroxysme par les applications brûlantes de meurtres et d'assassinats en masse. Le furoncle a éclaté sous la forme de la révolution de 1905.

Les fonctionnaires assassinés par la section terroriste des révolutionnaires sociaux étaient Bogolepov, ministre de l'éducation en 1901. Cet assassinat a été perpétré afin d'enregistrer le ressentiment juif contre la clause relative à l'éducation contenue dans les lois de mai

---

[71] Le mouvement sioniste était à son tour contrôlé par les banquiers internationaux et utilisé pour servir leurs plans et ambitions secrets. Lire *The Palestine Plot (Le complot palestinien)* par B. Jensen.

mentionnées précédemment. Cette clause limitait le nombre de Juifs fréquentant les écoles et les universités subventionnées par l'État à un nombre proportionnel à la population juive par rapport à l'ensemble de la population russe. Cette mesure a été adoptée parce que les écoles financées par l'État avaient été inondées d'étudiants juifs. Un groupe de jeunes Juifs qui avaient "souffert" lorsqu'ils étaient garçons, en raison de la clause éducative des lois de mai 1882, a été chargé d'assassiner le ministre de l'éducation. Ils doivent faire la preuve de leur courage et de leurs capacités pour être admis dans la section terroriste du parti social-révolutionnaire.

L'année suivante (1902), Sipyagin, ministre de l'intérieur, a été assassiné pour souligner le ressentiment des Juifs à l'égard de la loi de mai qui avait inversé la politique d'Alexandre II et interdit aux Juifs de vivre en dehors de la zone de peuplement. Les Juifs qui avaient été expulsés de leurs maisons en Grande Russie alors qu'ils étaient enfants, en vertu de la loi de mai, ont été choisis pour mener à bien cette "exécution". Ils ne se sont pas trompés.

En 1903, Bogdanovich, gouverneur d'Ufa, est assassiné ; en 1904, Vischelev von Plehve, premier ministre russe, est tué ; en 1905, la première révolution russe de grande ampleur éclate. Le grand-duc Sergius, oncle du tsar, est assassiné le 17 février. En décembre 1905, le général Dubrassov réprime les révolutionnaires, mais en 1906, il est assassiné par la section terroriste.

Après que le Tzar eut blâmé les Juifs pour l'état insatisfaisant des affaires en Russie, le baron Ginzberg fut chargé d'œuvrer à la destruction de l'Empire russe. Il a été convenu que pour déclencher la guerre russo-japonaise, les intérêts des Rothschild en Europe feraient semblant d'être amicaux avec la Russie. Ils financeraient la guerre au nom de la Russie tandis que, secrètement, les partenaires de Rothschild, Kuhn-Loeb & Co. de New York, financeraient le gouvernement japonais. La défaite de la Russie devait être assurée par le retrait de l'aide financière des Rothschild au moment où elle était le plus nécessaire. Le chaos et la confusion doivent être créés au sein des forces armées russes en Extrême-Orient en sabotant les lignes de transport et de communication traversant la Sibérie. L'armée et la marine russes manquent ainsi de ravitaillement et de renforts.[72]

De même, un officier de la marine russe qui se rendait de la Baltique à Port Arthur, en Extrême-Orient, a ordonné à ses navires de tirer sur une flotte de chalutiers britanniques qui pêchaient sur le Dogger Bank, en mer du Nord. Aucune raison logique n'a jamais été avancée pour expliquer cet acte gratuit de cruauté et de meurtre de masse à l'encontre d'une puissance supposée amie. La réaction de l'opinion publique anglaise fut telle que la guerre fut évitée de justesse. À la suite de cet incident, de nombreux officiers de marine et officiers marchands britanniques se sont portés volontaires pour servir le Japon.

Le gouvernement japonais est financé par des emprunts internationaux levés par Jacob Schiff (New York). Schiff était l'associé principal de Kuhn-Loeb & Co. Il coopérait avec Sir Ernest Cassels (Angleterre) et les Warburgs (Hambourg). Jacob Schiff a justifié son action de financement des Japonais dans la guerre contre la Russie dans une lettre qu'il a écrite au comte Witte, l'émissaire du Tzar qui a assisté aux négociations de paix tenues à Portsmouth, aux États-Unis, en 1905.

"Peut-on s'attendre à ce que l'influence du Juif américain sur l'opinion publique soit exercée à l'avantage du pays qui a systématiquement dégradé ses frères de race ?... Si le gouvernement en cours de formation ne réussit pas à assurer la sécurité et l'égalité des chances dans tout l'Empire à la population juive, alors le temps sera venu pour les Juifs de Russie de quitter leur patrie inhospitalière. Le problème auquel le monde civilisé sera alors confronté sera certes énorme, mais il sera résolu, et vous, qui êtes non seulement un homme d'État clairvoyant, mais aussi un grand économiste, savez mieux que quiconque que le destin de la Russie, et sa perte, seront alors scellés".

---

[72] Mon père, le capitaine F.H. Carr, était l'un des officiers britanniques qui ont servi avec les Japonais en 1904 et 1905. J'ai en ma possession une très belle sculpture en ivoire représentant un bûcheron japonais fumant après son déjeuner. Cette pièce de musée a été offerte à mon père par le gouvernement japonais en remerciement des services rendus. Mon père m'a donné un grand nombre d'informations précieuses sur les intrigues qui ont conduit à la guerre russo-japonaise.

L'hypocrisie de Jacob Schiff peut être mieux appréciée si l'on explique qu'à partir de 1897, il a financé les terroristes en Russie. En 1904, il a contribué au financement de la révolution qui a éclaté en Russie en 1905. Il a également contribué à organiser sur une base internationale le financement de la révolution russe qui a éclaté au début de 1917 et qui lui a donné, ainsi qu'à ses associés, la première occasion de mettre en œuvre leurs théories totalitaires.[73]

La guerre russo-japonaise a été fomentée par les banquiers internationaux afin de créer les conditions nécessaires au succès d'un effort révolutionnaire visant à renverser le pouvoir des tzars. Les plans des banquiers internationaux ont été bouleversés lorsque les mencheviks, dirigés par des juifs, ont déclenché une révolution indépendante en Russie en 1905. Lorsque les banquiers internationaux ont refusé leur soutien financier, la révolution a échoué au moment même où elle semblait avoir atteint l'apogée de son succès.

Les mencheviks, dominés par les juifs, ayant agi de leur propre initiative, les banquiers internationaux décidèrent que Lénine conduirait leur programme révolutionnaire en Russie à partir de cette date.

Lénine est né dans la ville de Simbirsk, située sur les rives de la Volga. Il est le fils d'un fonctionnaire qui porte le titre de "véritable conseiller d'État". Ce titre n'était pas hérité, mais avait été décerné à son père pour les services exceptionnels qu'il avait rendus en tant que surveillant d'école. Lénine a reçu une formation universitaire et a été admis à l'école de droit , mais il ne s'est jamais lancé dans les affaires. Des étudiants juifs l'avaient persuadé qu'il était temps de renverser le pouvoir des classes privilégiées et que les masses devaient diriger leur propre pays. C'est alors que Lénine caressait l'idée que "les réformes nécessaires ne pouvaient être mises en œuvre rapidement que par une action révolutionnaire" que son frère a été arrêté par la police et exécuté.

---

[73] François Coty dans le *Figaro* du 20 février 1932 dit : Les subventions accordées aux Nihilistes à cette époque (c'est-à-dire de 1905 à 1914 - auteur) par Jacob Schiff n'étaient plus des actes de générosité isolée. Une véritable organisation terroriste russe avait été créée aux États-Unis à ses frais, chargée d'assassiner ministres, gouverneurs, chefs de police, etc.

Lénine est rapidement reconnu comme un intellectuel. Il fréquente les dirigeants du parti révolutionnaire alors qu'il n'a qu'une vingtaine d'années. Il a déjà été dit que les riches prêteurs internationaux directs et influents avaient aidé à financer et à diriger les activités révolutionnaires à l'intérieur de la zone de peuplement. Lénine voulait en savoir plus sur les personnes qui dirigeaient les différents groupes révolutionnaires nationaux unis dans la cause commune de la révolution populaire. En 1895, à l'âge de vingt-cinq ans, il se rendit en Suisse et rejoignit Plekhanov qui avait fui la Russie pour échapper au sort réservé à Alexandre, le frère aîné de Lénine.

En Suisse, Lénine et Plekhanov, qui étaient des Gentils, s'associèrent à Vera Zasulich, Leo Deutch, P. Axelrod et Julius Tsederbaum, qui étaient tous des Juifs. Ils ont formé un mouvement marxiste sur à l'échelle mondiale qu'ils ont appelé le "Groupe pour l'émancipation du travail". Tsederbaum était un jeune homme comme Lénine. Il s'était forgé une réputation de terroriste impitoyable et d'agitateur accompli dans la "zone de peuplement". Il change son nom en Martov. Il devient le chef des mencheviks. Lénine dirige les bolcheviks en Russie.

La tentative révolutionnaire avortée des mencheviks en 1905 a convaincu Lénine que la seule façon de réussir une révolution était d'organiser un comité international de planification qui planifierait d'abord et dirigerait ensuite tout effort révolutionnaire convenu. Lénine a créé le Comintern, le Comité central international de planification révolutionnaire. Les banquiers internationaux l'ont choisi comme leur principal agent en Russie. Lénine avait étudié sérieusement la Grande Révolution française. Lorsqu'il a appris que le pouvoir secret qui avait provoqué la Révolution française était toujours en activité, il s'est rallié à lui. Son plan consistait à laisser les membres du Comintern penser qu'ils étaient les cerveaux, mais à influencer leur pensée de manière à ce qu'ils favorisent les plans à long terme des banquiers internationaux. Si, un jour, les dirigeants révolutionnaires ne pouvaient plus être contrôlés par , alors , ils pourraient toujours être liquidés. Des preuves seront données pour montrer comment cela s'est réellement produit.

Ayant décidé de sa propre politique, Lénine retourna en Russie avec Martov pour organiser sa campagne de collecte d'argent qui consistait en chantage, vol de banque, extorsion et autres types de pratiques illégales. Lénine soutenait qu'il était logique de prendre l'argent du peuple dont on voulait renverser le gouvernement. Il a érigé en principe de son parti le fait que tous les jeunes qui aspirent à en devenir membres doivent, comme son frère aîné Alexandre, être soumis à des tests de courage physique et de vivacité d'esprit. Lénine insistait pour que l'entraînement de chaque jeune révolutionnaire comprenne le braquage d'une banque, l'explosion d'un poste de police et la liquidation d'un traître ou d'un espion.

Lénine a également insisté pour que les dirigeants révolutionnaires, dans tous les autres pays, organisent un système clandestin. En discutant de cette question et en écrivant à ce sujet, Lénine a déclaré que "tout ce qui est légal et illégal et qui favorise le mouvement révolutionnaire est justifié". Il a cependant averti que "le parti légal devrait toujours contrôler l'illégal". Cette pratique est encore en vigueur aujourd'hui, notamment au Canada et aux États-Unis. Les communistes qui reconnaissent ouvertement leur appartenance au Labour Progressive Party prennent grand soin de ne pas s'impliquer de manière criminelle dans les activités illégales de l'organisation clandestine du parti communiste. Mais l'"Appareil" dirige secrètement les opérations et en profite financièrement.

Il est un fait que peu des premiers dirigeants du communisme étaient des membres du prolétariat. La plupart d'entre eux étaient des intellectuels bien éduqués. En 1895, ils ont provoqué une série de grèves. Certaines d'entre elles ont été transformées avec succès en émeutes. Ils ont ainsi réalisé l'un des principes fondamentaux de la technique révolutionnaire : "développer une perturbation mineure jusqu'à ce qu'elle devienne une émeute, et amener les citoyens à un conflit physique réel avec la police".

Lénine, Martov et un certain nombre d'autres révolutionnaires sont arrêtés et condamnés à la prison. Lénine termine sa peine de prison en 1897.

On ignore généralement qu'à l'époque, en Russie, les délinquants politiques exilés en Sibérie n'étaient pas emprisonnés s'ils n'avaient pas été condamnés pour une autre infraction pénale. C'est pourquoi Lénine a emmené avec lui en exil sa jeune et belle épouse juive, ainsi que sa mère qui parlait yiddish. Pendant son exil, Lénine a reçu du gouvernement russe une allocation de sept roubles et quarante copecks par mois. C'est à peu près suffisant pour payer le gîte et le couvert. Lénine a travaillé comme comptable pour gagner de l'argent supplémentaire. C'est en exil que Lénine, Martov et un complice nommé Potresov décident, après leur libération, de publier un journal dans le but de rassembler les cerveaux et les énergies de l'ensemble du mouvement révolutionnaire qui, à l'époque, est divisé en de nombreuses factions.

En février 1900, Lénine met fin à son exil. Il est autorisé à retourner en Suisse pour une visite. Il rejoint les autres dirigeants révolutionnaires et les agents des puissances secrètes. Ils approuvent son idée et Iskra (L'Étincelle) est publié. Le comité de rédaction est composé des dirigeants révolutionnaires les plus âgés, Klekhanov, Zasulich et Axelrod, tandis que Lénine, Potresov et Martov représentent les plus jeunes. La femme de Lénine est secrétaire du comité. Trotski rejoint la rédaction deux ans plus tard. Pendant un certain temps, le journal est imprimé à Munich, en Allemagne. Le comité de rédaction se réunit à Londres.[74] En 1903, il est rapatrié à Genève. Les exemplaires sont introduits clandestinement en Russie et dans d'autres pays par le biais du système souterrain organisé par les francs-maçons du Grand Orient. Comme le journal s'appelait "Iskra", les révolutionnaires qui souscrivaient à la ligne du parti, telle qu'elle était définie par le comité de rédaction, étaient connus sous le nom d'Iskristes.

Le journal appelait à un congrès d'unification qui se tiendrait à Bruxelles en 1903 dans le but d'unir les différents groupes marxistes. Les sociaux-démocrates russes, les sociaux-démocrates polonais de Rosa Luxemburg, le groupe pour l'émancipation du travail et le groupe maximaliste y sont représentés. Au début du mois d'août, la police belge intervient et les délégués se rendent en masse à Londres. Ce congrès revêt une importance historique, car c'est à cette occasion que se produit la scission idéologique entre les iskristes. Lénine prend la tête du groupe bolchevique (ou groupe majoritaire) tandis que Martov devient le chef des mencheviks (ou groupe minoritaire).

Lorsque les mencheviks ont réussi à faire avorter la révolution en Russie en 1905, Trotsky s'est révélé être un dirigeant compétent. Il est difficile pour les non-initiés de comprendre ce qui a causé l'échec des

---

[74] Parce que l'influence des Rothschild était si grande auprès des directeurs de la Banque d'Angleterre, et parce que les directeurs de la Banque d'Angleterre pouvaient contrôler la politique du gouvernement britannique, les révolutionnaires ont toujours pu trouver asile en Angleterre alors que tous les autres pays le leur interdisaient. Karl Marx et Engels en sont des exemples typiques.

efforts, car les révolutionnaires ont eu le contrôle de Saint-Pétersbourg de janvier à décembre 1905. Ils ont formé le Soviet de Pétersbourg, Lénine et de nombreux dirigeants révolutionnaires de haut niveau sont restés à l'écart. Ils ont laissé le parti menchevik s'installer dans la ville. Ils ont laissé le parti menchevik s'occuper de cette révolution.

Lénine se trouvait à Genève pour consulter les puissances secrètes lorsque la révolution a éclaté à la suite de la tragédie du Bloody Sunday à Saint-Pétersbourg en janvier 1905. Il ne rentre en Russie qu'en octobre. La tragédie du dimanche sanglant a été imputée à l'intolérance du tsar174, mais de nombreuses personnes qui ont enquêté sur les événements ont trouvé de nombreuses preuves qui les ont convaincues que l'incident du dimanche sanglant avait été planifié par le groupe terroriste dans le but d'éveiller la colère et la haine dans le cœur des travailleurs non juifs contre le tsar. Cet incident a permis aux dirigeants du mouvement révolutionnaire de s'assurer le soutien de milliers d'hommes et de femmes non juifs qui, jusqu'à ce triste jour, étaient restés fidèles au tsar et l'appelaient "le petit père". Le Bloody Sunday revêt une grande importance historique.

En janvier 1905, la Russie est en guerre contre le Japon. Les transports ferroviaires traversant les terres arides russes d'ouest en est ont été interrompus. Les renforts et le ravitaillement ne parviennent pas à atteindre le front de l'Est en raison de sabotages. Le 2 janvier, le peuple russe est choqué d'apprendre que Port Arthur est tombé aux mains des Japonais. Les Russes ont perdu la guerre contre ce qu'ils considèrent comme une puissance de second ordre.

Le gouvernement impérial, dans sa tentative de gagner la faveur de la population industrielle, avait adopté une politique visant à encourager la formation de syndicats légaux. Les révolutionnaires notoires ne pouvaient y adhérer. L'un des dirigeants les plus actifs dans l'organisation des syndicats légaux était le prêtre orthodoxe russe, le père Gapon. Les réformes libérales, obtenues par des citoyens non radicaux, ne plaisent pas aux dirigeants du parti révolutionnaire, qui affirment que "les réformes nécessaires ne peuvent être apportées rapidement que par la révolution". Le père Gapon avait acquis un tel respect qu'il était reçu par le tsar et ses ministres chaque fois qu'il souhaitait discuter d'un problème de travail important.

Le 2 janvier, alors que les mauvaises nouvelles de la guerre s'abattent sur l'Empire, des conflits sociaux éclatent dans l'immense usine Putilov de Saint-Pétersbourg. Une grève est déclenchée, mais en raison de la situation générale, le père Gapon déclare qu'il réglera les questions en litige en s'adressant directement au Tzar. L'idée séduit la majorité des ouvriers, mais les "radicaux" s'y opposent. Cependant, le dimanche 22 janvier 1905 dans l'après-midi, des milliers d'ouvriers, accompagnés de leurs femmes et de leurs enfants, ont formé un cortège pour accompagner le père Gapon jusqu'aux portes du palais. Selon les rapports authentiques, la procession était parfaitement ordonnée. Les pétitionnaires portaient des bannières fabriquées à la hâte, exprimant leur loyauté envers le "Petit Père". Aux portes du palais, sans le moindre avertissement, le cortège a été plongé dans la confusion la plus totale par une volée de tirs de fusils et de mitrailleuses. Des centaines d'ouvriers et leurs familles sont massacrés. La place devant le Palais est transformée en un espace de chaos angoissant. Depuis, le 22 janvier 1905 est connu sous le nom de "dimanche sanglant". Nicolas II était-il responsable ? Il est prouvé qu'il n'était pas au palais, ni dans la ville, à ce moment-là. On sait qu'un officier de la garde a ordonné aux troupes de tirer. Il est tout à fait possible qu'il s'agisse d'une "cellule" exécutant la politique terroriste de ses supérieurs. Cet acte a été l'"étincelle" qui a touché l'"amadou" fourni par les dirigeants révolutionnaires. Le "brasier" d'une révolution à grande échelle s'ensuivit.

Quels que soient les responsables, des dizaines de milliers d'ouvriers industriels jusque-là loyaux rejoignent le parti socialiste révolutionnaire et le mouvement s'étend à d'autres villes. Le tsar tente d'endiguer la vague de rébellion. Au début du mois de février, il ordonne une enquête sur les événements de Saint-Pétersbourg par la commission Shidlovsky. En août, il annonce que des dispositions ont été prises pour la mise en place d'un corps législatif démocratique et représentatif. Celle-ci devient la Douma. Il offre l'amnistie à tous les délinquants politiques. C'est en vertu de cette amnistie que Lénine et ses dirigeants bolcheviks reviennent en Russie en octobre, en provenance de Suisse et d'autres pays étrangers. Mais rien de ce que fait le tsar ne peut endiguer le flot de la révolution.

Le 20 octobre 1905, le syndicat des chemins de fer russes, dirigé par les mencheviks, se met en grève. Le 25 octobre, des grèves générales ont lieu à Moscou, Smolensk, Koursk et dans d'autres villes. Le 26 octobre, le Soviet révolutionnaire de Pétersbourg est fondé. Il assume les fonctions d'un gouvernement national. Le gouvernement soviétique est dominé par la faction menchevique du parti travailliste social-démocrate russe, bien que le parti social-révolutionnaire y soit représenté. Le premier président est le menchevik Zborovisk. Il est rapidement remplacé par Georgi Nosar. Ce dernier est à son tour remplacé par Lev Trotsky, qui devient président le 9 décembre 1905. Le 16 décembre, une force militaire a arrêté Trotski et 300 membres du gouvernement soviétique. Aucun bolchevik important ne figure parmi les personnes arrêtées. Cela devrait prouver que Lénine agissait pour le compte des puissances secrètes qui opèrent derrière le gouvernement et qu'il était protégé par elles.

La révolution n'est pas tout à fait terminée. Le 20 décembre, un juif nommé Parvus prend le contrôle du nouvel exécutif soviétique. Il lance un appel à la grève générale à Saint-Pétersbourg et 90 000 travailleurs répondent à l'appel. Le lendemain, 150 000 travailleurs se mettent en grève à Moscou. Une insurrection ouverte éclate à Chita, Kansk et Rostov. Le 30 décembre, les troupes et les fonctionnaires qui étaient restés fidèles au tsar reprennent miraculeusement le contrôle. Ils mettent fin à la révolution.[75] Le tsar Nicolas II tient sa promesse. La Douma est créée et un corps législatif élu est mis en place.

En 1907, le cinquième congrès du parti travailliste social-démocrate russe se tient à Londres. Lénine, avec 91 délégués, représente le parti bolchevique ; les mencheviks dirigés par Martov ont 89 délégués ; Rosa Luxemburg dirige ses sociaux-démocrates polonais avec 44 délégués ; le Bund juif dirigé par Rafael Abramovitch en a 55 ; les sociaux-démocrates lettons, dirigés par le camarade Herman (Danishevsky), forment le reste du groupe. Au total, il y avait 312 délégués dont 116 étaient ou avaient été des travailleurs.

Ce congrès avait été convoqué dans le but de faire un bilan de la révolution russe avortée de 1905. Lénine a imputé l'échec de l'effort révolutionnaire au manque de coopération entre les mencheviks et les autres chefs de groupe. Il déclare aux 312 délégués que les mencheviks

---

[75] Si Lénine et les banquiers internationaux étaient intervenus en faveur des mencheviks à ce moment-là, rien n'aurait pu vaincre les efforts révolutionnaires. Il n'y a aucune explication possible au fait qu'ils aient permis aux forces gouvernementales de reprendre le contrôle, si ce n'est qu'ils avaient des plans secrets qu'ils n'étaient pas prêts à mettre en œuvre à ce moment-là. Qu'ils se préparaient à la Première Guerre mondiale et souhaitaient que la Russie reste une monarchie jusqu'à ce que la guerre éclate semble être la seule conclusion logique, et les événements futurs indiqueraient que c'était leur plan.

ont dirigé l'ensemble des opérations et qu'ils ont généralement semé la pagaille. Il appelle à l'unité de la politique et à l'unité de l'action. Il affirme que l'action révolutionnaire doit être planifiée longtemps à l'avance et que l'élément de surprise doit être utilisé à bon escient.

Martov réplique à Lénine. Il l'accuse de ne pas avoir soutenu l'effort révolutionnaire des mencheviks comme il aurait dû le faire. Il l'accuse en particulier de ne pas lui accorder d'aide financière. Martov et les autres groupes juifs dirigés par Ross. Luxemburg et Abrahamovitch, sont mécontents que Lénine ait pu financer la participation du plus grand nombre de délégués. Ils accusent Lénine de financer son parti bolchevique par des vols, des enlèvements, des falsifications et des rapines. Ils l'ont réprimandé pour avoir refusé de verser une part équitable de ses gains mal acquis à l'organisation centrale unificatrice. On rit beaucoup lorsqu'un des mencheviks accuse Lénine d'avoir marié l'un de ses hauts fonctionnaires à une riche veuve afin d'enrichir la trésorerie de son parti.

Lénine aurait admis avoir agi ainsi pour le bien de la cause. Il soutenait que le fonctionnaire qu'il avait marié à la veuve était un beau spécimen d'humanité, fort et sain. Il pensait que la veuve conviendrait qu'elle en avait eu pour son argent. C'est à l'occasion de ce congrès que Staline, qui n'était alors qu'un personnage très secondaire, s'est attaché à Lénine. Le Congrès a finalement accepté une coopération plus étroite entre les dirigeants des différents groupes révolutionnaires et a décidé qui devait éditer leurs journaux révolutionnaires. Ils mettent l'accent sur la propagande. Lors de ce congrès, ils ont jeté les bases d'une réorganisation de leur machine de propagande, étant entendu que toutes les publications devraient adopter la même politique éditoriale, à savoir "la ligne du parti".

En 1908, les bolcheviks ont commencé à publier le "Proletarie". Lénine, Doubrovinski, Zinoviev et Kamenev en sont les rédacteurs. Les mencheviks publient "Golos Sotsial-Demokrata". Plekhanov, Axelrod, Martov, Dan et Martynov (Pikel) en étaient les rédacteurs. Tous les rédacteurs sont juifs, à l'exception de Lénine et de Plekhanov. Trotsky lance une publication semi-indépendante appelée "Vienna Pravda".

En 1909, Lénine obtient le soutien inconditionnel de deux dirigeants juifs, Zinoviev et Kamenev. Ils sont connus sous le nom de "Troïka" et cette amitié perdurera jusqu'à la mort de Lénine en 1924.

Après le cinquième congrès du parti travailliste social-démocrate russe, qui s'est tenu à Londres en 1907, Lénine a décidé de vérifier le courage et la fiabilité de son nouveau disciple, Staline. Il souhaite également convaincre les dirigeants des autres groupes révolutionnaires qu'il est financièrement indépendant. Pour atteindre ce double objectif, il charge Staline de cambrioler la banque de Tiflis. Staline choisit comme complice un Arménien nommé Petroyan, qui changea ensuite son nom en Kamo. Ils découvrirent que la banque allait transférer une importante somme d'argent d'un endroit à un autre par un moyen de transport public. Ils ont mis en place le moyen de transport. Petroyan a lancé une bombe. Tout, et tout le monde, dans le véhicule a été réduit en miettes, à l'exception de la solide boîte contenant l'argent liquide - 250 000 roubles. Trente personnes perdent la vie. Le butin est remis à Lénine. Staline a prouvé qu'il était un leader potentiel.

Les bolcheviks ont eu des difficultés à utiliser les roubles volés pour les besoins du parti, car la majeure partie de la monnaie était constituée de billets de 500 roubles. Lénine eut l'idée de distribuer les billets de 500 roubles aux bolcheviks de confiance dans différents pays. Ceux-ci avaient pour instruction de se débarrasser d'autant d'argent qu'ils le pouvaient un jour donné. Cette directive a été exécutée, mais deux des 180 agents de Lénine ont eu maille à partir avec la police au cours de la transaction. Il s'agit d'Olga Ravich, qui épousera par la suite Zinoviev, le grand ami de Lénine. L'autre était Meyer Wallach, de son vrai nom Finklestein. Il changea ensuite de nouveau de nom pour devenir Maxim Litvinov. Il s'est fait connaître dans le monde entier en tant que commissaire aux affaires étrangères de Staline de 1930 à 1939.[76]

Après la fin de la révolution de 1905, le tsar Nicolas II a entrepris de nombreuses réformes radicales. Il envisageait de transformer la monarchie absolue russe en une monarchie limitée telle que celle dont jouit le peuple britannique. Après l'entrée en fonction de la Douma, le premier ministre Pierre Arkadyevitch Stolypine est devenu un grand réformateur. Il domine la politique russe et rédige la "Constitution Stolypine" qui garantit les droits civiques aux paysans, qui représentent environ 85% de la population russe. Ses réformes agraires ont accordé une aide financière aux paysans afin qu'ils puissent acheter leurs

---

[76] Ce "gangster" a joué un rôle important dans les affaires internationales en Angleterre et en Allemagne, dans la Société des Nations et les Nations Unies jusqu'à sa mort.

propres fermes. Son idée était que le moyen logique de vaincre les partisans du mode de vie communautaire était d'encourager la propriété individuelle.

Mais les dirigeants révolutionnaires voulaient usurper le pouvoir politique et économique. Les réformes ne les satisfont pas le moins du monde. En 1906, le groupe terroriste a tenté d'assassiner Stolypine. Ils détruisent sa maison à l'aide d'une bombe. Plusieurs autres complots ont été ourdis pour éliminer le premier ministre le plus progressiste que les Russes auraient pu espérer avoir. Par une sombre nuit de septembre 1911, le Grand Émancipateur a été abattu de sang-froid alors qu'il assistait à une représentation de gala au théâtre de Kiev. L'assassin était un avocat juif nommé Mordecai Bogrov.

En 1907, les banquiers internationaux ont organisé la panique de Wall Street afin de se rembourser pour l'argent dépensé dans le cadre des guerres et révolutions russes. Ils financent également les prémices de la révolution chinoise qui éclate en 1911.

De nombreuses réformes proposées par Stolypine ont été mises en œuvre après sa mort. En 1912, une loi sur l'assurance industrielle accorde à tous les travailleurs de l'industrie des indemnités de maladie et d'accident à hauteur de deux tiers de leur salaire normal en cas de maladie et de trois quarts en cas d'accident. Les journaux des partis révolutionnaires obtiennent un statut légal pour la première fois depuis qu'ils sont imprimés. Les écoles publiques sont développées. Les lois électorales sont révisées afin de donner un gouvernement plus représentatif. En 1913, le gouvernement du tsar de Russie accorde une amnistie générale à tous les prisonniers politiques. Dès leur sortie de prison, ils ont commencé à comploter avec une énergie renouvelée pour renverser le gouvernement russe. Les terroristes prônent la liquidation de la famille royale. Mais les réformes avaient séduit la grande majorité du peuple russe. La révolution en Russie semblait pour l'instant sans issue. Les dirigeants du Mouvement révolutionnaire mondial ont décidé de laisser la Russie en paix pour le moment. Ils concentrent leurs efforts dans d'autres pays. Le Portugal et l'Espagne font l'objet d'une attention particulière.

En raison du brouillard rouge créé par la propagande communiste et de la campagne organisée de "L'Infamie" menée en Russie, comme elle l'avait été en France et en Angleterre avant ces révolutions, il est difficile pour le commun des mortels de croire que les tzars et les nobles russes étaient autre chose que de grands monstres barbus qui réduisaient les paysans en esclavage, violaient les jeunes femmes et transperçaient les bébés de la pointe de leur épée tout en galopant à cheval à travers les villages. Pour prouver que le dernier des Tzars était un réformateur, nous citerons Bertram Wolfe, parce que Bertram Wolfe était anti-tzariste et pro-révolutionnaire. Wolfe dit à la page 360 de son livre *"Three who made a Revolution"* (*Trois personnes qui ont fait une révolution*) :

> "Entre 1907 et 1914, en vertu des lois de réforme agraire de Stolypine, 2 000 000 de paysans et leurs familles ont quitté le mir villageois pour devenir des propriétaires individuels. Tout au long de la guerre (1914-1917) , le mouvement s'est poursuivi, si bien qu'au 1er janvier 1916, 6 200 000 familles paysannes sur les quelque 16 000 000 qui étaient devenues éligibles, avaient déposé une demande de séparation. Pour Lénine, il s'agit d'une course contre la montre entre les réformes de Stolypine et le prochain soulèvement révolutionnaire. Si ce dernier est reporté de quelques décennies, les nouvelles mesures foncières transformeront les campagnes de sorte qu'elles ne constitueront plus une force révolutionnaire. Le fait qu'en 1917, lorsqu'il a appelé les paysans à s'emparer de la terre, ils en possédaient déjà plus des trois quarts prouve à quel point Lénine était près d'avoir raison.

Il est malheureusement vrai que Raspoutine a exercé une influence néfaste sur certains hommes et femmes de la cour impériale russe. Je sais, par des dames attachées à la Cour à l'époque, que Raspoutine exerçait une influence considérable sur l'impératrice parce que son jeune fils souffrait d'hémophilie et que Raspoutine était le seul homme capable d'arrêter l'hémorragie.

Raspoutine avait certainement des pouvoirs mesmériques, ce qui n'est pas rare chez certains Russes. Il semblait capable de placer l'impératrice sous son influence, non pas en tant qu'amante, mais dans le but de l'obliger à forcer le tsar à faire ce que Raspoutine décidait qu'il voulait qu'il fasse. Il n'est pas exagéré de dire que Raspoutine, grâce au pouvoir qu'il exerçait sur le Tzar par l'intermédiaire de la Reine, dirigeait virtuellement la Russie, au grand dam du peuple russe.

Il est également vrai que Raspoutine a introduit dans les cercles de la Cour des hommes et des femmes qui pratiquaient les rites païens qui se déroulaient secrètement au Palais Royal avant l'éclatement de la Révolution française en 1789. Ces orgies rituelles reposaient sur l'hypothèse ridicule que les gens ne pouvaient pas être sauvés tant qu'ils n'avaient pas atteint les profondeurs de la dégradation par le péché. Il a introduit des subversifs au sein même de la maison royale et ceux-ci ont obtenu des informations qui ont permis à leurs maîtres de faire chanter de nombreuses personnes influentes pour qu'elles se plient à leurs exigences. Raspoutine appartenait sans aucun doute aux Illuminati et à la Synagogue de Satan.

Chapitre 8

La révolution russe-1917

En janvier 1910, dix-neuf dirigeants du Mouvement révolutionnaire mondial se réunissent à Londres. Cette réunion est enregistrée sous le nom de "Plénum de janvier du Comité central". Les participants discutent des moyens à mettre en œuvre pour parvenir à une plus grande unité. Lénine est à nouveau pressé de renoncer à sa politique d'indépendance financière. Il répond en brûlant les billets de cinq cents roubles laissés par le cambriolage de la banque de Tiflis. Lénine est convaincu qu'il est pratiquement impossible d'encaisser les billets sans se faire prendre par la police.

Le plénum décide d'accepter le journal "Sotsial Demokrata" comme publication générale du parti. Les bolcheviks nomment Lénine et Zinoviev, et les mencheviks, Martov et Dan, rédacteurs en chef. Kamenev est chargé d'assister Trotsky dans la rédaction de la "Pravda de Vienne". Le Plénum a également discuté de la forme que devrait prendre l'effort révolutionnaire mondial. Les délégués examinent les répercussions possibles de certains assassinats politiques envisagés. La politique du parti est définie. Le Comité central reçut l'ordre de préparer les temples et les loges du Grand Orient à l'action. Les membres doivent être rendus actifs dans le prosélytisme de leur idéologie révolutionnaire et athée.[77]

La ligne du Parti était d'unir tous les organismes révolutionnaires dans le but d'amener tous les grands pays capitalistes à se faire la guerre afin que les pertes considérables subies, les impôts élevés imposés et les

---

[77] Les Maçons athées du Grand Orient ne doivent pas être confondus avec les autres Francs-maçons européens et américains, dont les principes sont irréprochables, le travail philanthropique, et dont le rituel est basé sur la croyance au Grand Architecte de l'Univers.

difficultés endurées par les masses de la population amènent la majorité des classes ouvrières à réagir favorablement à la suggestion d'une révolution pour mettre fin aux guerres. Lorsque tous les pays auront été soviétisés, les puissances secrètes formeront une dictature totalitaire et leur identité n'aura plus besoin d'être secrète. Il est possible que seul Lénine ait connu les objectifs et les ambitions secrètes des Illuminati qui ont modelé l'action révolutionnaire pour qu'elle corresponde à leurs objectifs.

Les dirigeants révolutionnaires devaient organiser leurs bases dans tous les pays afin d'être prêts à prendre le contrôle du système politique et de l'économie de leur nation ; les banquiers internationaux devaient étendre les ramifications de leurs agences tout autour du monde. Il a été démontré que Lénine est devenu actif dans les cercles révolutionnaires en 1894. Il a également été dit qu'il avait décidé de jeter son dévolu sur les banquiers internationaux parce qu'il doutait de la capacité des hommes qui dirigeaient les partis révolutionnaires nationaux dominés par les juifs à consolider leurs victoires une fois remportées. Au vu de ces déclarations, il est nécessaire de passer en revue les événements révolutionnaires de 1895 à 1917.

L'impératrice d'Autriche a été assassinée en 1898, le roi Humbert en 1900, le président McKinley en 1901, le grand-duc Sergius de Russie en 1905 et le roi et le prince héritier du Portugal en 1908. Pour prouver que les Illuminati, agissant par l'intermédiaire des francs-maçons du Grand Orient, étaient responsables de ces assassinats politiques, les preuves suivantes sont présentées.

Les dirigeants du Mouvement révolutionnaire mondial, réunis à Genève, en Suisse, pensaient qu'il était nécessaire de destituer le roi Carlos du Portugal pour pouvoir établir une République au Portugal et, en 1907, ils ont donc ordonné son assassinat. En décembre 1907, Megalhaes Lima, le chef du Grand Orient maçonnique portugais, s'est rendu à Paris pour donner des conférences aux loges maçonniques. Son sujet était "Le Portugal, le renversement de la monarchie et la nécessité d'une forme républicaine de gouvernement". Quelques semaines plus tard, le roi Carlos et son fils, le prince héritier, sont assassinés.

Les francs-maçons continentaux se vantent de ce succès. Furnemont, Grand Orateur du Grand Orient de Belgique, déclarait le 12 février 1911 :

"Vous souvenez-vous du profond sentiment de fierté que nous avons tous ressenti à l'annonce de la révolution portugaise ? En quelques heures, le trône avait été renversé, le peuple avait triomphé et la république avait été proclamée. Pour les non-initiés, c'était un éclair dans un ciel clair... Mais nous, mes frères, nous avons compris. Nous connaissions la merveilleuse organisation de nos frères portugais, leur zèle incessant, leur travail ininterrompu. Nous possédions le secret de ce glorieux événement."[78]

Les dirigeants du Mouvement révolutionnaire mondial et les hauts responsables de la franc-maçonnerie continentale se sont rencontrés en Suisse en 1912. C'est au cours de cette réunion qu'ils ont pris la décision d'assassiner l'archiduc François Ferdinand afin de déclencher la Première Guerre mondiale. La date de l'assassinat a été laissée en suspens, car les comploteurs de sang-froid ne pensaient pas que le moment était venu d'assassiner l'archiduc afin d'obtenir le maximum de répercussions politiques. Le 15 septembre 1912, la "Revue Internationale des Sociétés Secrètes" éditée par M. Jouin, a publié les mots suivants aux pages 787-788

"Peut-être la lumière sera-t-elle un jour faite sur ces paroles prononcées par un haut franc-maçon suisse. Alors qu'il discutait de l'héritier du trône d'Autriche, il a déclaré : "L'archiduc est un homme remarquable. Il est dommage qu'il soit condamné. Il mourra sur les marches du trône".

La lumière a été faite sur ces mots lors du procès des assassins qui ont tué l'héritier du trône d'Autriche et son épouse, le 28 juin 1914. Cet acte de violence commis à Sarajevo a été l'étincelle qui a déclenché le feu qui s'est transformé en Première Guerre mondiale. Les notes sténographiques de Pharos sur le procès militaire sont un document très instructif. Elles apportent une preuve supplémentaire que les banquiers internationaux ont utilisé les loges du Grand Orient pour provoquer la Première Guerre mondiale, comme ils l'avaient fait en 1787-1789 pour provoquer la Révolution française. Le 12 octobre 1914, le président du tribunal militaire interroge Cabrinovic, qui a lancé la première bombe sur la voiture de l'archiduc.

---

[78] Note : Bulletin du Grand Orient de Belgique 5910, 1910, page 92.

Le Président : (EN) "Parlez-moi un peu plus des motivations. Saviez-vous, avant de décider de commettre cet assassinat, que Tankosic et Ciganovic étaient francs-maçons ? Le fait que vous et eux étiez francs-maçons a-t-il eu une influence sur votre décision ?[79]

Cabrinovic : "Oui".

Le Président : "Avez-vous reçu d'eux la mission d'exécuter l'assassinat ?"

Cabrinovic : "Je n'ai reçu de personne la mission d'exécuter l'assassinat. La franc-maçonnerie y est pour quelque chose car elle a renforcé mon intention.

Dans la franc-maçonnerie, il est permis de tuer. Ciganovic m'a dit que les francs-maçons avaient condamné à mort l'archiduc François-Ferdinand PLUS D'UN AN AVANT".

A ces preuves s'ajoutent celles du comte Czerin, ami intime de l'archiduc. Il déclare dans "Im-Welt-Krieg" : "L'archiduc savait très bien que le risque d'un attentat contre sa vie était imminent. Un an avant la guerre, il m'a informé que les francs-maçons avaient décidé de sa mort".

Ayant réussi à provoquer une guerre mondiale, les dirigeants du mouvement révolutionnaire ont utilisé ce fait pour convaincre les travailleurs industriels et les hommes des forces armées que la guerre était une guerre capitaliste. Ils ont fait de l'agitation. Ils ont critiqué tout ce qui était possible. Ils ont blâmé les différents gouvernements pour tout ce qui a mal tourné. Les "capitalistes" internationaux sont dirigés par les Illuminati qui restent discrètement dans l'ombre, insoupçonnés et indemnes.[80] La Russie n'étant sortie que depuis quelques années de la guerre désastreuse avec le Japon, il fut relativement simple pour les

---

[79] Tankosic et Ciganovic étaient des francs-maçons plus importants que Cabrinovic. Lors du procès, il avait été souligné que Ciganovic avait dit à Cabrinovic que les francs-maçons ne pouvaient pas trouver d'hommes pour exécuter le meurtre de l'archiduc.

[80] Il s'agissait bien d'une guerre capitaliste, mais pas du type de guerre capitaliste que les travailleurs ont été amenés à croire par la propagande diffusée par la presse que les banquiers internationaux contrôlaient dans tous les pays du monde.

agitateurs formés parmi les mencheviks de créer une atmosphère de doute, de suspicion et d'agitation dans l'esprit des travailleurs russes, et finalement parmi les troupes en 1914-1916. En janvier 1917, les armées impériales russes avaient subi près de 3 000 000 de pertes. La crème des hommes russes est morte.

Lénine et Martov sont en Suisse, le terrain neutre où se trament tous les complots internationaux. Trotski organise les centaines d'anciens révolutionnaires russes qui ont trouvé refuge aux États-Unis. Il est particulièrement actif dans l'East Side de New York. Il est particulièrement actif dans l'East Side de New York.[81] Les dirigeants des mencheviks poursuivent leur politique subversive en Russie. Leur premier objectif est de renverser le pouvoir du tsar. L'occasion se présente en janvier 1917. Des sabotages astucieux dans les systèmes de communication, le département des transports et le ministère de l'approvisionnement ont provoqué une grave pénurie de nourriture à Saint-Pétersbourg. Cette pénurie survient au moment où la population dépasse largement sa taille normale, en raison de l'afflux dans la ville de travailleurs industriels nécessaires à l'effort de guerre. Février 1917 fut un mauvais mois. Le rationnement de la nourriture est instauré. Le 5 mars, l'agitation générale est manifeste. Les files d'attente pour le pain se multiplient. Le 6 mars, les rues sont envahies de chômeurs. Des troupes de cosaques sont introduites dans la ville. Le tsar est toujours au front pour rendre visite aux troupes.[82] Le 7 mars, les dirigeants juifs du parti menchevik organisent des manifestations de femmes dans les rues pour protester contre la pénurie de pain.[83]

---

[81] Les fonctionnaires de police et les débats au Congrès montrent que cette entrée illégale se poursuit aujourd'hui à une échelle de plus en plus grande. Les personnages de la pègre entrent également très facilement au Canada. Le danger réside dans le fait que la pègre et la révolution clandestine sont imbriquées l'une dans l'autre. L'un ne pourrait pas survivre et n'a jamais survécu sans l'autre. Les hommes qui constituent le pouvoir secret dirigent les deux. Les seigneurs de la guerre aryens ont utilisé la mafia, les magnats internationaux, les terroristes juifs. C'est ce qui explique les guerres de gangs.

[82] En février 1917, les troupes disposaient d'un fusil pour six hommes : 1 jour de munitions.

[83] Cette initiative est presque identique au complot visant à utiliser des hommes déguisés en femmes lors de la marche sur les Tuileries.

Le 8 mars, les femmes ont organisé la manifestation. Les dirigeants révolutionnaires ont ensuite pris la main. Des groupes choisis ont organisé des manifestations de diversion. Des bandes apparaissent ici et là, chantant des chansons révolutionnaires et hissant des drapeaux rouges. Au coin de Nevsky Prospekt et du canal Sainte-Catherine, la police montée et les cosaques dispersent la foule sans faire de victimes. La foule qui s'est rassemblée autour de ceux qui ont hissé les drapeaux rouges et crié à la révolution n'a même pas essuyé de tirs. Il semble que des ordres précis aient été donnés pour éviter à tout prix que ne se répète ce qui s'est passé le dimanche sanglant de 1905.[84]

Le 9 mars, la Nevsky Prospekt, du canal Catherine à la gare Nicolai, est envahie par des foules qui s'enhardissent sous l'impulsion des agitateurs. La cavalerie cosaque nettoie la rue. Certains ont été piétinés, mais les troupes n'ont utilisé que le plat de leurs sabres. À aucun moment, il n'est fait usage d'armes à feu. Cette tolérance exaspéra les dirigeants révolutionnaires et les agitateurs reçurent l'ordre de redoubler d'efforts pour amener le peuple à entrer en conflit physique avec la police et les troupes. Pendant la nuit, les chefs révolutionnaires installèrent des mitrailleuses dans des positions cachées dans toute la ville.

Le 10 mars, un incident malheureux a fourni la petite étincelle nécessaire pour allumer l'amadou révolutionnaire qui avait été entassé et imbibé d'oraisons inflammables. Une foule nombreuse s'était rassemblée autour de la gare de Nicholai. Vers deux heures de l'après-midi, un homme, lourdement vêtu de fourrures pour se protéger du froid, arriva sur la place dans son traîneau. Il était impatient. Il ordonne à son chauffeur de traverser la foule. Il s'est trompé sur l'humeur de la foule.

L'homme est tiré du traîneau et battu. Il se relève et se réfugie dans un tramway immobilisé. Il est suivi par une partie de la foule et l'un d'entre eux, muni d'une petite barre de fer, le frappe à la tête. Ce simple acte de violence excite la soif de sang de la foule, qui se rue sur Nevsky en brisant des vitrines. Des bagarres éclatent.

---

[84] L'un des meilleurs ouvrages traitant des événements qui ont conduit à la révolution russe est "Behind Communism" de Frank Britton.

Le désordre se répandit jusqu'à devenir général. Les chefs révolutionnaires ont tiré sur la foule à partir de leurs positions cachées. La foule a attaqué la police. Ils ont reproché à la police de leur avoir tiré dessus. Ils ont massacré tous les policiers jusqu'au dernier.[85] Les détenus des prisons et des bagnes sont ensuite libérés pour attiser la soif de sang. Les conditions nécessaires au règne de la terreur ont été mises en place.

Le 11 mars, les déprédations commises par les criminels récemment libérés donnent lieu à des émeutes généralisées. La Douma tente encore d'endiguer la marée montante de la révolte. Elle envoie un message urgent au Tzar pour lui faire part de la gravité de la situation. Le télégramme expliquait longuement l'état d'anarchie qui régnait à l'époque. Les "cellules" communistes des systèmes de communication ont envoyé un autre message. Le Tzar, à la lecture du télégramme qu'il a reçu, a ordonné la dissolution de la Douma. Il se prive ainsi du soutien de la majorité des membres qui lui sont fidèles.

Le 12 mars, le président de la Douma dissoute envoie un dernier message désespéré au tsar. Il se termine par ces mots : "La dernière heure a sonné. Le sort de la patrie et de la dynastie est en train de se jouer". On prétend que le tsar n'a jamais reçu ce message. Ce contrôle des systèmes de communication par des "cellules" placées à des postes clés a été largement utilisé au cours des mois suivants.[86]

Le 12 mars, plusieurs régiments se révoltent et tuent leurs propres officiers. Puis, de façon inattendue, la garnison de la forteresse Saint-

---

[85] J'ai en ma possession des preuves précises et faisant autorité, émanant de personnes qui se trouvaient à Saint-Pétersbourg et qui étaient en mesure de savoir que les mitrailleuses utilisées n'avaient pas été placées à leur position et que la police n'avait pas tiré. La police avait reçu des ordres précis lui enjoignant de ne pas recourir à des mesures draconiennes.

[86] J'ai en ma possession des preuves précises et faisant autorité, émanant de personnes qui se trouvaient à Saint-Pétersbourg et qui étaient en mesure de savoir que les mitrailleuses utilisées n'avaient pas été placées à leur position et que la police n'avait pas tiré. La police avait reçu des ordres précis lui enjoignant de ne pas recourir à des mesures draconiennes.

Pierre et Saint-Paul se rend et la plupart des troupes rejoignent la révolution.

Immédiatement après la reddition de la garnison, un comité de la Douma, composé de 12 membres, a été formé. Ce gouvernement provisoire survit jusqu'à ce qu'il soit renversé par les bolcheviks de Lénine en novembre 1917. Les dirigeants révolutionnaires, qui étaient pour la plupart des mencheviks, organisèrent le Soviet de Pétersbourg. Ils acceptent de laisser fonctionner le gouvernement provisoire parce qu'il a l'apparence d'une autorité légitime.

Saint-Pétersbourg n'est qu'une ville dans un vaste empire. Il est impossible de savoir avec précision comment les citoyens des autres villes se comporteront. Kerensky, le socialiste, est un homme très fort. On l'appelait le Napoléon de la Russie.

Sous les bons auspices des banquiers internationaux, M.M. Warburg & Sons. Lénine est mis en contact avec les chefs militaires allemands. Il leur explique que la politique du gouvernement provisoire de Kerensky et du Soviet révolutionnaire menchevique consiste à maintenir la Russie dans la guerre contre l'Allemagne.[87]

Lénine s'engage à réduire le pouvoir des dirigeants révolutionnaires juifs en Russie. Il promet de retirer les armées russes de la guerre contre l'Allemagne, à condition que le gouvernement allemand l'aide à renverser le gouvernement provisoire russe et à prendre le contrôle politique et économique du pays. Cet accord est accepté et Lénine, Martov, Radek et une trentaine de bolcheviks sont secrètement transportés à travers l'Allemagne jusqu'en Russie dans un compartiment de train scellé. Ils arrivent à Saint-Pétersbourg le 3 avril. Les Warburgs d'Allemagne et les banquiers internationaux de Genève fournissent les fonds nécessaires.

Le gouvernement provisoire russe a signé son propre arrêt de mort en 1917 lorsque, immédiatement après sa formation , il a promulgué une

---

[87] J'ai la preuve que le frère de Paul Warburg de New York était l'officier de renseignement de l'armée allemande qui a négocié avec Lénine au nom du haut commandement allemand et a organisé son passage en toute sécurité à travers l'Allemagne vers la Russie.

ordonnance accordant une amnistie inconditionnelle à tous les prisonniers politiques. L'amnistie s'étendait à ceux qui étaient en exil en Sibérie et à ceux qui s'étaient réfugiés à l'étranger. Cette ordonnance a permis à plus de 90 000 révolutionnaires, pour la plupart extrémistes, de rentrer en Russie. Nombre d'entre eux étaient des dirigeants formés. Lénine et Trotski enrôlèrent ce vaste afflux de révolutionnaires dans leur parti bolchevique.

À peine rentré en Russie, Lénine s'attaque par la propagande au gouvernement provisoire qui l'a gracié, lui et ses partisans. Début avril, le Soviet de Pétersbourg (Conseil des travailleurs) est dominé par les mencheviks. Les Essars (révolutionnaires sociaux) arrivent en deuxième position et les bolcheviks sont, pour une fois, minoritaires. La politique du gouvernement provisoire consistait à poursuivre l'effort de guerre car la majorité des Russes considéraient que les ambitions totalitaires des seigneurs de la guerre nazis "noirs" allemands constituaient une menace directe pour la souveraineté de la Russie. Cette politique est vigoureusement soutenue par Tcheidze, qui a assumé la présidence du Soviet de Petersbourg en l'absence de Martov. Le vice-président du Soviet, Skobelev, qui était également membre du gouvernement provisoire, , soutenait également l'effort de guerre car il pensait que si les révolutionnaires pouvaient contribuer à la défaite des forces armées allemandes, ils pourraient aider les groupes révolutionnaires allemands et polonais à renverser le gouvernement allemand à l'heure de sa défaite.

Le seul objectif de Lénine, à l'époque, était d'obtenir le leadership. Il attaque la politique du gouvernement provisoire. Il accuse ses membres d'être des instruments de la bourgeoisie. Il préconise ouvertement son renversement immédiat par des moyens violents. Il ne voulait pas se mettre à dos les membres mencheviks du Soviet de Pétersbourg à ce moment-là. Lénine ordonne à ses agitateurs bolcheviks de prêcher la destruction du gouvernement provisoire aux ouvriers des usines et aux garnisons militaires, mais d'utiliser le slogan "Tout le pouvoir aux soviets", c'est-à-dire tout le pouvoir aux conseils ouvriers.

Parmi les milliers de révolutionnaires qui sont rentrés en Russie, à la suite de l'amnistie générale, se trouve Trotsky. Il ramène avec lui, du Canada et des États-Unis, plusieurs centaines de révolutionnaires qui s'étaient échappés de Russie. La grande majorité d'entre eux étaient des juifs yiddish de l'East End de New York.[88] Ces révolutionnaires ont contribué à mettre Lénine au pouvoir. Une fois que ces révolutionnaires ont rempli leur mission, la plupart d'entre eux sont condamnés à l'exil ou à la mort. Il n'a fallu que peu de temps pour que tous les membres originaux de la Première Internationale soient morts, en prison ou en exil. L'histoire des dictatures de Lénine et de Staline devrait convaincre toute personne impartiale que les masses de la population mondiale, indépendamment de leur couleur ou de leur croyance, ont été utilisées comme des pions dans le jeu d'échecs international joué par les banquiers internationaux "rouges" et les seigneurs de la guerre nazis aryens "noirs", sous la direction des Illuminati.

Une autre preuve que les banquiers internationaux étaient responsables de la participation de Lénine à la révolution russe se trouve dans un "Livre blanc" publié sous l'autorité du roi d'Angleterre en avril 1919 (Russie n° 1), mais les banquiers internationaux, par l'intermédiaire des directeurs de la Banque d'Angleterre, , ont persuadé le gouvernement britannique de retirer le document original et de le remplacer par un autre dans lequel toute référence aux juifs internationaux a été supprimée.[89]

François Coty dans le "Figaro" du 20 février 1932 déclare :

> "Les subventions accordées à cette époque par Jacob Schiff aux nihilistes de Russie et d'ailleurs n'étaient plus des actes de générosité isolés. Une véritable organisation terroriste russe avait été créée aux États-Unis à ses frais, chargée d'assassiner ministres, gouverneurs, chefs de police, etc.

---

[88] Le Père Denis Fahey C.S. Sp. dans son livre *The Rulers of Russia* pages 9-14 donne les noms de tous ces leaders révolutionnaires, leur nationalité, leur origine raciale, et les positions auxquelles ils ont été assignés immédiatement après que Lénine ait usurpé le pouvoir et que Trotsky ait consolidé sa position en Russie en novembre 1917.

[89] Le capitaine A.H.M. Ramsay, membre du Parlement pour Midlothian et Peebleshire de 1931 à 1945, déclare à la page 96 de son livre : *The Nameless War (La guerre sans nom)* : "On m'a montré les deux Livres blancs... l'original et l'édition abrégée, côte à côte. Des passages essentiels avaient été supprimés de l'édition abrégée". Voir www.omnia-veritas.com.

Les Illuminati, qui utilisent le communisme et le nazisme pour servir leurs ambitions totalitaires secrètes, organisent l'action révolutionnaire en trois étapes ou mouvements.[90]

1. La transformation de la forme de gouvernement existante (qu'il s'agisse d'une monarchie ou d'une république) en un État socialiste par des moyens constitutionnels si possible.

2. Le passage de l'État socialiste à une dictature prolétarienne par l'action révolutionnaire.

3. Le passage d'une dictature prolétarienne à une dictature totalitaire par l'épuration de toutes les personnes influentes susceptibles de s'y opposer.

Après 1918, tous les Juifs russes étaient soit des Juifs révolutionnaires, s'accrochant avec ténacité aux théories marxiennes et œuvrant à la création d'une Internationale des républiques socialistes soviétiques (les trotskistes), soit des Juifs favorables au retour en Palestine (les sionistes). Mlle B. Baskerville, dans son livre "The Polish Jew" (*Le Juif polonais*) publié en 1906, dit ceci à propos des ghettos aux pages 117-118 :

> "Le social-sionisme vise à convertir les sionistes au socialisme avant qu'ils ne se rendent en Palestine afin de faciliter l'établissement d'un gouvernement socialiste... entre-temps, ils font de leur mieux pour renverser les gouvernements européens qui n'atteignent pas leur niveau politique... leur programme, qui est plein d'idées socialistes... comprend l'organisation de grèves, des actes de terreur, et les organisateurs étant très jeunes, des actes de folie également..."

Le pouvoir secret qui se cache derrière le W.R.M. contrôle également le sionisme politique, mais la grande majorité des juifs qui travaillent pour le sionisme ignorent totalement qu'ils sont également utilisés comme des "pions dans le jeu" de l'échiquier international.

---

[90] Pour plus de détails sur cette affaire, lire "The Last Days of the Mevanovs", de Thornton Butterworth ; et "Les Derniers Jours des Romanoff", de Robert Wilton, correspondant russe pendant 15 ans pour le "London Times".

Chapitre 9

Intrigues politiques-1914 - 1919

La façon dont les intrigues internationales ont été utilisées pour déposer le très honorable H.H. Asquith lorsqu'il était Premier ministre de Grande-Bretagne en 1916 m'a été expliquée par un homme extrêmement bien informé. Je l'ai rencontré alors que j'étais messager du roi en 1917. Nous étions dans ma chambre, dans un hôtel, lorsque, au cours de la conversation, j'ai mentionné que je soupçonnais fortement qu'un groupe relativement petit d'hommes extrêmement riches utilisait le pouvoir que leur richesse leur permettait d'acheter pour influencer les affaires nationales et internationales, afin de promouvoir leurs propres plans et ambitions secrètes.

Mon compagnon m'a répondu : "Si vous parlez de telles choses, il est peu probable que vous viviez assez longtemps pour vous rendre compte à quel point vous avez raison". Il m'a alors raconté comment M. Asquith avait été destitué en décembre 1916 et comment M. David Lloyd George, Winston Churchill et le très honorable Arthur James Balfour avaient pris le pouvoir en Angleterre.

L'histoire qu'il m'a racontée présentait une similitude remarquable avec le complot utilisé par les puissances secrètes qui ont dirigé la campagne de *L'Infamie* immédiatement avant l'éclatement de la révolution française en 1789. On se souviendra qu'une lettre avait été utilisée pour attirer le cardinal Prince de Rohan au Palais Royal où il était en relation avec une prostituée déguisée en Marie-Antoinette.

La méthode moderne présumée est la suivante : Peu après le début de la guerre, en août 1914, un petit groupe d'hommes fortunés a autorisé un agent à transformer une vieille mais très spacieuse demeure en un fabuleux club privé. Ceux qui ont permis de financer une entreprise aussi coûteuse ont tenu à ce que leur identité reste secrète. Ils ont expliqué qu'ils souhaitaient simplement témoigner leur profonde reconnaissance aux officiers des forces armées qui risquaient leur vie pour le roi et la patrie.

Le club offrait toutes sortes de luxe, de divertissements et d'installations pour le plaisir. L'utilisation du club était généralement réservée aux officiers commissionnés en congé à Londres après un service actif. Un nouveau membre devait être présenté par un frère officier. Mon compagnon l'appelait le "Glass Club".[91]

À leur arrivée, les officiers invités étaient interrogés par un fonctionnaire. S'il est satisfait de leurs références, on leur explique le fonctionnement du club. L'officier candidat à l'admission était invité à donner sa parole d'honneur qu'il ne mentionnerait pas les noms des personnes qu'il rencontrerait pendant son séjour au club, ni ne révélerait leur identité après avoir quitté le club. Après cette promesse solennelle, il a été expliqué à l'invité qu'il allait rencontrer un certain nombre de femmes bien connues de la meilleure société londonienne. Elles portaient toutes des masques. Il est demandé à l'officier de ne pas essayer d'identifier l'une d'entre elles. Il a juré de garder leur secret s'il arrivait à identifier l'une d'entre elles par hasard.

Une fois les préliminaires terminés, l'officier est conduit dans sa chambre privée. Celle-ci était meublée de manière très luxueuse. On y trouve un grand lit double, une coiffeuse, une armoire, un meuble contenant des vins et des liqueurs, un humidificateur pour fumeurs, des toilettes et une salle de bain privées. Le nouveau client a été invité à se mettre à l'aise. Il fut informé qu'il recevrait une dame en visite. Celle-ci portera une broche de bijouterie fantaisie avec le numéro de sa chambre. Si, après avoir fait connaissance, il souhaitait l'inviter à dîner, c'était son privilège.

La salle de réception, où les invités et leurs hôtesses se mêlaient autour d'un cocktail avant le dîner, ressemblait à celle d'un palais royal. La salle à manger était assez grande pour accueillir cinquante couples. La salle de bal était telle que beaucoup en rêvent mais que peu la voient. Les décorations coûteuses étaient mises en valeur par des rideaux luxueux, un éclairage tamisé, de belles femmes magnifiquement

---

[91] Une copie exacte de ce club a été organisée juste à l'extérieur de Montréal pendant la Seconde Guerre mondiale.

habillées, une musique douce et rêveuse, l'odeur de parfums rares, faisaient de cet endroit le paradis rêvé d'un Arabe. L'atmosphère générale du club 200 était telle que les officiers en permission se sont d'abord détendus, puis ont entrepris de passer de véritables vacances romaines. Le "Glass Club" n'avait rien de grossier ou de vulgaire. Tout y était beau, délicat, doux, souple... tout le contraire des horreurs, de la violence, de la brutalité d'une guerre moderne. Entre les numéros de danse, des artistes ont donné des représentations qui ont fait ressortir les sentiments de joie, d'amusement et de rire de. Au fur et à mesure que la soirée avançait, un long buffet était littéralement chargé de plats succulents de poisson et de gibier. Un bar proposait toutes sortes de boissons, du champagne au whisky. Entre minuit et une heure du matin, cinq jolies filles ont exécuté la danse des sept voiles. La danse dépeint une scène dans le harem d'un sultan. Les filles ont commencé la danse entièrement vêtues (jusqu'au voile qu'elles portaient pour dissimuler les traits de leur visage), mais à la fin de la danse, elles étaient entièrement nues. Elles ont dansé le dernier acte dans leur nudité, agitant le voile léger autour d'elles d'une manière qui exténuait leurs charmes physiques plutôt que de les dissimuler. Les couples, une fois fatigués des divertissements, de la danse et de la compagnie d'autres personnes, se retiraient dans leurs chambres privées.

Le lendemain, ils pouvaient profiter de la piscine couverte, du tennis, du badminton, du billard ou de la salle de cartes qui était un Monte Carlo miniature. Vers novembre 1916, un très haut personnage a été incité à visiter le Club lorsqu'il a reçu une note disant qu'il obtiendrait des informations de la plus haute importance pour le gouvernement britannique. Il se rendit au Club dans sa voiture personnelle. Il a demandé à son chauffeur de l'attendre. Après avoir été admis, il a été conduit dans l'une des chambres à coucher luxueusement meublées. Une dame l'a rejoint. En le voyant, elle faillit s'évanouir. C'était sa propre femme. Elle était beaucoup plus jeune que son mari. Depuis un certain temps, elle faisait office d'hôtesse pour les officiers solitaires en permission. La situation était des plus embarrassantes.

La femme ne savait rien du complot. Elle n'avait aucune information secrète à donner. Elle était convaincue que son mari et elle étaient tous deux des coureurs de jupons. Elle pensait que ce n'était que cette malheureuse rencontre fortuite qui les avait mis face à face. Il y a eu une scène. Le mari a été informé du rôle joué par les hôtesses au Club. Mais ses lèvres étaient scellées comme dans la mort. Il était membre du gouvernement. Il ne pouvait pas se permettre de figurer dans un scandale.

Tous les employés du club, hommes et femmes, étaient des espions. Ils rapportaient à leurs maîtres tout ce qui se passait au club. L'identité des personnes impliquées est alors révélée. Les informations ainsi obtenues étaient imprimées pour mémoire dans ce que l'on appelait le "Livre noir". Le "Livre noir" enregistrait leurs péchés par omission et par commission, leurs vices particuliers, leurs faiblesses spéciales, leur situation financière, l'état de leurs relations domestiques et le degré d'affection qu'ils avaient pour leurs parents et leurs amis. Leurs liens avec et leur influence sur les hommes influents de la politique, de l'industrie et de la religion étaient soigneusement notés.

En novembre 1916, un membre du Parlement a tenté de révéler la véritable nature du "Glass Club". Trois officiers de l'armée, qui avaient fréquenté le club, ont commencé à soupçonner qu'il s'agissait d'un vaste système d'espionnage, après qu'on eut tenté de les faire chanter pour qu'ils donnent des informations qui auraient été précieuses pour l'ennemi. Leur aventure a impliqué une dame australienne, son chauffeur, ainsi que les épouses et les filles de plusieurs hauts fonctionnaires du gouvernement.[92]

Les efforts déployés pour faire connaître les faits réels ont été réprimés, mais il a été fait mention du "Livre noir" au Parlement et dans la presse publique. La politique du gouvernement était fondée sur l'idée qu'un scandale d'une telle ampleur pouvait constituer une calamité nationale à un moment où les forces armées en mer, sur terre et dans les airs subissaient de graves revers.

La presse libérale commence à attaquer le Premier ministre. Il est accusé d'abriter au sein de son gouvernement des hommes inaptes à exercer leurs fonctions. Il est accusé d'avoir eu de nombreuses relations avec des industriels et des financiers allemands avant la guerre. On l'accuse d'être amical envers le Kaiser. On l'accuse d'être incapable de prendre des décisions rapides et fermes. On le ridiculisait en l'appelant "Wait-and-see-Asquith" (attendre et voir Asquith). Mon compagnon m'a dit que les preuves contre les hauts fonctionnaires impliqués dans

---

[92] Ceci est conforme au paragraphe 8 de la trame exposée au chapitre 3.

le scandale du "Glass Club" ont poussé le gouvernement à démissionner. Ainsi, selon mon compagnon, l'Empire britannique a été contraint de changer de cheval politique en pleine guerre mondiale. Lorsque M. Asquith a démissionné en décembre 1916, il a été remplacé par un gouvernement de coalition dirigé par David Lloyd George. Winston Churchill et M. Balfour en étaient deux des membres les plus éminents.

Peu après avoir entendu l'histoire ci-dessus, j'ai été frappé par le fait que les trois officiers de l'armée mentionnés étaient signalés dans les listes officielles comme "tués au combat". En temps de guerre, une telle chose est tout à fait possible. Ensuite, on a annoncé brièvement que la dame australienne et son chauffeur avaient été emprisonnés en vertu de la loi sur la défense du royaume. Puis on a annoncé que le député impliqué dans l'affaire s'était retiré de la vie publique. Quelques semaines plus tard, j'ai été démis de mes fonctions de messager du roi et nommé officier de navigation des sous-marins britanniques. Nous avons perdu 33% de nos officiers et de nos hommes, mais j'ai été l'un de ceux qui ont survécu. Ce n'est que longtemps après la guerre, alors que j'étudiais l'histoire moderne et les religions comparées, que j'ai commencé à réaliser la grande importance du sionisme politique pour ceux qui prévoyaient d'obtenir un contrôle incontesté de l'économie mondiale. Les événements historiques suivants parlent d'eux-mêmes.

Lorsque la guerre éclate en 1914, le très honorable H.H. Asquith est Premier ministre. Il était antisioniste. Les banquiers internationaux ont décidé que le gouvernement d'Asquith devait disparaître et être remplacé par un gouvernement de coalition dans lequel David Lloyd George et Winston Churchill exerceraient une grande influence. Pendant des années, Lloyd George a été Solicitor pour le mouvement sioniste tel qu'il a été planifié et financé par les Rothschild. Winston Churchill a soutenu le sionisme politique dès son entrée en politique.

En 1917, les banquiers internationaux soutenaient à la fois le mouvement bolchevique et le mouvement sioniste. Il semble incroyable que le cabinet britannique n'ait pas su ce qui se passait, d'autant plus que le gouvernement britannique avait dû intervenir pour faire libérer Trotsky et ses dirigeants révolutionnaires après qu'ils aient été détenus à Halifax alors qu'ils se rendaient de New York en Russie.

Le renversement de l'Empire russe devait entraîner le retrait des puissantes armées russes de la guerre aux côtés des puissances alliées.

Les armées allemandes, qui avaient été engagées sur le front oriental, seraient libres de renforcer les armées combattant les forces alliées sur le front occidental.

Malgré cette connaissance, rien n'a été fait pour empêcher les plans des financiers internationaux d'arriver à maturité.

Le gouvernement britannique était conscient de la gravité de la situation en Russie. La preuve en est que la question a été débattue par le cabinet et qu'il a été décidé d'envoyer Lord Kitchener en Russie afin de réorganiser les forces militaires russes. Lord Kitchener a quitté Scapa Flow à bord du H.M.S. Hampshire. Le navire fut mystérieusement coulé dans la nuit du 5 juin 1916. Lord Kitchener disparaît avec tous les membres de l'équipage, à l'exception d'une douzaine d'entre eux. Les survivants ont dérivé jusqu'au rivage à bord d'un radeau de sauvetage. Le gouvernement britannique a annoncé que le H.M.S. Hampshire avait été coulé par un sous-marin allemand ou une mine allemande. Il a été prouvé qu'il s'agissait d'un mensonge.

J'ai enquêté sur cet incident de manière très approfondie. Dans un livre précédent, *Hell's Angels of the Deep*, publié en 1932, j'ai prouvé que le H.M.S. Hampshire n'avait pas été coulé par une torpille ou une mine ennemie. Le H.M.S. Hampshire a été coulé soit par sabotage, soit par une erreur de jugement de la part de son officier de navigation. Au vu de toutes les preuves disponibles, je suis convaincu que le H.M.S. Hampshire a coulé après avoir heurté les rochers submergés de North Shoals. Il est difficile de croire qu'un navigateur naval compétent et expérimenté ait commis une telle erreur de jugement. Je continue de penser qu'un saboteur a probablement trafiqué les aimants du compas de direction. Les compas gyroscopiques ne faisaient pas partie de l'équipement standard de l'époque et même les navires qui en étaient équipés trouvaient les modèles Sperry très peu fiables, comme je le sais d'expérience.

Le général Erich Von Ludendorf (qui était chef d'état-major et partageait avec le général Hindenburg la direction de la puissance militaire allemande) a également étudié les circonstances entourant la perte du H.M.S. Hampshire et la mort de Lord Kitchener. Il affirme que "l'action des unités navales allemandes, qu'il s'agisse de sous-marins ou de poseurs de mines, n'a rien à voir avec le naufrage du navire". Il dit être arrivé à la conclusion que la mort de Lord Kitchener était un acte de Dieu, car s'il avait vécu, il aurait sans aucun doute réorganisé les armées russes et les aurait entraînées pour en faire une force de combat des plus redoutables. Le général a ensuite fait la remarque suivante

> "S'il l'avait fait, les bolcheviks seraient entrés en possession de l'une des plus formidables machines de combat que le monde ait jamais connue. Une telle force aurait permis au communisme de balayer le monde entier".

Je maintiens que les banquiers internationaux ne pouvaient se permettre de réorganiser les armées russes qu'APRÈS le soulèvement des mencheviks et après le renversement du gouvernement provisoire de Kerensky en 1917. Il est très douteux que Lénine et Trotski aient pu accomplir ce qu'ils ont fait si Lord Kitchener avait pu réorganiser, discipliner et entraîner les forces armées russes à l'adresse 1916. L'histoire retient également que Winston Churchill et Lord Kitchener se sont sérieusement disputés au sujet de la politique militaire pendant la période 1914-1916. Lord Kitchener s'était amèrement opposé à l'idée de Churchill d'envoyer la division navale à Anvers en 1914. Il s'était également opposé au projet de Churchill de s'emparer des Dardanelles. Ces deux projets se sont révélés être des erreurs coûteuses. Le projet des Dardanelles aurait pu réussir, et aurait probablement mis fin à la guerre en 1916, si Churchill avait attendu que les forces terrestres et navales soient prêtes à coopérer.

Lorsque Churchill insiste pour que les forces navales attaquent seules les Dardanelles, il informe l'ennemi de la stratégie envisagée. Après la bévue initiale de Churchill, l'armée reçut l'ordre de participer à l'opération. Les objections de Lord Kitchener ont été rejetées. Ses conseils sont ignorés. Les forces militaires alliées engagées dans l'assaut des Dardanelles étaient insuffisantes en nombre, mal entraînées, mal équipées pour une telle tâche et mal soutenues en ce qui concerne les provisions, l'aide médicale et les renforts. Ils ont été contraints d'attaquer des troupes de premier ordre dont les chefs avaient été avertis du danger. Les forces militaires et navales alliées ont dû surmonter des obstacles militaires et navals qui n'existaient pas lorsque Churchill a ordonné le premier assaut naval. La campagne des Dardanelles était vouée à l'échec dès le départ.

Plus nous étudions les méthodes employées par les puissances secrètes dans les affaires internationales, plus il est évident qu'elles font passer les assassinats privés pour des accidents ou des suicides, les sabotages pour des négligences, des erreurs de jugement et des maladresses involontaires commises en raison de circonstances excusables.

La seule considération qui pourrait justifier la politique du gouvernement de coalition en 1916 à l'égard de la Russie est le fait que le gouvernement savait qu'il ne pourrait pas obtenir de soutien financier ou d'aide militaire de la part de l'Amérique avant que le gouvernement russe n'ait été renversé. Une telle affirmation semble absurde, mais elle est étayée par les faits suivants :

Les mencheviks ont déclenché la révolution russe de février 1917.

Le tsar abdique le 15 mars 1917.

Jacob H. Schiff, associé principal de Kuhn-Loeb & Co. à New York, a immédiatement levé les restrictions qu'il avait imposées à l'octroi d'une aide financière aux Alliés. Mortimer Schiff reçut alors l'ordre de son père Jacob de télégraphier à Sir Ernest Cassels :

> "En raison de l'action récente en Allemagne et de l'évolution de la situation sur le site , nous ne nous abstiendrons plus de financer les gouvernements alliés".

Le 5 avril, le gouvernement britannique a annoncé qu'il envoyait le très honorable Arthur James Balfour, ministre des Affaires étrangères, aux États-Unis pour informer les banquiers américains que le gouvernement britannique était prêt à approuver officiellement leurs projets de sionisme politique à condition qu'ils amènent l'Amérique à entrer en guerre du côté des Alliés. L'Amérique est entrée en guerre. Le 7 juin 1917, les premières troupes américaines débarquent en France.

Le 18 juillet 1917, Lord Rothschild écrivit à M. Balfour ce qui suit :

> "Cher Monsieur Balfour :
>
> Je suis enfin en mesure de vous envoyer la formule que vous avez demandée. Si le gouvernement de Sa Majesté m'envoie un message conforme à cette formule, et si lui et vous l'approuvez, je le remettrai à la Fédération sioniste lors d'une réunion qui sera convoquée à cet effet."

Le projet de déclaration est le suivant :

"Le gouvernement de Sa Majesté accepte le principe selon lequel la PALESTINE doit être reconstituée en tant que foyer national pour le peuple juif.[93]

Le gouvernement de Sa Majesté fera tout son possible pour assurer la réalisation de cet objectif et discutera des méthodes et des moyens nécessaires avec l'organisation sioniste."[94]

M. Balfour et le gouvernement britannique ont accepté les conditions dictées par Lord Rothschild et ses confrères sionistes. La preuve en est que le 28 août. Sir Herbert Samuel (devenu par la suite vicomte), Sir Alfred Mond (devenu par la suite Lord) et Lord Rothschild ont persuadé le cabinet britannique d'envoyer Lord Reading aux États-Unis en tant que chef de la mission économique. Lord Reading, alors que Sir Rufus Isaacs, avait été mêlé au scandale Marconi.

Les détails de l'accord qu'il a négocié avec le gouvernement américain en septembre 1917 n'ont jamais été révélés. On sait cependant que l'accord concernait la Banque d'Angleterre parce qu'elle a été complètement réorganisée, sous supervision américaine, et physiquement reconstruite après 1919.[95]

En septembre, Jacob Schiff de Kuhn-Loeb & Co. a écrit une longue lettre traitant de la question sioniste à un certain M. Friedman. On y trouve les passages suivants :

"Je crois qu'il serait possible de s'assurer la bonne volonté de l'Amérique, de la Grande-Bretagne et de la France,[96] en tout cas, pour promouvoir un afflux important et l'installation de notre peuple en Palestine... En outre, il serait possible d'obtenir des Puissances

---

[93] Ceci est conforme au paragraphe 8 de la trame exposée au chapitre 3.

[94] Cette lettre a été citée par M. Stokes Cela était conforme au paragraphe 8 du complot exposé au chapitre 3. M. Stokes, député au Parlement britannique, lors du débat sur la Palestine, le 11 décembre 1947.

[95] Lire "Programme for the Third World War", par C.H. Douglas, Liverpool, 1944.

[96] M. Cambon, du ministère français des affaires étrangères, a accepté la déclaration Balfour en ce qui concerne le soutien au sionisme à cette époque.

l'assurance formelle que notre peuple obtiendra l'autonomie en Palestine dès que son nombre sera suffisamment important pour le justifier".

Le 26 septembre 1917, Louis Marshall, représentant légal de Kuhn-Loeb & Co. écrit à son ami Max Senior, un autre sioniste de premier plan, ce qui suit :

> "Le major Lionel de Rothschild, de la Ligue des Juifs britanniques, m'informe que son organisation est d'accord avec le Comité juif américain... La Déclaration Balfour, avec son acceptation par les Puissances, est un acte de la plus haute diplomatie. Le sionisme n'est qu'un incident d'un plan de grande envergure : Il n'est qu'une cheville commode à laquelle on accroche une arme puissante. Toutes les protestations qu'ils (les opposants) pourraient faire seraient vaines. Cela les soumettrait individuellement à des exemples détestables et concrets d'une nature très impressionnante. Je reculerais devant les possibilités qui pourraient en résulter".

Louis Marshall admet sans ambages que "le sionisme n'est qu'un incident d'un plan de grande envergure... il n'est qu'une cheville commode sur laquelle on peut accrocher une arme puissante". Le plan de grande envergure auquel il est fait allusion ne peut être autre chose que le plan à long terme auquel il a déjà été fait référence à plusieurs reprises. Il s'agit d'un plan par lequel les financiers internationaux ont l'intention d'obtenir le contrôle ultime et incontesté des richesses, des ressources naturelles et de la puissance humaine du monde entier.

Quelques-uns des événements historiques les plus importants qui confirment l'affirmation ci-dessus sont les suivants : Le 28 janvier 1915, M. Asquith, premier ministre de l'Angleterre, écrit dans son journal :

> Je viens de recevoir de Herbert Samuel un mémorandum intitulé "L'avenir de la Palestine"... Il pense que nous pourrions implanter sur ce territoire environ trois ou quatre millions de Juifs européens. Cela ressemble à une nouvelle édition de Tancrède mise à jour. J'avoue que je ne suis pas attiré par cette proposition d'ajout à nos responsabilités",

etc. Asquith s'est ainsi montré antisioniste.

D'éminents sionistes possédaient la plupart, sinon la totalité, des principales industries de guerre britanniques. Sans raison valable, en 1915-1916, la Grande-Bretagne s'est soudain trouvée à court de produits chimiques nécessaires à la fabrication d'explosifs. Les canons et les munitions qui avaient été promis à nos alliés russes ne se sont pas matérialisés. Les obus pour nos canons sont si rares qu'ils doivent être rationnés. Le gouvernement Asquith est accusé d'avoir négligé l'effort de guerre. Mais examinons les faits.

Sir Frederick Nathan est chargé de la production chimique. MM. Brunner & Mond ont eu le mérite de faire tout ce qui était en leur pouvoir pour remédier à la situation critique qui s'était créée. Grâce aux fonds gouvernementaux, ils construisent une grande usine chimique à Silvertown. Sir Alfred Mond est nommé commissaire aux travaux de Sa Majesté. Il devient ensuite chef de l'agence juive en Palestine.

Les travaux de l'usine ont été accélérés. L'usine est mise en service en un temps record. Des bouquets sont distribués et des honneurs sont rendus aux riches financiers sionistes qui sont censés contribuer à l'effort de guerre britannique. MAIS DÈS QUE L'USINE DE SILVERTOWN EST ENTRÉE EN PRODUCTION, ELLE A EXPLOSÉ, CAUSANT LA PERTE DE QUARANTE VIES HUMAINES. Plus de huit cents bâtiments et maisons ont été démolis.[97]

La Grande-Bretagne n'ayant pas livré d'armes et de munitions à la Russie comme elle l'avait promis, de graves revers militaires ont été enregistrés sur le front oriental. Les journaux ont rapporté que les troupes russes se battaient avec des bâtons et à poings nus jusqu'à ce qu'elles soient massacrées par des troupes allemandes bien armées. Une lettre adressée à Lloyd George par le professeur Bernard Pares (qui a été anobli par la suite) indique que les armes et les munitions promises au gouvernement impérial russe ont été délibérément retenues afin de créer des conditions favorables à la révolution que les banquiers internationaux préparaient alors à Genève et à New York. La lettre du professeur Pares, écrite en 1915, se lit en partie comme suit :

---

[97] Pour plus de détails sur cet aspect de la guerre, lire "The Brief for the Prosecution", par C.H. Douglas.

"Je dois vous faire part de ma ferme conviction que l'incapacité malheureuse de MM. Vickers-Maxim & Co. à fournir à la Russie des munitions qui auraient dû arriver dans le pays il y a cinq mois, compromet gravement les relations entre les deux pays, et en particulier leur coopération dans le cadre de la guerre actuelle.... ON ME DIT AVEC CERTITUDE QUE, JUSQU'À PRESENT, AUCUNE LIVRAISON N'A ETE FAITE À LA RUSSIE PAR L'ANGLETERRE."

David Lloyd George, à l'époque où la lettre a été écrite, était chancelier de l'Échiquier et responsable du financement de la guerre. La société Vickers-Maxim & Co. était contrôlée par Sir Ernest Cassel, associé de Kuhn-Loeb & Co. de New York, lui-même affilié aux Rothschild et aux banquiers internationaux d'Angleterre, de France, d'Allemagne, etc.

Lorsque la lettre du professeur Pare a été examinée par le cabinet, Lloyd George aurait défendu la politique du gouvernement en déclarant

"La charité doit commencer à la maison. Nos soldats britanniques qui se battent en France n'ont que quatre mitrailleuses par bataillon. Ils devraient être mieux armés avant que nous n'exportions des armes en Russie".

Lord Kitchener aurait répondu.

"Je considère que plus de quatre mitrailleuses par bataillon est un luxe, alors que notre incapacité à livrer les armes que nous avions promises à la Russie a eu pour conséquence que les Russes ne disposent que d'UN fusil pour six hommes.

Les agents des conspirateurs internationaux ont reçu l'ordre de salir Lord Kitchener et ont fait circuler dans le monde entier l'histoire selon laquelle Lord Kitchener avait déclaré qu'il considérait que plus de quatre mitrailleuses pour un bataillon de soldats britanniques, combattant en France, était un luxe. Cette diffamation et cette contre-vérité se sont poursuivies jusqu'à ce jour. Elle est apparue dans la biographie de David Lloyd George récemment publiée. Elle figure dans une critique de la biographie parue récemment dans le Toronto Star Weekly. J'ai envoyé au rédacteur en chef du Star Weekly la vérité concernant cet événement historique important. Il m'a répondu que c'était trop de dynamite pour lui. Il m'a informé qu'il avait transmis ma correspondance au *Daily Star*. Il va sans dire que la VÉRITÉ n'a jamais été publiée.

C'est une illustration typique de la façon dont les conspirateurs internationaux salissent la réputation d'hommes honnêtes, même morts, afin de couvrir leurs propres méfaits. Il illustre parfaitement la façon dont leurs agents utilisent la presse mondiale pour désinformer le public afin qu'il blâme des hommes innocents, et même leurs propres gouvernements, pour les dommages causés par leurs machinations.

Pour prouver que Vickers-Maxim & Co. étaient sous l'influence de Kuhn-Loeb & Co. à cette époque, Boris Brazel [Brasol] affirme :

> "Le 4 février 1916, le Parti révolutionnaire russe d'Amérique a tenu une réunion à New York à laquelle ont assisté 62 délégués.... Il fut révélé que des rapports secrets venaient de parvenir au Parti depuis la Russie, désignant le moment comme favorable... l'assemblée fut assurée que des fonds importants seraient fournis par des personnes sympathisant avec la libération du peuple de Russie. À cet égard, le nom de Jacob Schiff a été mentionné à plusieurs reprises."[98]

Jacob Schiff était à l'époque membre senior de Kuhn-Loeb & Co. de New York. Environ 50 des 62 personnes présentes à la réunion du 4 février 1916 étaient des hommes qui avaient pris une part active à la révolution russe de 1905. Une fois de plus, ils allaient être utilisés pour fomenter l'action révolutionnaire, mais Jacob Schiff avait prévu que les fruits de la victoire seraient usurpés par Lénine, dans l'intérêt des banquiers internationaux.

L'encyclopédie du savoir juif parle du sionisme :

> "La guerre mondiale a forcé l'abandon de Berlin comme centre de l'organisation et toute l'autorité a été transférée au Comité provisoire d'urgence sioniste établi à New York sous la direction du juge L.D. Brandeis.

Jacob de Haas écrit dans son livre "*Louis Dembitz Brandeis*" :

> "Le département de transfert (sioniste)... ses ramifications s'étendaient à travers toutes les zones de guerre occupées par les Alliés, et à travers la Turquie, la Syrie, la Palestine, jusqu'à la Trans-

---

[98] Boris Brazel est l'auteur de "Le monde à la croisée des chemins", voir p. 69.

Jordanie et Bagdad ; pratiquement pas un centime des millions manipulés n'a été perdu... En commençant par utiliser les bons offices du U.S.A. En commençant par utiliser les bons offices du Département d'État américain (Foreign Office) comme moyen de communication et de dépôt, elle a connu un tel succès et une telle fiabilité qu'elle a été employée par le Trésor des États-Unis pour livrer des fonds et des messages que le gouvernement ne pouvait pas traiter avec succès... Les ambassades dans les capitales européennes avançaient de l'argent liquide à la demande du secrétaire exécutif (sioniste) à New York".

L. Fry s'exprime ainsi dans "Waters Flowing Eastward", p. 51 :

"Dès lors, leur influence se fit de plus en plus sentir dans les cercles politiques d'Europe et d'Amérique. En particulier, le département de transfert sioniste, comme on l'appelait, était en mesure de transmettre des fonds et des informations à des éléments subversifs dans les pays ennemis".

Ensuite, nous retrouvons les Loges du Grand Orient dans le tableau de la W.R.M.. M. Erzberger déclare aux pages 145 et 146 de "Mon expérience de la guerre mondiale" :

"Le 16 mars 1916, l'Alliance israélite a versé au Grand Orient de Paris la somme de 700.000 francs, et dans les archives du Grand Orient de Rome, il peut être prouvé que le 18 mars 1916, le transfert d'un million de lires au Grand Orient de Rome a eu lieu. Je ne suis pas naïf au point d'imaginer que l'Alliance israélite utilise deux Grands Orients dans le seul but d'envoyer un million de lires aux Juifs italiens".

Racontant les événements survenus APRÈS la destitution d'Asquith en 1916, A.N. Field déclare dans "All These Things", p. 104 : "L'influence juive sur la politique britannique s'est accentuée après l'ascension de M. Lloyd George". L. Fry, à la page 55 de "Water Flowing Eastward", dit :

"La première réunion officielle à Londres du Comité politique eut lieu le 7 février 1917 dans la maison du Dr Moses Gaster. Lord Rothschild, James de Rothschild (fils d'Edmund de Rothschild de Paris, ancien propriétaire des colonies Rothschild en Palestine), Sir Mark Sykes (dont la maison à Buckingham Gates était entièrement équipée d'appareils télégraphiques, etc. pour servir de quartier général à la cause sioniste), Sir Herbert Samuel, Herbert Bentwich (futur procureur général pour la Palestine), Harry Sacher, Joseph Cowen, Chaim Weizmann et Nahum Sokolov, étaient présents.[99] Le programme sioniste devant servir de base aux négociations officielles couvrant les futurs mandats de Palestine, d'Arménie, de Mésopotamie et du royaume du Hedjaz a été discuté en détail."

J.M.N. Jeffries op. cit. p. 139 apporte ce complément d'information

"Le procès-verbal de cette réunion a été immédiatement communiqué en clair à l'organisation sioniste des États-Unis [...]. A partir de ce moment, l'organisation politique sioniste des États-Unis commença à prendre part à l'élaboration de la politique britannique et à l'organisation des affaires britanniques".

Pour illustrer le pouvoir que les banquiers internationaux exercent sur les affaires du gouvernement britannique, Samuel Landman est cité.[100] Il déclare

"Après qu'un accord eut été conclu entre Sir Mark Sykes, Weizmann et Sokolov, il fut décidé d'envoyer un message secret au juge Brandeis selon lequel le cabinet britannique aiderait les Juifs à gagner la Palestine en échange d'une sympathie juive active et d'un soutien à la cause alliée aux États-Unis, de manière à susciter une tendance pro-allemande radicale dans ce pays. Ce message a été envoyé sous forme cryptée à l'adresse par l'intermédiaire du ministère britannique des Affaires étrangères. Des messages secrets ont également été envoyés aux dirigeants sionistes de Russie par l'intermédiaire du général MacDonogh... Le Dr Weizmann (l'un des fondateurs du sionisme politique) a pu obtenir du gouvernement le service d'une demi-douzaine de jeunes sionistes pour un travail actif au nom du sionisme. À l'époque, la conscription était en vigueur et seuls ceux qui étaient engagés dans un travail d'importance nationale pouvaient être libérés du service actif au front. Je me souviens que le Dr Weizmann a écrit une lettre au général MacDonogh (directeur des opérations militaires) et a invoqué son

---

[99] C'est ce Sokolov qui a ensuite écrit "L'histoire du sionisme".

[100] Il a écrit "World Jewry" (Londres) le 22 février 1936. On verra qu'une situation très similaire a été créée par les intrigues internationales au début de la Seconde Guerre mondiale.

aide pour obtenir l'exemption du service actif de Leon Simon, Harry Sacher, Simon Marks, Hyamson, Tolkowsky et moi-même. À la demande du Dr Weizmann, j'ai été transféré du ministère de la Guerre (M.I.9)... au ministère de la Propagande... et plus tard au bureau sioniste... vers décembre 1916. À partir de cette date et pendant plusieurs années, le sionisme a été considéré comme un allié du gouvernement britannique... Les difficultés de passeport et de voyage n'existaient pas lorsqu'un homme était recommandé par notre bureau. Par exemple, un certificat signé par moi a été accepté par le ministère de l'Intérieur selon lequel un juif ottoman devait être traité comme un étranger amical et non comme un ennemi, ce qui était le cas des sujets turcs".

L'étude de la vie de Disraeli révèle qu'il a passé de nombreux dimanches soir avec les Rothschild de Londres. On apprend ainsi que, tandis que Kuhn-Loeb & Co. de New York finançaient les révolutionnaires juifs en Russie, les Rothschild de Londres étaient les gestionnaires de l'administration tzariste à Londres.

Nous apprenons également que les Rothschild de Londres étaient des libéraux et que, de 1840 à 1917, la presse libérale contrôlée par les Rothschild était systématiquement anti-russe. Disraeli nous informe qu'en Allemagne, les dirigeants politiques et financiers étaient considérés comme des réactionnaires parce qu'ils ne permettaient pas aux banquiers internationaux de faire exactement ce qu'ils voulaient. Le baron von Bleichroeder de Berlin et les Warburg de Hambourg étaient les représentants des Rothschild en Allemagne. En Russie, les Weinstein d'Odessa assistaient les Ginzberg à Saint-Pétersbourg pour veiller aux intérêts des Rothschild.

Un autre homme très actif du côté des banquiers internationaux était Otto Kahn. Il cachait habilement son vrai visage de révolutionnaire mondial derrière les drapeaux nationaux des différents pays dans lesquels il vivait et se faisait passer pour un citoyen patriote. M. Otto Kahn est né en Allemagne. Il a émigré aux États-Unis comme Paul Warburg. Comme Warburg, il est devenu partenaire de Kuhn-Loeb & Co. à l'adresse. À son arrivée en Amérique, Kahn a trouvé un emploi d'employé de bureau chez Speyer & Co. Plus tard, il épousa la petite-fille de M. Wolf, l'un des fondateurs de Kuhn-Loeb & Co. Lorsque Mme Kahn s'est rendue à Moscou en 1931, elle a été officiellement reçue par le gouvernement soviétique qui a organisé un grand dîner et plusieurs réceptions brillantes en son honneur. Les armées rouges de

Staline bordaient les routes sur son passage et les soldats lui présentaient les armes à son passage. [101]

Le 2 avril 1934, un article est paru dans le Daily Herald dans lequel M. Hannen Swaffer écrit :

"Je connaissais Otto Kahn, le multimillionnaire, depuis de nombreuses années. Je l'ai connu lorsqu'il était un Allemand patriote. Je l'ai connu lorsqu'il était un Américain patriote. Naturellement, lorsqu'il a voulu entrer à la Chambre des communes (britannique), il a rejoint le Parti patriotique."

M. Otto Kahn serait devenu président de l'Union anglophone si ses activités révolutionnaires n'avaient pas été accidentellement révélées lorsqu'il a été prouvé que sa maison était le lieu de rencontre d'agents soviétiques tels que Nina Smorodin, Claire Sheridan, Louise Bryant et Margaret Harrison.

Au cours de l'été 1917, il fallait résoudre le problème de savoir qui allait financer Lénine et Trotski pendant leur effort révolutionnaire commun en Russie. Les banquiers internationaux ont décidé que leurs représentants se réuniraient à Stockholm, en Suède, parce que ce pays était neutre et relativement à l'abri des espions internationaux. Parmi les participants à la réunion se trouvaient des hommes représentant les intérêts bancaires de Grande-Bretagne, d'Allemagne, de France, de Russie et des États-Unis d'Amérique. M. Protopopoff, ministre russe de l'intérieur, était présent, de même que M. Warburg, de Hambourg. Il était le frère de Paul Warburg, partenaire de la Kuhn-Loeb & Company de New York, qui avait rédigé la législation relative au système de la Réserve fédérale en 1910. On peut constater que pour décider de la manière dont les finances devaient être organisées pour permettre à Lénine et à Trotsky de renverser le gouvernement russe, des délégués de TOUTES les nations en guerre ont assisté à la réunion. Il a finalement été décidé que Kuhn-Loeb de New York placerait 50 millions de dollars au crédit de Lénine et Trotsky à la banque de Suède.

Les officiers de renseignement britanniques et américains ont rapporté ces faits à leurs gouvernements respectifs en 1917. Le commandant

---

[101] Lisez "*All These Things*" - A.N. Field.

E.N. Cromie est mort en repoussant une foule révolutionnaire qui a attaqué le consulat britannique à Saint-Pétersbourg. Il les a repoussés afin de donner à ses confrères le temps de brûler les documents relatifs à cette affaire et à d'autres.[102]

Le gouvernement américain a transmis au gouvernement britannique les rapports qu'il avait reçus de ses agents de renseignement. M. Oudendyke, ministre néerlandais à Petrograd (qui s'est occupé des intérêts britanniques en Russie après l'assassinat du commandant Cromie), a également averti le gouvernement britannique. Son avertissement a été publié en avril 1919 dans le cadre d'un livre blanc sur la révolution bolchevique publié par l'imprimeur du roi.

Les plans que Jacob Schiff avait élaborés pour permettre à Trotsky et à sa bande de dirigeants révolutionnaires de retourner à Saint-Pétersbourg depuis New York ont échoué lorsque Trotsky a été détenu par des fonctionnaires du gouvernement canadien à Halifax, en Nouvelle-Écosse, alors qu'il était en route. Le pouvoir que les banquiers internationaux exercent sur les gouvernements constitutionnels est pleinement illustré par le fait que, dès qu'ils ont protesté auprès des gouvernements concernés, Trotsky et toute sa bande de gangsters révolutionnaires ont été libérés et ont pu traverser la zone de blocus britannique en toute sécurité.

Une nouvelle preuve de la complicité des hommes politiques britanniques dans la révolution russe de 1917 a été obtenue par D. Petrovsky qui explique le rôle joué par Sir G. Buchanan, l'ambassadeur.[103] Petrovsky prouve que, bien que parfaitement informé de tout ce qui se passait en coulisses, le gouvernement de Lloyd George a aidé les banquiers internationaux à faire entrer Trotski et ses dirigeants révolutionnaires en Russie, tandis que, dans le même temps, le haut commandement allemand aidait les banquiers internationaux à faire passer Lénine et sa bande de dirigeants révolutionnaires de la Suisse à

---

[102] Le commandant Cromie a servi dans les sous-marins britanniques à la même époque que l'auteur. Ses exploits au nom des Russes sont relatés dans "By Guess and by God", un livre publié par l'auteur en 1931.

[103] Lire-La *Russie sous les Juifs,* pp. 20-28 et 34-35.

Petrograd. Lénine et ses partisans ont bénéficié d'une voiture de chemin de fer privée pour leur voyage à travers l'Allemagne.

M. Petrovsky révèle que Milioukoff, qui avait été nommé ministre des affaires étrangères par le gouvernement républicain russe au printemps 1917, est l'homme qui a négocié cette intrigue qui impliquait les deux nations belligérantes. Il est également indiqué qu'en remerciement de la coopération de l'état-major allemand, le gouvernement britannique a accédé à la demande de Milioukoff de libérer M.M. Litvinov, qui avait été arrêté par des agents des services de renseignements britanniques. Il avait été arrêté par des agents des services secrets britanniques en tant qu'espion pour le compte de l'Allemagne. L'identification de M.M. Litvinov s'avère très intéressante. Il est né de parents dont le nom était Finklestein. Lorsqu'il a rejoint le Mouvement révolutionnaire mondial, il a changé son nom en Meyer Wallach. Lorsqu'il s'est rapproché de Lénine et de son parti bolchevique, il a de nouveau changé de nom pour devenir Maxim Litvinov. C'est le même homme que l'on appelle Litvinov l'espion allemand et c'est le même homme qui a été arrêté alors qu'il tentait d'encaisser les billets de cinq cents roubles que Staline avait obtenus lorsqu'il avait bombardé et dévalisé la banque Tifilis.

Après sa libération par les autorités britanniques, Litvinov retourne en Russie. Il a aidé Lénine à renverser le gouvernement provisoire de Kerensky et le Soviet menchevique établi à Saint-Pétersbourg avant octobre 1917. Litvinov est commissaire aux affaires étrangères de Staline de 1930 à 1939. Il a été nommé membre du comité central du parti communiste en 1935. Ses talents d'assassin, de receleur d'argent volé, d'espion, de gangster international et de dirigeant d'efforts révolutionnaires dans plusieurs pays ont été salués par les nations du monde lorsqu'il a été nommé président du Conseil des Nations unies. Seul un groupe international, tel que les banquiers internationaux, aurait pu sauver la vie de cet homme et lui assurer sa liberté lorsqu'il menait à bien les aspects criminels des intrigues internationales. Seules la puissance et l'influence des banquiers internationaux auraient pu lui permettre d'être élu président du Conseil des Nations Unies. Cela illustre le fait que les Illuminati contrôlent ceux qui contrôlent les Nations Unies.

D'autres éléments prouvent que les banquiers internationaux du Royaume-Uni, des États-Unis, de l'Allemagne et de la Russie ont travaillé ensemble même après la guerre entre l'Allemagne et la Grande-Bretagne. Elles sont contenues dans une brochure intitulée

Trotsky (Defender Publishers, Wichita, Kansas) qui cite une lettre écrite par J.M. Dell à Lloyd George, personnellement. Mais pourquoi continuer ? Il faudrait des volumes pour citer toutes les preuves qui démontrent que les banquiers internationaux ont organisé, financé et dirigé la révolution russe afin d'obtenir le contrôle d'un vaste territoire pour que les Illuminati puissent expérimenter leurs idées de totalitarisme. Ce n'est qu'en expérimentant sur un territoire aussi vaste que les soi-disant U.R.S.S.. qu'ils ont pu découvrir leurs erreurs et leurs faiblesses par le processus d'essai et d'erreur. Jusqu'à ce que ils aient réalisé cette expérience, qui a coûté des millions et des millions de vies humaines, il aurait été stupide de leur part d'essayer de gouverner le monde entier. Leur plan a été un plan à long terme. *Il a débuté il y a 3000 ans. Il a été révisé lors de la réunion qui s'est tenue dans l'atelier d'orfèvrerie de Bauer à Frankfort en 1773.* À moins qu'une action commune ne soit entreprise, il est probable qu'il s'achèvera lorsqu'ils prendront le contrôle économique et politique après la troisième guerre mondiale

Il apparaît ainsi que le gouvernement de coalition qui a succédé au Premier ministre Asquith dans la poursuite de la guerre, en décembre 1916, n'a fait aucun effort pour empêcher les banquiers internationaux de poursuivre leurs plans pour la révolution russe, même lorsqu'ils savaient que son succès entraînerait le retrait des armées russes de la guerre. La preuve que les sionistes britanniques et américains étaient d'accord pour renverser le gouvernement impérial russe se trouve dans le fait que, dès que Lénine a annoncé qu'il avait établi sa dictature en novembre 1917, Lloyd George a également annoncé que la politique du gouvernement britannique serait de soutenir le plan Rothschild pour l'établissement d'un foyer national pour le peuple juif en Palestine. Cela prouve que Lloyd George n'avait aucun ressentiment envers les banquiers internationaux pour avoir sorti la Russie de la guerre en tant qu'alliée de la Grande-Bretagne.

En Russie, les révolutionnaires mencheviks, dominés par les Juifs, avaient combattu la révolution avortée de 1905. Ils ont également déclenché la révolution de février 1917. Une fois de plus, ils ont remporté de grands succès au cours des premières étapes de l'effort révolutionnaire. Ils ont même établi un Soviet à Petrograd. Les banquiers internationaux ne se souciaient pas de savoir qui portait le ballon jusqu'à ce qu'il soit près du but, mais dès que le porteur du ballon se mettait en position de marquer, ils intervenaient et prenaient le contrôle du jeu. Leur objectif était d'instaurer une dictature totalitaire fondée sur le principe de la société par actions : Lénine a été nommé dictateur. Ils sont restés dans l'ombre. La "mafia" communiste a été blâmée pour ses crimes contre l'humanité.

Le 17 juillet 1917, les bolcheviks, sous la direction de Lénine, ont lancé une campagne antigouvernementale en Russie. Il en résulte un soulèvement de milliers d'ouvriers et de soldats enflammés de la ville. Cette révolte avortée est connue sous le nom de "Journées de juillet". Kerensky fait face à la situation avec fermeté. Il tire sur les émeutiers, tue plusieurs centaines de personnes, mais rétablit l'ordre. Les dirigeants bolcheviks s'enfuient. Certains sont arrêtés. Lénine et Zinoviev se cachent à Sestroretsk. Trotski, Kamenev et Lunarcharsky font partie des personnes arrêtées. Staline, qui était à l'époque rédacteur en chef de la *Pravda*, n'a pas été inquiété. Après la révolte, le prince Lvov démissionne et Kerensky, le Napoléon juif, devient Premier ministre. Kerensky est un grand orateur. Il tente de susciter l'enthousiasme des soldats et des travailleurs pour l'effort de guerre. Tous les efforts oratoires de Kerensky échouent.

L'influence de Kerensky commence à décliner régulièrement. Lénine est très occupé. Il convoque le sixième congrès du parti travailliste social-démocrate russe, qui se tient du 8 au 16 août. Il en sort à la tête des groupes révolutionnaires unifiés. En l'espace d'un an, le parti révolutionnaire unifié s'appelle LE PARTI COMMUNISTE. Lors du congrès, un comité secret est formé, le Comité central d'octobre. Il était composé de 26 membres chargés de planifier la révolution d'octobre et de diriger l'effort révolutionnaire dans toutes ses phases. Staline réussit enfin à s'imposer. Il est élu à la présidence du sixième congrès du parti. La majorité des étudiants pensent que Staline n'aurait même pas été prévenu si de nombreux autres dirigeants révolutionnaires expérimentés n'avaient pas été emprisonnés, mais la vérité est que Lénine agissait en tant qu'agent principal des "puissances secrètes ". Celles-ci avaient prévu d'utiliser Staline pour supplanter les autres.

L'idée du Comité central d'organiser la révolution d'octobre était d'anticiper l'intention du gouvernement provisoire de convoquer des élections générales au cours desquelles un scrutin secret serait utilisé pour élire un gouvernement constitutionnel représentatif pour diriger l'Empire russe. Lénine estimait que si sa tentative d'accéder au pouvoir devait aboutir, il devait le faire avant que l'Assemblée constitutionnelle ne se réunisse en janvier pour organiser les élections à l'échelle nationale. Si ces élections avaient lieu, le peuple aurait ses propres représentants au sein du gouvernement. Il pensait qu'il serait plus difficile d'obtenir le soutien nécessaire pour renverser un gouvernement populaire que pour renverser le gouvernement provisoire. Il avait raison sur ce point.

Aussi étrange que cela puisse paraître, à la lumière des événements futurs, Kamenev est libéré de prison le 17 août, et Trotsky exactement un mois plus tard. Le 24 septembre, Trotski est élu président du Soviet de Pétersbourg à la place de Cheidze. Le 26 septembre, le Soviet de Pétersbourg vote le transfert de tous les pouvoirs militaires à un Comité Militaire Révolutionnaire sous la direction de Trotsky. La véritable révolution de Lénine n'était plus qu'à quelques jours de l'échéance de. Lénine prouvait ce qu'une planification adéquate et un calendrier précis, soutenus par une aide financière illimitée, pouvaient accomplir. Il savait comment utiliser avantageusement l'élément de surprise. Il convainc rapidement de nombreux dirigeants d'autres groupes révolutionnaires qu'il est l'homme qu'il faut pour diriger la guerre révolutionnaire. Il a rapidement soumis tout le monde à la discipline. Les chefs devaient obéir aux ordres de manière efficace et sans poser de questions, sous peine d'être condamnés.

Les dirigeants révolutionnaires font circuler un ordre selon lequel le deuxième congrès des soviets se réunira le 7 novembre. Il s'agissait d'un faux-fuyant destiné à faire croire au grand public qu'aucune action révolutionnaire n'était prévue dans l'immédiat. Le 4 novembre, cependant, le Comité militaire révolutionnaire organisa d'immenses réunions de masse préparatoires à la révolte proprement dite. Le lendemain, le 5 novembre, la garnison de Pierre et Paul se déclare alliée aux bolcheviks. Le 6 novembre, Kerensky fait un effort désespéré pour empêcher la révolution en ordonnant l'arrestation du Comité révolutionnaire militaire. Il interdit toutes les publications bolcheviques. Il ordonne à des troupes fraîches de remplacer la garnison de Pierre et Paul. Mais Lénine avait trop bien organisé sa cinquième colonne, Les ordres de Kerensky n'ont jamais été exécutés. Les fonctionnaires en qui il avait confiance l'ont laissé tomber.

Lénine sort discrètement de sa cachette. Il rejoint le Comité militaire révolutionnaire à l'Institut Smolny dès qu'il sait que les mesures contre-révolutionnaires de Kerensky ont échoué. L'Institut sert de quartier général révolutionnaire. À 2 heures du matin, le 7 novembre, l'ordre de commencer l'effort révolutionnaire organisé est donné. À midi, Saint-Pétersbourg est en grande partie entre les mains de Lénine. À 15 heures, il prononce un discours enflammé devant le Soviet de Pétersbourg. À 21 heures, les troupes bolcheviques assiègent le siège du gouvernement provisoire au Palais d'Hiver. À 23 heures, le deuxième congrès panrusse des soviets se réunit et les bolcheviks obtiennent une nette majorité. Le Congrès devient ainsi le gouvernement officiel de la Russie.

Kamenev est élu premier président. Lénine devient Premier ministre. Trotski devient commissaire aux affaires étrangères. Le 21 novembre, un juif du nom de Sverdlov succède à Kamenev. Il n'était membre du parti bolchevique que depuis six mois et était considéré comme une figure très mineure mais, après avoir été élu président, il prit rapidement le contrôle absolu de l'économie russe. C'était un expert financier spécialement formé et un agent des banquiers.

Dans les milieux révolutionnaires, il se passe beaucoup de choses qui ne sont jamais révélées. Sverdlov est mort, très jeune, deux ans seulement après avoir réorganisé l'économie intérieure russe. Il avait atteint son but. Il en savait trop et il est mort. C'est ainsi que l'histoire se répète.

Des batailles sanglantes, qu'il vaudrait mieux qualifier de massacres à grande échelle, et le "règne de la terreur" mené sans pitié ont prouvé la théorie selon laquelle l'impitoyabilité totale et la terreur organisée, dans lesquelles les souffrances physiques sont combinées à l'angoisse mentale et à la dégradation morale, ont une valeur économique certaine, car les bolcheviks ont obtenu le contrôle incontesté de Pétersbourg en l'espace de quelques jours. Lénine n'a pas laissé le succès lui monter à la tête. L'empire russe est vaste. Il a astucieusement permis que les élections, pour lesquelles le gouvernement provisoire avait mis en place la machinerie, se tiennent le 25 novembre.

Le gouvernement provisoire avait prévu que la convocation de l'Assemblée des représentants librement élus soit organisée par une commission spéciale. Lénine a laissé les choses se dérouler comme prévu, puis il a arrêté les membres de cette commission spéciale. Il lui substitue un "Commissaire à l'Assemblée constitutionnelle". La seule différence entre l'une et l'autre était que les bolcheviks dirigés par Uritzky dominaient la commission formée par Lénine. Grâce à cette initiative, les bolcheviks étaient en mesure d'exercer leur autorité sur l'Assemblée nouvellement élue dès qu'elle se réunirait. Lorsque l'Assemblée se réunit enfin, Sverdlov prend la direction des débats, bien qu'il ne soit pas délégué. Les bolcheviks présents ont eu recours à des tactiques qui ont maintenu les délégués dans un tumulte constant. Ils créent la confusion la plus totale. Au bout de dix heures, les bolcheviks sont tous sortis brusquement. Les troupes bolcheviques sont entrées. Ils éjectent les délégués restants et verrouillent les portes du bâtiment. C'est la fin du régime constitutionnel en Russie.

En mars 1918, les bolcheviks, qui s'appelaient eux-mêmes "le parti travailliste social-démocrate russe", s'installent à Moscou et changent de nom pour devenir le parti communiste. Le deuxième congrès panrusse des soviets devient alors l'organe officiel de gouvernement. Le parti social-révolutionnaire, dirigé par des juifs, ne voulait pas que Lénine devienne l'homme le plus important de Russie. Le 30 août 1918, deux membres juifs de ce groupe tentent de l'assassiner. Lénine est blessé et Uritzky, que Lénine avait nommé à la tête de son organisation, la Tchéka, est tué.

Cet incident a donné à Lénine l'excuse nécessaire pour sortir le grand jeu. Il lance le terrorisme à plein régime. Les raids nocturnes deviennent réguliers. Personne ne savait, au moment de se coucher, s'il serait encore en vie le lendemain matin. David Shub, dans son livre pro-marxiste "Lénine", déclare : "On perdait peu de temps à trier les preuves ou à classer les personnes arrêtées lors de ces raids nocturnes [...]. Les prisonniers étaient généralement conduits à l'ancien poste de police, près du Palais d'Hiver, et fusillés." Meurtres, tortures, mutilations, viols, incendies, ainsi que tous les autres outrages aux sentiments humains et à la décence, ont été les pierres inexpugnables sur lesquelles la soi-disant République socialiste soviétique a été fondée. Des millions de citoyens russes sont morts. On estime que plus de 12 millions d'autres ont été condamnés à servir l'État au travail forcé jusqu'à ce qu'ils soient libérés par la mort.

Tandis que les alliés luttent sans enthousiasme contre le bolchevisme sur quatre fronts, Lénine réorganise la W.R.M. En mars 1919, il convoque la Troisième Internationale. Il la préside. Zinoviev est élu président. L'objectif de cette réunion était de consolider les partis révolutionnaires dans tous les pays du monde et de fournir aux dirigeants des conseils, une aide financière et toute autre assistance jugée nécessaire au succès de la Révolution Populaire Mondiale.[104]

---

[104] On peut obtenir beaucoup plus d'informations sur l'angle russe en lisant "Behind Communism" de Frank Britton.

Chapitre 10

Le traité de Versailles

Il a déjà été dit que le traité de Versailles était l'un des documents les plus iniques jamais signés par les représentants des nations dites civilisées. L'injustice perpétrée à l'encontre du peuple allemand par les termes du traité de paix a rendu inévitable une nouvelle guerre mondiale.[105]

Il faut comprendre les circonstances de la signature de l'Armistice le 11 novembre 1918. Le haut commandement allemand n'a pas demandé l'armistice parce que ses armées étaient en danger de défaite. Au moment de la signature de l'armistice, les armées allemandes n'avaient jamais été vaincues sur le champ de bataille. Le haut commandement allemand a demandé l'armistice pour pouvoir consacrer ses efforts à la prévention d'une révolution communiste. Rosa Luxemburg [Luxemburg] et son Spartacus Bund, dominé par les Juifs, avaient prévu de reproduire en Allemagne ce que Lénine avait réalisé en Russie exactement un an auparavant.

L'armistice a été signé *comme prélude à une paix négociée*. Il est primordial de s'en souvenir, car un armistice conclu dans ces conditions est bien différent d'une capitulation sans condition.

Les événements qui ont amené le haut commandement allemand à prendre conscience du danger qui le guettait sur le front intérieur sont les suivants :

---

[105] L'injustice perpétrée à Versailles n'a été dépassée que par les accords conclus ensuite à Téhéran, Potsdam et Yalta. Il sera prouvé que les mêmes influences néfastes étaient à l'œuvre dans toutes les négociations.

Les révolutionnaires de Rosa Luxemburg se sont infiltrés dans la flotte allemande de haute mer. Ils sont devenus très actifs en 1918. Ils répandent des rumeurs selon lesquelles les navires et leurs équipages doivent être sacrifiés dans une bataille totale avec les marines britannique et américaine. Selon ces rumeurs, l'objectif de la bataille était de paralyser les flottes alliées combinées à un point tel qu'elles seraient incapables de défendre les côtes britanniques contre une invasion militaire prévue pour apporter la victoire aux seigneurs de la guerre allemands. Les "cellules" communistes exhortent les marins allemands à se mutiner car elles prétendent que l'invasion prévue de la Grande-Bretagne est vouée à l'échec du fait que les scientifiques britanniques ont mis au point une arme secrète. Selon les rumeurs, les navires envahisseurs pouvaient être entourés d'une mer de flammes grâce à l'utilisation de produits chimiques tirés par des canons à terre ou largués par des avions. Le feu, la chaleur et le manque d'oxygène créeraient des conditions dans lesquelles aucun être humain ne pourrait survivre. Les subversifs soutenaient que la seule façon d'éviter un tel destin était de provoquer une révolution pour mettre fin à la guerre. Les marins allemands se sont mutinés le 3 novembre 1918.

Le 7 novembre, un grand nombre de marines ont déserté alors qu'ils se rendaient sur le front occidental. On leur avait dit qu'ils allaient être utilisés comme "fer de lance" pour l'invasion de la Grande-Bretagne.

Entre-temps, des soulèvements ont provoqué des fermetures dans de nombreux centres industriels allemands. Les subversifs parlent de défaitisme. Les conditions se détériorent jusqu'à ce que, le 9 novembre, le Kaiser abdique.

Le parti social-démocrate a immédiatement formé un gouvernement républicain. L'armistice est signé le 11 novembre 1918. Les dirigeants communistes du Spartacus Bund ont placé leurs "cellules" à des postes clés au sein du nouveau gouvernement et dans les forces armées. Leurs efforts combinés ont créé des conditions chaotiques partout. Rosa Luxemburg joue alors sa carte maîtresse. Elle a forcé le gouvernement socialiste à ordonner la démobilisation immédiate des forces armées allemandes. Cette action a empêché le haut commandement allemand d'utiliser ses troupes bien disciplinées pour empêcher la révolution imminente qui a éclaté en janvier 1919.

Avant d'usurper le pouvoir en Allemagne, Rosa Luxemburg s'est vu promettre la même assistance financière et militaire que celle que les banquiers internationaux avaient accordée à Lénine et Trotsky un an auparavant. Les premières étapes de son effort révolutionnaire ont été financées par le fonds qu'ils ont mis à disposition par l'intermédiaire de l'ambassadeur soviétique Joffe. Ce n'est qu'à l'adresse que l'effort révolutionnaire a échoué à accomplir ce que Lénine avait réalisé en Russie, lorsque l'aide promise ne s'est pas matérialisée après que Rosa eut lancé son premier assaut. Elle réalisa alors que son Spartacus Bund juif avait été trahi par les hommes mêmes qu'elle considérait comme ses amis et ses partisans. Cet incident à lui seul devrait prouver que "le pouvoir secret", derrière le mouvement révolutionnaire mondial, ne se préoccupe pas plus du bien-être des Juifs que de celui des Gentils. La majorité des directeurs de la W.R.M. sont des hommes qui descendent des Khazars, des Tartares et d'autres races mongoles-asiatiques non sémites. Ils ont adopté la religion juive pour satisfaire leurs propres objectifs égoïstes entre le 7ème et le 8ème siècle.[106] Ils ont utilisé les Juifs exactement comme ils ont utilisé les Gentils comme des "pions dans le jeu".

L'objectif de ce coup double était double. Les hommes qui planifient le Mouvement révolutionnaire mondial ne voulaient pas que l'Allemagne soit soviétisée avant d'avoir utilisé le peuple allemand pour mener une nouvelle guerre contre la Grande-Bretagne. Ils ont calculé qu'une deuxième guerre mondiale rendrait les deux empires si complètement épuisés qu'ils pourraient alors être facilement subjugués par les ressources des U.R.S.S. qu'ils contrôlaient sous la dictature de Lénine. Pour déclencher la Seconde Guerre mondiale, ils ont jugé nécessaire de susciter en Allemagne une haine antisémite intense dans le but de diviser l'Europe en deux camps opposés : les fascistes et les antifascistes. Le plan exigeait que tous les pays communisés restent neutres, au sens militaire du terme, tandis que leurs agents faisaient tout leur possible pour aggraver les conditions défavorables créées par les maîtres-esprits.

Après l'effondrement de la révolution dominée par les Juifs, faute d'aide, le peuple aryen allemand s'est pleinement vengé du peuple juif. Des milliers de Juifs, hommes, femmes et enfants, ont été rassemblés pendant la nuit et exécutés. Rosa Luxemburg et son bras droit Karl

---

[106] Voir le *rideau de fer sur l'Amérique* par Pro. John Beaty. Wilkinson Publishing Co., Dallas, Texas, pp. 15-16.

Liebknecht ont été capturés et abattus d'une balle dans la tête comme des chiens enragés par un lieutenant allemand. Ainsi, une fois de plus, un grand nombre de Juifs ont été condamnés pour les crimes d'un petit groupe de gangsters internationaux qui les ont utilisés comme des pions dans le jeu des intrigues internationales.

Pour prolonger et intensifier la haine du peuple allemand à l'égard des Juifs, la propagande accusait les Juifs d'avoir provoqué la défaite militaire des forces armées allemandes et les conditions injustes et humiliantes imposées par le traité de Versailles. La propagande a renforcé la tendance au national-socialisme en Allemagne en présentant la Grande-Bretagne, la France et les États-Unis comme des pays capitalistes égoïstes influencés et contrôlés par les banquiers juifs internationaux. C'est ainsi que la voie a été préparée pour l'avènement d'Hitler.

Peu après la signature de l'armistice, les banquiers internationaux ont demandé à Lénine de consolider les acquis communistes et de se préparer à défendre les États soviétiques contre l'agression capitaliste. Lénine annonce que c'est sa politique. Trotsky n'est pas du tout d'accord. Il préconise une révolution immédiate dans tous les pays européens qui restent à soumettre. Il veut aider le Spartacus Bund allemand à maintenir l'esprit révolutionnaire en vie.

Lénine insiste sur le fait que leur premier devoir est d'établir la sphère d'influence communiste dans tous les pays du monde situés entre les 35e et 45e parallèles de latitude dans l'hémisphère nord. Lénine a déclaré qu'il n'accepterait d'action révolutionnaire que dans les pays situés à l'intérieur de ces limites. Les pays les plus importants sont l'Espagne, l'Italie, la Grèce, certaines parties de l'Asie mineure, y compris la Palestine, certaines parties de la Chine et la région située de part et d'autre de la frontière du Canada et des États-Unis. Lénine a averti la Troisième Internationale qu'il était du devoir des dirigeants révolutionnaires de tous ces pays d'organiser leurs partis de manière à être prêts à prendre le contrôle de leurs gouvernements lorsque des forces extérieures créeraient des conditions favorables à la révolte. L'échec de Rosa Luxemburg est cité comme exemple de ce qui se passerait si l'action révolutionnaire était menée de manière indépendante.

Le plan stratégique de Lénine est connu dans les cercles militaires sous le nom de "plan du bœuf musqué", car ces animaux nordiques ont été capables de survivre aux attaques de tous leurs ennemis par le simple fait de former un cercle avec la tête vers l'extérieur et la queue vers l'intérieur. Les veaux sont placés à l'intérieur du cercle. Les loups et les ours ne pouvaient pas attaquer le troupeau par le flanc ou par l'arrière. S'ils attaquaient de front, ils étaient encornés à mort ou coupés en rubans par les sabots des bœufs qui ressemblaient à des lames de rasoir.[107]

Lénine se justifie d'avoir abandonné Rosa Luxemburg par le fait qu'il a ainsi pu organiser les armées soviétiques pour résister à l'assaut combiné des pays capitalistes de 1919 à 1921. En 1921, Lénine informa les membres de la Troisième Internationale que l'Espagne serait le prochain pays soviétisé. Il accuse Rosa Luxemburg d'être responsable de la vague d'antisémitisme qui a déferlé sur l'Allemagne. La Troisième Internationale envoie alors Karl Radek à la tête du communisme en Allemagne. Il est chargé de recruter, d'organiser et de former le parti de sa propre initiative, mais il est averti qu'il ne doit pas entreprendre d'action révolutionnaire avant d'en avoir reçu l'ordre du Comintern. Le Comintern était sous le contrôle de Lénine, et donc des banquiers internationaux.

Après avoir réglé les conditions internes de l'Allemagne en fonction de leurs plans à long terme, les gangsters internationaux ont ensuite tourné leur attention vers la Palestine. La Palestine occupait une position géographique centrale dans leurs plans globaux de conquête du monde. En outre, ils savaient que des géologues de renommée mondiale[108] avaient localisé de vastes gisements de richesses minérales dans la région de la mer Morte. Ils ont donc décidé de parrainer le sionisme politique afin de poursuivre leur double objectif.

Premièrement. Forcer les nations du monde à faire de la Palestine un foyer national pour les Juifs afin qu'ils disposent d'un État souverain qu'ils contrôleraient en raison de leur richesse et de leur pouvoir. Si leurs plans à long terme venaient à mûrir au point d'aboutir à une troisième guerre mondiale, ils pourraient utiliser leur État souverain

---

[107] Le temps a montré à quel point ce plan à long terme avait mûri, et il explique pourquoi la Chine a été livrée aux communistes.

[108] Il s'agit de Conningham-Craig, mentionné précédemment.

pour étendre le contrôle qu'ils exercent sur les nations communisées à l'ensemble du monde. Une fois cela accompli, ils pourraient couronner le chef du groupe "Roi de l'Univers" et "Dieu sur cette Terre".[109]

Deuxièmement. Ils devaient s'assurer le contrôle des cinq mille milliards de dollars de richesses minérales qu'ils savaient cachées dans et autour des rives de la mer Morte. Les événements montreront comment ils ont atteint leur double objectif. Après que la Grande-Bretagne, la France et les États-Unis se soient engagés à créer un foyer national pour les Juifs en Palestine, par la déclaration Balfour d'avril 1917, Lord Allenby a reçu l'ordre de chasser les Turcs d'Asie Mineure et d'occuper la Terre Sainte. Le fait que la Palestine devait être remise aux Juifs n'a été rendu public qu'après que les Arabes eurent aidé Allenby à accomplir cette tâche. L'impression générale était que la Palestine serait un protectorat britannique.

Immédiatement après l'entrée triomphale de Lord Allenby à Jérusalem, les banquiers internationaux ont "persuadé" les gouvernements alliés de nommer leurs émissaires politiques au sein d'une Commission sioniste. Officiellement, les membres de cette commission ont été envoyés en Palestine pour assurer la liaison entre l'administration militaire et les Juifs. Leur véritable objectif était de "conseiller" le général Clayton afin que son administration militaire puisse mettre en œuvre leurs plans secrets. La Commission sioniste entre en vigueur en mars 1918.

Parmi les membres de la commission sioniste figurait le major Ormsby-Gore. Il est ensuite devenu Lord Harlich. Il a été directeur de la Midland Bank, de la Standard Bank of South Africa et de l'Union Corporation.[110]

Major James de Rothschild, fils d'Edmund de Rothschild de Paris, ancien propriétaire des colonies Rothschild en Palestine. Le major de Rothschild est ensuite devenu membre libéral du parlement britannique. Il occupe cette fonction de 1929 à 1945. Il est nommé secrétaire parlementaire du gouvernement de coalition Churchill-Labour.

---

[109] Les plans à long terme publiés au chapitre 3 prouvent que telle est l'intention.

[110] Les dirigeants de la Standard Bank ont contribué à déclencher la guerre des Boers afin de prendre le contrôle des gisements d'or et de diamants en Afrique.

Le lieutenant Edwin Samuel est ensuite devenu censeur en chef du gouvernement britannique pendant la Seconde Guerre mondiale. Il a été nommé directeur en chef de Palestine Broadcasting après la création de l'État d'Israël en 1948.[111]

M. Israel Sieff - Il était directeur de Marks and Spencers, les grands magasins britanniques. Il était un proche collaborateur de tous les banquiers internationaux. Il a été nommé président du Comité de planification politique et économique. Il était un membre permanent du "Brain Trust" qui "conseillait" les gouvernements britanniques successifs. Sa position en Grande-Bretagne était très similaire à celle de Bernard Baruch aux États-Unis d'Amérique de 1918 à aujourd'hui. M. Sieff a rendu aux banquiers internationaux des services si remarquables qu'il a été fait commandeur de l'Ordre des Maccabées.

Leon Simon-He fut ensuite anobli et placé à la tête du General Post Office britannique. Il contrôlait toutes les installations télégraphiques, téléphoniques et câblées. Les autres membres de la commission étaient le Dr Elder, M. Joseph Cowen et M. Chaim Weizmann, tous des amis proches des riches sionistes américains.[112]

Sir R. Storrs explique que la Commission sioniste a été envoyée en Palestine avant le début de la Conférence de paix, afin de créer une atmosphère favorable à l'établissement d'un foyer national pour les Juifs et de stimuler ses soutiens financiers.

Les banquiers internationaux ont dominé la conférence qui a abouti au traité de Versailles. La preuve en est qu'en janvier 1919, M. Paul Warburg (qui a élaboré le système de la Réserve fédérale aux États-

---

[111] Il aurait été plus juste de lui donner le titre de directeur en chef de la propagande des banquiers internationaux.

[112] L'importance de la Palestine dans les plans de ceux qui dirigent le Mouvement Révolutionnaire Mondial est telle que plusieurs livres ont été écrits sur le sujet. Les personnes souhaitant être mieux informées devraient lire : Palestine, the Reality, par J.M.N. Jeffries ; *The Palestine Plot* par B. Jensen ; *Zionism and Palestine* par Sir Ronald Storrs (qui fut le premier gouverneur de Jérusalem) ; *Geneva versus Peace* par le Comte de St. Aulaire, (qui fut un temps ambassadeur au Palais de St. James, Angleterre) ; The Paris Peace Conference par le Dr Dillon, Londres 1919 ; Brief for Prosecution par le Major C.H. Douglas.

Unis) est arrivé à Paris pour diriger la délégation américaine. Son frère Max est arrivé à la tête de la délégation allemande. Le Comte de St. Aulaire dit : "Ceux qui cherchent la vérité ailleurs que dans les documents officiels savent que le Président Wilson, dont l'élection avait été financée par la Grande Banque de New York (Kuhn-Loeb & Co.) a obéi presque totalement à ses ordres et à ses appels."

Le Dr Dillon déclare

> "La série d'expédients élaborés et appliqués dans ce sens a été inspirée par les Juifs (c'est-à-dire les représentants des banquiers internationaux) réunis à Paris dans le but de réaliser leurs programmes soigneusement élaborés qu'ils ont réussi à faire exécuter en grande partie."

Le mandat de Palestine a été rédigé par le professeur Felix Frankfurter, l'éminent sioniste américain, qui est ensuite devenu conseiller principal du président Roosevelt à la Maison Blanche. Il était assisté par le très honorable Sir Herbert Samuel, le Dr Jacobson, le Dr Fiewel, M. Sacher, M. Landman, M. Ben Cohen et M. Lucien Wolfe, qui exerçait une influence considérable sur M. David Lloyd George.[113] On disait de lui qu'il possédait tous les secrets du ministère britannique des affaires étrangères.[114] Lors des conférences préliminaires, M. Mandel (dont le vrai nom était Rothschild) était le secrétaire privé de M. Clemenceau de France. M. Henry Morgenthau faisait partie de la délégation américaine en tant que superviseur général. Il était le père de celui qui devint par la suite le secrétaire aux finances du président Roosevelt. Un autre homme affilié aux banquiers internationaux était M. Oscar Strauss, qui a joué un rôle de premier plan dans la création de la Société des Nations et dans l'élaboration de ses politiques afin qu'elles s'inscrivent dans le plan à long terme des gangsters internationaux pour la domination ultime du monde.

M. Lucien Wolfe dit à la page 408 de ses "*Essais 'histoire juive*" : "Un petit groupe d'autres Juifs distingués apparaissent comme signataires

---

[113] M. L. Wolfe a publié *Essays in Jewish History* en 1934.

[114] Voir le numéro de juin 1920 du Jewish Guardian. Voir également *The Surrender of an Empire* de Nesta H Webster, p. 357, 1933 ; et *The Palestine Plot de* B. Jensen, p. 60.

du traité de paix. Le traité de Versailles est signé pour la France par Louis Klotz. (Il fut par la suite impliqué dans des transactions financières douteuses et se retira de la vie publique. Ndlr). Le baron Somino pour l'Italie et Edwin Montague pour l'Inde".

M. Harold Nicolson, auteur de "Peace Making 1919-1944", p. 243, déclare que Wolfe lui a suggéré que tous les Juifs devraient bénéficier d'une protection internationale tout en conservant tous les droits nationaux d'exploitation. M. Georges Batault déclare dans "Le Problème Juif", p. 38, "Les Juifs qui entouraient Lloyd George, Wilson et Clemenceau sont à blâmer pour avoir créé une 'paix juive'". Une fois de plus, la race juive est blâmée pour les péchés de quelques financiers impitoyables.

Au printemps 1919, Béla Kun usurpe le pouvoir en Hongrie. Il tente de mettre en pratique les idées de Lucien Wolfe. La dictature de Béla Kun n'a duré que trois mois, mais pendant cette période, des dizaines de milliers de chrétiens ont été dépossédés et impitoyablement assassinés. Les victimes étaient des ouvriers, des officiers de l'armée, des marchands, des propriétaires terriens, des hommes et des femmes exerçant une profession libérale, des prêtres et des laïcs.

Le "New International Year Book of 1919" dit en partie :

> "Le gouvernement de Béla Kun était composé presque exclusivement de Juifs, qui occupaient également les postes administratifs. Les communistes s'étaient d'abord unis aux socialistes, qui n'appartenaient pas à un parti extrêmement radical, mais ressemblaient quelque peu aux partis travaillistes ou aux groupes syndicaux d'autres pays. Béla Kun n'a cependant pas choisi son personnel parmi eux, mais s'est tourné vers les Juifs et a constitué virtuellement une bureaucratie juive".

L'histoire retient qu'après trois mois de pillage systématique, de viols et de meurtres en masse, Béla Kun a été déposé. Au lieu d'être exécuté, il est interné dans un asile d'aliénés. Sa libération a été arrangée par des agents du puissant groupe qu'il avait si bien servi. Il retourne en Russie et prend la tête de la Tchéka qui terrorise les Ukrainiens pour les soumettre lorsque Staline reçoit l'ordre de collectiviser l'agriculture dans les pays soviétiques. Cinq millions de paysans sont morts de faim pour avoir refusé d'obéir aux décrets. Plus de cinq millions d'autres sont envoyés aux travaux forcés en Sibérie.

Lorsque Staline a tenté de transformer l'Espagne en dictature communiste en 1936, Béla Kun a été choisi pour organiser le règne de la terreur en Espagne.

Le pouvoir des banquiers internationaux est bien illustré par un incident survenu lors des conférences préliminaires tenues à Paris en 1919. Les négociations tendaient à s'éloigner de la politique définie par les banquiers internationaux. Jacob Schiff, de New York, envoya alors au président Wilson, qui participait à la conférence de Paris, un câble de deux mille mots. Il "donne des instructions" au président des États-Unis sur ce qu'il convient de faire en ce qui concerne le mandat palestinien, les réparations allemandes, la Haute-Silésie, la Sarre, le corridor de Danzing et Fiume. Le télégramme est daté du 28 mai 1919. Schiff l'a envoyé au nom de l'Association de la Ligue des Nations libres.[115]

Dès réception du télégramme, le président Wilson changea immédiatement l'orientation des négociations. Le Comte de St. Aulaire a déclaré à propos de cet incident : "Le traité de Versailles sur ces cinq questions a été dicté par Jacob Schiff et ses coreligionnaires.[116] Il convient de souligner à nouveau que la base du peuple juif n'a absolument rien eu à voir avec l'élaboration de la politique que les banquiers internationaux ont insisté pour que Lloyd George, le président Wilson et le premier ministre Clemenceau mettent en œuvre.

Dès que les gouvernements alliés ont été "persuadés" de faire de la Palestine un protectorat britannique (comme le demandait le câble), les banquiers internationaux ont donné pour instruction à leurs agents de rendre les termes du traité de paix si sévères qu'il serait impossible pour le peuple allemand de les tolérer très longtemps. Cela faisait partie du plan visant à maintenir le peuple allemand dans la haine des Britanniques, des Français, des Américains et des Juifs, afin qu'il soit prêt à se battre à nouveau pour recouvrer ses droits légaux.

Dès la signature du traité de Versailles, la fausse guerre capitaliste-bolchevique a été déclenchée. Cette guerre a permis à Lénine de justifier sa politique qui consistait à abandonner les révolutionnaires

---

[115] Cette ligue était financée et dominée par cinq banquiers américains.

[116] Voir *Genève contre la paix*, p. 90.

allemands à leur sort afin de consolider les acquis en Russie. La guerre contre le bolchevisme n'a jamais pu mettre en danger la dictature de Lénine. Elle s'est achevée en 1921. Le résultat net fut que les bolcheviks gagnèrent énormément de prestige, tandis que les pays capitalistes en perdirent autant. Cela a ouvert la voie aux agents des banquiers internationaux qui ont suggéré, dans l'intérêt d'une PAIX permanente, que les États soviétiques soient admis comme membres de la Société des Nations.

Le gouvernement britannique, toujours obéissant aux "souhaits" des banquiers internationaux, a été le premier à se conformer à la nouvelle "demande". La France lui emboîta le pas le 28 octobre 1924. Après que l'infâme Litvinov eut travaillé sur Henry Morgenthau et Dean Acheson (tous deux dominés par Felix Frankfurter et Louis D. Brandeis), le président Roosevelt reconnut les Soviétiques le 16 novembre 1933. La Société des Nations accepte les États soviétiques comme membres. À partir de ce jour, la Société des Nations n'est ni plus ni moins que un instrument entre les mains de Staline. Ses agents ont modelé sa politique et ses activités en fonction des plans à long terme de ceux qui dirigent le mouvement révolutionnaire mondial.[117]

Une fois les pays communistes admis dans la Société des Nations, les francs-maçons du Grand Orient, qui étaient délégués ou faisaient partie du personnel, ont pris les choses en main.[118]

Wickham Steed, ancien rédacteur en chef du Times de Londres, était l'un des hommes les mieux informés au monde. Plus d'une fois, il a évoqué le fait que les banquiers internationaux dominaient les affaires internationales. Il a fait cette déclaration définitive juste après la signature du traité de Versailles :

> "J'ai insisté sur le fait que [, à son insu,] les principaux responsables (de la reconnaissance de la dictature bolchevique par les puissances

---

[117] Pour plus de détails, lisez Moscow's *Red Letter Day in American History* par Wm. La Varre, dans l'édition d'août de l'American Legion Magazine. Voir également le livre de Trotsky intitulé *Stalin*.

[118] Lire *La main cachée*, page 28, par le colonel A.H. Lane. Nahun Sokolov, qui était président du comité exécutif du Congrès sioniste, a déclaré le 25 août 1952 : "La Société des Nations est une idée juive".

alliées) étaient Jacob Schiff, Warburg et d'autres financiers internationaux, qui souhaitaient avant tout soutenir les bolcheviks juifs afin d'ouvrir la voie à l'exploitation de la Russie par les Allemands et les Juifs."[119]

Leo Maxse, dans le numéro d'août 1919 de la "National Review", a déclaré : "Quel que soit l'homme au pouvoir à Downing Street, qu'il soit conservateur, radical, coalitionniste ou pseudo-bolchevique, ce sont les Juifs internationaux qui dirigent. Voici le mystère de la "main cachée", qui n'a jamais fait l'objet d'une explication intelligente. Une fois de plus, le mot "juif" aurait dû être remplacé par "banquier" ou "gangster". Il serait tout aussi raisonnable de blâmer tous les catholiques romains pour les crimes de quelques chefs de la mafia romaine qui ont abandonné la pratique de leur religion depuis de nombreuses années.[120]

Lorsque M. Winston Churchill s'est rendu en Palestine en mars 1921, il a été invité à rencontrer une délégation de dirigeants musulmans. Ceux-ci protestent contre le fait que l'objectif ultime du sionisme politique est de donner les ressources naturelles de la Palestine aux Juifs. Ils rappellent que les Arabes occupent la Palestine depuis plus de mille ans. Ils ont demandé à Churchill d'user de son influence pour corriger ce qu'ils considéraient comme une grande injustice. La réponse de Churchill est rapportée :

"Vous me demandez de répudier la déclaration Balfour et d'arrêter l'immigration (juive). Ce n'est pas en mon pouvoir... et ce n'est pas mon souhait... Nous pensons que c'est bon pour le monde, bon pour les Juifs, bon pour l'Empire britannique et bon pour les Arabes aussi... et nous voulons qu'il en soit ainsi.[121]

---

[119] Read *Through Thirty Years* par Wickham Steed, Londres. Vol. 2, pp. 301-302.

[120] Ce sont les références à The Secret Power and Hidden Hand de Steed, De Poncin, Mrs. Webster, Maxse et d'autres qui m'ont incité à enquêter sur le sujet afin de trouver la véritable réponse. L'auteur.

[121] L'auteur lui-même n'a pas mesuré toute l'importance de cette déclaration avant 1954, lorsque le Premier ministre Churchill (lors de sa visite à Bernard Baruch) a déclaré : "Je suis un sioniste et j'ai toujours promu le sionisme". Il a ensuite suivi cette déclaration en préconisant fortement une "coexistence pacifique avec les nations communistes". Comme les États communistes sont en fait des dictatures de financiers internationaux, on peut supposer qu'en 1921 comme en 1954, Churchill pensait

Lorsque Churchill donna sa réponse aux Arabes, il pensait très probablement à la menace proférée par Chaim Weizmann, agent des banquiers internationaux depuis de nombreuses années. Juste un an avant la visite de Churchill en Palestine, Weizmann avait fait une déclaration officielle de politique publiée dans la "Judische Rundschau", n° 4, 1920 : Il a déclaré

> "Nous nous établirons en Palestine, que vous le vouliez ou non [...]. Vous pouvez hâter notre arrivée ou la retarder. Il est cependant préférable que vous nous aidiez afin d'éviter que notre pouvoir constructif ne se transforme en un pouvoir destructeur qui renversera le monde".

La déclaration de Weizmann doit être étudiée en relation avec une autre déclaration faite par un banquier international lors d'une réunion de sionistes à Budapest en 1919. En discutant des probabilités d'un super-gouvernement, il a été cité par le Comte de St Aulaire :

> "Dans la gestion du Nouveau Monde, nous donnons la preuve de notre organisation à la fois pour la révolution et pour la construction par la création de la Société des Nations, qui est notre Œuvre. Le bolchevisme est l'accélérateur, et la Société des Nations est le frein du mécanisme dont nous fournissons à la fois la force motrice et la force directrice... Quelle est la fin ? Elle est déjà déterminée par notre mission.[122] Un gouvernement mondial unique."

Les deux déclarations combinées montrent l'étendue internationale de leurs ambitions secrètes. Huit ans après avoir terminé ce chapitre du manuscrit original, le rapport suivant est entré en ma possession par l'intermédiaire du Canadian Intelligence Service.

Étant donné que les déclarations faites lors de la conférence qui s'est tenue à Budapest le 12 janvier 1952 appuient mes affirmations de 1944 et confirment les conclusions auxquelles j'étais parvenu en 1924, j'insère ici le compte rendu du discours prononcé en 1952 mot pour mot. Il a été initialement mis à la disposition d'une publication

---

secrètement qu'ils étaient les mieux placés et les plus aptes à gouverner dans les conditions actuelles.

[122] *Genève contre la paix*, p. 83.

américaine "Common Sense" par M. Eustace Mullins, une autorité en matière de conspiration marxiste.[123]

"Un rapport d'Europe rapporte le discours suivant du rabbin Emanuel Rabinovich devant une réunion spéciale du Conseil d'urgence des rabbins européens à Budapest, en Hongrie, le 12 janvier 1952 :

> Bonjour, mes enfants : Vous avez été convoqués ici pour récapituler les principales étapes de notre nouveau programme. Comme vous le savez, nous avions espéré disposer de vingt ans entre les deux guerres pour consolider les grands acquis de la Seconde Guerre mondiale, mais notre nombre croissant dans certains domaines vitaux suscite des oppositions, et nous devons maintenant travailler avec tous les moyens à notre disposition pour précipiter la Troisième Guerre mondiale dans les cinq années à venir.

> Le but pour lequel nous avons lutté de façon si concertée pendant trois mille ans est enfin à notre portée, et parce que son accomplissement est si évident, il nous incombe de décupler nos efforts et notre prudence. Je peux vous promettre qu'avant dix ans, notre race prendra la place qui lui revient dans le monde, chaque Juif étant roi et chaque Gentil esclave. (Applaudissements de l'assemblée). Vous vous souvenez du succès de notre campagne de propagande dans les années 1930, qui a suscité des passions anti-américaines en Allemagne en même temps que nous suscitions des passions anti-allemandes en Amérique, une campagne qui a culminé avec la Seconde Guerre mondiale. Une campagne de propagande similaire est actuellement menée de manière intensive dans le monde entier. La fièvre de la guerre est entretenue en Russie par un barrage anti-américain incessant, tandis qu'une peur anticommuniste à l'échelle nationale balaie l'Amérique. Cette campagne contraint toutes les petites nations à choisir entre le partenariat avec la Russie et une alliance avec les États-Unis.

> Notre problème le plus pressant à l'heure actuelle est d'enflammer l'esprit militariste des Américains. L'échec de la loi sur l'instruction militaire universelle a été un grand revers pour nos plans, mais nous

---

[123] M. E. Mullins est l'auteur de *The Federal Reserve Conspiracy*. Publié par "Common Sense", New Jersey, États-Unis et réédité par Omnia Veritas Ltd, www.omnia-veritas.com.

sommes assurés qu'une mesure appropriée sera adoptée en urgence par le Congrès immédiatement après les élections de 1952. Les Russes et les Asiatiques sont bien maîtrisés et ne s'opposent pas à la guerre, mais nous devons attendre pour nous assurer de la confiance des Américains. Nous espérons y parvenir grâce à la question de l'antisémitisme, qui a si bien réussi à unir les Américains contre l'Allemagne. Nous comptons beaucoup sur les dénonciations d'actes antisémites en Russie pour susciter l'indignation aux États-Unis et créer un front de solidarité contre le pouvoir soviétique. Simultanément, pour démontrer aux Américains la réalité de l'antisémitisme, nous avancerons, par le biais de nouvelles sources, d'importantes sommes d'argent aux éléments ouvertement antisémites en Amérique pour accroître leur efficacité, et nous organiserons des manifestations antisémites dans plusieurs de leurs grandes villes. Cela aura pour double objectif d'exposer les secteurs réactionnaires en Amérique, qui pourront être réduits au silence, et de souder les États-Unis en une unité anti-russe dévouée.

D'ici cinq ans, ce programme atteindra son objectif, la troisième guerre mondiale, qui surpassera en destruction toutes les précédentes. Israël, bien sûr, restera neutre, et lorsque les deux camps seront dévastés et épuisés, nous arbitrerons, en envoyant notre commission de contrôle dans tous les pays dévastés. Cette guerre mettra fin pour toujours à notre lutte contre les païens.

Nous révélerons ouvertement notre identité avec les races d'Asie et d'Afrique. Je peux affirmer avec certitude que la dernière génération d'enfants blancs est en train de naître sur le site. Nos commissions de contrôle, dans l'intérêt de la paix et de l'élimination des tensions interraciales, interdiront aux Blancs de s'accoupler avec des Blancs.

Les femmes blanches doivent cohabiter avec des membres des races sombres, les hommes blancs avec des femmes noires. Ainsi, la race blanche disparaîtra, car le mélange des races sombres avec les races blanches signifie la fin de l'homme blanc, et notre ennemi le plus dangereux ne sera plus qu'un souvenir. Nous entrerons dans une ère de dix mille ans de paix et d'abondance, la Pax Judaica, et notre race régnera sans partage sur le monde. Notre intelligence supérieure nous permettra facilement de rester maîtres d'un monde de peuples obscurs".

Question de l'assemblée :

Rabbin Rabinovich, qu'en est-il des différentes religions après la troisième guerre mondiale ?

Rabinovich :

Il n'y aura plus de religions. Non seulement l'existence d'une classe de prêtres resterait un danger constant pour notre domination, mais la croyance en une vie après la mort donnerait une force spirituelle à des éléments irréconciliables dans de nombreux pays et leur permettrait de nous résister. Nous conserverons cependant les rituels et les coutumes du judaïsme comme la marque de notre caste dirigeante héréditaire, en renforçant nos lois raciales afin qu'aucun juif ne soit autorisé à se marier en dehors de notre race, et qu'aucun étranger ne soit accepté par nous.

Il se peut que nous devions répéter les jours sinistres de la Seconde Guerre mondiale, lorsque nous avons été contraints de laisser les bandits hitlériens sacrifier une partie de notre peuple, afin de disposer de la documentation et des témoins adéquats pour justifier légalement notre procès et l'exécution des dirigeants américains et russes en tant que criminels de guerre, après que nous aurons dicté la paix. Je suis sûr que vous aurez besoin de peu de préparation pour un tel devoir, car le sacrifice a toujours été le mot d'ordre de notre peuple, et la mort de quelques milliers de Juifs en échange de la direction du monde est en effet un petit prix à payer.

Pour vous convaincre de la certitude de ce leadership, laissez-moi vous montrer comment nous avons transformé toutes les inventions de l'homme blanc en armes contre lui. Ses presses à imprimer et ses radios sont les porte-voix de nos désirs, et son industrie lourde fabrique les instruments qu'il envoie pour armer l'Asie et l'Afrique contre lui.

Nos intérêts à Washington étendent considérablement le programme Point Four pour développer l'industrie dans les régions arriérées du monde, de sorte qu'après que les usines et les villes industrielles d'Europe et d'Amérique auront été détruites par la guerre atomique, les Blancs ne pourront opposer aucune résistance aux grandes masses des races sombres, qui conserveront une supériorité technologique incontestée.[124]

> Ainsi, avec la vision de la victoire mondiale devant vous, retournez dans vos pays et intensifiez votre bon travail, jusqu'à l'approche de la Lumière où Israël se révèlera dans toute sa glorieuse destinée comme la Lumière du Monde. Illuminati signifie "Détenteur de la Lumière".

Ce discours confirme également ce que j'ai soutenu concernant la manière dont les puissances secrètes ont délibérément attisé l'antisémitisme pour servir leurs objectifs, ainsi que l'anticommunisme. Il prouve mon affirmation selon laquelle les Illuminati ont utilisé le communisme, le sionisme et le fascisme pour servir leurs ambitions secrètes. Et ils utiliseront, s'ils le peuvent, la démocratie chrétienne contre le communisme pour provoquer la phase suivante de leur plan à long terme... La troisième guerre mondiale. Mais l'aspect le plus éclairant de ce discours est le fait qu'il révèle la manière dont les Illuminati utilisent un rabbin juif pour convaincre d'autres coreligionnaires qu'ils seront la classe dirigeante du Nouvel Ordre Mondial - un fait dont l'histoire passée indiquerait qu'il est très douteux. C'est le satanisme, et non les Juifs, qui gouvernera.

Aux termes du traité de Versailles de 1919, les banquiers internationaux ont obtenu le contrôle du réarmement militaire de l'Allemagne et de son redressement économique. Pour ce faire, ils ont conclu l'accord Abmachungen avec le haut commandement allemand. Ils acceptent que les Soviétiques fournissent secrètement aux généraux allemands toutes les armes et munitions dont ils ont besoin pour une armée moderne de plusieurs millions d'hommes. Ils s'engagent également à ce que le dictateur soviétique mette à la disposition des Allemands des installations d'entraînement complètes pour leur permettre de former le nombre d'officiers et de sous-officiers dont ils auront besoin pour officier la nouvelle armée qu'ils prévoient de mettre sur pied lorsqu'ils estimeront que le moment est venu.

---

[124] Étudiez cette déclaration en ce qui concerne la réunion des dirigeants de toutes les races "sombres" et "noires" qui s'est tenue à Bandung en avril 1956 et la politique d'envoi d'armes à Israël et à l'Égypte.

Les vastes projets de construction nécessaires à la mise en œuvre des dispositions des Abmachungen ont été financés par les banquiers internationaux.[125] Ils ont ainsi permis aux pays communistes et fascistes de développer leur économie et leur potentiel de guerre. Les banquiers internationaux ont permis au haut commandement allemand de se soustraire à toutes les restrictions militaires imposées par le traité de Versailles.[126]

Les vastes usines de munitions et d'armement Krupp construites par les Soviétiques derrière les montagnes de l'Oural ont été baptisées "Manych". Les entreprises d'armement allemandes obtiennent toutes les concessions qu'elles demandent. Une intrigue internationale d'une telle ampleur ne peut signifier qu'une seule chose. Les parties concernées se préparent à la Seconde Guerre mondiale. Les gouvernements des pays dits alliés étaient parfaitement informés de ce qui se passait en coulisses, comme je l'ai constaté lors de ma visite à Londres à l'occasion de la conférence sur le désarmement naval en 1930. Ce n'est qu'une preuve supplémentaire que Disraeli disait vrai lorsqu'il déclarait

"Les gouvernements élus ne gouvernent pas."

Ainsi, l'histoire révèle que, de 1920 à 1934, le Pouvoir secret a dirigé les intrigues internationales de telle sorte que les dirigeants du communisme prétendument juif en RUSSIE travaillaient main dans la main avec les dirigeants du nazisme prétendument aryen en Allemagne. Cette phase de l'histoire est des plus compliquées. Elle est difficile à comprendre pour le citoyen moyen.[127]

Le communisme et le nazisme ont plusieurs choses en commun : tous deux sont des croyances athées qui nient l'existence du Dieu tout-

---

[125] C'était avant l'avènement d'Hitler.

[126] Il sera prouvé que les généraux allemands et les hauts fonctionnaires qui ont négocié les Abmachungen sont ceux qui ont été condamnés à mort au procès de Nuremberg en tant que criminels de guerre. Ils en savaient trop.

[127] Une grande lumière a cependant été jetée sur ce sujet par M. Cecil F. Melville, qui a fait une étude approfondie de cette phase particulière du mouvement révolutionnaire mondial et a écrit *The Russian Face of Germany*.

puissant. Ils prônent tous deux la guerre, la haine et la force, contrairement à la politique de paix, d'amour et d'enseignement du Christ. Les dirigeants de ces deux idéologies athées et matérialistes DOIVENT donc être des agents du Diable. Ils favorisent la conspiration diabolique visant à gagner les âmes des hommes en les détournant de la loyauté et de l'obéissance au Dieu tout-puissant. Elles utilisent toutes deux une forme de maçonnerie du Grand Orient à des fins de prosélytisme.[128] Le chef du Conseil des Trente-Trois est le président du Conseil des Treize, mentionné précédemment. Parce que les cérémonies d'initiation de TOUTES les loges du Grand Orient exigent que le candidat jure qu'il ne reconnaîtra aucun autre mortel comme étant au-dessus de la tête de , l'organisation qui est à la tête est automatiquement Dieu sur Terre. Les banquiers internationaux ont toujours été les dirigeants de la Maçonnerie du Grand Orient depuis 1770. Les seigneurs de la guerre aryens ont toujours été les dirigeants des loges allemandes. Ils choisissent eux-mêmes leurs successeurs.

Une revue de l'histoire, 1914-1934, indique :

> **1.** Les banquiers internationaux ont fomenté la Première Guerre mondiale pour créer des conditions favorables à l'action révolutionnaire et leur permettre ainsi d'obtenir le contrôle incontesté de l'Empire russe.

> **2.** Éliminer les têtes couronnées d'Europe. Ces dirigeants devaient être écartés avant que l'un ou l'autre groupe ne puisse réaliser ses ambitions totalitaires.

> **3.** Forcer les gouvernements britannique et français à accepter la création d'un foyer national pour les Juifs en Palestine.

Le gouvernement britannique a été contraint d'aider les banquiers internationaux à planifier la révolution bolchevique en Russie en 1917 afin d'obtenir leur promesse d'amener l'Amérique à entrer en guerre aux côtés des alliés. On peut supposer que le S.S. Lusitania a été coulé pour fournir l'incident nécessaire pour justifier le changement de la

---

[128] NOTE - Les loges allemandes du Grand Orient n'ont jamais admis de juifs parmi leurs membres pour la raison évidente que les puissances secrètes n'auraient jamais pu mettre en œuvre un complot international de la nature et des proportions des Abmachungen, si leur politique avait été différente.

politique américaine, tout comme Pearl Harbour a servi d'excuse à l'Amérique pour entrer dans la Seconde Guerre mondiale.

Le projet original du mandat sur la Palestine se lit comme suit : "Faire de la Palestine un foyer national pour les Juifs" : "FAIRE DE LA PALESTINE UN FOYER NATIONAL POUR LES JUIFS". Il a été modifié à la dernière minute pour lire "établir un foyer national pour les Juifs en Palestine". Cette modification visait à dissimuler les ambitions secrètes des sionistes.

Les banquiers internationaux ont délibérément dissimulé la vérité concernant les vastes gisements de minéraux que les géologues avaient découverts en Palestine, jusqu'à ce que les gouvernements de Grande-Bretagne, de France et des États-Unis aient accepté leur mandat sur la Palestine.[129]

Les banquiers internationaux ont utilisé le sionisme pour obtenir le contrôle d'un État souverain centralisé à partir duquel ils pourraient étendre le contrôle qu'ils exercent aujourd'hui sur les États-Unis à l'ensemble du monde.

Les conspirateurs ont géré les affaires internationales entre 1921 et 1934 de manière à diviser l'Europe en deux camps - fasciste et antifasciste - en vue de la préparation de la Seconde Guerre mondiale.

---

[129] NOTE - La vérité concernant la valeur des ressources minérales n'a pas été révélée avant que les Nations Unies n'aient partitionné la Palestine en 1948 de telle manière que l'on sait aujourd'hui que plus de cinq mille milliards de dollars de minerais se trouvent dans l'État d'Israël. Le comte Bernadotte de Suède a proposé que les Juifs renoncent à tout le sud et reçoivent la Galilée occidentale au nord. Son plan a été rejeté et, en septembre 1947, le comte Bernadotte a été assassiné par des extrémistes juifs.

Chapitre 11

Staline

Staline est né en 1879 dans le village de montagne de Gori, dans la province de Géorgie, sous *le nom de Joseph* Vissarionovich Djugashvili. Son père était un paysan de la ville de Dido-Lilo. Sa mère, Ekaterina Geladze, était une femme pieusement religieuse dont les ancêtres étaient des serfs du village de Gambarouli.

On ne sait pas grand-chose sur le père de Staline, si ce n'est qu'il travaillait tantôt comme ouvrier, tantôt comme cordonnier dans une fabrique de chaussures à Adelkhanov. On dit de lui qu'il était un homme facile à vivre et qu'il aimait beaucoup boire. La mère de Staline, en revanche, était une mère dévouée et travaillait dur. Elle se met à laver le linge pour gagner de l'argent supplémentaire au profit de sa famille. Son ambition est de voir Staline devenir prêtre. Elle ne lésine pas sur les moyens et économise pour lui offrir l'éducation nécessaire. Le jeune Staline a fréquenté l'école primaire de Gori pendant quatre ans et a obtenu une bourse qui lui a permis d'entrer au séminaire théologique de Tiflis. Mais Staline n'est pas fait pour la vie religieuse. Il avait continuellement des ennuis avec les autorités du séminaire. Il a été expulsé après avoir terminé ses quatre années d'études. Il est renvoyé après quatre années d'études. Il rejoint alors un groupe de jeunes révolutionnaires.

Staline épouse d'abord Ekaterina Svanidze, qui lui donne un fils, Yasha-Jacob Djugashvili. Ce garçon n'a jamais été très brillant. Même après que son père soit devenu dictateur, il a travaillé comme électricien et mécanicien.

La deuxième femme de Staline était Nadya. Allilyova, qui lui donna deux enfants, Vasili, un fils, et Svetlana, une fille. Vassili devient major-général de l'armée de l'air soviétique. Après l'accession de son père à la dictature, il dirigeait généralement les démonstrations aériennes lors des grandes occasions d'État. Il a été mis au rebut après la mort de son père.

Staline et sa seconde épouse ne semblent pas s'être très bien entendus. Staline a eu une liaison avec une belle juive, Rosa Kaganovich. Elle aurait vécu avec Staline lorsque sa seconde épouse, Nadya, s'est suicidée.

On pense qu'en plus des aventures amoureuses de Staline, Nadya est devenue de plus en plus déprimée à cause de la façon impitoyable dont Staline a massacré un grand nombre de ses coreligionnaires qu'il accusait d'être des diversionnistes.

Le frère de Rosa, Lazar Kaganovich, était un grand ami de Staline. Il fut nommé membre du Politburo et conserva son poste jusqu'à la mort de Staline. Kaganovitch a prouvé ses capacités en tant que commissaire à l'industrie lourde en développant les champs pétrolifères du bassin de Donetz et en construisant le métro de Moscou. Le fils de Kaganovitch, Mihail, épouse Svetlana, la fille de Staline.[130] Ce qu'il est advenu du premier mari de Svetlana reste un mystère. Il semblerait que le premier mari de Svetlana se soit retiré ou ait été retiré pour permettre au fils de Kaganovitch d'épouser la fille de Staline, tout comme la seconde femme de Staline s'est retirée ou a été retirée pour permettre à Staline d'épouser la sœur de Kaganovitch, Rosa. Il semblerait que Staline ait épousé Rosa après le suicide de sa femme.

Molotov, vice-premier ministre de Staline, était marié à une juive, la sœur de Sam Karp, propriétaire de la Karp Exporting Co. de Bridgeport, Conn. La fille de Molotov s'est fiancée au fils de Staline, Vassili, en 1951, de sorte que le Politburo était dans une certaine mesure un "pacte familial".

Comme nous l'avons mentionné précédemment, Staline n'est devenu membre de la haute direction du parti révolutionnaire russe que parce que, durant les phases préliminaires de la révolution russe, bon nombre des dirigeants les plus connus étaient en prison. Staline n'a jamais accédé à une position très élevée au sein du parti communiste pendant

---

[130] Le mariage de Svetlana Staline avec Mihail Kaganovich a été rapporté par l'Associated Press le 15 juillet 1951.

la dictature de Lénine. C'est au cours de la dernière maladie de Lénine que Staline s'est battu pour obtenir une position, puis il a pris les devants pour éliminer Trotski et d'autres candidats juifs. Une fois qu'il a pris la tête du parti, il ne l'a plus jamais quittée jusqu'à sa mort.

L'histoire de l'accession au pouvoir de Staline est intéressante. En mai 1922, Lénine est victime d'une attaque paralysante qui affecte son élocution et ses réflexes moteurs. En décembre de la même année, il nomme un triumvirat composé de Zinoviev, Kamenev et Staline pour partager les problèmes du gouvernement. Peu après, Lénine est victime d'une nouvelle attaque cérébrale et meurt. Trotski a suggéré, et ses partisans le croient, que Staline a contribué à provoquer la mort de Lénine parce qu'il était irrité par l'incapacité et la maladie prolongée de Lénine.

Lorsque le triumvirat a commencé à fonctionner à Moscou, le Politburo était composé de Lénine, Zinoviev, Kamenev, Trotski, Boukharine, Tomski et Staline. Zinoviev et Kamenev ont été les bras droits de Lénine depuis le jour où il est devenu dictateur. Ils se considéraient naturellement comme les membres les plus anciens du triumvirat et, logiquement, comme ses successeurs. Zinoviev traitait Staline avec circonspection et Kamenev avec une pointe d'ironie.[131]

Zinoviev et Kamenev considéraient Trotski comme leur véritable concurrent pour la dictature après la mort de Lénine. Dans son livre "Staline", Trotsky raconte que Zinoviev et Kamenev ont utilisé Staline comme contrepoids à lui (Trotsky) et, dans une moindre mesure, à d'autres membres du Politburo. Aucun membre du Politburo ne pensait à l'époque que Staline s'élèverait un jour au-dessus de leurs têtes.

Zinoviev était considéré comme le membre le plus ancien du triumvirat lorsqu'il a été délégué pour prononcer le discours d'ouverture du 12e congrès du parti, une fonction que Lénine s'était toujours réservée les fois précédentes. Zinoviev n'est pas très bien accueilli. Staline ne tarde pas à en profiter. Avant la fin du congrès, Staline a pris le contrôle de la machine du parti communiste et occupe une position dominante au sein du triumvirat. Telle était la situation à la mort de Lénine en 1924.

---

[131] Note : "Staline", par Trotsky, page 337 (ibid. page 48).

En avril 1925, Staline fait révoquer Trotski de son poste de commissaire à la guerre. Il rompt alors ses relations avec Zinoviev et Kamenev et s'allie à Boukharine, Rykov et Tomsky. Zinoviev, Kamenev et Trotsky unissent alors leurs forces pour s'opposer à Staline, mais ils ont agi trop tard. En février 1926, Staline fait expulser Zinoviev du Politburo, puis de la présidence du Soviet de Pétersbourg (Leningrad) et enfin de la présidence de la Troisième Internationale. En octobre 1926, Staline fait expulser Kamenev et Trotsky du Politburo. L'année suivante, Staline fait exclure ses trois ennemis du comité central du parti communiste et, peu de temps après, il les fait carrément exclure du parti.

En 1927, Trotski a tenté de déclencher une révolte contre Staline au motif qu'il s'écartait de l'idéologie marxienne et substituait une dictature totalitaire impérialiste à une véritable Union des républiques socialistes soviétisées. Ce que tout le monde semble ne pas avoir compris, c'est que Staline avait été désigné par les banquiers internationaux pour diriger les Soviets. Il devait purger la Russie de tous les hommes susceptibles d'entraver leurs plans à long terme.

Au cours de cette purge, plusieurs millions de personnes ont été tuées et un nombre à peu près équivalent a été envoyé aux travaux forcés. De nombreux hommes qui avaient été des dirigeants du mouvement révolutionnaire, depuis la création de la Première Internationale, ont été traqués à mort ou emprisonnés. Parmi les dirigeants purgés par Staline figurent Trotski, Zinoviev, Kamenev, Martynov, Zasulich, Deutch, Parvus, Axelrod, Radek, Uritzky, Sverdlov, Dan, Lieber et Martov. Les seuls Juifs proches de Staline au moment de sa mort étaient Kaganovich, son beau-frère, et Rosa, sa troisième épouse.

Staline a continué à développer la politique de Lénine visant à établir la sphère d'influence communiste entre les 35e et 45e parallèles de latitude tout autour de l'hémisphère nord. De nombreux dirigeants révolutionnaires d'autres pays ont acquis la conviction que Staline avait développé des idées impérialistes personnelles et qu'il avait l'intention de se placer à la tête d'une dictature totalitaire à l'échelle mondiale. Ils avaient raison. Staline a reçu ses ordres, comme Lénine l'avait fait, des hommes qui sont "LE POUVOIR SECRET" derrière le Mouvement révolutionnaire mondial, jusqu'en 1936, puis il a commencé à ignorer leurs mandats, comme nous le prouverons.

Staline ne voulait pas impliquer ses forces armées dans des guerres avec d'autres nations. Sa politique consistait à alimenter les feux révolutionnaires dans tous les pays situés au sud, entre les 35e et 45e parallèles. Cette politique s'est avérée extrêmement payante. Au moment de sa mort, le contrôle communiste avait été établi sur la moitié du territoire de l'hémisphère nord. Près de la moitié de la population mondiale avait été soumise. Lénine avait déclaré en 1921 que l'Espagne serait le prochain pays à être soviétisé. À sa mort, Staline a accepté l'asservissement de l'Espagne comme un pieux héritage. Une fois l'Espagne transformée en une soi-disant dictature prolétarienne, il serait facile de soumettre la France et la Grande-Bretagne. L'Allemagne se trouverait alors entre deux chaises musicales. Si, par malchance, l'asservissement de l'Espagne ne se concrétisait pas, l'incident pourrait être utilisé pour déclencher la Seconde Guerre mondiale.

Alors qu'il préparait la révolution espagnole, Staline reçut l'ordre des banquiers internationaux de participer activement à une guerre économique qui fut planifiée en 1918, immédiatement après la signature de l'armistice. D'une manière générale, les personnes qui n'ont pas participé aux combats ont connu la prospérité pendant la Première Guerre mondiale. Puis, après que les investissements spéculatifs eurent presque atteint leur apogée, de grandes quantités d'argent ont été retirées de la circulation. Les crédits ont été restreints. Les prêts ont été suspendus. En 1922-1925, une petite dépression s'est produite. [132] Cette jonglerie économique était une expérience préliminaire avant que les Puissances ne provoquent la grande dépression de 1930.

Après 1925, la politique financière a été inversée et la situation s'est progressivement améliorée jusqu'à ce que la prospérité en Amérique, en Grande-Bretagne, au Canada et en Australie atteigne un record historique. La spéculation sur les actions, les obligations et l'immobilier s'est emballée. Puis, vers la fin de l'année 1929, un krach soudain s'est produit et la plus grande dépression jamais connue s'est installée dans le monde libre. Des millions de personnes se sont retrouvées sans ressources. Des milliers de personnes se sont suicidées. La mauvaise administration est tenue pour responsable de ce bouleversement économique qui a fait des dizaines de millions d'indigents et des milliers de milliardaires sur les trois cents qui l'étaient déjà. En 1925, Staline a lancé ses plans industriels quinquennaux afin d'accroître le

---

[132] Ceci est expliqué dans les chapitres 1 et 2 de "The Red Fog".

redressement interne des pays dits soviétiques. Il s'agissait d'exploiter les ressources naturelles, de transformer les matières premières en produits utiles et de moderniser les machines industrielles et agricoles. Ce vaste plan quinquennal a été financé par des prêts accordés par les banquiers internationaux. Ce programme, ajouté au développement du potentiel de guerre russe et allemand dans le cadre des Abmachungen (accords) mentionnés précédemment, a donné une grande impulsion à l'économie soviétique. Le fait que les dirigeants de la Russie puissent utiliser des millions d'hommmes et de femmes comme esclaves a donné à ceux qui les ont asservis un avantage supplémentaire par rapport aux nations qui emploient une main-d'œuvre rémunérée et maintiennent un niveau de vie élevé.

L'étape suivante a été la collectivisation des exploitations agricoles. Depuis des siècles, les serfs de Russie n'étaient guère mieux que les esclaves des propriétaires terriens. Lénine avait gagné leur soutien en leur promettant des concessions encore plus importantes que celles qui leur avaient été accordées sous le règne bienveillant du premier ministre Pierre Arkadyevitch Stolypine de 1906 à 1914, lorsque plus de 2 000 000 de familles paysannes s'étaient séparées du village mir et étaient devenues des propriétaires terriens individuels. Au 1er janvier 1916, ce nombre était passé à 6 200 000 familles. Cependant, afin de garantir les prêts qu'ils ont accordés pour les Abmachungen et les programmes de développement industriel, les banquiers internationaux insistent pour qu'ils contrôlent les importations et les exportations des nations soviétisées. Ils exigent également la collectivisation des exploitations agricoles, seul moyen d'obtenir une forte augmentation de la production agricole.

L'histoire relate ce qui s'est passé lorsque Staline a appliqué les décrets. Il a toujours été tenu personnellement responsable des atrocités inhumaines qui ont contraint les paysans à se conformer aux lois. De nombreuses versions de ce qui s'est passé ont été données. La vérité, telle que je l'ai rapportée à des journaux américains en 1930 , n'a jamais été publiée à ce jour. Il est reconnu que plus de 5 000 000 de paysans ont été exécutés ou systématiquement affamés parce qu'ils refusaient d'obéir ou tentaient de se soustraire aux édits. Plus de 5 000 000 d'autres ont été envoyés aux travaux forcés en Sibérie. Ce qui n'est pas généralement connu, c'est le fait que les céréales confisquées aux agriculteurs russes ont été mises en commun avec une grande quantité de céréales achetées par les agents des banquiers internationaux dans d'autres pays, à l'exception du Canada et des États-Unis. En plus de ces achats de céréales, les banquiers internationaux ont acheté d'énormes quantités de viande transformée et congelée en Argentine et dans d'autres pays producteurs de viande. Le Canada et les États-Unis n'ont pu trouver de marché pour leur bétail ou leurs céréales.

Entre 1920 et 1929, les banquiers internationaux ont subventionné le transport maritime dans la plupart des pays, à l'exception de la Grande-Bretagne, du Canada et des États-Unis. En raison de cette piraterie commerciale, les navires appartenant à la Grande-Bretagne, au Canada et aux États-Unis ne pouvaient plus rivaliser avec les navires appartenant à d'autres pays. Des milliers de navires sont immobilisés dans leurs ports d'attache. Le commerce d'exportation est tombé à un niveau historiquement bas.

La chute des exportations des pays alliés s'est accompagnée d'une augmentation des importations de produits manufacturés bon marché en provenance d'Allemagne, du Japon et des pays d'Europe centrale. Pour jouir d'une prospérité raisonnable, cinq salariés sur huit au Canada doivent obtenir leur salaire directement ou indirectement grâce au commerce d'exportation. Lorsque le commerce d'exportation s'effondre, une récession s'ensuit immédiatement, en raison de la perte de pouvoir d'achat des cinq huitièmes de la population. Cela affecte immédiatement ceux qui gagnent leur vie en fournissant des services d'un type ou d'un autre. Si le commerce d'exportation reste en baisse, la récession se transforme en dépression.

Afin de s'assurer que les structures économiques des pays alliés soient complètement détruites, les hommes qui s'étaient accaparés les céréales et les viandes ont commencé à déverser leurs stocks sur les marchés mondiaux à des prix inférieurs aux coûts de production au Canada, en Amérique et en Australie. Cette action a créé une situation dans laquelle les greniers des pays alliés dans la Première Guerre mondiale débordaient de céréales qu'ils ne pouvaient pas vendre, tandis que les habitants d'autres pays mouraient de faim par manque de pain et de viande. La Grande-Bretagne doit gagner 85 millions de livres sterling par an sur le site pour compenser sa balance commerciale annuelle défavorable. L'économie britannique a été fortement ébranlée lorsque la concurrence déloyale l'a empêchée de gagner cet argent. Les Britanniques ont été contraints d'acheter leur pain et leur viande sur les marchés les moins chers. Ce désordre économique produit artificiellement a été utilisé par les hommes qui maîtrisent les intrigues internationales pour provoquer de graves malentendus entre les différentes unités du Commonwealth des nations britanniques et affaiblir ainsi les liens de l'Empire.[133]

Cette guerre économique a eu pour conséquence de paralyser les activités maritimes, industrielles et agricoles des pays alliés ou capitalistes, alors que les États soviétiques et les puissances de l'Axe travaillaient à plein régime. Une fois de plus, il faut rappeler que les hommes qui tracent et planifient le Mouvement Révolutionnaire Mondial partent toujours du principe fondamental que les guerres mettent fin aux dépressions et ouvrent la voie à l'action révolutionnaire dans les pays qui restent encore à soumettre. Ceci étant un fait, il était essentiel pour la poursuite de leurs Plans à long terme d'organiser les affaires internationales de manière à pouvoir déclencher la Seconde Guerre mondiale quand ils le souhaitaient. L'Espagne ayant été désignée par Lénine et Staline comme occupant une position clé, la manière dont elle a été utilisée sera étudiée ci-après.

---

[133] Cette phase de l'histoire est traitée plus en détail ailleurs.

Chapitre 12

La révolution espagnole

Le plan à long terme pour l'asservissement final de l'Espagne a commencé, comme dans d'autres pays, peu après la mort du Christ. Pour tenter d'écraser le pouvoir de l'Église chrétienne en Espagne, les prêteurs ont infiltré leurs agents dans les congrégations et les ont fait passer pour des chrétiens.[134] Ils étaient ainsi en mesure de détruire les organisations ecclésiastiques de l'intérieur. Cette conspiration est devenue évidente et, au XIIIe siècle, le pape Innocent III a institué l'Inquisition. L'objectif de l'Inquisition était de débusquer et d'interroger les infidèles soupçonnés de se faire passer pour des chrétiens. L'Espagne avait été exceptionnellement bienveillante à l'égard des Juifs. Ils étaient autorisés à exercer des fonctions et faisaient office de collecteurs d'impôts.

Mais, comme dans tous les autres pays d'Europe, les crimes des prêteurs athées et de leurs agents ont été imputés à l'ensemble de la population juive. Entre 1475 et 1504, sous le règne d'Isabelle et de Ferdinand, l'Inquisition a été largement utilisée pour localiser et détruire tous les traîtres qui complotaient pour renverser le pouvoir de l'Église et de l'État. Les inquisiteurs de Torquemada ont découvert que la clandestinité subversive était si répandue et si bien organisée qu'en 1492, l'Espagne a suivi l'exemple d'autres pays européens et a expulsé tous les Juifs. Cette tâche a donné l'occasion à certains extrémistes d'organiser la violence populaire contre les Juifs et plusieurs massacres importants et regrettables ont eu lieu. Ces exécutions illégales ont été condamnées publiquement par les autorités ecclésiastiques de Rome.

---

[134] Cela fait référence à l'avis envoyé par le Sanhédrin de Constantinople à Chemor, rabbin d'Arles en Provence, en 1489, mentionné précédemment.

Après la réorganisation des banquiers internationaux au cours des années 1600, leurs agents se sont infiltrés dans le département du Trésor espagnol. Ils ont été exceptionnellement actifs pendant les révolutions anglaise et française, essayant de détruire l'économie espagnole afin de préparer le terrain pour les efforts révolutionnaires dans ce pays également.

Il vaut la peine d'étudier les intrigues politiques qui se sont déroulées en Espagne de 1839 à 1939, car elles donnent une image claire du schéma de l'asservissement final de tous les pays. Tous les efforts révolutionnaires se déroulent en trois étapes.

Premièrement : infiltration des agents du parti révolutionnaire dans le gouvernement, la fonction publique, les forces armées et les organisations syndicales afin d'être en mesure de détruire le gouvernement de l'intérieur lorsque l'ordre de révolte sera donné.

Deuxièmement : l'affiliation du parti révolutionnaire au parti socialiste ou libéral de gauche afin de renverser le gouvernement en place, qu'il s'agisse d'une monarchie ou d'une république.

Troisièmement : des activités subversives visant à provoquer l'anarchie afin de discréditer le gouvernement du Front populaire et de fournir le prétexte à la formation d'une dictature du prolétariat. Une fois celle-ci établie, les purges la transforment en dictature totalitaire, comme ce fut le cas en Russie en 1917.

Les agents de Karl Marx organisent la première grève politique générale en Espagne en 1865. En 1868, les directeurs du Mouvement révolutionnaire mondial (M.R.M.) ont envoyé le señor Fanelli en Espagne pour affilier les anarchistes aux révolutionnaires marxistes. Fanelli était un ami proche de Bakhounine qui était un proche collaborateur de Marx et Engels. En 1870, Bakhounine se brouille avec Marx à propos de la politique. Il fut exclu de la Première Internationale de la W.R.M.[135]

---

[135] Pour plus de détails, voir Bakhunin par le professeur E.H. Carr.

En 1872, Bakhounine a influencé les dirigeants révolutionnaires espagnols pour qu'ils forment l'alliance socialiste-démocratique.[136] Le gouvernement espagnol décréta que les organisations extrémistes de Bakhounine étaient illégales, mais elles continuèrent à exister dans la clandestinité. Les loges du Grand Orient forment des quartiers généraux pratiques. Lors d'un congrès tenu à Zargoza, la section espagnole de l'Internationale marxiste décide de s'allier à l'Internationale anarchiste. Après leur affiliation, les deux groupes se concentrent sur l'organisation des différents groupes de travailleurs en une vaste "Carnorra". Ils couronnèrent leurs efforts combinés par une révolution qui donna naissance à la première République espagnole en 1873.

L'effort des dirigeants révolutionnaires s'accompagne de l'habituel règne de la Terreur. L'anarchie se déchaîne. Toutes sortes d'excès sont commis. Finalement, le général Pavie réussit un "coup d'État" et les révolutionnaires rentrèrent dans la clandestinité.

Afin d'émerger à nouveau au grand jour, les membres de la clandestinité révolutionnaire ont soutenu les dirigeants d'un léger mouvement "libéral" pour obtenir le pouvoir politique. Les dirigeants révolutionnaires ont profité de la querelle entre ceux qui revendiquaient l'occupation du trône par les descendants de Don Carlos et ceux qui revendiquaient le règne des descendants d'Isabelle) pour déclencher une guerre civile. Cette guerre s'est terminée par la défaite du groupe carliste en 1876.[137]

Les travailleurs espagnols souhaitaient réellement s'organiser pour leur propre protection, mais la majorité d'entre eux n'était pas d'accord avec la politique extrême prônée par les anarchistes. Les antirévolutionnaires ont donc organisé l'"Association des travailleurs". Ces modérés furent immédiatement attaqués par les révolutionnaires et les employeurs.[138]

---

[136] Pour plus de détails sur cette période de l'histoire espagnole, lisez *La Quiebra Fraudulenta de la Republica* de C. Domi.

[137] C'est un exemple typique de la façon dont toute situation est utilisée pour diviser les citoyens d'une nation et les amener à se battre les uns contre les autres en partant du principe que toutes les guerres ouvrent la voie à la révolution.

[138] C'est un exemple typique de la façon dont les agents des banquiers internationaux sont placés dans des entreprises privées et responsables dans le but d'aider leurs

Cette persécution se poursuivit jusqu'en 1888, date à laquelle, sur la suggestion de Pablo Iglesias, le groupe modéré adopta le nom d'"Union générale des travailleurs", connu en Espagne sous le nom d'U.G.T. Les membres de cette organisation ne reçurent pas beaucoup de soutien jusqu'à ce que le gouvernement interdise la Fédération anarchiste ibérique.

Les éléments syndicalistes collaborent avec le parti républicain radical jusqu'en 1908. Ils ont alors formé la "Solidaridad Obrera" et, deux ans plus tard, en 1910, ils ont créé la Fédération régionale du travail, connue en Espagne sous le nom de C.R.T. Immédiatement après, ils ont formé la Fédération nationale du travail (C.N.T.).

En 1913, la C.R.T. et la C.N.T. sont suspendues à la suite d'une série de grèves. Le gouvernement ne s'oppose pas aux principes de la négociation collective, mais à la politique extrémiste et aux actions révolutionnaires des dirigeants. Ainsi, des travailleurs légitimes, luttant pour la justice sociale, ont vu leurs organisations bloquées parce que l'élément radical semblait toujours capable de se frayer un chemin jusqu'aux postes de direction au sein des syndicats.

La réaction a été celle que les planificateurs de la révolution mondiale attendaient. Leur mouvement syndicaliste révolutionnaire s'est considérablement renforcé et a agi contre tous les partis politiques et contre l'État lui-même. La politique de ces extrémistes était l'"action directe", prônée avec la plus grande chaleur et la plus grande violence. En 1916, la C.R.T. est réorganisée par Angel Pestana et Salvador Segui. En 1918, ces deux dirigeants syndicaux ont réussi à former à Barcelone le "Syndicat unique", généralement connu sous le nom de "Grand Syndicat unique".

Pendant la Première Guerre mondiale, l'Espagne, en tant que pays neutre, a gagné beaucoup d'argent, mais, d'une manière générale, les classes laborieuses n'ont pas reçu une part équitable de la prospérité nationale. Ce fait a peut-être été le facteur décisif qui a poussé la majorité des classes ouvrières à quitter les organisations syndicales modérées pour se jeter dans les bras des dirigeants révolutionnaires des

---

dirigeants révolutionnaires à évincer les dirigeants modérés qu'ils ne peuvent pas acheter ou contrôler d'une autre manière.

groupes syndicaux extrémistes. Cependant, les dirigeants syndicaux les plus modérés et les plus pondérés n'ont pas abandonné la lutte contre les groupes radicaux et, grâce à leurs efforts, ils ont donné naissance à un nouveau groupe syndical connu sous le nom de "The Free Syndicate" en 1920. Au cours des trois années suivantes, les organisations syndicales de droite et de gauche ne cessent de s'affronter. Grèves locales, grèves générales, destruction de biens, assassinats privés pour éliminer les dirigeants syndicaux, meurtres en masse pour réduire la force des organisations opposées. Tous ces crimes sont commis au nom de la liberté. En 1923, la situation devient chaotique. Pour empêcher le parti communiste de provoquer une nouvelle révolution, le roi d'Espagne a demandé au général Franco de devenir dictateur militaire.

L'un des premiers résultats de la dictature de Primo de Rivera a été la fin de la guerre du Maroc. C'est au cours des dernières étapes de que le général France s'est distingué sur le terrain. Il a transformé ce qui semblait être une défaite militaire totale en une brillante victoire. En tempérant la justice par la clémence, il a gagné l'admiration et la loyauté d'un grand nombre d'indigènes marocains. C'est ainsi qu'il a été remarqué par le grand public en Espagne, Rivera étant accusé par ses ennemis de faire tout ce qu'un homme ne devrait pas faire. Il est juste de noter qu'il a rétabli la loi et l'ordre, qu'il a apporté un certain nombre de réformes sociales et qu'il a coopéré avec Largo Caballero pour améliorer les conditions de travail. Il a travaillé si dur que seule sa dégradation de santé en 1929 peut expliquer les erreurs de jugement qu'il a commises au cours de l'année 1930.

Fatigué et épuisé, et comme s'il était pressé de se décharger des responsabilités de sa fonction, il fait appel à deux leaders socialistes, Besteiro et Saborit. Il les charge de réorganiser la machine électorale de la nation afin que le peuple puisse décider s'il veut une monarchie ou un gouvernement républicain. On ne saura probablement jamais pourquoi De Rivera a chargé Besteiro et Saborit de réorganiser la machine électorale de l'Espagne.

Les deux socialistes ont si bien truqué la machine électorale qu'un gouvernement socialiste-républicain était assuré. Rien qu'à Madrid, le nombre d'électeurs fictifs dépassait les 40 000. [139] Une corruption similaire existait dans tous les grands centres de population.

Pour garantir la fin de la monarchie en Espagne, les loges du Grand Orient ont organisé une "Union fraternelle militaire" spéciale qui leur a permis d'obtenir la promesse de vingt-et-un des vingt-trois généraux espagnols de soutenir la cause républicaine. Dans son livre Tempestad Calma Intriga Y Crisis, le général Mola, chef de la sécurité intérieure espagnole, nous informe que les généraux ont été initiés au Grand Orient et qu'un million et demi de pesetas ont été mis à leur crédit pour les aider à s'enfuir à l'étranger en cas d'échec du mouvement républicain. Franco était l'un des deux généraux qui ont refusé d'adhérer à l'"Union militaire fraternelle ". À l'appui de la déclaration de Mola, Cano Lopez a déclaré devant les Cortes (parlement) espagnoles :

> Depuis 1925, la maçonnerie regroupe sous l'appellation "Union fraternelle militaire" la plupart des hauts fonctionnaires de l'armée. Parmi les membres figurent Cabanellas, Sanjurjo, Goded, Mola, Lopez, Ochoa, Queipo de Llana, et d'autres... Sur les vingt-trois généraux de division, vingt-et-un étaient des maçons... Tous avaient prêté le serment du Grand Orient". (Je jure obéissance sans restriction au Chef du Conseil des Trente-trois...) Je jure de ne reconnaître aucun mortel comme étant au dessus de lui). Lopez ajoute : "Tant en 1929, pour l'abolition de la dictature de Rivera, qu'en 1931 pour l'abolition de la monarchie, le Grand Orient a donné les ordres auxquels la plupart des autres généraux ont obéi."[140]

Le général Mola raconte comment lui et la plupart des autres généraux ont rompu leur serment au Grand Orient lorsqu'ils ont acquis la conviction qu'ils étaient utilisés pour réaliser les plans secrets de Staline visant à faire de l'Espagne une autre dictature communiste.[141]

---

[139] Voir The Spanish Arena, p. 56.

[140] Voir Jean Dauraya L'Œuvre Latine janvier 1937.

[141] Les propos du général Mola ont été confirmés par une émission radiophonique diffusée depuis Moscou le 13 mars 1938. Le présentateur expliquait pourquoi la guerre civile ne se déroulait pas en faveur des communistes (loyalistes). Il a déclaré : "La

Les banquiers internationaux ont aidé à financer l'effort révolutionnaire en Espagne sans s'impliquer eux-mêmes. En février 1932, Le Journal rapporte que Staline a promis 200 000 dollars pour aider à financer les écoles de formation révolutionnaire en Espagne.

Les états financiers présentés au congrès de 1931 de l'Internationale communiste révèlent le fait que 240 000 livres sterling (argent anglais) ont été reçues pour aider les révolutionnaires espagnols.[142]

En outre, deux millions et demi de pesetas ont été débloqués pour l'achat d'armes et de munitions. Le général Mola indique qu'en 1938, plus de deux cents dirigeants révolutionnaires étaient arrivés en Espagne après avoir été formés à l'Institut Lénine de Moscou.

De 1930 à la date de l'élection, une campagne de *L'Infamie* a été menée contre le roi d'Espagne et la famille royale, exactement comme elle l'avait été contre Louis XVI et Marie-Antoinette. L'un des mensonges les plus ridicules jamais inventés prétendait qu'un soldat espagnol était saigné à mort chaque jour pour maintenir en vie le prince des Asturies. Ce dernier était connu pour être atteint d'hémophilie. D'autres calomnies accusaient le roi d'être un libertin, tout comme l'impératrice de Russie avait été faussement accusée d'être la maîtresse de Raspoutine.

Les bulletins de vote bloqués dans les grands centres industriels ont effacé le fort vote rural en faveur de la monarchie. Après que l'élection a été déclarée en faveur d'une forme républicaine de gouvernement, le roi Alphonse XIII d'Espagne a publié sa dernière proclamation publique. Elle était libellée comme suit :

> "Les élections de dimanche m'ont prouvé que je n'ai plus l'amour et l'affection de mon peuple. Ma conscience me dit que cette situation ne sera pas permanente car je me suis toujours efforcé de

---

grande œuvre en Espagne a été sérieusement compromise : "La grande œuvre en Espagne a été sérieusement compromise par les méchants généraux qui n'ont pas respecté la parole donnée au Grand Orient."

[142] D'autres éléments prouvent que les dirigeants révolutionnaires fournissaient de faux billets de banque anglais pour financer les efforts révolutionnaires dans d'autres pays également.

servir l'Espagne et mon peuple avec tout mon dévouement. Un roi peut commettre des erreurs. Il m'est sans doute arrivé d'en faire, mais je sais que notre pays s'est toujours montré généreux à l'égard des fautes commises par d'autres sans méchanceté.

"Je suis le roi de tous les Espagnols et je suis Espagnol. Je pourrais trouver de nombreux moyens de maintenir mes prérogatives royales en opposant une résistance efficace à ceux qui les attaquent, mais je préfère me tenir résolument à l'écart plutôt que de provoquer un conflit qui pourrait dresser mes compatriotes les uns contre les autres dans une guerre civile et des luttes patricides.

"Je ne renonce à aucun de mes droits qui, au lieu d'être les miens, sont un héritage accumulé par l'histoire et dont je devrai un jour rendre compte avec rigueur. J'attends la véritable et pleine expression de la conscience collective et, jusqu'à ce que la nation s'exprime, je suspends délibérément l'exercice de mes pouvoirs royaux et je quitte l'Espagne , reconnaissant ainsi qu'elle est seule maîtresse de ses destinées. Aussi, je crois maintenant que j'accomplis le devoir que l'amour de mon pays me dicte. Je prie Dieu pour que tous les autres Espagnols ressentent et accomplissent leur devoir aussi sincèrement que moi.[143]

La plupart des socialistes qui ont formé le gouvernement républicain espagnol en 1931 étaient sincères dans leurs convictions. Ils ne voulaient ni du communisme "rouge" ni du nazisme "noir". Mais ils se sont révélés impuissants à empêcher les communistes et les anarchistes de mettre en œuvre la deuxième partie de leur programme révolutionnaire.

La tactique des dirigeants révolutionnaires consistait à doubler les socialistes chaque fois que l'occasion se présentait. Les cellules rouges au sein du gouvernement ont poussé ce dernier à commettre des erreurs stupides. Les Rouges à l'extérieur condamnaient alors le gouvernement comme un tas de nincom-poops incompétents, corrompus et inefficaces. Les communistes et les anarchistes affirmaient que seule

---

[143] Ce document prouve que la presse internationale a menti à ses lecteurs en annonçant que le roi d'Espagne avait abdiqué. Le roi d'Espagne n'a jamais abdiqué. Franco garde le contrôle du gouvernement parce que les conspirateurs internationaux sont toujours déterminés à transformer l'Espagne en une dictature totalitaire pour servir leurs intérêts.

une dictature du prolétariat pouvait établir un gouvernement stable. Les agents de Moscou ont commis tous les crimes possibles et imaginables pour jeter le discrédit sur les responsables de la sécurité intérieure.

Le général De Rivera s'était beaucoup servi de Largo Caballero pour aplanir les divergences entre les travailleurs et les employeurs pendant les années où il était dictateur. Avec l'avènement du mouvement républicain, Largo Caballero a montré son vrai visage. En 1935, il se vante ouvertement d'avoir placé "des dizaines de milliers de cellules communistes dans toute l'Espagne".

Lors du Onzième Plénum de l'Exécutif de l'Internationale Communiste, les délégués espagnols ont été couverts de félicitations parce que "les conditions d'une crise révolutionnaire sont en train de se créer à un rythme rapide en Espagne".[144] Au douzième plénum, les félicitations adressées aux délégués espagnols ont été formulées comme suit :

> "En Espagne, en particulier, nous avons pu observer des grèves révolutionnaires ininterrompues pendant de nombreux mois, comme le prolétariat espagnol n'en avait jamais connu auparavant. Ce qui se passe dans ces luttes, c'est avant tout le développement d'une révolution espagnole".

Un vieux dicton dit que "lorsque les voleurs ne sont pas d'accord, la vérité finit par éclater". C'est exactement ce qui s'est passé en Espagne. Les trois leaders de la clandestinité moscovite en Espagne étaient Joaquin Maurin, Victor Serges et Andres Ninn. Ils étaient tous jeunes. Ils avaient tous reçu une formation spéciale aux activités révolutionnaires à l'Institut Lénine de Moscou avant de se voir confier la direction de l'Espagne. Maurin avait été mêlé au mouvement séparatiste en Catalogne dès l'âge de seize ans. À l'âge mûr de dix-sept ans, ce penseur intellectuel avait entrepris d'enseigner au peuple espagnol la solution soviétique aux problèmes économiques mondiaux. À l'âge de 21 ans, il est élu chef des anarchistes. Il prêche et pratique la religion de la haine et de la violence. En 1914, il est condamné à vingt ans de prison, mais il n'a pas l'âge légal pour une telle peine. Maurin

---

[144] Voir l'édition anglaise du rapport du onzième plénum, p. 11, et du douzième plénum, p. 37.

est délégué au troisième congrès de l'Internationale communiste qui se tient à Moscou en 1921. Il y bénéficie d'une attention favorable.

Avec la chute de Primo De Rivera, Maurin rentre en Espagne. Il s'était caché en France et à Moscou. Sa vie a été mouvementée. Il est entré et sorti de prison, s'est évadé, a été blessé en 1925, a été enfermé dans la citadelle Montjuich, etc. On dit que la seule période de paix qu'il a connue dans sa vie a été les trois années qu'il a passées à Paris avec sa jeune épouse, de 1927 à 1930.

Maurin a écrit un livre en 1936. Victor Serges en a écrit la préface. Dans ce livre, *Hacia la Segunda Revolucion*, il expose le fait que Staline s'est écarté de l'idéologie marxienne et l'accuse d'utiliser les forces du communisme pour promouvoir ses propres ambitions secrètes d'impérialisme totalitaire.[145]

Même après que Maurin, Serges et Ninn eurent rompu ouvertement avec Staline en 1936, leur pouvoir et leur influence parmi les classes ouvrières étaient si grands que Staline ordonna qu'on les laisse vivre jusqu'à ce qu'ils aient atteint leur but. Staline les a utilisés jusqu'au début de la guerre civile en Espagne. Puis il a ordonné leur liquidation. Il a ordonné que "leur mort soit accomplie de telle manière qu'il apparaisse au public que tous trois sont morts en martyrs de la cause communiste". Maurin a été trahi par les forces de Fraco et, après un procès, a été exécuté. Serges aurait été abattu par des loyalistes alors qu'il se battait sur , et Ninn a également été éliminé. Leur mort a été bruyamment attribuée à des actes de violence commis par les ennemis du communisme.

Victor Serges a écrit

"L'évolution du communisme soviétique s'est achevée en 1936... de l'internationalisme révolutionnaire à un nationalisme de grande puissance militaire servi, dans divers pays, par des partis qu'il subventionne. Après juillet 1936, les staliniens ont formé le Parti socialiste unifié affilié à la IIIe Internationale... et l'objectif du

---

[145] Même Maurin et Serges n'ont pas soupçonné que Lénine et Staline ne faisaient qu'exécuter les ordres des banquiers internationaux, qui à leur tour obéissent aux Illuminati.

stalinisme est d'établir la nouvelle puissance de nature fasciste pour encercler la France, probable alliée de la Russie, dans la guerre qui se prépare."

Mais encore une fois, Maurin dit :

"La politique traditionnelle de l'Angleterre est de ruiner ses adversaires, afin de se poser ensuite en Protecteur et de rendre impossible la renaissance du vassal conquis. L'Espagne est d'abord la victime de l'Angleterre et, ensuite, de la France. Lorsque l'Espagne hésite, l'Angleterre et la France l'attaquent avec force. Si elle penche vers l'Angleterre, la France accroît la persécution. Tant que la France et l'Angleterre seront des pays capitalistes, elles n'auront pas besoin d'être l'allié naturel pour l'Espagne.[146] La ligne logique serait la courbe passant par le Portugal, l'Allemagne, l'Italie et la Russie. Un bloc de cette nature neutraliserait la France et l'Angleterre.[147]

Serges explique comment tant de propagande loyaliste s'est retrouvée dans la presse universelle, alors que si peu d'espace a été accordé aux communiqués franquistes. Serges écrit :

"Jamais on n'a mis en jeu, les uns contre les autres, des méthodes aussi basses et démoralisantes que celles utilisées par Staline et son instrument, la Troisième Internationale, dans un flot continu de propagande à longue portée et sans souci de la vérité. La méthode de la répétition et du cynisme est devenue presque mécanique... La bureaucratie soviétique prépare cette procédure à l'échelle internationale. Chaque infamie proférée par un correspondant des Izvestia à Valentia est immédiatement reprise en chœur par les journaux spéciaux de Paris, Stockholm, Oslo, Bruxelles, Londres, New York, , Melbourne et Buenos Aires... Des millions d'exemplaires de ces mensonges infâmes sont diffusés, ils sont la

---

[146] Voici à nouveau un exemple typique de la façon dont les banquiers internationaux ont bien gardé leur secret. Maurin a rendu les gouvernements anglais et français responsables des crimes internationaux perpétrés contre l'humanité par les banquiers, sous la direction des Illuminati.

[147] Cela confirme ce qui a été dit précédemment, à savoir qu'une fois la sphère d'influence établie entre le 35e et le 45e parallèle, les pays situés à l'intérieur du cercle seraient soumis.

seule information que reçoivent des millions de travailleurs soviétiques. Les journaux anglais, américains, chinois et néo-zélandais reproduisent ces mensonges (par ordre). Les intellectuels avancés, qui se croient anti-fascistes, sembleront les croire. On voit qu'une formidable entreprise de démoralisation fonctionne dans l'univers, et je trouve impitoyablement justes, les paroles de Trotsky, que la propagande stalinienne de la Comintern est une syphilis du mouvement ouvrier".[148]

Ce que Maurin et Serges ont écrit en 1336 ne fait que confirmer ce que le pape Pie XI a dit dans son encyclique "Divini Redemptoris" publiée en mars 1937. Un chapitre de ce célèbre document se lit comme suit :

"Il existe une autre explication à la diffusion rapide des idées communistes... Une propagande vraiment diabolique que le monde n'a peut-être jamais vue auparavant. Elle est dirigée à partir d'un centre commun ; elle est astucieusement adaptée aux diverses conditions des différents peuples ; elle dispose de vastes ressources financières, d'innombrables organisations, de congrès internationaux et d'innombrables travailleurs qualifiés ; elle utilise journaux et brochures, le cinéma, le théâtre, la radio, les écoles et même les universités. Peu à peu, elle pénètre dans l'esprit de toutes les classes de la population. Un autre facteur puissant est la suppression et le silence d'une grande partie... de la presse mondiale... nous disons suppression parce qu'il est impossible d'expliquer autrement comment une presse, d'habitude si prompte à exploiter même les petits incidents quotidiens de la vie, a pu rester silencieuse pendant si longtemps sur les horreurs perpétrées en Russie, au Mexique, et même dans une grande partie de l'Espagne ; et qu'elle devrait avoir si peu à dire au sujet d'une organisation mondiale aussi vaste que le Communisme Russe. Ce silence est dû en partie à une politique à courte vue et est favorisé par diverses forces occultes qui, depuis longtemps, travaillent au renversement de l'ordre social chrétien. "Les effets désolants de cette propagande sont sous nos yeux. Le communisme s'est efforcé, comme ses champions s'en vantent ouvertement, de détruire la civilisation et la religion chrétiennes en bannissant tout souvenir de celles-ci du coeur des hommes, et surtout des jeunes... En Espagne, dans la mesure du possible, toutes les églises et tous les

---

[148] Victor Serges dans *Révolution et Contre-Révolution en Espagne* de Maurin.

monastères ont été détruits et tous les vestiges de la religion chrétienne ont été éradiqués. La théorie ne s'est pas limitée au massacre aveugle d'évêques et de milliers de prêtres et de religieux des deux sexes ; elle a surtout recherché ceux qui consacraient leur vie aux classes laborieuses et aux pauvres. La plupart des victimes ont été des laïcs de toutes conditions et de toutes classes... avec une haine et une barbarie sauvage que l'on n'aurait pas cru possible à notre époque. Aucun homme de bon sens, aucun homme d'État conscient de sa responsabilité ne peut manquer de frémir à la pensée que ce qui se passe aujourd'hui en Espagne peut se répéter demain dans d'autres pays civilisés. Pour l'homme, une certaine retenue est nécessaire, en tant qu'individu ou en tant que société... Mais arrachez l'idée de Dieu du coeur des hommes, et ils sont poussés par leurs passions à commettre les barbaries les plus atroces".

Nous allons passer en revue les conditions en Espagne sur lesquelles le pape Pie XI a tenté d'attirer l'attention du monde chrétien au début de l'année 1937, sans succès.

Chapitre 13

La guerre civile en Espagne

Le général Mola s'est exprimé :

> "Après l'élection du gouvernement socialiste en Espagne et le retrait du roi du pays, il y eut une véritable avalanche de fonctionnaires qui se précipitèrent vers les Loges du Grand Orient pour demander à y entrer. Ils pensaient ainsi se libérer de la persécution pratiquée par la majorité des francs-maçons du gouvernement. Leur but était de donner des preuves de leur républicanisme et d'éviter la certitude de voir leur carrière ruinée".

Immédiatement après le départ du roi, Franco prévient l'Académie militaire, dont il est alors le directeur,

> "La république a été proclamée en Espagne. Il est du devoir de tous, à l'heure actuelle, de coopérer avec leur discipline et leur allégeance afin que la paix règne et que la nation puisse se diriger par les voies judiciaires naturelles. Jusqu'à présent, à l'Académie, il y a toujours eu de la discipline et l'accomplissement exact du devoir. Aujourd'hui, ces qualités sont encore plus nécessaires ; l'armée a besoin, sereinement et avec un esprit uni, de sacrifier toute pensée d'idéologie au bien de la nation et à la tranquillité de la patrie."

La formulation de cette proclamation montre que Franco est tout sauf un nazi "noir" comme la propagande communiste voudrait le faire croire à l'opinion publique.

Mais les puissances secrètes n'étaient pas disposées à donner au gouvernement républicain une chance de fonctionner de manière efficace et démocratique. Churchill a écrit :

> "Les communistes ont contribué à le mettre en place pour pouvoir le démolir à nouveau et créer davantage de chaos politique et économique, jusqu'à ce qu'ils aient mis le pays , et le peuple, dans

un tel état que les dirigeants pouvaient préconiser avec raison que seule une dictature du prolétariat pouvait rétablir la loi et l'ordre et sauver la situation".

Après avoir renversé la monarchie en Espagne, la suite logique était de s'attaquer à la religion du peuple. La laïcité est introduite dans les écoles. Une campagne est lancée pour détruire l'autorité parentale et celle de l'Église. Après avoir créé des milliers de jeunes bolcheviks antireligieux et antisociaux, il ne restait plus qu'à attendre l'occasion de lâcher les masses contre les forces de l'ordre dans une révolte bien planifiée.

Le 14 mai 1931, une réunion se tient au Club Ateneo, à Madrid, pour discuter du nouveau programme politique. Ses huit points sont les suivants :

1. Création d'une dictature républicaine.

2. Punition immédiate de tous les responsables d'actes illégaux sous la dictature.

3. Démantèlement de la garde civile, de l'armée, de la police, etc., et remplacement par des républicains armés choisis parmi les classes laborieuses et les clubs républicains.

4. Confiscation des biens des ordres religieux.

5. Nationalisation des terres.

6. Suppression de tous les organes de presse hostiles à la cause républicaine.

7. Utilisation des écoles techniques et autres bâtiments pour le bien public.

8. Report des Cortes jusqu'à la réalisation de ce programme.

Azana, un intellectuel libéral, Prieto, un socialiste, et Caballero, un communiste, sont trois des principaux dirigeants politiques de l'époque. Azana, qui n'a pas la langue dans sa poche, s'oppose publiquement à ces suggestions radicales, bien qu'il les approuve secrètement. *Une fois élu au pouvoir, il met en œuvre le programme.*

En temps voulu, les "Cortes Constituyentes" sont élues. Sous le prétexte de "Loi pour la défense de la République", une dictature impitoyable est mise en place, dont la seule caractéristique démocratique est son nom "République des travailleurs". Un révolutionnaire formé à Moscou, Jiminez Asua, rédige la nouvelle Constitution. [149] Azana concentre alors tous ses efforts sur la destruction des églises et la persécution des ordres religieux. En décembre 1932, il crée la "Ligue de l'athéisme". Il finance son périodique "Sin Dios" (L'impie) sur des fonds publics. Toutes ces initiatives sont prises au nom de la démocratie. Les dirigeants expliquent au peuple qu'il est en train de se libérer du contrôle des ordres religieux et du clergé qui, selon eux, sont alliés au féodalisme et aux monarques tyranniques.

En Catalogne, les activités révolutionnaires que le général Prime de Rivera avait maîtrisées reprennent. En janvier 1933, le correspondant du London *Morning Post* rapportait

> "D'énormes stocks de bombes, de fusils et de munitions sont découverts par la police dans toute l'Espagne. D'énormes sommes d'argent sont dépensées pour soutenir la cause révolutionnaire. De nombreuses personnes arrêtées, bien qu'apparemment mal payées, portaient des mallettes pleines de billets de banque".[150]

Ensuite, un soulèvement a été organisé dans les Asturies et, le 14 septembre 1934, un rapport a été publié qui mettait en cause des fonctionnaires de guerre et des officiers de l'armée dans la vente d'armes.

Le général Franco a fait un effort désespéré pour tenter de réorganiser l'armée espagnole et mettre fin à l'anarchie, mais il n'a obtenu que peu de soutien de la part des autorités gouvernementales. Pour montrer à quel point la clandestinité communiste était bien organisée, plus de trois cents églises ont été incendiées exactement au même moment dans une centaine de villes différentes. L'assassinat des personnes que les

---

[149] Exactement comme les agents de la W.R.M. ont rédigé la législation bancaire de la Réserve fédérale aux États-Unis en 1910 et 1913 et le "mandat palestinien" en Angleterre en 1916.

[150] La police a saisi 90 000 fusils, 33 000 revolvers, 500 000 cartouches et une énorme quantité de fausse monnaie.

révolutionnaires voulaient éliminer devint si courant que les "pistoleros professionnels" devinrent compétitifs. Il était possible de faire liquider un ennemi pour 50 pesetas (un peu plus de 5 dollars américains). Les agents de Moscou utilisèrent les conditions confuses existant en Espagne pour exécuter le mandat de Lénine : "Le code juridique communiste consiste à fonder le terrorisme sur des principes fondamentaux."[151]

La torture, les mutilations, les viols, les incendies, les effusions de sang et la mort sont les méthodes par lesquelles le communisme tente d'obtenir le pouvoir. Les conditions se détériorent de plus en plus. Au début de l'année 1936, le pays tout entier était en ébullition. Le président Alcala Zamora dissout les Cortes. La date du 16 février est fixée pour les élections générales. Gil Robles et Calvo Sotelo ont marqué le pays d'une pierre blanche anticommuniste. La propagande électorale bolchevique est diffusée par les "Amis de la Russie".

Largo Caballero était alors en prison pour le rôle qu'il avait joué dans un soulèvement révolutionnaire. Il a été interviewé par M. Edward Knoblaugh, qui a ensuite écrit "Correspondant en Espagne".

Caballero a déclaré :

> "Nous remporterons au moins 265 sièges. Tous les ordres existants seront renversés. Azana jouera le rôle de Kerensky face à mon Lénine. D'ici cinq ans, la république sera tellement organisée qu'il sera facile pour mon parti de l'utiliser comme tremplin vers notre objectif. Une union des républiques ibériques... c'est notre but. La péninsule ibérique redeviendra un seul pays. Le Portugal y entrera pacifiquement, nous l'espérons, mais par la force si cela s'avère nécessaire. VOUS VOYEZ DERRIÈRE CES BARREAUX LE FUTUR DIRIGEANT DE L'ESPAGNE. Lénine déclare que l'Espagne sera la deuxième république soviétique d'Europe. La prophétie de Lénine se réalisera. Je serai le deuxième Lénine qui la réalisera".

---

[151] Voir *The Bolshevik*, numéro d'octobre 1930.

Après l'élection la plus malhonnête que l'Espagne ait jamais connue, le président Zamora a écrit :

> "Le Front populaire a été porté au pouvoir le 16 février, grâce à un système électoral aussi absurde qu'injuste, qui donne un avantage extraordinaire à une majorité relative, bien qu'absolument il puisse s'agir d'une minorité. Ainsi, dans une circonscription donnée, le Front populaire, avec 30 000 voix de moins que l'opposition, a pu remporter dix sièges sur treize, alors que dans aucune partie de la circonscription, le nombre de voix n'a dépassé de plus de 2% celui de son principal adversaire. Les cas paradoxaux de ce type sont assez fréquents".

Malgré les moyens illégaux utilisés, le premier décompte n'a donné au Front populaire que 200 sièges sur les 465 possibles. Il devient ainsi le groupe minoritaire le plus important du parlement, mais ne dispose pas de suffisamment de sièges pour former un gouvernement. Les membres du Front populaire ont alors décidé d'unir leurs forces à celles des Basques et d'autres groupes minoritaires. Ils ont élu une commission chargée de vérifier les résultats des élections dans chaque circonscription. Ils veillent à ce que les résultats finaux soient favorables au parti du Front populaire. Dans plusieurs cas, des candidats de droite ont été disqualifiés et des candidats du Front populaire ont été élus députés à leur place. À la fin du "trucage" , le Front populaire disposait des 265 sièges que Caballero lui avait prédits... Mais même après tout cela, la répartition finale des votes a montré que le Front populaire avait obtenu 265 sièges :

Pour les partis du "centre" et de la "droite".........4 910 000

Pour le "Front populaire"....................................4 356 000

Majorité de "centre droit" :....................................554 000

Il faut comprendre que les candidats du Front populaire élus aux Cortes espagnoles représentaient tous les types d'individus, du socialiste très modéré au bolchevik.

Les staliniens ont créé un tel chaos que des conditions infernales ont éclaté dans toute l'Espagne. Avant les élections de février 1936, le bilan gouvernemental de l'Espagne était le suivant :

Depuis la fin de la dictature de Prime de Rivera en 1931, il y a eu une révolution avec 2500 morts, sept révoltes, 9000 grèves, cinq prorogations du budget, deux milliards de pesetas d'augmentation des charges, 1000 municipalités suspendues, 114 journaux interdits, deux ans et demi d'"états d'exception" (équivalent de notre état de loi martiale). Après six semaines de gouvernement de front populaire sous Azana, Caballero et Prieto, le bilan était le suivant :

Agressions et vols :

Au siège politique, 58 ;
Dans les établissements publics et privés, 105 ;
Dans les églises, 36.

Incendies :

Aux sièges politiques, 12 ;
Établissements publics et privés, 60 ;
dans les églises, 106.

Perturbations :

Grèves générales, 11 ;
Risques et révoltes, 169 ;
Personnes tuées, 76 ;
blessés, 346.

Caballero, s'exprimant à Saragosse, a déclaré :

> "Il faut détruire l'Espagne pour la refaire nôtre. Au jour de la vengeance, nous ne laisserons pas une pierre sur une pierre".

Caballero a également déclaré :

> "Avant les élections, nous demandons ce que nous voulons. Après les élections, nous prendrons ce que nous voulons par tous les moyens. La 'droite' ne doit pas attendre de pitié de la part des travailleurs. Nous n'épargnerons plus la vie de nos ennemis".

Azana déclare joyeusement :

> "L'Espagne a cessé d'être catholique".

La dirigeante communiste, Marguerita Nelken, a annoncé

> "Nous demandons une révolution. Mais même le genre russe ne nous servira pas. Nous avons besoin de flammes qui seront vues sur toute la planète, et de vagues de sang qui rougiront les mers."

Le correspondant du *Times* a rendu compte des conditions de vie à Barcelone. En février 1936, il a déclaré :

> "Le 20 février, un comité de vigilance a averti un certain nombre de hauts fonctionnaires qu'ils devaient quitter leur poste. Le comité a été suivi".

Un mois plus tard, il écrit :

> "La dictature du prolétariat est désormais l'objectif déclaré de tous les rouges."

Un peu plus tard, il écrit :

> "Le socialisme espagnol avait dérivé vers le communisme. C'est parmi la jeune génération que Marx et Lénine ont gagné la plupart de leurs disciples. Ces jeunes gens croient que la conquête du pouvoir est l'exigence immédiate du socialisme espagnol, que la violence est le moyen ultime de l'obtenir et que la dictature du prolétariat est le seul moyen de le conserver. La doctrine subversive est prêchée sans relâche."

En mars 1936, il rapporte :

> *"Les députés des Cortes* (Parlement espagnol), *les poings serrés, en guise de salut communiste, ont chanté l'hymne national soviétique, L'Internationale, dans l'enceinte même de la Chambre".*

Pourquoi la jeunesse espagnole s'est-elle tournée en grand nombre vers le communisme ? Si l'on comprend la technique utilisée par ceux qui dirigent le W.R.M., la réponse doit être trouvée, car c'est dans les classes laborieuses et dans la jeunesse de la nation que les dirigeants révolutionnaires puisent leurs troupes de choc.

L'enquête révèle qu'Azana se présentait comme un intellectuel croyant sincèrement au socialisme. Il était ouvertement antireligieux. Il protestait cependant qu'il n'était pas d'accord avec le terrorisme prôné et mis en œuvre par les anarchistes et les communistes. Mais une fois qu'il a obtenu le pouvoir politique nécessaire, il l'utilise pour que le gouvernement républicain abolisse les ordres d'enseignement religieux dans les écoles. Il engage Francisco Ferrer pour instaurer la laïcité dans les écoles. Au lieu d'ouvrir la journée scolaire par une prière à Dieu tout-puissant, les nouveaux enseignants laïques ouvrent les classes en faisant chanter les élèves :

"Nous sommes les fils de la révolution
Nous sommes les fils de la liberté.
Avec nous vient l'aube
d'une nouvelle humanité."

La traduction d'un autre "hymne" chanté au début et à la fin des périodes de classe dans les écoles de Barcelone est la suivante :

"Lancez la bombe, placez bien la mine, saisissez fermement le pistolet,
Faites passer le mot de révolution... Aidez les anarchistes.
Restez en armes jusqu'à la mort ; avec de l'essence et de la dynamite,
détruisez le gouvernement".

Les rédacteurs en chef des journaux britanniques et américains ont refusé de publier la vérité parce qu'elle semblait si fantastique. Des "hymnes" très similaires ont été diffusés en anglais depuis Moscou pour l'instruction des communistes anglais en 1937-1938.

La preuve la plus accablante de la méthode systématique utilisée pour subvertir et pervertir les jeunes afin qu'ils deviennent des révolutionnaires a été fournie par Francisco Ferrer lui-même. Dans une lettre adressée à un camarade révolutionnaire, il écrit

Pour ne pas effrayer les gens et donner au gouvernement (républicain) un prétexte pour fermer mes établissements, je les appelle "écoles modernes", et non pas écoles pour anarchistes. Mon souhait est de faire la révolution. Mais pour l'instant, il faut se contenter d'implanter dans l'esprit des jeunes l'idée d'un bouleversement violent. Ils doivent apprendre que contre la police et le clergé, il n'y a qu'un seul moyen d'action... les bombes et le poison.[152]

Lorsque Ferrer a été capturé par les forces franquistes pendant la guerre civile, il a été jugé comme traître à l'Espagne. La lettre ci-dessus a été utilisée comme preuve. Il a été jugé coupable et exécuté à l'adresse. Le Haut Conseil du Grand Orient de Paris a protesté auprès des loges maçonniques du monde entier en affirmant que Ferrer avait été assassiné en raison de ses activités anticatholiques.

L'enquête sur le programme de formation des jeunes a révélé les méthodes utilisées pour corrompre les mœurs de la jeunesse d'une nation également. Lénine avait dit : "Le meilleur révolutionnaire est un jeune sans morale". Sa parole faisant loi dans les organisations communistes, tous les membres travaillent secrètement à rendre les jeunes des deux sexes asociaux et immoraux.

On apprend aux enfants, jusqu'à l'âge de l'adolescence, à se rebeller contre la discipline du foyer. Les parents sont présentés à leurs enfants comme des personnes démodées. On se moque de l'autorité parentale. Les subversifs affirment que les parents ont menti à leurs enfants depuis qu'ils sont en âge de les écouter, au sujet du Père Noël et de l'origine des bébés. Les subversifs affirment que les parents sont les victimes d'enseignements réactionnaires et de l'exploitation capitaliste. L'enfant est encouragé à éduquer ses parents aux idées modernes et progressistes. Ils sont avertis que, pour leur propre bien, ils doivent refuser d'être dominés ou disciplinés par leurs parents. Le but de cette campagne subversive est de détruire le caractère sacré et l'unité du foyer *qui est le fondement notre civilisation*.

Afin de priver les enfants de leur respect pour les ministres du culte, les subversifs les présentent d'abord comme choisis parmi les membres les moins intelligents ou les plus attardés des familles. Ils sont ridiculisés

---

[152] C'est pour financer les "écoles de formation" pour jeunes de Ferrer que Moscou a versé les 200 000 dollars mentionnés plus haut. En 1954, il y avait dix-sept "écoles de formation" de ce type à Toronto. Il y en avait plusieurs à Sudbury. Toutes les grandes villes ont des écoles de ce type.

comme des "saints" sans envergure, des "femmes bienfaisantes" et des serviteurs des classes dirigeantes. En citant Marx, on dit aux enfants :

> "La religion est l'opium du peuple, car elle enseigne l'acceptation de la pauvreté, de la maladie et du dur labeur comme étant bons pour l'âme".

On empoisonne l'enfant chrétien contre les ministres de sa religion en lui racontant les calomnies les plus fantastiques sur leur vie privée. Ils sont présentés comme des "brebis déguisées en loups", comme des "corbeaux noirs" qui se nourrissent de la crédulité de leurs paroissiens. Si, comme c'est souvent le cas, un ministre ou un prêtre est impliqué dans un scandale, on en fait toute une histoire.

La religion chrétienne est ridiculisée de la manière la plus nauséabonde. Le Christ est représenté comme le fils illégitime de Marie, une jeune juive qui, sur le site , pour sauver la face, a fait croire à Joseph qu'elle avait été conçue par le Saint-Esprit. Le Christ adulte est dépeint comme un imposteur. Ses miracles seraient des illusions habilement réalisées comme le font aujourd'hui les magiciens. Les douze apôtres auraient été ses complices. La bande dessinée "Mandrake le magicien" est souvent utilisée pour illustrer la manière dont un hypnotiseur et un magicien peuvent tromper le public.

L'une des histoires préférées des enfants chrétiens est que le Christ était un trafiquant d'alcool dès son plus jeune âge. Les subversifs prétendent qu'il a fait semblant d'accomplir un miracle lors des noces de Cana afin de vendre son vin de contrebande. Ils ont même accusé le Christ, et tous les catholiques romains, d'être des cannibales. Ils appuient leurs arguments sur la citation biblique selon laquelle le Christ a averti ses disciples que s'ils ne mangeaient pas sa chair et ne buvaient pas son sang, ils ne pourraient pas avoir la vie éternelle.

Les jeunes adolescents sont présentés à des compagnons qui leur enseignent le libéralisme, vite transformé en licence. On leur enseigne la conception anarchiste de la vie. Moins il y a de lois, mieux c'est. On fait ce que l'on veut. Selon les enseignants subversifs, il n'y a qu'un seul péché, c'est la désobéissance aux ordres donnés par les chefs autorisés. Il n'y a que deux crimes : le manquement au devoir et la trahison des secrets du parti.

L'étape suivante consiste à amener les jeunes asociaux à entrer en conflit avec la police. Ils commencent par les associer à un "gang". Les jeunes leaders communistes encouragent les autres membres. Ils les mettent au défi de faire des choses contraires à la loi. Ils les forcent à se battre pour prouver leur courage physique. Ils les entraînent dans la petite délinquance et les conduisent ensuite plus profondément dans la jungle de la pègre communiste.[153]

La publication de bandes dessinées sur le crime et le sexe fait partie de la guerre psychologique communiste. Ces bandes dessinées sont conçues pour éveiller chez les enfants des tendances sadiques cachées et réprimées et pour affaiblir l'armure morale des enfants qui sont par ailleurs normaux. Tout "professeur" qui prétend que les bandes dessinées sur le crime et le sexe n'influencent pas les enfants dans le sens souhaité par les Illuminati est soit un imbécile, soit un fripon.

Les jouets, les soldats, les revolvers, les films, avec beaucoup de crimes et de fusillades, sont tous conçus pour briser les sentiments les plus fins des enfants chrétiens normaux et les acclimater à l'utilisation d'armes, aux scènes de violence et à la mort soudaine.

Les livres et les magazines pornographiques sont diffusés à profusion et à bas prix, parce que cette littérature est calculée pour détruire le mince vernis de vertu et de respectabilité que les codes moraux chrétiens civilisés nous ont permis de développer.

Peu de gens se rendent compte du rôle important que jouent les films modernes en détournant les jeunes de leur foyer, de leur pays et de leur religion. De nombreux films montrent une heure de film pendant laquelle les criminels et les mauvais hommes et femmes font tout ce qui est interdit par nos lois et notre code moral et consacrent une minute pendant laquelle la loi les rattrape, ou ils meurent à cause de leurs péchés. Des films sur les combats de la révolution mexicaine de 1913 ont été projetés à Galveston, au Texas. La vue d'hommes tués au combat ou arrachés à leur foyer et massacrés par les révolutionnaires a provoqué des cris et des évanouissements chez les femmes et des vomissements chez les hommes. L'opinion publique a fait en sorte que

---

[153] L'orgie sexuelle qui s'est déroulée à l'hôtel Ford de Toronto, le 23 octobre 1954, après le match de football des Plumes rouges, a impliqué des dizaines d'adolescents des deux sexes. C'est un exemple typique de ce que l'influence communiste, exercée secrètement, peut avoir sur la jeunesse de n'importe quelle nation.

les projections soient interdites. Aujourd'hui, ces scènes sont montrées dans des films annoncés comme "spécial enfants" pour les représentations du samedi après-midi. Ce n'est qu'une illustration de la façon dont le grand public, et en particulier les enfants, ont été systématiquement endurcis pour accepter le spectacle de la violence et de la mort sanglante comme étant normal. Cela confirme la devise révolutionnaire : "Les réformes indispensables ne peuvent être mises en œuvre rapidement que par une action révolutionnaire".

Dans tous les pays qui n'ont pas encore été soumis, les directeurs du Mouvement révolutionnaire mondial ont créé des agences cinématographiques privées qui fournissent les images les plus obscènes que l'on puisse imaginer pour les présenter à des parties privées. Ces films illustrent toutes les formes de dépravation sexuelle connues de l'homme. Ils sont utilisés pour démoraliser les jeunes afin qu'ils puissent être recrutés dans des organisations révolutionnaires. Cette affirmation est prouvée par le fait que les lois interdisant ces films en URSS sont strictement appliquées.

Les jeunes qui se révèlent antisociaux, antireligieux, endurcis et brutalisés sont envoyés à Moscou où on leur enseigne "la guerre révolutionnaire et l'art du combat de rue". Il s'agit d'un cours différent de celui dispensé aux futurs dirigeants syndicaux et intellectuels.

La guerre psychologique révolutionnaire atteint son but dans le monde occidental comme elle l'a fait en Espagne. La preuve en est qu'aujourd'hui personne ne perd le sommeil lorsque la dernière chose qu'il entend avant de se coucher est un récit des détails des catastrophes aériennes, des accidents de voiture, des crimes et des meurtres brutaux. Un tel bonnet de nuit aurait été trop fort pour induire le sommeil il y a cinquante ans.

L'opinion publique ne s'émeut plus lorsque les journaux rapportent sans sourciller que plusieurs milliers de Juifs ont été systématiquement exterminés dans des chambres à gaz par des antisémites, ou que dix mille chrétiens ont été martyrisés pour leurs convictions anticommunistes par des Béla Kun ou des sadiques chinois. De telles horreurs sont désormais acceptées comme des faits quotidiens. Nous sommes immunisés contre les réactions que nous éprouvions autrefois lorsque des violences de toute nature étaient portées à notre connaissance. Nous ne sommes plus perturbés par le renversement par la force de gouvernements établis. Si c'était le cas, nous aurions fait quelque chose pour arrêter ce qui s'est passé. Les gens écoutent ceux qui ne cessent de crier, comme ils l'ont fait en Espagne, "le communisme ne pourra jamais provoquer une révolution ici". Ils écoutent ceux qui leur donnent un sentiment de fausse sécurité. La majorité des citoyens sont comme des enfants qui se cachent la tête sous les couvertures lorsqu'ils craignent un danger. Il convient de rappeler que le fait de tirer les draps sur sa tête n'a jamais sauvé une personne d'un assassin, d'un violeur ou d'une bombe qui explose.

Quelques illustrations montreront comment la guerre psychologique a fonctionné en Espagne. Nous devons toujours nous rappeler que Lénine a dit : "Une partie de la formation de tous les jeunes révolutionnaires doit consister à dévaliser une banque , à faire sauter un poste de police et à liquider un traître ou un espion." Ce n'est que lorsqu'un jeune a été vidé du lait de la bonté humaine et de tout sentiment de sympathie qu'il est considéré comme apte à devenir membre du parti. Il s'agit d'un statut très différent de celui de "compagnon de route".

À l'approche du jour choisi pour la révolte en Espagne, les fournisseurs de littérature pornographique et d'images obscènes se sont enhardis jusqu'à s'installer à l'entrée des églises et à proposer leurs marchandises aux fidèles qui entraient et sortaient. La couverture de ces publications montrait généralement des prêtres et des religieuses en plein ébat sexuel. M. Edward Knoblaugh,[154] , qui est reconnu comme une autorité sur la guerre civile en Espagne, a été tellement frappé par cette campagne anticléricale qu'il a écrit :

> "De temps en temps, des délégués du clergé protestant se rendaient dans l'Espagne loyaliste pour enquêter sur des histoires qu'ils avaient lues concernant des activités anticléricales. Ces délégations étaient chaleureusement accueillies. On se donnait beaucoup de mal pour les convaincre qu'ils avaient été lourdement trompés. Des guides spéciaux ont été chargés de leur faire visiter les lieux. Ils ne virent que ce que les autorités communistes voulaient qu'ils voient. Au bout d'un jour ou deux, ils ont été renvoyés chez eux, dûment impressionnés".

---

[154] M. Knoblaugh était "correspondant en Espagne". Il a publié un livre sous ce titre.

Mais un jour, il y a eu un faux pas. Une délégation d'ecclésiastiques s'est arrêtée dans une librairie pour admirer quelques vieux volumes rares. Avant que le guide ne puisse l'empêcher, ils ont vu des exemplaires de "La Traca" et de "Bicharracos Clericales". Les couvertures représentaient des orgies sacerdotales avec des nonnes à moitié nues. Les deux magazines étaient abondamment illustrés d'images obscènes. M. Knoblaugh a commenté : "Les délégués sont partis en trombe".

La situation en Espagne entre 1923 et 1936 était très similaire à celle qui existe aujourd'hui au Canada entre les francophones et les anglophones. Le peuple basque a sa propre langue, sa propre culture et ses propres traditions, qui remontent à l'Antiquité. Ils sont profondément religieux et très fiers. Comme beaucoup de Canadiens français, ils pensaient qu'ils méritaient l'indépendance nationale. Pour atteindre cet objectif, ils ont organisé un mouvement séparatiste pour libérer le peuple basque du reste de l'Espagne. Comme il se doit, les organisateurs du mouvement révolutionnaire en Espagne n'ont pas négligé une telle situation. Les Basques étaient de fervents catholiques romains. Ils pensaient qu'il était justifié de lutter pour l'indépendance politique si cela s'avérait nécessaire. Cependant, la grande majorité d'entre eux n'aurait jamais sciemment adhéré au parti communiste pour atteindre leur objectif. Pourtant, c'est exactement ce qui s'est passé. Des "cellules" marxistes se sont infiltrées dans la société basque. Elles ont si bien caché leur véritable identité qu'elles sont devenues les chefs des "séparatistes". Puis, comme le bouc de Judas, elles ont conduit les Basques à l'abattoir. Sous le couvert d'un patriotisme intense et d'une ferveur religieuse, les dirigeants basques, le président Aguirre, Gird et Negrin, ont mélangé et battu en une masse incroyable la croix du Christ, le pistolet de l'anarchisme, la faucille et le marteau du communisme. Puis, lorsque la révolte a commencé, les masses ont été abandonnées à leur sort. Aguirre était chef de l'État basque et généralissime des armées basques. Il était assis dans son bureau à Bilbao, tandis que des centaines de prêtres catholiques et d'autres dirigeants de la société basque étaient systématiquement assassinés. Leur martyre a naturellement accru la haine existant entre les Basques et l'Espagne.

F.J. Olondriz a rédigé l'avant-propos du livre La persécution rouge au Pays basque, écrit par José Echeandia. Il a déclaré : "La persécution des Rouges au Pays basque est un crime contre l'humanité :

"Lorsque le jour arriva, les séparatistes basques, aveuglés par la passion, beaucoup d'entre eux oubliant leur foi et leurs sentiments catholiques, se sentirent étroitement et fermement unis aux communistes, aux athées et aux anarchistes.... Ils se sont lancés dans la guerre, se sont rendus responsables des massacres et ont cru que tous les moyens étaient licites, ignorant avec rébellion les paroles péremptoires de leur chef religieux, le pape Pie XI, telles qu'elles figurent dans son encyclique "Divini Redemptoris" : "Le communisme est intrinsèquement pervers et on ne peut admettre que ceux qui veulent servir la civilisation chrétienne puissent d'une quelconque manière coopérer avec lui".

Comme certains de nos hommes d'État de haut niveau auraient dû se souvenir de ces paroles de sagesse lorsqu'ils ont essayé de coopérer avec Staline pendant la Seconde Guerre mondiale. Une autre vérité que les dirigeants gouvernementaux ne doivent jamais oublier est le fait que les communistes, et tous les autres groupes internationaux, sont utilisés par les Illuminati pour faire avancer leurs propres plans et ambitions secrètes.

Chapitre 14

Franco

Pour comprendre ce qui s'est passé en Espagne en 1936, il faut avoir au moins une idée générale du type d'homme qu'est Franco. Franco est entré dans l'armée espagnole avec la ferme intention d'en faire sa carrière. Sa vie dans l'armée ressemble à un roman d'amour. Il s'est distingué après avoir été nommé à la Légion espagnole. Il a transformé la défaite infligée au général Sylvestre par les Maures en victoire finale. Non seulement il dirige ses troupes sans crainte, mais il leur inspire une grande confiance grâce à son génie de la stratégie. Il gagna également le respect de ses ennemis, grâce à ses progrès militaires et à sa bonne politique administrative au Maroc. Les Maures finirent par le considérer comme presque divin. Ils en vinrent à l'appeler "le Victorieux", "le Chef des Chefs", "brave comme un lion". Ces faits expliquent pourquoi ils se sont ralliés à lui lorsqu'il a demandé leur loyauté en juillet 1936.

Franco n'est pas considéré comme populaire auprès de ses frères généraux. Il avait cependant le respect de la plupart d'entre eux. C'est ce qui a permis à d'éviter que le gouvernement du Front populaire ne se transforme en dictature totalitaire.

Azana, Caballero et Carlos Prieto dominent le gouvernement du Front populaire. Senor Gil Robles et Calvo Sotelo dirigent l'opposition de droite.

Lorsque Sotelo révèle aux "Cortes" qu'entre février et juin 1936, il y a eu 113 grèves générales, 218 grèves partielles, 284 bâtiments, 171 églises, 69 clubs et 10 bureaux de journaux incendiés, et plus de 3300 assassinats commis, Casares Quiroga, premier ministre à l'époque, se lève d'un bond et rétorque avec colère :

> "Vous serez tenu personnellement responsable de l'émotion que votre discours provoquera".

Dolores Ibarruri, communiste, surnommée "Pasionaria" en raison de ses discours incendiaires et de ses actions fanatiques, était membre des Cortes espagnoles. Elle s'est levée d'un bond et, pointant du doigt Sotelo, a littéralement crié : "C'est la fin de la guerre ! Elle se lève d'un bond et, pointant son doigt vers Sotelo, hurle littéralement : "Cet homme a fait son dernier discours : "Cet homme a prononcé son dernier discours". Elle avait raison. Le 13 juillet 1936, le señor Calvo Sotelo est traîné hors de chez lui par quinze gardes d'assaut sous le commandement du capitaine Don Angel Moreno. Il est emmené dans un cimetière proche et assassiné. C'est cet événement qui a poussé de nombreux généraux espagnols à rompre leur serment au Grand Orient et à demander à Franco de prendre la direction de l'Espagne. Dolores Ibarruri était un agent stalinien en Espagne. Elle avait été chargée de corrompre les fonctionnaires de l'armée, d'organiser et de diriger des raids sur les armureries du gouvernement et d'armer les forces révolutionnaires en Espagne. Elle s'est acquittée de ses différentes tâches avec une grande efficacité.

Après le meurtre de Sotelo, des gardes d'assaut ont perquisitionné les maisons de nombreux autres anticommunistes importants, mais la plupart d'entre eux avaient été prévenus et ont réussi à s'enfuir.

Le jour des élections de février 1936, le général Franco a téléphoné au général Pozas, alors responsable de la garde civile. Il l'avertit que les communistes élus aux Cortes ont l'intention d'attiser la violence populaire dans l'espoir de développer un effort révolutionnaire dans le but de renverser le gouvernement républicain. Le général Pozas a informé le général Franco qu'il pensait que ses craintes étaient exagérées. Le général Franco a ensuite téléphoné au général Molero, ministre de la guerre. Il l'informe de la menace qui pèse sur lui. Franco a suggéré qu'il soit autorisé à déclarer la loi martiale, Franco a rédigé les ordres nécessaires qui lui donneraient l'autorité nécessaire pour empêcher les excès et la violence populaire. Seules les signatures du Conseil des ministres étaient nécessaires pour lui permettre de préserver l'ordre public et de protéger le gouvernement républicain contre les actions révolutionnaires. Mais Portela, qui exerçait alors les fonctions de premier ministre, a fait valoir qu'il était trop âgé pour mettre en œuvre la décision du Conseil des ministres. Franco rétorque : "Vous avez amené l'Espagne à cette triste situation. Il est de votre devoir maintenant d'essayer de la sauver".

Le général Franco reçoit l'ordre de se rendre aux îles Canaries. Cet ordre signifiait en fait son exil virtuel d'Espagne.

Avant son départ, le général Franco s'entretint avec les généraux Mole et Varela. Ils lui ont assuré qu'ils étaient certains qu'une fois que les autres généraux qui avaient rejoint les loges militaires du Grand Orient connaîtraient la vérité, la plupart d'entre eux rompraient avec le Grand Orient et accepteraient sa direction. Avant la fin de la réunion, un moyen secret de communication entre Mola et Franco avait été mis en place. Dès le départ de Franco pour les îles Canaries, les agents de Staline reprennent leurs activités.

Le 23 juin 1936, Franco écrit une longue lettre au ministre de la guerre dans laquelle il signale à nouveau des dangers précis.[155] Mais ces avertissements ont été ignorés comme les autres l'avaient été. Il était évident que les membres communistes du gouvernement républicain étaient en mesure de dominer sa politique et ses actions.

L'assassinat de Calve Sotelo, le 13 juillet, a décidé Franco. Il envoie un message codé aux généraux qui ont juré de se battre pour empêcher l'Espagne de devenir un État satellite de la Russie. Parmi les personnes contactées par Franco figurent Mola, Goded, Fanjul, Sanjurjo, Saliquet, certains officiers de la marine espagnole et Queipo de Llano. Après l'envoi du message, Franco s'envole des Canaries vers Tétouan, où il sait pouvoir compter sur la loyauté des troupes marocaines.

Le 21 juillet 1936, Franco a publié une proclamation qui définissait l'enjeu en un minimum de mots. Elle se lit comme suit : "Il est du devoir de tout homme d'entrer dans cette lutte définitive entre la Russie et l'Espagne". C'est ainsi que commença la guerre civile. Le professeur Unamuno a expliqué la question en moins de mots encore. Il a déclaré : "Il s'agit d'une lutte de la chrétienté contre l'Espagne : "C'est une lutte du christianisme contre la barbarie." Il aurait dû dire "contre l'illuminisme".

D'autres preuves ont été obtenues pour démontrer que le Comintern de Staline complotait pour soumettre l'Espagne afin de provoquer une guerre totale entre la Grande-Bretagne et ses alliés, d'une part, et

---

[155] Les détails peuvent être obtenus en lisant le *Franco d'*Arrara.

l'Allemagne et ses alliés, d'autre part. Il y a le rapport de la réunion du Secrétariat politique du Comintern qui a eu lieu le 25 janvier 1938. L'objectif de cette réunion était de discuter des moyens de développer l'effort révolutionnaire en Espagne et en Afrique du Nord. Des représentants du Profintern et des branches étrangères du G.P.U. (la police secrète) assistaient à la réunion. Tous les dirigeants révolutionnaires les plus expérimentés de Moscou étaient présents : Iejov, chef de la section secrète du Comintern ; Georges Dimitrov, responsable de l'incendie du Reichstag ; chef de la Ligue des sans-dieu et de la Ligue des libres penseurs ; le secrétaire de l'Internationale communiste dé l'époque ; Schick, Manuilsky et Lozovsky du Profintern ; Popescu, Weintrauben, Gourovitch, Liemann, Turrini, Adami et Valdez, qui représentaient le Soviet des Affaires étrangères au sein du bureau politique de la Comintern (ce sont les noms d'hommes qui ont tous pris une part active à l'extension de la sphère d'influence communiste dans le monde au cours des années suivantes). Après l'ouverture de la réunion, Dimitrov a prononcé un discours enflammé. Il dénonça le manque de vigueur missionnaire des envoyés militaires spéciaux qui avaient été envoyés en Espagne pour aider à corrompre le gouvernement du Front populaire et diriger les opérations militaires des armées loyalistes. Leur action, a-t-il dit :

> "La révolution n'a pas eu un effet suffisamment stimulant et révolutionnaire sur les masses européennes en général. Les résultats obtenus n'ont pas justifié les lourds risques pris. LA LUTTE PRINCIPALE, QUI CONSISTE À PROVOQUER UN CONFLIT ARMÉ ENTRE DEUX GROUPES D'ÉTATS CAPITALISTES, N'A PAS ÉTÉ MENÉE À BIEN." Puis il préconise : "Le commandant militaire soviétique en Espagne devrait passer sous le contrôle des émissaires du Comintern, comme les ambassadeurs, qui savent comment l'imprégner du sentiment révolutionnaire nécessaire".[156]

Lors de la guerre civile en Espagne, la propagande diffusée à l'époque a convaincu le citoyen moyen qu'un petit groupe de généraux espagnols avait organisé une révolte pour renverser le gouvernement républicain du Front populaire et instaurer une dictature militaire. Les forces du Front populaire s'appelaient les loyalistes. Les forces franquistes

---

[156] Rapporté dans le numéro de *Gringoire* du 11 février 1938.

s'appelaient les nationalistes. Les loyalistes étaient composés de toutes les factions politiques de gauche et du centre. Les nationalistes regroupaient toutes les factions politiques de la droite du centre.

Les communistes se divisaient en deux groupes : ceux qui voulaient transformer la dictature prolétarienne en un État totalitaire stalinien et ceux qui voulaient faire du Soviet espagnol une unité de l'Internationale des républiques soviétiques, comme le préconisait la théorie du marxisme. Les forces nationalistes comprenaient des hommes qui avaient parrainé le mouvement carliste qui, depuis 1837, avait pour cause la restauration du trône d'Espagne aux descendants de Don Carlos. Les carlistes se trouvaient dans la province de Navarre et soutenaient l'armée nationaliste de Franco simplement parce qu'ils n'avaient pas l'intention de tolérer le communisme en Espagne.

À droite se trouvaient également les falangistes, les extrémistes de droite parmi lesquels il y avait sans aucun doute un grand nombre de nazis de type allemand qui croyaient en la guerre totale pour soumettre leurs ennemis de gauche. Dans une telle situation, il est compréhensible que ceux de droite accusent tous ceux de gauche d'être communistes, tandis que tous ceux de gauche accusent tous ceux de droite d'être fascistes. La plupart des atrocités horribles, y compris la torture, les mutilations, les viols et l'exécution de milliers de victimes innocentes, ont été commises par les communistes dans le cadre du modèle accepté du règne de la terreur. Quelques extrémistes du côté franquiste ont également commis des atrocités. Toutes les guerres civiles semblent transformer un grand nombre d'hommes en brutes inhumaines qui descendent au-dessous du niveau des bêtes brutes une fois que la soif de sang a été éveillée en eux. La guerre civile ne peut être justifiée. Les partisans des guerres révolutionnaires devraient être exécutés. Il est prouvé que le roi d'Espagne en 1931 et le général Franco en 1936 ont fait tout ce qui était en leur pouvoir pour éviter une guerre civile.

Franco n'a appelé les citoyens espagnols à se rallier à lui qu'après avoir épuisé tous les autres moyens d'empêcher le coup d'État communiste du 26 juillet 1936. Les effectifs de l'armée professionnelle espagnole avaient été considérablement réduits. Elle avait été remplacée par une police nationale contrôlée par le gouvernement de gauche. Il est extraordinaire que la tentative de Franco de déjouer le complot communiste n'ait pas échoué, car les enquêtes d'après-guerre ont révélé qu'en 1936, les forces armées étaient truffées de traîtres, officiers et soldats, qui avaient été placés à des postes clés par les agents de Moscou travaillant au sein du gouvernement du Front populaire en Espagne. Le 21 juillet 1936, l'organisation mise en place par Moscou pour prendre le pouvoir en Espagne était complète.

Franco savait qu'en un jour, Julio Alvarez del Vayo, ministre des affaires étrangères du gouvernement républicain et commissaire général, avait nommé des centaines de commissaires politiques dans l'armée républicaine. La majorité de ces hommes étaient des communistes. Vayo a fait cela sans consulter le Premier ministre. Les commissaires ont contraint les soldats à adhérer au parti communiste, en leur offrant des avantages et des promotions s'ils le faisaient, et les ont menacés de persécution par tous les moyens en leur pouvoir s'ils ne le faisaient pas. Luis Araqistain, ex-ambassadeur de la République espagnole à Paris, a publié ce fait dans le *New York Times du* 19 mai 1939. Il s'est avéré que c'était vrai.

Indalecio Prieto était député socialiste espagnol et ministre de la défense nationale pendant la guerre civile espagnole. Il a contribué à diriger la guerre contre Franco. Dans un rapport publié à Paris en 1939 et intitulé "Comment et pourquoi j'ai quitté le ministère de la défense nationale", il a déclaré :

> "Il est difficile d'être sur ses gardes parce qu'il y a des communistes qui occupent des postes confidentiels et qui, pour éviter les soupçons, reçoivent l'ordre de cacher leur affiliation, et parfois de la dissimuler en rejoignant d'autres partis. Le Dr Juan Negrin était l'un d'entre eux. Il était l'un des hommes les plus puissants d'Espagne pendant la guerre civile".

Prieto a écrit à son sujet :

> "Parce que je refusais d'obéir aux ordres de Moscou, Juan Negrin m'a expulsé du gouvernement qu'il présidait le 5 avril 1938. J'ai occupé le poste de ministre de la Défense nationale dans son gouvernement. Deux actions simultanées ont été engagées contre moi, l'une confiée à la police secrète russe et aux militaires qui opéraient dans notre pays, l'autre aux communistes espagnols... Les Russes ont ordonné et les communistes espagnols ont obéi".

Le Dr Juan Negrin affirme qu'il n'était et n'est toujours pas communiste, mais c'est lui qui a ordonné que 7000 caisses d'or espagnol soient livrées à Staline. Les caisses ont été chargées dans les navires "Kine", "Neve" et "Volgiles", qui arboraient tous trois le drapeau soviétique. Jose Velasco et Arturo Candela accompagnent les cargaisons en tant que personnes de confiance jusqu'à Odessa. Tout se passait sous le manteau et les autres membres du gouvernement du Front populaire n'étaient pas au courant de la situation. Pendant le mandat de Negrin, trois communistes furent nommés sous-secrétaires à la défense et devinrent ainsi les véritables maîtres de l'armée républicaine, de la marine et de l'armée de l'air.[157]

Largo Caballero était communiste, mais lorsqu'il a refusé d'obéir aux ordres des émissaires de Moscou , ceux-ci ont annulé ses ordres, alors même qu'il exerçait son mandat présidentiel. Lorsqu'il a tenté de rectifier ses propres erreurs, il s'est rendu compte qu'il était trop tard. Prieto explique comment les agents de Moscou dans les pays étrangers obtiennent un contrôle aussi absolu des dirigeants de gauche. Il a écrit :

> "La majorité des commandements militaires du gouvernement du Front populaire ont finalement été occupés par des communistes, et les rênes les plus importantes du pouvoir se sont trouvées entre leurs mains. Comment ce phénomène a-t-il pu se produire ? Par un système de coercition gradué entre l'avancement personnel de ceux qui courbaient l'échine et l'assassinat de ceux qui se rebellaient".

Dans son ouvrage "Spain ; a Tragic Journey", Theo Rogers fait référence à la saisie de documents prouvant sans l'ombre d'un doute qu'une révolution de grande ampleur avait été planifiée pour éclater en juillet 1936. Rogers a écrit :

> "La découverte de documents et de plans parmi les communistes militants et les anarchistes a montré qu'un complot soigneusement élaboré avait été mis au point en vue d'une explosion qui bouleverserait même le gouvernement central de Madrid et établirait une dictature soviétique".

Le travail des Illuminati.

La déclaration de Roger s'est avérée exacte. Il a été prouvé que le général Franco et le général Mola savaient, dès le mois d'avril 1936,

---

[157] Le vol de cet or est toujours un problème international en 1955. Franco exige que les Soviétiques restituent l'or.

qu'un coup d'État communiste était prévu d'abord pour le 1er mai, puis pour le 29 juin, et enfin pour le 22 juillet. Ces retards ont été ordonnés pour donner à ceux qui étaient chargés de mettre en œuvre le plan de révolte plus de temps pour mettre au point les derniers détails nécessaires.

Le monde entier aurait dû connaître le complot dirigé par Moscou contre l'Espagne, car les derniers ordres ont été interceptés alors qu'ils étaient transmis par le Comintern aux dirigeants du mouvement révolutionnaire en Espagne. Les documents ont été remis à l'Echo de Paris qui les a publiés en avril 1936. L'article de l'Echo de Paris se lit comme suit

"TEXTE DES INSTRUCTIONS POUR LA MILICE ROUGE"

"Ces instructions aux chefs des milices rouges espagnoles... n'émanent pas d'une organisation centrale espagnole, mais des services techniques de Paris, qui les ont envoyées en Espagne à cette date. Ces Services Techniques sont ceux du Parti communiste français, travaillant en étroite collaboration avec le Comintern, et ses délégués en France. Le document que nous publions est entre les mains du gouvernement ; ce n'est pas nous qui l'avons communiqué à. Nous sommes convaincus que M. Daladier, Ministre de la Guerre et de la Défense, a donné l'ordre de prendre des mesures préventives de défense et de protection".

Le texte abrégé est le suivant :

1. Renforcer les troupes de choc et les gardes dans les casernes et leur fournir des pistolets automatiques. Ces troupes de choc et ces gardes sont des membres du parti communiste servant dans les forces permanentes et les réserves.

2. Ces troupes seront mises en communication avec les groupes qui doivent s'introduire dans les casernes. Ces derniers seront en uniforme et sous les ordres de nos officiers en qui nous avons toute confiance.

3. Lorsque le combat commencera, nos officiers seront admis secrètement avec leurs groupes. Ils contacteront les comités respectifs et exécuteront le plan d'attaque préétabli à l'intérieur de la caserne.

4. Les comités provisoires, dans les casernes, renouvelleront tous les deux jours leurs listes d'ennemis, de neutres, de sympathisants et d'experts. Lorsque les casernes auront été investies, les ennemis, et notamment tous les commandants et officiers, seront éliminés rapidement et sans hésitation.

5. Chaque membre des comités reçoit une liste des noms des personnes qu'il doit assassiner personnellement.

6. Après l'élimination des ennemis, les neutres seront soumis à des tétines sévères afin de tuer en eux toute hésitation habituelle chez ces personnages indécis.

7. Les comités de gestion des neutres prendront les dispositions nécessaires pour que les groupes de vigilance extérieurs puissent pénétrer dans les casernes sous prétexte d'aider à la répression de la rébellion.

8. Cela n'a que peu d'importance.

9. Les équipes chargées de liquider les généraux inscrits sur la liste active sont composées de dix hommes armés de revolvers. Les généraux ont deux adjoints et un secrétaire, qui doivent être assassinés à leur domicile. Les personnes chargées d'effectuer ces assassinats ne se retireront devant aucun obstacle ou opposition, et elles élimineront tous ceux qui s'opposent à elles, sans distinction de sexe ou d'âge.

10. Les détachements chargés d'éliminer les généraux n'exerçant pas de commandement sont composés de trois groupes d'hommes et exercent leurs fonctions dans les conditions prévues au paragraphe précédent.

11 et 12. Il détaille comment les militants communistes doivent se procurer des maisons et des sites, dans des positions stratégiques, et les armer et les fortifier secrètement afin de tendre des embuscades aux troupes qui parviendraient à s'échapper des casernes. Les instructions se lisent comme suit : "Comme les officiers militaires ont protégé les voitures, des groupes de nos militants doivent se rendre aux points stratégiques tels que les carrefours, dans des voitures et des camions, armés de mitrailleuses afin d'empêcher les secours de parvenir à ceux qui se trouvent à l'intérieur des villes. Les camions doivent transporter des grenades".

13. Nos militants revêtiront rapidement l'uniforme obtenu précédemment et on leur servira des fusils.

14. Lorsque la rébellion éclatera, nos groupes de militants, portant les uniformes de la Garde civile et de la Garde d'assaut, ainsi que l'équipement déjà préparé, arrêteront tous les chefs de tous les partis politiques sous le prétexte de la nécessité de le faire pour leur protection personnelle. Une fois en détention, la procédure d'élimination des généraux n'exerçant pas de commandement est mise en œuvre. Les groupes en uniforme devront également arrêter et détenir les grands capitalistes dont les noms figurent à l'annexe "B" de la circulaire n° 32.

15. La violence ne sera pas utilisée contre ces capitalistes, sauf s'ils résistent ; ils seront cependant contraints de remettre le solde des comptes courants auprès des banques, ainsi que leurs titres. En cas de dissimulation, ils seront éliminés complètement, y compris leurs familles, sans exception. Il est souhaitable que des cellules soient intégrées à leur personnel comme domestiques ou mécaniciens, car elles peuvent être très utiles.[158]

16. Peut être sauté.

17. En ce qui concerne les membres des forces armées qui prétendent être des sympathisants, on suivra la même tactique qu'en Russie. Il faut d'abord utiliser leurs services, puis les éliminer en tant qu'ennemis. Pour que notre effort soit couronné de succès et permanent, un officier ou un homme neutre vaut mieux que celui qui a trahi son uniforme parce que sa vie était en danger. Il est probable qu'il nous trahirait également s'il en avait l'occasion.

---

[158] Cet ordre a protégé les banquiers et les capitalistes qui travaillaient en tant qu'agents des Illuminati, exactement de la même manière qu'un ordre similaire a protégé les Rothschild lors de la révolution française.

18. Les instructions à notre milice concernant la mobilisation, les mouvements de transport, l'utilisation des armes et l'adresse au tir doivent être intensifiées.[159]

19. La milice postée aux carrefours doit éliminer toutes les troupes vaincues qui tentent de s'échapper.

20. Des postes de mitrailleuses seront installés dans des locaux couvrant l'avant et l'arrière de tous les manèges, postes de police et casernes de pompiers ainsi que toutes les entrées et sorties des villes, et si, malgré cela, l'ennemi parvient à sortir, il sera attaqué à la grenade.

21. D'autres milices seront placées dans des camions blindés à des positions stratégiques à l'intérieur des villes, à une distance maximale d'un kilomètre les unes des autres ; elles seront également armées de mitrailleuses.

22. La liaison est assurée par des voitures légères et des cyclistes armés de revolvers.

23. N'a pas d'importance particulière.

24. Les détails les plus intimes concernant la vie et le caractère de tous les neutres et sympathisants doivent être obtenus et soigneusement enregistrés, y compris leurs besoins familiaux, et l'influence que l'amour de leurs enfants, et le désir de ces besoins nécessaires, peuvent exercer sur eux. Si l'un de nos miliciens, ou l'un des neutres et sympathisants, montre une quelconque faiblesse ou une résistance aux ordres, il doit être dénoncé au plus haut comité de l'organisation comme étant coupable de complicité et/ou de réaction.

25. Notre milice doit être organisée pour travailler loin de leurs foyers et de leurs localités, car l'expérience nous a appris qu'au dernier moment, par sentimentalisme, les hommes travaillant dans leurs propres localités, au sein de leurs familles et de leurs amis,

---

[159] En 1946, l'auteur a signalé aux autorités compétentes que des fusils avaient été importés au Canada en tant que ferraille ; de la même manière, les ministres du cabinet canadien ont autorisé l'envoi d'armes au Moyen-Orient en tant que ferraille en 1956.

n'ont pas réussi à mettre en œuvre notre plan avec l'enthousiasme qui s'imposait.

26. Tous les propriétaires de dépôts de biens et de marchandises doivent être considérés comme des capitalistes importants. Ces dépôts doivent être organisés pour servir le prolétariat par l'intermédiaire des groupes administratifs.[160]

27. Traite de la question de l'utilisation de la STARVATION comme moyen de réduire rapidement l'opposition et confirme ce qui a été dit concernant l'utilisation de cette arme dans les conflits nationaux et les guerres internationales. On peut y lire ce qui suit : "Pendant la première semaine, et jusqu'à ce que la constitution devienne normale, la fourniture de nourriture et de boissons aux bourgeois est interdite.

28. Lire - Les stocks d'aliments dans les casernes et entre les mains de nos ennemis, qui ne peuvent être capturés, doivent être rendus inutilisables en y mélangeant de la paraffine ou d'autres substances. Depuis la publication de ces ordres, les dirigeants révolutionnaires de tous les pays ont reçu l'instruction spéciale d'élaborer des plans minutieux pour traiter avec les membres de la police et des services d'incendie, car l'expérience a montré que la majorité de ces employés civiques "restent fidèles à leurs patrons bourgeois". Les mesures recommandées sont les suivantes :

1. S'infiltrer dans les deux forces.

2. Corrompre le personnel de base.

3. Les membres du parti sont invités à acheter ou à louer des propriétés couvrant les abords des postes de police, à l'arrière et à l'avant, et les salles des pompiers , afin que les membres puissent être éliminés lorsqu'ils changent d'équipe. L'heure de la révolte doit coïncider avec celle du changement d'équipe de la police.

---

[160] Cet ordre montre également que les Illuminati sont les véritables dirigeants d'un effort révolutionnaire. Ils sont toujours au sommet des gouvernements, de la société, de l'industrie et des forces armées. Les travailleurs, la population, ne sont que les "pions du jeu". Ils sont utilisés puis soumis. Prouvez-leur cela et le complot communiste échouera. -L'auteur.

Les ordres donnés aux dirigeants du parti communiste espagnol décrivaient en détail la manière dont ils devaient s'emparer des services publics et de l'administration civique. L'objectif était d'obtenir, dans les plus brefs délais, le contrôle total et absolu de tous les approvisionnements alimentaires et des systèmes de communication.

Les ordres révolutionnaires saisis à Majorque en octobre 1936 ont été traduits par Jacques Bardoux qui a ensuite écrit "Chaos en Espagne". Ils étaient destinés aux dirigeants révolutionnaires espagnols.

DOCUMENT ESPAGNOL

Afin de pouvoir contrôler les moindres détails du mouvement, à partir du 8 mai, seuls les agents de liaison pourront donner des ordres et ils communiqueront entre eux au moyen du Cypher E.L.M. 54-22. Les chefs locaux doivent donner des instructions verbales au comité à l'aide du code suivant :

1.2.1. Ordre de mobilisation.
2.1.2. Ordre de commencer la révolte.
2.2.1.1.1. Ordre d'attaquer à des points prédéterminés.
3.3.3. Prévoir des contre-révolutionnaires.
2.4.3. Mobilisation des syndicats.
2.5.5. Grève générale.
2.6.5. Actes de sabotage, c'est-à-dire faire sauter des lignes de chemin de fer, etc.
1.3.2. Signal d'ajournement de la révolte.
1.1.0. Ordre de ravitaillement.
1.0.0. La réorganisation est prête.
0.0. Fermeture des frontières et des ports.
1.1. Exécution des personnes dont le nom figure sur la liste noire.

Tous ces ordres seront donnés la veille de la révolte, le 1er mai ou le 29,[161] à minuit, depuis l'émetteur installé dans la Casa del Pueblo à Madrid, dont la longueur d'onde est presque la même que celle de la radio de l'Union de Madrid.

Organisation de Madrid :

---

[161] C'est après ces ordres que la date de la révolte a été reportée au 22 juillet.

À diviser dans les sections suivantes : A.B. Chamartin de la Rosa, H.Q. à la Casa del Pueblo de ce district.

C.D. Cuatro Caminos, H.Q. au Socialist Club du district.

E.F. Palace District, H.Q. à l'imprimerie de Mundo Obrero.

G.H. University District, H.Q. à la rédaction de El Socialista.

I.J. Latina District, H.Q. à Casa del Pueblo.

M.N. District d'Inclusa, H.Q. au centre socialiste.

N.O. Pardinas District, H.Q. at Garage, at Castello 19.

P.Q. District Sud, H.Q. au Centre Socialiste de Vallecas.

R.S. Carabanchel District, H.Q. au Socialist Club.

Centre T.U.V. de Madrid, Q.G. à la Casa del Pueblo, secrétaire.

X.Y.Z. Bureaux n° 2, 3, 4, 6, 8, 10, 12 (salle du balcon).

Plan de campagne à Madrid :

La révolte sera annoncée par cinq bombes lancées à la tombée de la nuit. Immédiatement, on simulera un attentat fasciste contre l'un des centres de la C.N.T., puis la grève générale sera déclarée et les soldats et les chefs qui nous soutiennent se révolteront. Les groupes entreront en action.

Ceux désignés en T.U.V. s'empareront du Bureau des Communications, de la Présidence et du Ministère de la Guerre. Ceux qui appartiennent au district attaqueront les commissariats, et ceux qui appartiennent à la section X.Y.Z. s'empareront du Bureau de la sécurité publique.

Un groupe spécial composé exclusivement de mitrailleurs munis de grenades à main se rendra au siège du gouvernement et l'attaquera par les itinéraires suivants : Carretas, Montera, Mayor, Correos, Paz, Alcala, Arenal, Preciados, Carmen et San Jeronimo. Les groupes, composés de cinquante cellules de dix hommes chacune, agiront dans les rues de deuxième et troisième ordre, et de deux cellules seulement dans celles de premier ordre et dans les avenues.

Les ordres portent sur l'exécution immédiate de tous les contre-révolutionnaires détenus. Les républicains du Front populaire seront invités à soutenir le mouvement et, en cas de refus, ils seront expulsés d'Espagne.

DOCUMENT FRANÇAIS

Secret. Aux responsables de groupes et de sections : Cellule de Saint-Georges-du-Bois, Poste de surveillance.

PREMIER GROUPE : H.Q. Hôtel de ville.
Chef du groupe, A. Président.
Première section : B.

4 volontaires
5 fusils, 1 revolver,
70 cartouches pour le fusil,
20 pour le revolver,
15 grenades.

Deuxième section : C.

6 volontaires
4 fusils,
3 revolvers,
70 cartouches pour le fusil,
20 pour le revolver.

Troisième section : D.
Leader, C

4 volontaires pour la distribution d'armes et de munitions et pour la fabrication de munitions.
6 revolvers,
15 bidons d'essence,
25 bidons (5 litres chacun) de réserve, remis au camarade C.

DEUXIÈME GROUPE :
H.Q. Railway Station.
Chef, D.E.P.

7 volontaires,
8 fusils,

80 cartouches,
20 bâtons de dynamite délivrés au camarade E.

TROISIÈME GROUPE :
A la gare.
Chef, F.E.

5 volontaires (2 experts),
6 fusils,
1 revolver,
60 cartouches pour le fusil,
20 pour le revolver, 1 500 mètres de fil téléphonique isolé remis au camarade F.

QUATRIÈME GROUPE :
(groupe d'attaque) Q.G. Sous-sol de l'hôtel de ville, chef G.

Première section : H.

4 volontaires,
4 fusils,
50 cartouches,
10 couteaux,
12 cordes.

Deuxième section : I.

4 volontaires,
4 fusils,
50 cartouches,
10 couteaux,
10 cordes.
Instructions spéciales.

DEUXIÈME GROUPE : Faire sauter les convois ferroviaires et fascistes

TROISIÈME GROUPE : Lien immédiat avec le central téléphonique, la gare et l'hôtel de ville.

À TOUS LES GROUPES : Conserver les munitions en attendant l'arrivée des armes et des munitions de la cellule de Rochefort. Premier groupe au commandant toutes les provisions, les animaux et le fourrage en attendant l'arrivée des instructions de Rochefort pour la distribution.[162]

CAMARADE PRÉSIDENT

Commentaire de l'auteur :

L'histoire récente a prouvé que les instructions données par les Illuminati par l'intermédiaire de Moscou pour l'asservissement de l'Espagne ont été mises à jour et exécutées dans tous les pays d'Europe qui ont été asservis depuis 1936. *Il n'y a aucune raison de croire que la 5ème colonne au Canada et aux États-Unis soit moins bien organisée. La 5ème Colonne est prête à exécuter les ordres des Illuminati lorsque ceux qui dirigent le mouvement révolutionnaire mondial jugeront le moment opportun.* Il existe de nombreuses preuves que les membres du parti communiste au Canada et aux États-Unis ont, depuis 1948, pratiqué l'évacuation rapide des grandes villes et des zones industrielles afin de pouvoir être à la campagne pour des pique-niques, et d'autres excuses raisonnables, pendant les phases initiales d'un raid de bombardement soviétique. Ils prévoient de revenir pendant que le gouvernement est en train de prendre le contrôle du pays. Ils prévoient de revenir et de prendre la relève tant que la situation est chaotique et que les habitants sont encore en état de panique.

S'il est nécessaire d'endiguer l'illuminisme en Europe et en Asie, nous commettrons une erreur énorme et coûteuse si nous ne prenons pas conscience de l'ampleur du danger que représente leur cinquième colonne. Nous devons éliminer notre danger interne, sinon tous nos plans de défense civique d'urgence seront inutiles. Nous devons d'abord nous attaquer à l'ennemi intérieur, puis nos plans de défense, et d'autres questions, seront mis en œuvre sans entrave par les traîtres et les saboteurs. Le fait à retenir est que les communistes sont utilisés pour déclencher la révolte. Ceux qui dirigent les communistes forment ensuite une dictature du prolétariat, qui est à son tour prise en charge par l'agentur des Illuminati.

---

[162] Les informations ci-dessus ont été mises à la disposition de la "presse libre du monde" par les rédacteurs de Free Lance et les correspondants accrédités dès qu'elles ont été disponibles, mais elles n'ont jamais été publiées. Pourquoi ?

Chapitre 15

Le règne révolutionnaire de la Terreur

L'étude des méthodes employées par les agents des Illuminati en Espagne est d'une grande valeur pour ceux qui veulent protéger leur pays du danger de tribulations similaires. Les chefs révolutionnaires ont des cellules qui occupent des postes clés dans les prisons et les asiles. Leur but est de contrôler ces institutions afin de pouvoir libérer les éléments antisociaux détenus et de les utiliser comme troupes de choc pendant la révolte. Dans toutes les révolutions à ce jour, les prisonniers antisociaux et les fous criminels ont été utilisés pour éveiller la soif de sang de la foule et introduire ainsi le "règne de la terreur" qui, selon les calculs des dirigeants révolutionnaires, amènera le grand public à se rendre le plus rapidement possible.[163]

La politique pénitentiaire à Madrid a été fortement influencée par les conseils donnés aux autorités du gouvernement du Front populaire par le "général" Kléber, le Canado-Russe, qui, après avoir suivi une formation théorique à l'Institut Lénine de Moscou, a été envoyé en

---

[163] Les enquêtes sur les éruptions dans de nombreuses prisons aux États-Unis et au Canada indiquent que ces révoltes étaient d'inspiration communiste. Il a fallu près de vingt-trois ans pour prouver que certains responsables du pénitencier de Kingston, à l'époque où Tim Buck y était enfermé, étaient communistes. Les preuves indiquent qu'ils l'ont aidé à organiser les émeutes de la prison de Kingston. J'étais rédacteur au Free Lance à l'époque. J'ai écrit que toute cette affaire sentait à plein nez le complot visant à faire de Tim Buck un martyr, afin de susciter la sympathie du public et d'obtenir sa libération. J'ai déclaré qu'à mon avis, les gardiens et d'autres fonctionnaires de la prison étaient impliqués. Mon histoire n'a jamais été publiée. En 1953, l'un des fonctionnaires que j'avais soupçonné en 1932 d'avoir des affiliations "rouges" s'est présenté aux élections fédérales en Colombie-Britannique en tant que candidat progressiste du parti travailliste. Entre 1939 et 1944, ce même homme était chargé de la formation du personnel de la branche ingénierie de la Marine royale canadienne. Ces informations ont été communiquées aux autorités compétentes.

Espagne pour servir Staline et acquérir une expérience pratique de la guerre révolutionnaire.

Dès l'entrée en fonction du gouvernement du Front populaire en mars 1936, les députés d'extrême gauche insistent pour qu'une loi d'amnistie soit votée, accordant la liberté à tous ceux qui ont participé à la rébellion asturienne. En plus de cette 318 petite armée de révolutionnaires, 30 000 autres personnes, qui avaient été arrêtées en tant que communistes, ont été libérées. Après le 17 juillet, 40 000 autres criminels de droit commun sont libérés à condition de porter les armes dans l'armée loyaliste. Les chefs révolutionnaires liquident la plupart des criminels de droit commun une fois qu'ils ont rempli leur mission. Ce faisant, ils convainquent un grand nombre de personnes que les atrocités commises pendant la révolution étaient le fait d'irresponsables agissant de leur propre initiative, et non en vertu d'un plan de terrorisme préconçu.

Telles étaient les conditions qui prévalaient lorsque le général Franco a décidé de tenter de sauver l'Espagne de la tyrannie communiste. De nombreux livres ont été écrits pour raconter comment Franco et une poignée de généraux espagnols ont finalement réussi à vaincre le complot communiste. C'est une histoire passionnante de courage, de force d'âme et de grande foi dans leur croisade chrétienne. Dès la proclamation de Franco, les sous-secrétaires rouges à l'armée, à la marine et à l'aviation ont ordonné aux cellules communistes de liquider tous les officiers considérés comme des ennemis. Cette tâche fut exécutée avec une grande rigueur. Des cellules communistes avaient été placées dans les services de la mécanique, des communications et des transmissions. Cela prouve que les organisateurs s'en tiennent au modèle établi pour les révoltes anglaise, française, russe et allemande.

Pris par surprise, près des deux tiers des officiers ont été assassinés de sang-froid au cours des premières phases de l'attaque. Les mutins ont tenté de convaincre les autres grades et matelots que ils exécutaient les ordres du gouvernement et les officiers qui avaient été condamnés en tant qu'ennemis du gouvernement du Front populaire.

Beaucoup d'hommes ne croient pas ce qu'on leur dit. Très vite, il n'est plus rare de voir un navire de guerre tirer à quelques mètres de distance sur un autre. Dans un cas, la tourelle avant était occupée par des rouges et la tourelle arrière du même navire par des anti-rouges. Les massacres qui ont commencé à bord des navires se sont étendus aux arsenaux et aux villes dans lesquelles ils se trouvaient.

Les mesures draconiennes prises à l'encontre des officiers susceptibles de prendre parti pour Franco auraient pu être excusées, mais il est impossible d'excuser le terrorisme que les communistes, agissant en tant que soldats et policiers du gouvernement du Front populaire, ont infligé à la population désarmée et sans méfiance. L'imposition du terrorisme a prouvé, au prix de centaines de milliers de vies innocentes, que la politique de Lénine avait été acceptée. Il a décidé que le terrorisme devait accompagner tout effort violent visant à renverser un gouvernement, car le terrorisme était la méthode la plus économique pour subjuguer les masses rapidement et complètement.

Il faut se rappeler que les dirigeants d'une révolution ne considèrent pas que l'effort est entièrement perdu s'il n'aboutit pas à une dictature du prolétariat. Toute révolte contre un gouvernement constitué et une autorité légale est considérée par ceux qui complotent et planifient les efforts révolutionnaires comme un pas dans la bonne direction. Si l'effort n'est pas couronné de succès, c'est une mauvaise chose, mais ce n'est pas sans espoir. Le nombre de morts n'a pas d'importance. Ce ne sont que des pions dans le jeu. On peut s'en passer. Il est extraordinaire de constater que peu de dirigeants révolutionnaires de haut niveau sont tués au cours d'une rébellion.[164] C'est une bonne technique révolutionnaire que de sacrifier les masses et de préserver les membres des Illuminati, car ce sont eux qui gouverneront le nouvel ordre. Même lors de grèves ordinaires, les Rouges provoquent généralement des troubles, puis s'éclipsent. Ils laissent les autres travailleurs se battre avec la police ou la milice.

Les faits suivants prouvent qu'au cours d'une révolution, toute personne qui n'est pas membre d'un parti ou compagnon de route ne peut s'attendre à aucune forme de pitié. Même les compagnons de route sont liquidés après avoir été utilisés à bon escient.

Avant juillet 1936, les directeurs de la W.R.M. avaient littéralement inondé Madrid d'agents. Moses Rosenberg arrive en tant

---

[164] C'est un fait historique que dix fois plus de dirigeants révolutionnaires sont morts pendant les purges du parti que pendant la guerre révolutionnaire proprement dite.

qu'ambassadeur de Moscou à Madrid. Anteneff Avseenko arrive à Barcelone. Dimitrov arrive pour mener personnellement les persécutions religieuses prévues à la suite du coup d'État communiste. Pendant la guerre civile, Rosenberg est tzar de Madrid. Avseenko prend le commandement de l'Armée rouge catalane. Rosenberg organise les Tchékas en Espagne et veille à ce qu'elles fassent de plus en plus de victimes.

Les agents de Moscou organisent des "escadrons de purification". Officiellement, leur mission consistait à rechercher les fascistes, mais secrètement, elles liquidaient tous ceux qui avaient été préalablement répertoriés comme réactionnaires au plan d'asservissement de l'Espagne par les Illuminati. Ces listes avaient été compilées par des espions communistes qui avaient été intégrés à l'Union des concierges (concierges de maisons et d'appartements), aux services fiscaux, aux services postaux et à d'autres services publics. Les listes des personnes à liquider étaient très complètes, car les espions moscovites, dont certains étaient déguisés en ciseaux et en couteaux, avaient couvert tous les quartiers, rue par rue et maison par maison. Tous les citoyens étaient répertoriés en fonction de leur situation politique, syndicale, sociale et religieuse et de leur appartenance à. Lorsque l'ordre de déclencher le règne de la terreur a été donné, les communistes ont travaillé avec l'assurance, la férocité et la minutie de brutes affamées. Staline avait déclaré un jour : "Il vaut mieux que cent innocents meurent plutôt qu'un seul réactionnaire s'échappe". Ils ont obéi à cet ordre avec une persévérance diabolique.

Pour que ceux qui vivent dans des pays qui ne sont pas encore soumis puissent comprendre ce qui se passe pendant un règne de terreur, certaines atrocités réelles seront décrites.

Le 17 juillet 1936, un groupe de communistes portant l'uniforme des troupes gouvernementales s'est rendu au couvent dominicain de Barcelone. Le chef a informé la mère supérieure qu'il avait reçu l'ordre d'escorter les sœurs vers un lieu sûr, car on craignait des violences collectives. Les sœurs ont rassemblé leurs quelques affaires et, sans se douter de rien, ont accompagné les soldats qui les ont emmenées dans les banlieues où ils les ont toutes assassinées. Le chef a ensuite déclaré sans ménagement :

"Nous avions besoin du bâtiment. Nous ne voulions pas l'abîmer avant de l'occuper."[165]

Senor Salvans était un anticommuniste notoire. À trois reprises, des escouades d'épuration se sont rendues à son domicile à Barcelone. La troisième visite n'ayant pas permis de savoir où il se trouvait, les Rouges ont assassiné toute la famille , qui comptait huit personnes. Cet acte ignoble a été exécuté conformément aux paragraphes 15 et 16 des instructions déjà mentionnées.

L'un des actes de violence les plus insensés jamais commis au nom de la "Liberté... Égalité... Fraternité", a été l'assassinat de seize frères laïcs qui travaillaient bénévolement comme infirmiers dans le plus grand hôpital de Barcelone. Leur seul crime était d'appartenir à un ordre religieux. Le fait qu'ils soignaient tous les malades, sans distinction de classe, de couleur ou de croyance, n'a fait aucune différence pour ceux qui ont ordonné leur "liquidation". E.M. Godden, qui a publié Conflict in Spain, rapporte à la page 72 :

"Le massacre des vivants s'accompagne de la dérision des morts. Au cours de la dernière semaine de juillet 1936, des corps de religieuses ont été exhumés de leurs tombes et exposés à l'extérieur des murs de leurs couvents. Des pancartes obscènes et offensantes ont été attachées à leurs corps".

Mon cousin, Tom Carr, était ingénieur des mines en Espagne de 1919 à 1938. Il était marié à la fille de M. Allcock, le consul américain de Huelva. L'un des 5èmes colonnes de Caballero avait été élu maire de Huelva. Lorsque Moscou a donné son accord, il a confié l'administration municipale aux communistes. Leur première action a été de torturer, puis d'assassiner tous les prêtres. Les religieuses ont été

---

[165] Enregistré dans les rapports officiels "Atrocités communistes en Espagne". Première, deuxième et troisième parties. Les enquêtes ont été menées par un comité composé d'hommes de différentes nationalités. La rédaction a été assurée par Arthur Bryant, journaliste et auteur de renommée internationale.

déshabillées et chassées des couvents dans les rues pour servir de sport aux révolutionnaires.[166]

Godden déclare également avoir interrogé deux femmes anglaises qui n'ont échappé à l'agression que parce qu'elles étaient étrangères. Ces deux femmes ont raconté à Godden qu'elles avaient été forcées d'assister aux agissements d'une foule d'hommes et de femmes qui se comportaient comme des derviches fanatiques. Dans le premier cas, les Rouges torturèrent et se moquèrent d'un prêtre avant de pendre son corps démembré et ses membres à une statue de la Sainte Vierge. Dans le second cas, la foule a percé le corps d'un jeune prêtre puis, alors qu'il était encore en vie, l'a transpercé d'un crucifix.

En septembre 1936, Pere Van Rooy, célèbre auteur français, rapporte les propos de Dimitrov : "On nous reproche d'avoir détruit les églises et les couvents d'Espagne. Qu'importe la destruction de quelques couvents et églises ? Nous voulons créer un monde nouveau.[167]

Un comité, qui a officiellement enquêté sur les atrocités commises par les communistes en Espagne en 1939, a convenu qu'une estimation prudente plaçait à 50 000 le nombre de citoyens liquidés à Barcelone en tant que "réactionnaires", entre juillet 1936 et décembre 1937. À Valence, ce nombre a été fixé à 30 000. À Madrid, ils estiment qu'un dixième de la population a été systématiquement assassiné pour faire de l'Espagne un autre État totalitaire.[168]

---

[166] Cette déclaration de mon cousin a été confirmée à la page 238 du livre *Spanish Arena*, écrit par William Fees et Cecil Gerahty, ainsi que par Arthur Bryant qui a enquêté sur les atrocités commises par les communistes en Espagne.

[167] Voir *Catholic Herald*, 11 février 1938.

[168] Au cas où certains penseraient que les communistes ne détestent que les catholiques romains, il est bon de se rappeler que les puissances secrètes à l'origine du mouvement révolutionnaire mondial sont déterminées à faire de ce monde le despotisme de Satan. Telle est l'essence de l'illuminisme. Afin d'endormir les gens, dans les pays qui ne sont pas encore soviétisés, (sic) dans une fausse sécurité, ils essaieront de les convaincre de leur tolérance envers les religions autres que la religion catholique romaine, mais l'enquête montre qu'ils sont déterminés, lorsqu'ils auront suffisamment de pouvoir, à anéantir toutes les religions.

Pour illustrer ce qui s'est passé lorsque les Rouges ont pris le contrôle de l'Espagne, je citerai d'autres témoins indépendants. Marcel M. Dutrey, le célèbre écrivain français, a déclaré :

"À Castre Urdiales, le commandant militaire communiste était un ancien policier municipal qui avait été licencié pour vol sur le site. Le nouveau chef de la police avait auparavant gagné sa vie en fabriquant et en vendant des cartes postales obscènes. Le nouveau chef de la police avait auparavant gagné sa vie en fabriquant et en vendant des cartes postales obscènes. Le procureur général était le fils illégitime d'une femme qui avait été une prostituée bien connue. Il était surnommé "le fils de sa mère". Le Tribunal rouge est présidé par un mineur assisté de deux "assesseurs"... Tous ces hommes sont des sadiques. Ils se glorifient d'exécuter les peines qu'ils infligent eux-mêmes à leurs victimes. Ils ouvrent l'estomac de Vincent Mura ; ils martyrisent Julie Yanko publiquement sur la place du marché ; ils démembrent Varez, le célèbre coureur automobile espagnol, au motif qu'il a refusé de livrer ses amis entre leurs mains".

M. Arthur Bryant, qui a rédigé la préface du rapport entièrement prouvé et authentifié sur les "atrocités communistes en Espagne", a fait remarquer à plusieurs reprises

"Les agents soviétiques ont obtenu un tel contrôle des systèmes de communication que seuls les rapports favorables à leur cause sont parvenus à la majorité des journaux du monde, mais, d'autre part, les mensonges les plus scandaleux contre les forces franquistes ont été inventés et transmis à la presse du monde entier sans aucune entrave".

Bryant a été tellement dégoûté par ce qu'il a vu qu'il a écrit :

"Aucun professeur d'université ou commentateur anonyme de B.B.C.[169] n'a dit au peuple britannique, juste et compatissant, la vérité sur les femmes de San Martin de Valdeiglesias. Pour le seul

---

[169] NOTE - Des agents rouges s'étaient infiltrés dans le personnel du B.B.C. britannique en 1938 et pendant près de deux ans, la politique a été pro-loyaliste, c'est-à-dire communiste. La tendance actuelle du C.B.C. est à peu près la même. La majorité des programmes sont nettement orientés vers la "gauche".

crime de posséder un emblème religieux, les femmes de San Martin de Valdeiglesias ont été condamnées à être violées et à assouvir toutes les passions viles de vingt-cinq hommes de la Milice rouge chacune.

Le fait que les pères de certaines femmes aient été emprisonnés et condamnés à mort, et que leurs mères aient été obligées d'assister à la dégradation de leurs filles, n'a pas suffi à dissuader les hommes de la Milice rouge d'exécuter la sentence. L'horreur des heures passées par ces femmes a eu des effets terribles sur l'esprit de certaines d'entre elles. Les survivantes ont raconté comment, à maintes reprises, elles ont imploré leurs bourreaux de les tuer plutôt que de les soumettre à un déshonneur aussi épouvantable. On peut se rendre compte de l'effroyable cruauté de ces atrocités en constatant que beaucoup de condamnées étaient mariées et que lorsqu'elles ont été conduites entre les miliciens, devant ce tribunal impitoyable, elles portaient des enfants dans leurs bras, et ces enfants ont été les témoins de ce point culminant de l'horreur dans le déshonneur de leurs mères.[170]

Il n'est donc pas étonnant que le pouvoir secret dirigeant le W.R.M. ait dit :

"Les communistes ne devaient pas être tenus de mettre en œuvre leur plan de terrorisme dans les localités où ils avaient vécu avec leur famille, mais devaient être utilisés ailleurs.

Tous les communistes déclareront que ces atrocités ont été commises par des "incontrôlables" qui ont été punis lorsqu'ils ont été pris. Afin que personne ne soit trompé par de tels mensonges, je citerai à nouveau Lénine, le premier saint canonisé du credo totalitaire des Illuminati. Lénine a déclaré à plusieurs reprises :

"Il n'y a pas de morale en politique, il n'y a que de l'opportunisme. Une canaille peut nous être utile simplement parce qu'elle est une canaille".

---

[170] Les détails figurent à la page 6 du deuxième rapport "Atrocités communistes en Espagne".

A une autre occasion, il a dit :

> "Les jeunes révolutionnaires doivent commencer à s'entraîner à la guerre immédiatement, par des opérations pratiques telles que liquider un traître, tuer un espion, faire sauter un poste de police, ou dévaliser une banque pour fournir des fonds au soulèvement, etc... Ne vous dérobez pas à ces attaques expérimentales. Elles peuvent bien sûr dégénérer en excès, mais c'est un souci d'avenir."[171]

Le communiste Krassikov était un libertin qui dilapidait les fonds du parti en menant une vie d'émeute. Lénine, lorsqu'il a ordonné sa liquidation, a déclaré :

> "Il importe peu que le camarade Krassikov ait dilapidé les fonds du parti dans un bordel, mais il est scandaleux qu'il ait désorganisé le transport de littérature illégale".[172]

La formation communiste est conçue pour extraire la dernière goutte de bonté humaine du cœur des hommes et des femmes qui aspirent à devenir les grands prêtres de la religion. Anna Pauker a atteint des sommets vertigineux dans la hiérarchie soviétique. Elle devient ministre des Affaires étrangères de Roumanie. Elle a prouvé qu'elle était loyale envers Staline lorsqu'elle s'est rendue veuve en dénonçant le père de ses trois enfants comme trotskiste.

Les terroristes communistes encouragent de simples garçons à devenir les bourreaux des ennemis du prolétariat afin de les endurcir et d'ôter de leur cœur tout vestige de sentiment humain et de sympathie. L'un de ces jeunes a raconté comment il s'était beaucoup amusé avec un prêtre. Il disait :

> "Nuit après nuit, nous l'avons emmené avec les groupes que nous devions tuer, mais nous l'avons toujours placé en dernier dans la file

---

[171] Les agents communistes enseignent aux enfants, dans toutes les nations libres, l'inversion des dix commandements. Le communisme est donc responsable de l'augmentation de la délinquance juvénile plus que toute autre cause. Bien que professant l'athéisme, ils servent les objectifs des Illuminati et du satanisme.

[172] Le magazine *Time* a fait référence à ces opinions exprimées par Lénine le 17 novembre 1948.

d'attente. Nous le faisions attendre pendant que nous tuions tous les autres, puis nous le ramenions à nouveau aux Bellas Artes. (Les Bellas Artes étaient le bâtiment des beaux-arts que les communistes utilisaient comme prison). Chaque nuit, il pensait qu'il allait mourir, mais une mort rapide était trop belle pour lui. Ce "Fraile" est mort sept fois avant que nous ne l'achevions.

M. Knoblaugh, à la page 87 de son livre Correspondant en Espagne, raconte un incident horrible qui confirme les affirmations selon lesquelles les planificateurs de la révolution mondiale sélectionnent les dirigeants potentiels alors qu'ils sont très jeunes et les entraînent ensuite jusqu'à ce qu'ils soient dépourvus de toute trace de sentiment humain et de pitié. Knoblaugh raconte que deux jeunes communistes se sont vantés à un médecin, en sa présence, d'avoir mutilé et assassiné deux jeunes prêtres. Ils ont pénétré le déguisement de ces deux religieux qui, pour échapper à la détection et à la mort, travaillaient comme charbonniers. Les deux jeunes ont raconté comment ils avaient forcé les deux prêtres à creuser leurs tombes avec leurs pelles à charbon , puis, conformément au règne de la terreur conçu par les communistes, ils ont émasculé leurs deux victimes et leur ont enfoncé les organes dans la bouche. Ils sont restés là à railler pendant que les prêtres mouraient lentement.

De Fonteriz, dans *Red Terror in Madrid (Terreur rouge à Madrid)*, pages 19-20, raconte comment les Chekas, organisés par Dimitrov et Rosenberg, ont essayé de faire dire à une certaine dame où se cachait son mari. La femme ne savait probablement pas où il se trouvait, mais pour s'en assurer, les membres de la Chekas l'ont obligée à rester assise et à regarder pendant qu'ils s'amusaient à percer les seins de huit femmes de sa maison avec de longues épingles à chapeau.

Pour prouver une déclaration antérieure, à savoir que ceux qui conçoivent le modèle du règne de la Terreur utilisent des criminels et des fous pour attiser la soif de sang, je rapporte ce qui s'est passé à Alcala le 20 juillet 1936 : Les Rouges ont libéré tous les prisonniers, hommes et femmes, à condition qu'ils portent les armes pour la cause communiste. Ils étaient mille hommes et deux cents femmes. Ils furent constitués en Bataillon de Alcala. Ils se distinguent lors de l'attaque victorieuse de Madrid. En récompense, ils sont envoyés à Siguenza. Après avoir pris la ville, ils ont assassiné deux cents citoyens pour briser la résistance des autres. Ce bataillon de criminels a occupé Siguenza pendant seize semaines. Lorsqu'ils ont été chassés par les forces franquistes, on a découvert que toutes les femmes, de dix à cinquante ans, avaient été violées. Beaucoup d'entre elles étaient enceintes et beaucoup étaient malades. Certaines étaient les deux à la fois. Une jeune fille, serveuse dans un hôtel, a raconté la chance qu'elle avait eue. Elle a raconté comment les criminels avaient assassiné l'évêque de Siguenza de la manière la plus horrible, la plus barbare et la plus indescriptible qui soit. Lors d'un banquet organisé à l'hôtel ce soir-là, l'un des membres du bataillon s'était entiché d'elle et avait demandé à l'un de ses camarades de se vêtir des vêtements de l'évêque assassiné et de l'épouser. Les autres pensent qu'il s'agit d'une excellente plaisanterie et organisent la fausse cérémonie. Après le mariage, les "Militiennes" exécutèrent la "Danse on Ventre" en utilisant les tables de la salle à manger comme scène. À la fin de l'orgie, l'homme revendiqua la fille comme sa propriété personnelle. En racontant ce qui s'est passé, elle a fait remarquer

> "J'ai eu de la chance. Mon homme était un assassin, mais il valait mieux lui appartenir que d'être le jouet de tous. J'ai au moins échappé à la maladie."

Marcel M. Dutrey a publié le fait qu'à Ciempozuelos plus de cent frères religieux ont été liés à des fous qui étaient alors munis de couteaux. On peut imaginer l'horreur qui s'ensuivit sur. L'armée de propagandistes formés par Moscou a raconté au monde comment les troupes franquistes avaient assassiné les maires de nombreuses petites villes, mais ils n'ont pas mentionné le fait qu'ils avaient été jugés par un tribunal militaire dûment constitué et qu'il avait été prouvé qu'ils étaient des agents communistes de Largo Caballero qui avaient comploté pour transformer l'Espagne en une dictature.

S'il fallait une preuve supplémentaire pour étayer l'affirmation selon laquelle les puissances secrètes à l'origine du mouvement révolutionnaire mondial utilisent les communistes du monde entier pour faire avancer leurs plans totalitaires, les nombreuses désertions du parti communiste, partout dans le monde, devraient fournir cette preuve. Douglas Hyde, qui avait été pendant les cinq années précédentes rédacteur en chef du Daily Worker, le principal journal communiste de Grande-Bretagne, a annoncé en mars 1948 sa démission du parti communiste. Dans un communiqué de presse, il a déclaré

> Je crois que la nouvelle "ligne" du parti communiste, introduite après la formation du Cominform l'année dernière (1947), si elle réussit, n'apportera rien d'autre que la misère aux gens du peuple".

M. Hyde a poursuivi en expliquant que depuis la fin de la Seconde Guerre mondiale, il s'inquiétait de la politique étrangère de Moscou. Il a déclaré qu'il avait finalement acquis la conviction que la ligne du parti, telle qu'elle était déterminée par la clique de Moscou , ne correspondait plus aux idéaux pour lesquels il avait travaillé si longtemps, et que le résultat final serait la destruction des libertés et des convenances pour lesquelles les communistes s'étaient battus pendant si longtemps. Il conclut par ces mots :

> "Ma désillusion croissante m'a conduit à chercher une autre réponse au problème de notre époque et une autre voie pour sortir du chaos mondial."

Juste après la démission de M. Hyde à Londres, en Angleterre, est venue celle de Mme Justina Krusenstern-Peters, membre du personnel des publications soviétiques pendant les douze années précédentes. Elle a annoncé sa démission à Shanghai, en Chine. Elle a déclaré :

> "La contrainte d'écrire selon les ordres de Moscou est devenue plus lourde à supporter... Je suis toujours un citoyen soviétique. Je suis sûr que mes sentiments sont partagés par nombre de mes collègues en Russie, à la seule différence qu'ils ne sont pas en mesure de protester contre leur asservissement."

La plupart des communistes œuvrent à la création d'une Internationale des républiques socialistes soviétiques. En d'autres termes, ils pensent que ce n'est qu'en utilisant des méthodes révolutionnaires qu'ils pourront rapidement détruire l'emprise du capitalisme égoïste et placer le pouvoir politique entre les mains des travailleurs. Peu de membres du parti réalisent qu'ils travaillent eux-mêmes dans un état d'esclavage dont il n'y a aucun espoir de s'échapper.[173]

---

[173] M. Hyde, et d'autres, qui ont rompu avec le parti communiste ne semblent même pas encore réaliser qu'ils n'étaient que des outils utilisés pour faire avancer les plans des Illuminati.

Chapitre 16

Les événements qui ont précédé la Seconde Guerre mondiale

On a raconté comment les banquiers internationaux ont permis à l'Allemagne de se réarmer secrètement, avec l'aide de Staline, malgré les restrictions imposées par le traité de Versailles. Pour comprendre ce qui s'est passé en Allemagne pour amener Hitler au pouvoir, il faut connaître les intrigues politiques qui se sont déroulées entre 1924 et 1934. Les "puissances secrètes" ont toujours eu des agents qui divisent la population des pays. Ils prévoient d'assujettir de nombreux groupes religieux, économiques, politiques, sociaux et syndicaux. Leurs agents divisent ensuite les différents groupes en autant de factions que possible. Leur devise est "L'union fait la force. Divisés, ils tombent".

La plupart des citoyens allemands, à l'exception des communistes, étaient d'accord sur les points suivants : L'Allemagne était en train de gagner la guerre alors qu'elle avait d'abord été trahie et ensuite victimisée. Les prêteurs nationaux ont utilisé les soi-disant démocraties de Grande-Bretagne, de France et des États-Unis pour vaincre les forces armées de l'Allemagne. Que le Parti communiste, dirigé par des juifs, a aidé les banquiers internationaux à créer les conditions chaotiques qui ont précédé la signature de l'armistice et la révolution qui s'en est suivie. Ils conviennent que chaque Allemand patriote, homme ou femme, doit faire tout son possible pour construire l'Allemagne d'après-guerre et briser l'étau économique et militaire placé sur leur nation par le traité de Versailles.

La plupart des dirigeants politiques, à l'exception des communistes, étaient également d'accord sur le fait que pour se libérer des sanctions économiques imposées à la nation, il était nécessaire de rompre avec leur dépendance à l'égard des banquiers internationaux pour obtenir une assistance financière sous la forme de prêts à intérêts. En d'autres termes, la plupart des hommes politiques allemands, à l'exception des communistes, étaient d'accord pour dire que l'Allemagne devait s'écarter de la pratique consistant à financer les affaires de la nation en contractant des dettes, une pratique qui avait été imposée à l'Angleterre en 1694, à la France en 1790 et aux États-Unis en 1791, par les banquiers internationaux. Ils se sont rendu compte que ce système avait abouti à des dettes nationales astronomiques, dont le paiement du principal et des intérêts était garanti et assuré par l'imposition directe du peuple.

Les dirigeants fascistes allemands ont décidé de créer leur propre monnaie et d'utiliser leurs actifs nationaux, tels que la valeur de leurs biens immobiliers, leur potentiel industriel, leur production agricole, leurs ressources naturelles et la capacité de production de la nation, comme garantie.

Les Allemands ont constaté que, d'une manière générale, leurs points de vue sur la politique et l'économie futures étaient partagés par les Italiens, les Espagnols et les Japonais, et c'est ainsi que sont nés LES POUVOIRS DE L'AXE et le mouvement fasciste. En raison de leur personnalité dynamique, Hitler, Mussolini et Franco sont devenus les leaders choisis. L'histoire prouve que ces trois hommes ont beaucoup fait pour aider leurs pays à se remettre des effets des révolutions et des guerres précédentes. Les développements industriels et agricoles ont été quasi miraculeux. Leur réarmement militaire a été rendu possible grâce à l'aide secrète de l'agentur des Illuminati qui prévoyait d'entraîner les pays fascistes et capitalistes dans une nouvelle guerre mondiale.

Lorsque Hitler et Mussolini sont arrivés au pouvoir, ils ont prôné une politique fasciste modérée qui exigeait que les torts causés à leurs pays soient corrigés, qu'ils contiennent le communisme et qu'ils restreignent les pouvoirs des Illuminati qui contrôlaient la finance et l'industrie. Mais au fil du temps, Hitler et Mussolini sont tombés sous l'influence des chefs du noyau dur des seigneurs de la guerre nazis, qui affirmaient que le seul moyen d'établir une paix permanente dans le monde était la conquête militaire. Les dirigeants nazis ont vendu aux principaux chefs militaires d'Italie et du Japon les théories et les plans préconisés par Karl Ritter en 1849. Franco, en Espagne, a refusé d'adhérer à leurs plans totalitaires. Ses convictions religieuses l'ont convaincu qu'une idéologie qui nie l'existence d'un Dieu tout-puissant est l'œuvre du Diable.

Les dirigeants totalitaires d'Allemagne, d'Italie et du Japon étaient déterminés à utiliser le fascisme pour faire avancer leurs plans secrets à long terme, exactement de la même manière que leurs adversaires, les banquiers internationaux, utilisaient le communisme. Les plans immédiats des seigneurs de la guerre étaient les suivants : premièrement, vaincre l'Empire contrôlé par Staline ; deuxièmement, anéantir le communisme en Europe ; troisièmement, consolider le contrôle des puissances de l'Axe sur l'Europe continentale ; quatrièmement, envahir la Grande-Bretagne et la France et soumettre les populations ; et cinquièmement, envahir et conquérir les États-Unis en utilisant deux vastes mouvements en tenaille. Le Japon devait débarquer des forces d'invasion sur la côte ouest du Mexique au sud et dans les Territoires du Nord-Ouest au nord. L'Allemagne devait envahir le Canada par voie aérienne dans le Nord et les forces germano-italiennes devaient sauter l'Atlantique depuis l'Afrique et attaquer les États-Unis depuis l'Amérique du Sud et le golfe du Mexique.

Les forces d'invasion du Nord devaient se rejoindre en un point situé à proximité de Chicago et descendre le Mississippi, tandis que les forces d'invasion du Sud-Ouest et du Sud-Est devaient se rencontrer à la Nouvelle-Orléans et remonter le Mississippi vers le nord, divisant ainsi le pays en deux moitiés.[174]

Avec la conquête de la Grande-Bretagne et des États-Unis, les nazis prévoient d'exterminer les Juifs vivant dans ces deux pays comme ils ont exterminé ceux qu'ils ont localisés en Europe. Les banquiers internationaux, et les grands capitalistes qu'ils contrôlent, sont inscrits sur la liste des personnes à liquider immédiatement, avec confiscation de tous leurs biens et propriétés.

Alors qu'Hitler a été emprisonné avant 1934 parce qu'il était considéré comme l'ennemi personnel des seigneurs de la guerre nazis et des banquiers internationaux, il a écrit *Mein Kampf*. À la toute dernière page, il déclare

---

[174] Ce plan militaire existait depuis avant 1914 et a été signalé aux gouvernements alliés de la Première Guerre mondiale par des officiers de renseignement des forces armées britanniques et américaines. Le plan est expliqué en détail dans *Hell's Angels of the Deep* et *Check Mate in the North* de W.G. Carr.

"Le parti (national-socialiste) en tant que tel défend un christianisme positif, mais ne se lie à aucune profession en matière de croyance. Il combat l'esprit matérialiste juif en nous et en dehors de nous".

En 1933, Hitler a également annoncé sa politique à l'égard de la Grande-Bretagne. Il rappelle que Marx, Lénine et Staline ont tous répété à plusieurs reprises qu'avant que le communisme international ne puisse atteindre ses objectifs finaux, la Grande-Bretagne et son empire devaient être détruits. Dans ces conditions, Hitler a déclaré :

"Je suis prêt à aider à défendre l'Empire britannique par la force si on me le demande."

Hitler a écrit à propos du traité de Versailles :

"Il ne s'agissait pas d'un intérêt (intention) britannique mais, en premier lieu, d'un intérêt juif de détruire l'Allemagne.

Il a également écrit :

"Même en Angleterre, il y a une lutte continuelle entre les représentants des intérêts des États britanniques et la dictature juive mondiale. Alors que l'Angleterre s'épuise à maintenir sa position dans le monde, le Juif est aujourd'hui un rebelle en Angleterre et la lutte contre la menace juive mondiale commencera là aussi".

Hitler ne s'est jamais départi de son opinion personnelle selon laquelle la survie de l'Allemagne en tant que grande puissance dépendait d'une alliance avec l'Empire britannique.

En 1936, il a entamé des démarches pour tenter de réaliser cette alliance. Il organise des conversations officieuses entre diplomates allemands et britanniques et, après que ces réunions n'ont pas abouti à l'alliance qu'il souhaitait tant, il déclare :

"Aucun sacrifice n'aurait été trop grand pour obtenir l'alliance de l'Angleterre. Cela aurait signifié renoncer à nos colonies, à notre importance en tant que puissance maritime et à toute interférence avec l'industrie britannique par le biais de la concurrence[175]

Il considérait que toutes ces concessions allemandes auraient valu la peine si seulement il avait pu réaliser l'alliance germano-britannique. L'échec de l'alliance britannique l'a affaibli dans son opposition à l'idéologie totalitaire prônée par les seigneurs de la guerre nazis extrémistes. L'échec de la conférence a convaincu Hitler qu'aucune politique modérée ne pourrait jamais briser le contrôle que les banquiers internationaux exerçaient sur la politique étrangère britannique. Il commence à admettre, à contrecœur, que Karl Ritter avait raison lorsqu'il avait dit :

> "Le pouvoir que les financiers juifs détiennent sur le communisme doit être détruit , ainsi que celui des membres du mouvement révolutionnaire mondial, avant que la paix et la liberté économique ne puissent être restaurées dans le monde".

Le but de ce livre est d'enregistrer les événements historiques qui ont fourni les "causes" qui ont produit les "effets" dont nous faisons l'expérience aujourd'hui. Nous ne nous intéressons pas aux "droits" ou aux "torts" des décisions prises par les individus, si ce n'est pour juger par nous-mêmes si ces décisions ont favorisé le plan du diable ou si elles étaient en accord avec le plan de Dieu. La seule valeur de la recherche historique est d'obtenir la connaissance de comment et pourquoi des erreurs ont été commises dans le passé afin que nous puissions essayer d'éviter de commettre des erreurs similaires à l'avenir.

La réunion décisive concernant la possibilité d'une alliance entre la Grande-Bretagne et l'Allemagne a eu lieu en janvier 1936. Lord Londonderry représentait le gouvernement britannique et Goering, Herr Ribbentrop et Hitler, l'Allemagne.

Un spécialiste de cette phase de l'histoire m'a informé que Herr Goering et Herr Von Ribbentrop ont exposé l'histoire du Mouvement

---

[175] Cette déclaration et d'autres de même nature prouvent qu'Hitler n'a jamais accepté ni approuvé le plan à long terme des seigneurs de la guerre nazis pour la domination du monde par la conquête militaire.

révolutionnaire mondial à Lord Londonderry, en expliquant le travail de recherche détaillé effectué par le professeur Karl Ritter et d'autres. Ils ont estimé que le seul moyen de lutter efficacement contre une conspiration totalitaire à l'adresse était de recourir à la guerre totale. Ils ont expliqué à Lord Londonderry que leur plan consistait à attaquer tous les pays contrôlés par les communistes, à libérer les peuples et à exécuter tous les traîtres communistes. Ils ont affirmé que le seul moyen d'éradiquer le communisme était d'exterminer toute la race juive.[176] Ils ont produit des masses de preuves documentées qui, selon eux, étaient authentiques et prouvaient que le communisme était organisé, financé et dirigé par des Juifs puissants, riches et influents, qui organisaient, finançaient et dirigeaient également des ambitions secrètes visant à instaurer l'ère messianique.[177]

Hitler aurait promis de continuer à s'opposer aux plans totalitaires extrêmes des seigneurs de la guerre nazis et de limiter ses activités contre le communisme à l'Europe, à condition que le gouvernement britannique conclue une alliance avec l'Allemagne. Lorsque Lord Londonderry déclara qu'il doutait que le gouvernement britannique prenne part à un plan d'abolition du communisme qui nécessitait un "génocide", Hitler fit un compromis. Il a déclaré que l'Allemagne entreprendrait seule cette tâche à condition que l'Angleterre conclue un accord selon lequel les deux pays ne se feraient en aucun cas la guerre pendant dix ans. Selon Hitler, la seule façon pour la Grande-Bretagne, la France et la Russie de se débarrasser du fardeau insupportable et ruineux de dettes nationales sans cesse croissantes était de les répudier et de restituer l'émission d'argent au gouvernement, à qui elle appartenait à l'origine et à juste titre.

Hitler aurait souligné que le but de son parti national-socialiste... appelé fascisme... était de mettre fin immédiatement et pour toujours au pouvoir et à l'influence que les prêteurs internationaux exerçaient sur les affaires nationales et internationales en raison du fait qu'ils forçaient

---

[176] Une fois de plus, l'antisémitisme forcené se manifeste et pourtant l'histoire prouve que les conspirateurs internationaux ont utilisé toutes les races et toutes les croyances pour servir leurs propres ambitions secrètes et égoïstes.

[177] La plupart de ces preuves sont reproduites dans *The Palestine Plot de* B. Jensen, imprimé par John McKinley, 11-15 King Street, Perth, Écosse.

toutes les nations qui prétendaient encore être indépendantes à s'endetter de plus en plus. Il aurait cité ce que Benjamin Disraeli a fait dire à l'un de ses personnages dans son célèbre livre *Coningsby*,

> "Vous voyez donc, cher Coningsby, que le monde est gouverné par des personnages très différents de ce qu'imaginent ceux qui ne sont pas dans les coulisses"[178]

Goering aurait soutenu le Führer en soulignant que l'histoire avait prouvé que les Juifs riches et influents avaient obtenu le contrôle économique et politique de tous les pays dans lesquels ils s'étaient infiltrés en utilisant des méthodes illégales et des pratiques corrompues.

Herr Von Ribbentrop aurait soutenu les arguments de Goering en rappelant à Lord Londonderry qu'en 1927-1928, alors qu'il se trouvait au Canada, la commission royale Stevens sur le service des douanes canadiennes avait prouvé que le pays était dépouillé chaque année de plus de CENT MILLIONS DE DOLLARS par la contrebande et d'autres types de trafic et de commerce illégaux organisés et dirigés à partir d'un siège international. Il a souligné que les preuves présentées au commissaire royal avaient prouvé que, pour s'en tirer avec le gangstérisme et la licence, il fallait "arranger" des milliers de fonctionnaires et des centaines de représentants du gouvernement, même au niveau du cabinet. Il souligna que ce qui avait été absolument prouvé au Canada était dix fois plus grave aux États-Unis d'Amérique. Ribbentrop estimait que la seule façon de nettoyer le gâchis était d'"attraper" les trois cents hommes au sommet qui étaient "la puissance secrète" maîtrisant les forces négatives dont les diverses influences maléfiques et les activités criminelles favorisaient toutes le plan à long terme de ceux qui dirigeaient le Mouvement révolutionnaire mondial.[179]

---

[178] Le livre *Coningsby* a été publié en 1844, juste avant que Karl Marx ne publie le "Manifeste communiste". À cette époque, plusieurs révolutions étaient en préparation et ont eu lieu immédiatement après la parution du livre de Karl Marx.

[179] Ribbentrop citait manifestement un article de la Weiner Freie Presse publié le 14 décembre 1912 par feu Walter Rathenau, dans lequel il déclarait : "Trois cents hommes, dont chacun est connu de tous les autres, gouvernent le destin du continent européen et élisent leurs successeurs dans leur propre entourage". Ce sont les Illuminati.

Goering aurait une nouvelle fois passé en revue le rôle joué par les banquiers internationaux dans le déclenchement, la direction et le financement de la révolution russe de 1917, qui leur a permis d'engendrer les conditions défavorables que connaissait le monde à cette époque.[180]

Hitler rappelle à Lord Londonderry les millions de chrétiens qui ont été impitoyablement massacrés dans les pays communisés depuis octobre 1917 et affirme que les responsables ne peuvent être considérés que comme des gangsters internationaux.

Le dernier point abordé est la manière dont Staline a été chargé de transformer l'Espagne en une dictature communiste. Tout le schéma des intrigues internationales a été mis à nu. La manière dont a permis à l'Allemagne de se réarmer secrètement : La manière dont la politique française était contrôlée par la franc-maçonnerie du Grand Orient.[181] La manière dont la Grande-Bretagne a été persuadée de désarmer, alors que ses ennemis potentiels étaient réarmés.

Selon les Allemands, il serait impossible que le monde jouisse de la paix et de la prospérité tant que ceux qui dirigent le Mouvement révolutionnaire mondial s'obstineraient à fomenter des guerres afin de créer des conditions favorables à l'action révolutionnaire. Selon eux, il faut arrêter le communisme international et le sionisme politique et mettre fin immédiatement aux mouvements, faute de quoi une nouvelle guerre est inévitable, car les puissances secrètes, qui tirent les ficelles, sont déterminées à atteindre leurs objectifs ultimes.

Hitler était un grand orateur et mon informateur affirme qu'il a mis fin aux discussions en demandant à Lord Londonderry de retourner en Angleterre et de persuader le gouvernement britannique de se joindre à l'alliance proposée avec l'Allemagne

> "parce que je suis convaincu que l'Empire britannique et l'Église catholique romaine sont tous deux des institutions universelles dont

---

[180] La plupart des pays du monde étaient plongés dans une profonde dépression économique.

[181] Hitler ferme toutes les loges du Grand Orient en Allemagne.

le maintien est absolument essentiel comme remparts pour la préservation de la loi et de l'ordre dans le monde entier à l'avenir".

Ce qui a été dit ici sur Hitler est tellement étranger à l'idée générale que les faits et documents historiques suivants sont cités à l'appui de ce qui a été dit : Lord Londonderry est rentré à Londres après la conférence et a fait son rapport au cabinet britannique. Le 21 février 1936, il écrit à Herr Von Ribbentrop. Il fait référence aux conversations qu'il a eues. La lettre se lit en partie comme suit

> "Ils (Hitler et Goering) oublient qu'ici (en Angleterre) nous n'avons pas connu les ravages d'une révolution depuis plusieurs siècles... En ce qui concerne les Juifs... nous n'aimons pas les persécutions, mais en plus de cela, il y a le sentiment matériel que vous vous attaquez à une force énorme qui est capable d'avoir des répercussions dans le monde entier... il est possible de retracer leur participation à la plupart de ces troubles internationaux qui ont créé tant de ravages dans différents pays, mais d'un autre côté, on peut trouver de nombreux Juifs fortement rangés de l'autre côté qui ont fait de leur mieux, avec les richesses à leur disposition, et aussi par leur influence, pour contrecarrer les activités malveillantes et malicieuses de leurs compatriotes juifs.[182]

Après avoir réalisé que ses espoirs de conclure une alliance entre l'Allemagne et la Grande-Bretagne avaient échoué, Hitler a penché de plus en plus à droite. Il devint convaincu qu'il était impossible pour un individu, un groupe d'individus ou même une seule nation de briser le pouvoir et l'influence que les banquiers internationaux exerçaient sur les nations dites démocratiques en raison de leur contrôle financier et du poids de leurs dettes nationales.

En juillet 1936, la guerre civile espagnole a éclaté et Hitler, Mussolini et Franco se sont rapprochés. C'est le fait que Franco ait dû déclencher une guerre civile en Espagne pour empêcher la communisation de l'Espagne sans combat qui a poussé Hitler à arrondir ses frontières et à concentrer sa puissance militaire à l'intérieur de ses frontières. Il était déterminé à s'assurer que Staline, dont il savait qu'il n'était que l'agent

---

[182] Citation tirée de l'*Evening Standard,* Londres, datée du 28 avril 1936. Pour plus de détails sur les conversations de Lord Londonderry avec Hitler, Goering et Von Ribbentrop, lire *Ourselves and Germany* publié par Lord Londonderry.

des banquiers internationaux chargé de diriger la Russie, n'étendrait pas sa dictature à d'autres pays européens. Chaque mesure prise par Hitler dans ce sens a été qualifiée d'"acte d'agression" par la presse antifasciste. Hitler explique ces actions par des guerres ou des occupations "préventives". Il a déclaré qu'il souhaitait avant tout "empêcher" Staline d'établir sa sphère d'influence sur ou autour du 40e parallèle de latitude en Europe. S'il était autorisé à le faire, l'Allemagne, la Grande-Bretagne et d'autres pays d'Europe du Nord seraient pris au piège comme des mouches dans une toile d'araignée.

Non seulement Hitler n'a pas réussi à obtenir l'alliance britannique, mais il s'est attiré l'inimitié des seigneurs de la guerre nazis qui préconisent des méthodes totalitaires pour résoudre ce problème très compliqué et dangereux. Ils ne veulent pas d'une alliance avec l'Angleterre. Ils ne voulaient pas voir le christianisme s'épanouir. Ils n'étaient pas d'accord avec les mesures "préventives" d'Hitler. Ils ne sont pas d'accord avec tout ce qu'Hitler fait pour entraver leurs plans de "guerre totale", d'abord contre la Russie, puis contre la Grande-Bretagne et la France. Le "noyau dur" des seigneurs de la guerre nazis païens exigeait qu'Hitler prenne des mesures offensives, comme meilleure défense contre l'empiètement progressif de la clandestinité communiste et des forces armées de Staline. Devant le refus d'Hitler d'aller jusqu'au bout, ils décidèrent de se débarrasser de lui. Le premier attentat fut perpétré contre sa vie. Les seigneurs de la guerre nazis ont ensuite tenté d'affaiblir le contrôle qu'il avait acquis sur le peuple allemand.

Ils ont lancé une campagne pour vendre leur idéologie païenne aryenne au peuple allemand. Ils enseignent la supériorité de la race aryenne. Ils prônent la guerre pour établir la suprématie incontestée de l'État aryen. Ils ont érigé en principe fondamental que tous les hommes et toutes les femmes de sang aryen devaient accorder une obéissance illimitée au chef de l'État aryen et ne reconnaître aucun mortel comme étant au-dessus de lui. Cette campagne a été attribuée à Hitler, et la presse antifasciste du monde entier a crié sur tous les toits que Hitler était un païen et un seigneur de la guerre nazi à l'esprit totalitaire et à la chemise noire. C'est ainsi qu'ont commencé les affrontements entre le clergé catholique et protestant et l'État. Le clergé a condamné l'idéologie nazie au motif que ceux qui la prêchaient prêchaient la déification des hommes.

Les dirigeants nazis accusaient le clergé catholique et protestant d'enfreindre les lois et de défier l'autorité de l'État. Les évêques catholiques et protestants ont répondu en affirmant que les doctrines nazies extrêmes étaient antagonistes et contraires au plan divin de la création. Les dirigeants nazis ont rétorqué que l'Église n'avait pas le droit de s'immiscer dans les affaires de l'État.

Hitler a tenté d'apaiser le clergé en interdisant les loges du Grand Orient, connues pour être le quartier général des extrémistes aryens dans toute l'Allemagne. Les dirigeants nazis ont fait échouer cette mesure en les remplaçant par des "Ordres de chevalerie allemande".

Hitler, afin de maintenir un front uni contre le communisme, a tenté d'apaiser les nazis en publiant un décret stipulant que tout ecclésiastique prêchant contre les lois de l'État ou remettant en cause sa suprématie serait soumis à l'ensemble de la procédure judiciaire et, s'il était reconnu coupable, subirait les peines prévues pour de tels "crimes". Cette situation illustre une nouvelle fois la manière dont les forces du mal ont divisé deux forces puissantes qui luttaient toutes deux contre un ennemi commun.

La propagande antifasciste a exploité au maximum le désaccord entre Hitler et le Pape. Il est vrai que le pape Pie XI a dénoncé le nazisme en termes très clairs dans l'encyclique du 14 mars 1937 "sur la condition de l'Église en Allemagne". Il a déclaré aux catholiques romains qu'il avait pesé chaque mot de l'encyclique dans la balance de la vérité et de la clarté.

En référence à la conception nazie de la supériorité de la race aryenne et de la suprématie de l'État, il a déclaré : "Je suis un homme d'État :

> "S'il est vrai que la race ou le peuple, l'État ou une forme de gouvernement ; les représentants d'un pouvoir civil, ou d'autres éléments fondamentaux de la société humaine ont une place essentielle et honorable dans l'ordre naturel, cependant, si quelqu'un les détache de cette échelle de valeurs terrestres et les exalte comme la forme et la norme suprêmes de toutes choses, même des valeurs religieuses, en les déifiant par un culte idolâtre, il pervertit et falsifie l'ordre des choses créé et constitué par Dieu, et il est loin de la vraie foi en Dieu, et d'une conception de la vie conforme à celle-ci... Notre Dieu est un Dieu personnel, transcendant, tout-puissant, infini, parfait. Un dans la Trinité des Personnes et trois dans l'unité de l'Essence divine ; créateur de l'univers ; Seigneur ; Roi ; et but

ultime de l'histoire du monde ; qui ne souffre pas et ne pourra jamais souffrir aucune autre divinité en dehors de Lui... Seuls des esprits superficiels peuvent tomber dans l'erreur de parler d'un Dieu national, d'une religion nationale, de tenter sottement de restreindre dans les limites étroites d'une seule race ce Dieu qui est le Créateur du monde, le Roi et le Législateur de tous les peuples, devant la grandeur duquel les nations sont aussi petites que des gouttes d'eau dans un seau" (Isaïe XL-15).

Dans une lettre pastorale datée du 19 août 1938, les évêques d'Allemagne s'élèvent hardiment contre l'idéologie nazie. La lettre affirme que l'attitude des nazis à l'égard de la religion chrétienne en Allemagne est en contradiction flagrante avec les affirmations du Führer.[183]

> "Ce qui est visé, ce n'est pas seulement le contrôle de la croissance de l'Église catholique, mais l'anéantissement du christianisme et la mise en place à sa place d'une religion qui est totalement étrangère à la croyance chrétienne en un seul vrai Dieu".

La lettre poursuit en soulignant que l'attaque nazie contre le Dr. Sproll, l'évêque protestant de Rottenburg, prouve clairement que la "persécution" n'est pas seulement dirigée contre l'Église catholique, mais contre l'ensemble de l'idée chrétienne en tant que telle... "On tente de se débarrasser du Dieu chrétien pour le remplacer par un "Dieu allemand". Que signifie un Dieu allemand ? Est-il différent du Dieu des autres peuples ? Si c'est le cas, il doit y avoir un Dieu spécial pour chacun d'entre eux.[184]

Ce qui s'est passé en Allemagne en 1936 s'est produit dans d'autres pays depuis lors. Les dirigeants du nazisme "noir" ont uni leurs forces à celles du communisme "rouge" pour s'attaquer à la fois à la religion chrétienne et à l'Empire britannique. Les seigneurs de la guerre nazis à l'esprit totalitaire ont initié leurs adeptes aux loges du Grand Orient

---

[183] Pour le texte intégral de ces lettres, lire *The Rulers of Russia* par le Révérend Père Fahey, pp. 64-70. 345 nation et pour chaque peuple... Cela revient à dire "Il n'y a pas de Dieu".

[184] Le premier paragraphe de cette lettre confirme l'opinion de l'auteur, à savoir que le plan nazi extrême est en contradiction avec le plan d'Hitler.

allemand, en utilisant les anciens rites et rituels païens transmis depuis l'époque où les tribus barbares aryennes et les Huns ont déferlé sur l'Europe. Les hommes à l'esprit totalitaire qui dirigent le communisme international introduisent leurs dirigeants dans les Loges du Grand Orient d'autres pays en utilisant les anciens rites cabalistiques de l'Illuminisme. Pour comprendre cette situation, il est nécessaire de rappeler que les Juifs n'ont jamais été admis, en aucune circonstance, dans les Loges du Grand Orient allemand depuis 1785, lorsque les papiers trouvés sur le corps du Courrier des Illuminati, tué par la foudre à Ratisbonne, ont été remis par la police aux autorités bavaroises et ont prouvé que les Loges du Grand Orient en France étaient utilisées comme siège secret du mouvement révolutionnaire d'inspiration juive.

Lorsque des situations aussi complexes se présentent, on peut comprendre pourquoi l'Église catholique romaine a pris une position aussi tranchée contre le nazisme "noir", tout en tolérant les formes moins extrêmes de fascisme, c'est-à-dire l'anticommunisme tel que pratiqué par Franco en Espagne. Cela explique également pourquoi le cardinal Mindszenty a collaboré avec des dirigeants prétendument fascistes qui ont tenté de renverser la domination communiste dans son pays.

Franco a toujours refusé de sombrer dans l'abîme. Il a refusé de soutenir le nazisme allemand pendant la Seconde Guerre mondiale, simplement parce que les seigneurs de la guerre païens nazis extrémistes étaient devenus tout-puissants en Allemagne. En Allemagne, en Italie, en France, en Espagne et au Japon, des millions de citoyens, pacifiques par inclination et charitables dans l'âme, se sont retrouvés dans la position de devoir décider s'ils devenaient activement pro-fascistes ou pro-communistes. Le choix de Hobson s'offrait à eux. Ils choisissaient généralement ce qu'ils considéraient comme le moindre des deux maux. Ils étaient immédiatement étiquetés en conséquence.

Par des intrigues diaboliques, les nations du monde se préparent à la Seconde Guerre mondiale. La dictature russe réarme secrètement les armées allemandes. La dictature italienne, sous la direction de Mussolini, construisait secrètement une immense marine de sous-marins selon les spécifications et la conception allemandes. Ces sous-marins ont été testés dans les conditions de la guerre réelle pendant la guerre civile espagnole.

Ces tests ont prouvé que les sous-marins de conception allemande étaient, en 1936, pratiquement immunisés contre les armes anti-sous-marines britanniques, y compris l'Asdic. Le gouvernement britannique a été informé de la situation. Le capitaine Max Morton, R.N., avait mis l'accent sur les avertissements en évitant tous les dispositifs anti-sous-marins utilisés pour la protection de la flotte britannique en Méditerranée lorsqu'elle était à l'ancre. Il s'est introduit dans le port gardé et a théoriquement coulé une demi-douzaine de navires de la capitale alors qu'ils étaient à l'ancre. Cet acte du capitaine Max Morton lui valut la condamnation des seigneurs de la mer civils britanniques au lieu de l'éloge et de la reconnaissance. Sa promotion a été retardée et il a été réduit au silence. Jusqu'en 1940, il n'est pas autorisé à jouer un rôle très actif dans les affaires navales britanniques. Lorsque les sous-marins allemands menacent d'affamer la Grande-Bretagne, on lui demande de prendre la direction de la bataille anti-sous-marine de l'Atlantique.

Le gouvernement britannique a été averti dès 1930 que les sous-marins de conception allemande avaient plongé à plus de 500 pieds de profondeur, rendant ainsi obsolètes toutes les décharges de profondeur utilisées à l'époque. Il a également été averti que l'équipement Asdic utilisé à l'époque était également obsolète. Mais ils ont refusé de tenir compte de ces avertissements. Les puissances secrètes utilisaient leurs agents au sein du gouvernement britannique pour affaiblir le potentiel de guerre britannique, tandis qu'elles renforçaient secrètement celui de l'Allemagne. Lorsque la guerre éclate, la Grande-Bretagne n'a pas un seul navire moderne d'escorte océanique anti-sous-marine en service. Elle a donc perdu 75% de ses navires marchands, et plus de 40 000 marins, avant que le vent ne tourne en sa faveur en avril 1943.[185]

Hitler s'est mis à dos les banquiers internationaux lorsqu'il a annoncé sa politique financière et son programme de réforme monétaire. Il persuade l'Italie, l'Espagne et le Japon de le soutenir dans sa détermination à défier le pouvoir des cartels et des monopoles financés et contrôlés par les banquiers internationaux, en particulier leur "enfant prodige", la Banque des règlements internationaux. Le Reich allemand

---

[185] L'auteur a personnellement informé le chef d'état-major de la marine canadienne, le premier Lord de l'Amirauté et d'autres représentants du gouvernement de ce triste état de fait.

a abrogé la clause de la constitution qui faisait du Dr Hans Luther, le président de la Reichsbank, un personnage permanent. Jusqu'à cette modification, le président de la Reichsbank ne pouvait être démis de ses fonctions sans son consentement et sans un vote majoritaire du conseil d'administration de la Banque des règlements internationaux.

Depuis la Grande Guerre, les banquiers internationaux ont créé vingt-six banques centrales. Celles-ci ont été créées en 1913 selon les théories de M. Paul Warburg, l'Allemand parti en Amérique en 1907 et devenu associé de Kuhn-Loeb & Co. à New York.

La création de M. Paul Warburg en 1913 a constamment tenté de mettre en place une "organisation bancaire centrale" qui ne reconnaîtrait aucune autorité sur cette planète comme étant au-dessus d'elle. Hitler savait que si Warburg et ses associés parvenaient à leurs fins, la Banque des règlements internationaux deviendrait aussi autocratique que la Banque d'Angleterre en ce qui concerne les affaires nationales et la politique étrangère britanniques. On demandait aux hommes politiques et aux hommes d'État de croire que ce rêve de banquier stabiliserait le système bancaire mondial. En cela, ils avaient tout à fait raison. Le nègre dans la pile d'or est le fait qu'avec la réalisation de ce rêve, tout espoir de liberté et d'abondance pour l'individu et l'industrie privée disparaîtrait automatiquement. Les citoyens du monde auraient la même sécurité financière que le criminel qui bénéficie de la sécurité sociale derrière les barreaux. Contre ce processus de réduction des peuples du monde à l'esclavage financier Hitler a décidé de prendre une position définitive, et il a refusé de permettre à l'Allemagne d'être fusionnée dans la ligue des États monopolistes, secrètement contrôlés par des agents des Illuminati.

Après trois ans de fonctionnement du système de la Réserve fédérale de Paul Warburg, de 1913 à 1916, le président Woodrow Wilson a résumé la situation économique des États-Unis d'Amérique comme suit :

"Une grande nation industrielle est contrôlée par son système de crédit. Notre système de crédit est concentré. La croissance de la nation, par conséquent, et toutes nos activités sont entre les mains de quelques hommes...

Nous sommes devenus l'un des gouvernements les plus mal gouvernés, l'un des plus complètement contrôlés et dominés du monde civilisé... Ce n'est plus un gouvernement fondé sur la conviction et le vote libre de la majorité, mais un gouvernement fondé sur l'opinion et la contrainte de petits groupes d'hommes dominants".

C'est en fait ce que signifie la soi-disant démocratie moderne.[186]

Lorsque les pays du monde occidental ont été plongés dans la dépression économique des années 1930, dont seule une nouvelle guerre pouvait les sortir, le président Franklin D. Roosevelt a déclaré :

> "Soixante familles américaines contrôlent la richesse de la nation... Un tiers de la population du pays est mal logé, mal nourri et mal vêtu..." "Vingt pour cent des hommes travaillant sur les projets de la W.P.A. sont dans un état de malnutrition si avancé qu'ils ne peuvent pas faire une journée de travail... J'ai l'intention de chasser les changeurs de monnaie du Temple".

Roosevelt savait qu'à moins de chasser les banquiers internationaux du temple moderne de la finance internationale, seule une guerre mondiale de grande ampleur pourrait soulager la constipation financière chronique qu'ils avaient provoquée à l'échelle internationale en retirant des devises, en restreignant les crédits et en procédant à d'autres manipulations financières. Ils s'enrichissaient tandis que tous ceux qui n'appartenaient pas à leur cercle restreint s'appauvrissaient progressivement. Mais Roosevelt se montra bientôt docile.

Le président Roosevelt s'est rendu compte qu'il ne pouvait pas briser, ni même freiner, le pouvoir des Illuminati. Il a été contraint de mener son pays à la guerre contre les seuls pays qui tenaient fermement à la politique qu'il avait si imprudemment annoncée peu après son élection. Et, après être devenu hagard et grisonnant en exécutant les ordres des hommes dont l'argent et l'influence l'avaient placé au poste de président des États-Unis, il est prétendument mort dans la maison de l'homme le plus riche et le plus puissant des États-Unis.... Bernard Baruch... Un homme au-dessus de tous les autres qui, au cours des quarante dernières années au moins, s'est tenu tranquillement dans l'ombre, mais qui était reconnu comme le "roi" de tous les banquiers

---

[186] Pour plus d'informations sur la finance internationale, lire *Wealth, Virtual Wealth and Debt* du professeur Soddy, pp. 290 et suivantes. Publié par Omnia Veritas Ltd, www.omnia-veritas.com.

américains et sans aucun doute l'un des rares qui, à notre époque, a été "la puissance secrète" dans les coulisses des affaires internationales. Si ce n'était pas le cas, pourquoi Winston Churchill et son fils lui rendent-ils si souvent visite ? Pourquoi Winston Churchill a-t-il fait ses annonces capitales concernant son attitude à l'égard du sionisme politique et de la coexistence pacifique immédiatement après sa visite à Bernard Baruch en 1954 ?

Il est malheureux, mais vrai, qu'aujourd'hui le mot "démocratie" est un mot très trompeur. Il est utilisé pour décrire tous les pays qui sont en fait le paradis des prêteurs. Aujourd'hui, les pays dits "démocratiques" suivent un système monétaire conçu par les banquiers internationaux, dans lequel la monnaie provient de dettes contractées auprès de groupes de particuliers qui manipulent le niveau des prix dans les différents pays et utilisent l'argent comme une valeur stable facilitant l'échange de la RENTABILITÉ RÉELLE. La Grande-Bretagne, la France et les États-Unis sont qualifiés de pays "démocratiques" uniquement parce qu'ils sont liés par la dette aux prêteurs internationaux. Les pays communistes se qualifient également de républiques "démocratiques" et ils ont le droit de le faire tant qu'ils sont également contrôlés par les mêmes groupes financiers internationaux.

Lorsque les puissances de l'Axe en Europe ont refusé de se placer en situation d'usure vis-à-vis des banquiers internationaux, elles se sont placées exactement dans la même catégorie que le petit commerçant indépendant par rapport aux grandes chaînes de magasins, aux combinaisons d'entreprises et aux monopoles. Ils ont eu le choix de rejoindre la grande "famille heureuse"... ou pas. Dans le cas d'un commerçant indépendant, s'il refuse de "voir la lumière", il est mis en faillite par la pression systématique d'une concurrence déloyale. Les nations qui refusent de "jouer le jeu" sont condamnées à subir des guerres ou des révolutions. Aucune pitié n'est accordée aux nations dont les dirigeants refusent de se prosterner aux pieds de Mammon. Aucune considération n'est accordée aux nations qui refusent de se mettre à l'usure devant les grands prêtres du Dieu Mammon.

Tous doivent payer le tribut qui leur est demandé... ou bien.

La Seconde Guerre mondiale a été déclenchée pour permettre aux Illuminati de se débarrasser enfin des barrières de castes, de croyances et de préjugés. Leurs idées concernant une nouvelle civilisation devaient être construites dans *un* monde en guerre. A l'appui de ce qui précède, nous citons une partie de l'allocution que Sir Anthony Eden a adressée à l'Amérique le 11 septembre 1939. Il a déclaré : "Pouvons-nous enfin débarrasser l'Europe de la guerre ? "Pouvons-nous enfin débarrasser l'Europe des barrières de castes, de croyances et de préjugés ?... Notre nouvelle civilisation doit se construire dans un monde en guerre. Mais notre nouvelle civilisation se construira tout de même." C'est de la pourriture pure et simple. Les guerres sont destructrices et non constructives.

Depuis 1930, des Britanniques informés et influents ont fait tout ce qui était en leur pouvoir pour éviter que l'Angleterre et ses alliés ne soient entraînés dans une nouvelle guerre avec l'Allemagne. Comme on pouvait s'y attendre, toutes ces personnes ont été attaquées par les agences antifascistes qui les ont accusées d'être des nazis "noirs" à l'esprit totalitaire.

Certains des Britanniques qui s'opposaient au communisme et à la soumission continue du gouvernement britannique aux banquiers internationaux se sont ouvertement déclarés en faveur des principes fascistes tels qu'ils ont été exposés par Franco et Hitler. Ce groupe était dirigé par Sir Oswald Mosley. D'autres, principalement des hommes d'État, des amiraux à la retraite et des généraux, s'efforçaient discrètement d'informer les hommes politiques et les membres du gouvernement sur les objectifs de l'intrigue internationale.

Le mouvement antisémite a commencé en Angleterre au début de l'année 1921, après le retour de M. Victor E. Marsden de Russie où il avait été emprisonné par les bolcheviks. M. Marsden était correspondant du London Morning Post en Russie depuis avant 1914. Lorsque M. Marsden est rentré en Angleterre, il était en possession du document que le professeur Sergei Nilus avait publié en russe en 1905 sous le titre Jewish Peril (Le péril juif). Le professeur Nilus affirmait que les documents originaux avaient été obtenus d'une femme qui les avait volés à un riche juif international lorsqu'il était retourné dans ses appartements après s'être adressé à des cadres supérieurs des Loges du Grand Orient à Paris en 1901.

Alors que M. Marsden traduisait les documents, il a été averti que s'il persistait à publier le livre, il mourrait. M. Marsden a publié sa traduction des documents sous le titre Protocoles des Sages de Sion et il est mort dans des circonstances suspectes quelques années plus tard.

Après la publication du livre par la Britons Publishing Society, M. Marsden a été dénoncé au niveau international comme un menteur antisémite à visage découvert. Ce livre a suscité l'une des plus grandes controverses que le monde ait jamais connues. Mes propres recherches sur m'ont amené à penser que les documents publiés par le professeur Nilus en Russie en 1905 sous le titre Jewish Peril et par M. Marsden en Angleterre en 1921 sous le titre Protocols of the Learned Elders of Zion sont les plans à long terme des Illuminati qui ont été expliqués par Amschel Rothschild à ses associés à Francfort en 1773. Rothschild ne s'adressait pas aux rabbins et aux anciens. Il s'adressait à des banquiers, des industriels, des scientifiques, des économistes, etc. *Il est donc injuste d'accuser cette conspiration diabolique d'être un crime contre l'ensemble du peuple juif et ses chefs religieux.* Je suis soutenu dans cette opinion par l'un des officiers de renseignement les plus haut placés des services britanniques. Il a étudié la question en Russie, en Allemagne et en Angleterre.

On ne peut douter que le document qui est tombé entre les mains du professeur Nilus ait été utilisé comme matériel pour des conférences destinées à instruire les dirigeants de la W.R.M. car, en plus de l'ébauche originale de la conspiration, il y a des remarques supplémentaires qui expliquent comment le complot a été mis en œuvre et comment le darwinisme, le marxisme et le nietzschéisme ont été utilisés depuis 1773. Il est également fait mention de l'intention d'utiliser le sionisme politique pour servir les objectifs de la W.R.M. à l'avenir... les Illuminati.

Le terme Agentur contenu dans le document semble indiquer un individu, un groupe, une race, une nation, une croyance ou tout autre organisme qui pourrait être utilisé comme outil ou instrument pour faire avancer le plan à long terme des Illuminati en vue d'une domination ultime du monde.

Quelle que soit son origine, personne ne peut nier que la tendance des événements mondiaux a suivi le programme suggéré dans le document depuis 1773 jusqu'à aujourd'hui. Personne ne peut que s'étonner de l'exactitude mortelle des prévisions faites dans le document.

Pour ne citer qu'un exemple flagrant parmi tant d'autres. Le document décrit comment le sionisme doit être aidé à atteindre ses objectifs. Théodore Herzl est le fondateur du mouvement sioniste. Il a déclaré : "Dès le premier instant où je suis entré dans le mouvement sioniste, je me suis senti à l'aise : "Dès que je suis entré dans le mouvement sioniste, mes yeux se sont tournés vers l'Angleterre, parce que je voyais, en raison des conditions générales qui y régnaient, le point d'Archimède où le levier pouvait être actionné. Et encore :

> Lorsque nous sombrons (le "nous" faisant référence aux sionistes), nous devenons un prolétariat révolutionnaire, les officiers subalternes du parti révolutionnaire ; lorsque nous nous élevons, c'est aussi notre terrible pouvoir de la bourse qui s'élève[187]

Plus étonnant encore, et pour revenir à l'époque où le document est entré en possession du professeur Nilus, Max Nordau, s'adressant au Congrès sioniste tenu à Bâle, en Suisse, en août 1903, aurait déclaré : "Nous sommes très heureux de pouvoir vous présenter ce document :

> "Laissez-moi vous dire les mots suivants comme si je vous montrais les barreaux d'une échelle menant vers le haut et vers le bas... Le Congrès sioniste : La proposition anglaise d'Ouganda : La future guerre mondiale : La conférence de paix où, avec l'aide de l'Angleterre, une Palestine libre et juive sera créée".

Ce qu'il faut retenir, c'est que ces hommes, qui étaient d'éminents dirigeants du mouvement sioniste, ont probablement parlé en toute sincérité. L'histoire prouve cependant que le petit groupe sélectionné qui, par le passé et encore aujourd'hui, constitue "le pouvoir secret" derrière le mouvement révolutionnaire mondial, a utilisé le communisme et le sionisme pour servir ses propres ambitions totalitaires égoïstes.

Le contenu du document traduit par M. Marsden détaille la "ligne du parti" suivie par les dirigeants de la révolution bolchevique sous la direction de Lénine et de Staline, tout comme il détaille la politique suivie par les dirigeants du mouvement sioniste. Lord Sydenham a lu le document et a ensuite fait une remarque :

---

[187] Théodore Herzl dans *Un État juif* (Judenstaat), cité à la page 45 de *The Palestine Plot* de B. Jensen.

"La caractéristique la plus frappante... est une connaissance d'un genre rare, embrassant le champ le plus large... une connaissance sur laquelle se fondent les prophéties qui s'accomplissent aujourd'hui".

Henry Ford a étudié ce document. Il l'a également fait étudier par de nombreux hommes éminents et érudits. Il a publié un livre contenant des révélations étonnantes, dont le résultat est que le document détaille le plan par lequel un petit groupe de financiers internationaux a utilisé, et utilise toujours , le communisme, le sionisme et toutes les autres agences qu'ils peuvent contrôler, qu'elles soient juives ou païennes, pour promouvoir leurs propres ambitions totalitaires secrètes.

M. Henry Ford a été interrogé sur ce document par un journaliste du New York World. Ses commentaires ont été publiés le 17 février 1921. Il a déclaré :

"La seule déclaration que je souhaite faire à propos des Protocoles est qu'ils s'adaptent à la situation actuelle. Ils ont seize ans et ils se sont adaptés à la situation mondiale jusqu'à ce jour. Ils s'adaptent à la situation actuelle.

M. Ford a fait sa déclaration il y a trente-quatre ans et ce qu'il a dit à l'époque est tout aussi valable aujourd'hui. Cela devrait prouver à toute personne impartiale que le document est une copie authentique du plan conçu à l'origine, qui a été mis en pratique sur le site. Il a presque atteint l'objectif pour lequel il a été conçu. Il a presque atteint l'objectif pour lequel il a été conçu.

On peut se demander "Combien de temps les gens vont-ils supporter un tel état de fait ?" La révolution n'est pas la solution. La révolution fait le jeu des puissances du mal. Seule la voix indignée des masses de toutes les nations libres peut insister auprès de leurs représentants élus pour qu'ils mettent fin aux plans totalitaires des prêteurs avant qu'ils n'atteignent leur but.

De 1921 à 1927, M. Marsden est resté au service du Morning Post. Il avait beaucoup d'amis, mais il s'était fait de puissants ennemis. En 1927, il est choisi pour accompagner le prince de Galles dans sa "tournée de l'Empire". Il est très improbable que M. Marsden n'ait pas profité de cette occasion pour informer Son Altesse Royale au sujet du document et de la manière dont les financiers internationaux étaient impliqués dans les intrigues internationales et les mouvements communistes et sionistes. Lorsque le prince de Galles revint de sa tournée dans l'Empire, il était un homme très changé. Il n'était plus "un jeune homme gai". Il était beaucoup plus mûr et avait assumé le rôle sérieux d'"'ambassadeur de bonne volonté de l'Empire britannique". Il s'agit peut-être d'une pure coïncidence, mais M. Marsden, dont la santé s'était considérablement améliorée au cours de ses voyages à l'étranger, tomba subitement malade le lendemain de son retour en Angleterre et mourut quelques jours plus tard. Cela rappelle ce que M. E. Scudder a écrit à propos de la mort de Mirabeau dans son livre *Le collier de diamants*. "Le roi Louis de France n'ignorait pas que Mirabeau avait été empoisonné. Mirabeau est mort parce qu'il avait dit au roi de France qui étaient les vrais instigateurs de la Révolution française.

Tous ceux qui ont eu le privilège de connaître l'actuel duc de Windsor savent à quel point il a été marqué par son expérience au "front" pendant la guerre de 1914-1918. Il a insisté pour passer beaucoup de temps sur les lignes de front afin d'encourager les troupes. Il a gagné leur admiration et leur loyauté et, en retour, il a aimé et respecté ses futurs sujets qui se sont si bien battus et sont morts si courageusement.

Après le tour de l'Empire, Son Altesse Royale s'est intéressée de près aux problèmes sociaux et économiques. Il a visité les districts miniers et est entré dans les maisons des mineurs. Il discute avec les mineurs et leurs familles de leurs problèmes. Il voulait se dispenser des fioritures qui encombrent les cérémonies royales. Il a eu l'audace de ne pas être d'accord avec la décision de la Couronne. Il a eu l'audace d'exprimer son désaccord lorsque des hommes d'État et des politiciens lui ont donné des conseils qu'il savait erronés. Il a osé exprimer ses opinions en matière d'affaires étrangères. Il était vigilant et s'opposait à toute proposition de politique gouvernementale susceptible de faire le jeu des "puissances secrètes" et d'entraîner le pays dans une nouvelle guerre.

Après avoir été proclamé roi, le 20 janvier 1936, il a pris ses responsabilités encore plus au sérieux. Il n'avait pas l'intention de n'être qu'un "autre roi" sur l'échiquier international, d'être déplacé ici et là selon la volonté des puissances en place, jusqu'à ce qu'il ait été manœuvré dans une position d'impasse ou d'échec et mat. Il est devenu évident qu'il avait un esprit et une volonté propres. Un roi avec ses connaissances et ses caractéristiques peut être un obstacle sérieux pour les hommes qui sont déterminés à ce que les affaires de l'État soient gérées selon leurs plans. Il fallait s'en débarrasser.

Depuis qu'il s'est associé à M. Marsden, Be a été victime d'une version moderne de *"L'Infamie"*. Une campagne de dénigrement à voix basse laissait entendre qu'il était "sauvage" et enclin à une conduite licencieuse. On l'accusait de pencher vers la "droite" et d'être associé au mouvement fasciste de Sir Oswald Mosley.[188]

Lorsque son amitié avec Mme Wally Simpson a été découverte, toute la puissance de la presse "de gauche" s'est déchaînée sur eux et, quelle que soit sa position, les insinuations les plus viles ont été faites et la pire construction possible a été faite sur leur relation. C'était exactement le genre de situation que ses ennemis pouvaient utiliser pour faire avancer leurs propres projets sans scrupules. En 1936, M. Baldwin a exécuté son mandat concernant l'abdication du roi Édouard VIII exactement de la même manière que MM. Lloyd George, Churchill et Balfour avaient exécuté leur mandat concernant le mandat palestinien en 1919.

Le roi Édouard s'est retrouvé dans une situation où il devait soit faire de Mme Simpson son épouse "morganatique" et perdre l'amour et l'affection de ses sujets, soit abdiquer et l'épouser. Il prit la seule décision qu'un gentleman pouvait prendre dans ces circonstances.

Le lecteur peut se demander pourquoi le document qui fait l'objet de tant de controverses a vu le jour en 1901. La réponse se trouve dans le fait que la dépression artificiellement créée en 1893 a créé des conditions favorables à la guerre. Les banquiers internationaux se réunissent à Londres pour consolider leur position et mettre au point les détails de la guerre des Boers. Ils considèrent que cette guerre est nécessaire pour obtenir le contrôle des champs aurifères et des mines de diamants en Afrique. Le raid Jameson a eu lieu comme prévu le 1er janvier 1896. Cela a conduit à la guerre la plus injustifiable que les Britanniques aient jamais menée. Winston Churchill s'est rendu en Afrique en tant qu'observateur. Officiellement, il était correspondant de guerre. Beaucoup de choses restent à écrire sur cette période de l'histoire.

---

[188] Pas plus tard qu'en novembre 1954, cette vieille calomnie concernant les liens du duc de Fenêtre avec le fascisme a été ravivée. La presse l'a accusé d'avoir donné des informations secrètes à des fonctionnaires allemands concernant les défenses et les plans des alliés en 1936. Ce qu'il a vigoureusement nié.

Les détails qui ont conduit à la guerre hispano-américaine devaient être réglés. Cette guerre a permis aux banquiers américains de contrôler la production de sucre à Cuba. Plus importante encore était l'affaire à traiter concernant la guerre prévue entre la Russie et le Japon en 1904. Cette affaire était très compliquée. Il fallait s'arranger pour que, tandis que les Rothschild finançaient les Russes, Kuhn-Loeb and Co. de New York finançaient les Japonais. Il fallait parvenir à un accord pour que les deux groupes gagnent de l'argent pendant que l'empire russe était affaibli et préparé pour la révolution menchéviste prévue en 1905.

Alors que les banquiers internationaux se réunissent dans le quartier financier de Londres, les dirigeants du Mouvement révolutionnaire mondial se réunissent dans le quartier des bidonvilles de la même ville. Lénine reçoit ses ordres. On lui dit comment il doit gérer les différents groupes révolutionnaires afin que leur action indépendante n'interfère pas sérieusement avec les plans d'ensemble de ceux qui dirigent le M.R.M. Il a été prouvé que les directeurs du M.R.M. ont utilisé les chefs des Loges du Grand Orient pour les aider dans leur tâche. ont utilisé les dirigeants des Loges du Grand Orient en France et dans d'autres pays pour promouvoir leurs plans révolutionnaires, il est donc raisonnable de supposer qu'un agent a été envoyé de Londres à Paris en 1900 ou 1901 pour instruire les cadres supérieurs des Loges du Grand Orient sur le rôle qu'ils devaient jouer pour réaliser le programme de guerres et de révolutions convenu, exactement de la même manière qu'ils avaient envoyé l'agent tué à Ratisbonne, de Francfort à Paris, en 1785. Il s'agit là d'une nouvelle illustration de la manière dont l'histoire se répète et de la raison pour laquelle elle se répète.

Chapitre 17

La deuxième guerre mondiale éclate

*Après l'*abdication du *roi Édouard VIII*, de nombreux Britanniques instruits, y compris des membres du parlement et des officiers de marine et de l'armée à la retraite de haut rang, ont mené une campagne acharnée pour tenter de convaincre les dirigeants du gouvernement britannique de la vérité concernant la "conspiration internationale des banquiers". Parmi eux figuraient le capitaine A.H.M. Ramsay et l'amiral Sir Barry Domvile, K.B.E., C.B., C.M.G. Le capitaine Ramsay a fait ses études à l'Eton College et à l'école militaire de Sandhurst. Il a servi dans les Gardes de Sa Majesté en France de 1914 à 1916, date à laquelle il a été gravement blessé. Il a été nommé chef du quartier général du régiment après s'être remis de ses blessures. Plus tard, il a été transféré au ministère britannique de la guerre. Il a servi à la mission de guerre britannique à Paris jusqu'à la fin de la guerre. Il a été élu au Parlement en 1931 en tant que député de Midlothian-Peeblesshire, fonction qu'il a exercée jusqu'en 1945.

L'amiral Sir Barry Domvile a eu une brillante carrière dans la marine. Il a acquis la réputation d'être l'un des meilleurs officiers d'artillerie de Grande-Bretagne.

Il a commencé son service naval en 1894 en tant qu'homme de pont sur des navires de guerre à voile et à vapeur. Grâce à ses capacités, il a bénéficié d'une promotion accélérée et a été nommé lieutenant en 1898. En 1906, il reçoit la médaille d'or de la Royal United Services Institution. En 1910, il est nommé commandant des destroyers. Lorsque la Première Guerre mondiale semble inévitable, il est nommé secrétaire adjoint du Comité de défense impériale. Après le début des hostilités, il est nommé à la Harwich Striking Force, composée de croiseurs légers et de destroyers, sous les ordres de l'amiral Sir Reginald Tyrwhitt. Il commande sept destroyers et croiseurs légers qui acquièrent tous une réputation enviable de "navires de combat". Il a été nommé capitaine de pavillon de l'amiral Tyrwhitt en 1917 et a occupé cette fonction jusqu'à la fin de la guerre.[189] Après la guerre, il a notamment été directeur du renseignement naval, président du Royal Naval College, à Greenwich, et vice-amiral commandant l'École de guerre. Il a pris sa retraite en 1936 avec le grade d'amiral.

Au cours des années 1920-1923, en raison de ses capacités particulières et de son expérience variée de la guerre, il a d'abord été directeur adjoint , puis directeur de la division Plan (politique) de l'état-major naval de l'Amirauté. À ce titre, il participe à de nombreuses conférences à Paris, Bruxelles, Spa, San Remo et à la conférence navale de Washington.

Ces deux anciens officiers, l'un de l'armée, l'autre de la marine, soupçonnaient la révolution bolchevique en Russie d'avoir été complotée et planifiée, financée et dirigée par des hommes qui considéraient que la liquidation de l'Empire britannique était essentielle avant qu'ils ne puissent obtenir le contrôle incontesté des richesses, des ressources naturelles et de la main-d'œuvre du monde entier.

Ces deux hommes ont eu la franchise d'admettre que, jusqu'en 1935, ils n'avaient pas réussi à identifier ceux qui constituaient le "pouvoir secret" à l'origine du mouvement révolutionnaire mondial et des affaires internationales.

En 1933, à la suite de leurs études et de leurs recherches, ils ont décidé que les dirigeants de la juiverie mondiale, avec à leur tête les banquiers juifs internationaux, constituaient la "puissance secrète" du mouvement révolutionnaire mondial. Ils ont acquis la conviction que ces hommes utilisaient les richesses qu'ils possédaient pour acquérir suffisamment de pouvoir pour influencer les affaires internationales de manière à mettre les nations en conflit les unes avec les autres. Ils sont également parvenus à la conclusion que le motif du plan à long terme était d'établir l'ère messianique, de sorte que la juiverie internationale, avec un gouvernement central en Palestine, puisse imposer son idéologie totalitaire aux peuples du monde entier. Je suis d'accord avec cette dernière conclusion. Comme le lecteur le sait, j'admets avoir traversé la même période, c'est-à-dire de 1907 à 1933, dans le doute et l'incertitude, 1907 à 1933 dans le doute et l'incertitude, mais en 1939

---

[189] L'auteur a publié l'histoire de la force de frappe de Harwich en 1934, sous le titre Brass Hats and Bell-Bottomed Trousers.

j'ai acquis la conviction, après avoir vu comment les Juifs avaient été
"purgés" par Staline en Russie et utilisés pour lancer des révolutions
avortées dans d'autres pays, puis abandonnés à leur sort, que les
hommes qui constituent le "Pouvoir secret" derrière les affaires
nationales et internationales étaient les Illuminati qui utilisaient le
sionisme et l'antisémitisme ; Le communisme et le fascisme, le
socialisme et le capitalisme égoïste pour faire avancer leurs plans
secrets visant à mettre en place un gouvernement mondial unique qu'ils
avaient l'intention de contrôler exactement de la même manière qu'ils
avaient contrôlé la Russie, en la personne de Lénine, après le mois
d'octobre 1917. Une dictature mondiale est le seul type de
gouvernement qui pourrait, par le biais d'un régime policier, imposer
ses édits au peuple et assurer ainsi la paix. S'il n'y a qu'UN ÉTAT
gouverné par UN DICTATEUR, il ne peut y avoir de guerres. C'est de
la pure logique, car pour qu'il y ait un différend, une querelle, un
combat, une révolution ou une guerre, il faut nécessairement qu'il y ait
individus qui défendent des idées et des opinions opposées qu'ils ont
l'intention de faire accepter à l'autre partie par la force des armes si
l'argumentation et la négociation échouent. En outre, mes études et mes
recherches m'ont convaincu que, depuis l'époque du Christ jusqu'à nos
jours, les hommes qui ont été la "puissance secrète" derrière les
intrigues nationales et internationales ont toujours utilisé leur richesse
illégalement pour obtenir le pouvoir et l'influence nécessaires à la mise
en œuvre de leurs complots et de leurs plans secrets. Ils ont eu recours
à l'usure, aux pots-de-vin, à la corruption, aux méthodes illégales de
trafic et de commerce, à l'esclavage, aux assassinats, aux guerres, aux
révolutions, à la prostitution, à la drogue, à l'alcool et à toute autre
forme de licence et de vice pour soudoyer, faire chanter ou forcer de
toute autre manière les humains récalcitrants à se plier à leurs ordres.
Ces "outils", qu'ils soient juifs ou païens, francs-maçons ou autres, ont
été, sans exception, liquidés par une méthode ou une autre si, après
avoir servi leur objectif, ils étaient considérés comme en sachant trop.

À la lumière de ces faits, j'ai acquis la conviction que les principaux
conspirateurs n'appartenaient à aucune race ou nation ; ils étaient des
"agents de Satan", qui faisaient sa volonté et servaient ses desseins, ici,
sur terre. Le seul et unique but du Diable est de gagner les âmes des
hommes pour les éloigner du Dieu tout-puissant. Les hommes qui
complotent et planifient des guerres et des révolutions ont largement
contribué à l'avènement d'un monde sans Dieu. Ce raisonnement m'a
permis de comprendre le mauvais génie de ces hommes. Ils ne
pouvaient pas se rapprocher de leur but matérialiste totalitaire sans

fomenter des guerres et des révolutions. Ils devaient nécessairement détruire la civilisation fondée selon le Plan Divin de la Création avant de pouvoir imposer leur idéologie totalitaire maléfique aux peuples du monde.

Le capitaine Ramsay et l'amiral Domvile ont tous deux tenté, de 1936 à 1939, d'empêcher la Grande-Bretagne de s'engager dans une guerre avec l'Allemagne, car ils considéraient que la "juiverie internationale" avait l'intention d'organiser une guerre au cours de laquelle les empires allemand et britannique se détruiraient l'un l'autre. Les personnes qui ont survécu pourraient être facilement soumises au communisme par la suite, exactement de la même manière que la Russie a été communisée.

Je suis d'accord pour dire que la Seconde Guerre mondiale a été organisée par les Illuminati qui ont utilisé l'anticommunisme, l'antifascisme, l'antisémitisme et tout le reste pour faire avancer leurs plans diaboliques à long terme et leurs ambitions totalitaires secrètes. J'en suis arrivé à la conclusion que c'était une erreur fatale d'être contre tout ce qui n'est pas anti-mal. Je crois que la seule façon de vaincre la diabolique conspiration internationale est d'éduquer le plus grand nombre de personnes possible à la vérité des faits et de les convaincre qu'elles ont été utilisées comme des "pions dans le jeu" par ces hommes diaboliques.

Le capitaine Ramsay s'est efforcé de convaincre M. Neville Chamberlain qu'il était contraire aux intérêts de l'Empire britannique de permettre aux conspirateurs internationaux d'impliquer la Grande-Bretagne dans une guerre avec l'Allemagne. Il avait raison. Il n'a pas convaincu le Premier ministre britannique, mais il l'a au moins suffisamment impressionné pour que, lorsqu'il s'est rendu à Munich, il ait conclu un compromis avec Hitler et soit rentré en Angleterre en brandissant avec exubérance son célèbre parapluie et un document qui, selon lui, était un accord "garantissant la paix à notre époque".

Dès cette annonce, la presse, contrôlée par les banquiers internationaux, lance une campagne de haine contre les fascistes. La presse contrôlée accuse Chamberlain d'être "une vieille femme prête à acheter la paix à n'importe quel prix". Elle le ridiculise avec son parapluie. Elle l'accuse d'être pro-fasciste. Leurs agents à Moscou ont brûlé Chamberlain en effigie sur les places publiques. Le public britannique n'a jamais été autorisé à faire la différence entre le nazisme aryen païen et le fascisme chrétien anticommuniste. Selon to the Press, le fascisme allemand et le fascisme italien sont tous deux des idéologies athées païennes noires et totalitaires. Peu de gens comprennent la différence entre le nazisme et le fascisme et le communisme et le socialisme.

L'espace ne permet pas de consigner tous les détails de l'intrigue mise en œuvre par le groupe maléfique qui était déterminé à provoquer une rupture entre la Grande-Bretagne et l'Allemagne. À mon avis, la politique antisémite d'Hitler était erronée, mais ce n'est pas en jetant l'Angleterre et l'Allemagne à la gorge l'une de l'autre que l'on sauvera les Juifs résidant en Allemagne, en Pologne et dans d'autres pays de la persécution et de la mort. En forçant les pays à entrer en guerre, les haines antisémites des nazis ont pu se déverser sur les Juifs par des actions directes à grande échelle, avec une férocité hideuse qui n'avait été observée que lors d'un "règne de la terreur" révolutionnaire. Si ceux qui prétendent que la guerre a été provoquée par les Juifs internationaux, et non par les Illuminati, (qui se fichent éperdument des Juifs ou de qui que ce soit d'autre d'ailleurs) s'arrêtaient et réfléchissaient, ils se rendraient compte qu'en fomentant la Seconde Guerre mondiale, les responsables ont condamné à mort un grand nombre de Juifs innocents, tandis que la plupart des communistes révolutionnaires juifs ont échappé à la mort en entrant dans la "clandestinité" et ont obtenu plus tard l'entrée illégale en Palestine, aux États-Unis, au Canada, et dans d'autres pays. Si la paix avait continué, les sentiments antisémites allemands n'auraient jamais atteint les extrêmes qu'ils ont connus pendant la guerre. Une solution pacifique aurait pu être trouvée au problème. Mais NON ! Le plan à long terme des Illuminati internationaux prévoyait la destruction des empires britannique et allemand, ainsi que des *Juifs qui n'étaient pas activement communistes et qui n'étaient donc pas leurs "outils"*

Le capitaine Ramsay avait promis à M. Neville Chamberlain de produire des documents prouvant l'existence d'une conspiration visant à contraindre la Grande-Bretagne à déclarer la guerre à l'Allemagne. Ces preuves consistaient en des câbles codés secrets qui avaient été échangés entre M. Winston Churchill et le président Roosevelt, à l'insu de M. Chamberlain, le Premier ministre de l'époque. Le capitaine Ramsay a proposé d'obtenir des copies de ces documents afin de prouver que les banquiers internationaux étaient déterminés à provoquer la Seconde Guerre mondiale dans le but de placer le reste des nations européennes sous contrôle communiste. Les Illuminati contrôlent les deux.

Tyler Kent était l'officier de codage qui avait codé et décodé ces documents secrets à l'ambassade américaine de Londres. Anna Wolkoff était son assistante. Comme Gouzenko, ils étaient écoeurés à l'idée que le monde soit plongé dans une nouvelle guerre mondiale pour servir les ambitions de quelques hommes à l'esprit totalitaire dont la richesse obligeait même les présidents et les hommes d'État de haut niveau à se plier à leur volonté. Les mêmes conditions existaient en 1938 qu'à Paris en 1919, avant la signature du traité de Versailles.

Tyler Kent, comme beaucoup d'autres personnes, savait que le capitaine Ramsay soupçonnait une "conspiration juive internationale". Il savait que le capitaine Ramsay essayait d'empêcher la guerre. Lorsque le capitaine Ramsay lui a dit que M. Chamberlain empêcherait la mise en œuvre d'une telle conspiration si on lui fournissait des documents authentiques prouvant qu'une telle conspiration internationale existait réellement, Tyler Kent a proposé de montrer au capitaine Ramsay les documents accablants dans son appartement du 47 Gloucester Place, à Londres.

Les conspirateurs internationaux n'ont cependant pas chômé. En mars 1939, ils ont incité M. Chamberlain à signer une garantie de protection de la Pologne contre l'agression allemande en lui présentant un faux rapport selon lequel un ultimatum de 48 heures avait été adressé par l'Allemagne aux Polonais. Le fait est que le gouvernement allemand n'a pas lancé d'ultimatum de 48 heures à l'adresse. La note allemande présentait des suggestions raisonnables pour une solution "pacifique" des problèmes créés par le traité de Versailles en ce qui concerne le corridor polonais et Dantzig.

L'histoire prouvera que la seule raison pour laquelle le gouvernement polonais a ignoré la note allemande est que des agents des conspirateurs internationaux ont informé ses principaux hommes d'État que la garantie britannique les mettait à l'abri d'une agression allemande.

Mois après mois, la Pologne continue d'ignorer complètement la note allemande. Pendant ce temps, la presse anti-allemande accélère ses torrents d'injures contre Hitler parce qu'il a osé défier le pouvoir des barons de l'argent internationaux. Hitler avait gagné leur haine par sa politique financière indépendante et ses réformes monétaires. On a fait croire au public, et à l'époque à moi aussi, qu'on ne pouvait pas se fier à la parole d'Hitler. Après son "Putsch" dans les Sudètes, on a dit au public qu'Hitler avait déclaré qu'il "n'avait pas l'intention de faire d'autres demandes". La presse a fait croire que la note allemande à la Pologne suggérant une solution "pacifique" aux problèmes créés par le traité de Versailles était "une autre exigence", et donc "une promesse non tenue".

L'histoire prouve qu'il n'en est rien. Ce qu'Hitler avait dit, c'est qu'il ne poserait pas d'autres exigences APRÈS avoir corrigé les injustices infligées au peuple allemand par ceux qui avaient dicté les termes et conditions incorporés dans le traité de Versailles. Il s'agit là d'un cheval d'une toute autre couleur. C'est un exemple typique de la façon dont une demi-vérité est bien plus dangereuse qu'un mensonge direct.

La promesse d'Hitler est nuancée. Il promet de ne plus rien exiger après la résolution des problèmes concernant les Sudètes, une partie de la Tchécoslovaquie, le corridor polonais et Dantzig.

Les griefs allemands étaient réels et justifiés. Le traité de Versailles avait séparé la Prusse orientale du reste de l'Allemagne par le couloir polonais. Dantzig, ville purement allemande, avait été isolée ; les Allemands qui étaient restés sur le territoire connu sous le nom de Tchécoslovaquie avaient été persécutés ; le souhait exprimé par le peuple autrichien de s'unir à l'Allemagne, pour sa propre protection contre l'agression communiste, n'avait pas été pris en compte. D'une manière générale, l'opinion publique du monde occidental a été amenée à blâmer la France et les nations qui formaient la "Petite Entente" pour avoir insisté sur cette politique à l'égard de l'Allemagne. On ne peut nier que la politique d'après-guerre des puissances alliées à l'égard de l'Allemagne était en contradiction directe avec les principes d'"autodétermination" qui avaient été acceptés par les gouvernements concernés au nom des peuples qui les avaient élus pour gérer leurs affaires.

Tous les chanceliers démocratiques allemands qui se sont succédé ont tenté d'obtenir réparation par la voie diplomatique, sans succès. C'est leur incapacité à obtenir justice par des moyens pacifiques qui a influencé le peuple allemand lorsqu'il a porté Hitler au pouvoir. Winston Churchill a qualifié Hitler d'"avorton monstrueux de mensonges et de tromperies", mais on ne peut pas vraiment nier qu'en 1939, Hitler essayait une fois de plus de trouver une solution pacifique aux problèmes créés par le corridor polonais et Dantzig, lorsque les agents des conspirateurs internationaux ont trompé le Premier ministre Chamberlain en lui faisant croire qu'Hitler avait lancé un "ultimatum" au gouvernement polonais et qu'il avait fait intervenir ses armées pour appuyer ses demandes. C'est cet acte de tromperie qui a poussé M. Chamberlain à conseiller à contrecœur au gouvernement de Sa Majesté de déclarer la guerre à l'Allemagne.

C'est une accusation grave, mais sa véracité et sa justification sont prouvées par le fait qu'exactement la même chose s'est reproduite vers la fin et immédiatement après la fin de la Seconde Guerre mondiale.

Il serait ridicule de supposer que des hommes d'État sincères et chrétiens puissent répéter et aggraver des injustices telles que celles perpétrées par le traité de Versailles. Mais ces injustices ont été répétées par les puissances alliées par l'adoption de la politique de capitulation inconditionnelle, par l'adoption du plan économique Staline-Blanc-Morgenthau, par le partage de l'Allemagne, par les motifs diaboliques du plan de réarmement allemand, par la crise d'après-guerre avec la France et (comme nous l'expliquerons dans un autre chapitre) par le jeu dangereux auquel se livrent les intérêts financiers internationaux et les dictateurs soviétiques et chinois, depuis la fin de la guerre avec le Japon. Toute personne impartiale doit admettre que ce ne sont pas les citoyens des démocraties qui demandent à leurs gouvernements de mener une telle politique de haine et d'injustice contre le peuple allemand. Ce ne sont pas les représentants élus du peuple qui conçoivent ces programmes diaboliques de persécution et d'irritation. Ce sont les puissances maléfiques qui agissent dans les coulisses du gouvernement qui sont responsables. Leur politique diabolique est basée sur une ruse diabolique. Elles savent qu'une maison divisée contre elle-même tombe forcément. Que les nations divisées les unes contre les autres seront certainement soumises. Plus les êtres humains sont contraints de se battre les uns contre les autres, plus ceux qui restent en retrait et les poussent à la guerre deviennent forts. En laissant se poursuivre ces intrigues secrètes, ces complots et ces plans, nous permettons aux forces du mal de nous faire commettre un suicide national et racial.

Lassé d'attendre la réponse de la Pologne et d'être insulté par la presse alliée, Hitler fait entrer ses armées en Pologne. La Grande-Bretagne a alors déclaré la guerre conformément à son accord. La nature criminelle des conseils donnés à la Pologne peut être comprise par le fait que, bien que la Grande-Bretagne ait déclaré la guerre à l'Allemagne, elle n'était pas en mesure d'apporter à la Pologne une aide directe, que ce soit sur le plan naval, militaire ou aérien.

Lord Lothian, ambassadeur britannique aux États-Unis ces dernières années, a déclaré lors de son dernier discours à Chatham House :

> "Si les principes de l'autodétermination avaient été appliqués en faveur de l'Allemagne, comme ils l'ont été contre elle, cela aurait signifié le retour des Sudètes, de la Tchécoslovaquie, de certaines parties de la Pologne, du corridor polonais et de Dantzig au Reich".

On peut supposer que si le peuple britannique avait été correctement informé sur ces questions, il n'aurait jamais permis que la guerre soit déclarée. Mais c'est la "guerre", et non la vérité ou la justice, qui a déterminé les conspirateurs internationaux.

Bien que la Grande-Bretagne ait déclaré la guerre, Hitler refuse de s'écarter de la politique qu'il a définie dans Mein Kampf à l'égard de la Grande-Bretagne et de son empire. Il ordonne aux généraux, à la tête du célèbre Panzer Corps, de s'arrêter le 22 mai 1940, alors qu'ils auraient pu facilement pousser les armées britanniques à la mer ou les faire capituler. Dans son livre *The Other Side of the Hill*, le capitaine Liddell Hart cite le télégramme d'Hitler au général Von Kleist :

> "Les divisions blindées doivent rester à moyenne portée d'artillerie à partir de Dunkerque. L'autorisation n'est accordée que pour les mouvements de reconnaissance et de protection".

Le général Von Kleist est l'un des Allemands qui n'est pas d'accord avec la politique d'Hitler à l'égard de la Grande-Bretagne. Il décide d'ignorer l'ordre. Le capitaine Hart cite Von Kleist qui lui a dit après l'événement.

> "Puis vint un ordre plus catégorique. J'ai reçu l'ordre de me retirer derrière le canal. Mes chars y sont restés immobilisés pendant trois jours."[190]

---

[190] La critique des *Mémoires de Manstein* parue dans le *Globe* and *Mail* de Toronto en 1955 confirme cette affirmation.

Le capitaine Hart cite ensuite une conversation qui a eu lieu entre Hitler, le maréchal Von Runstedt et deux membres de son personnel. Selon le maréchal Von Runstedt

> "Hitler nous a ensuite étonnés en parlant avec admiration de l'Empire britannique, de la nécessité de son existence et de la civilisation que la Grande-Bretagne avait apportée au monde... Il a comparé l'Empire britannique à l'Église catholique, affirmant qu'ils étaient tous deux des éléments essentiels de la stabilité dans le monde. Tout ce qu'il attend de la Grande-Bretagne, c'est qu'elle reconnaisse la position de l'Allemagne sur le continent ; le retour des colonies perdues par l'Allemagne serait souhaitable mais pas essentiel ; et il soutiendrait même la Grande-Bretagne avec des troupes si elle devait être impliquée dans des difficultés où que ce soit. Il conclut en disant que son but est de faire la paix avec la Grande-Bretagne sur une base qu'elle jugera compatible avec son honneur."

C'est ainsi que la Grande-Bretagne a eu le temps d'organiser ses forces d'évacuation et de rapatrier ses soldats de Dunkerque.

On se souviendra que pendant les premiers mois de la Seconde Guerre mondiale, Hitler n'a pas bombardé la Grande-Bretagne. Tant que Neville Chamberlain est resté Premier ministre, la Grande-Bretagne n'a pas bombardé l'Allemagne. La presse contrôlée a appelé cela "une fausse guerre".

Il est évident que deux grands empires ne peuvent pas se détruire l'un l'autre s'ils ne se battent pas. Chamberlain ne veut pas lancer l'offensive parce qu'il est presque convaincu d'avoir été la victime d'une intrigue internationale. M. Winston Churchill avait reçu les pleins pouvoirs et les pleines responsabilités concernant toutes les opérations navales, militaires et aériennes. Il décide de prendre l'initiative.

Churchill conçoit l'idée du "pari de la Norvège". Cette "opération combinée" mal planifiée et mal exécutée impliquait l'armée, la marine et l'aviation britanniques. Elle était vouée à l'échec avant même que les participants n'entrent en action. Même une personne n'ayant qu'une connaissance élémentaire de la stratégie militaire aurait compris qu'une telle opération ne pouvait réussir que si les forces d'invasion contrôlaient le Kattegat et le Skagerrack. Churchill s'est fait expliquer ce fait par les autorités navales compétentes. Churchill n'est pas un imbécile, mais il a poursuivi son projet en dépit de ses conseillers navals et militaires, exactement comme il l'avait fait lorsqu'il avait envoyé les divisions navales pour sauver Anvers en 1914 et lorsqu'il avait insisté sur l'invasion de Gallipoli en 1915. Les résultats de ces trois "paris de Churchill" ont été les mêmes. Aucun gain, de graves revers , des pertes exceptionnellement lourdes et la perte d'équipements et de matériels précieux. Le fiasco du "pari de la Norvège" n'a cependant pas été imputé à Churchill. Ses amis, "les barons de l'argent internationaux", ont utilisé la presse qu'ils contrôlaient pour libérer leurs pleins pouvoirs de haine, de critique, d'invective, de censure, de sarcasme et de satire contre le Premier ministre, M. Chamberlain. Ils voulaient se débarrasser de Chamberlain pour pouvoir mettre Winston Churchill à sa place et transformer la "drôle de guerre" en "guerre de tir".

Cette campagne de propagande a contraint Chamberlain à démissionner, exactement comme M. Asquith avait été contraint de le faire en 1915. Ainsi, une fois de plus, l'histoire se répète. En mai 1940, Churchill s'associe à nouveau aux socialistes pour former un nouveau gouvernement.

M. J.M. Spaight, C.B., C.B.E., était le principal secrétaire adjoint du ministère britannique de l'Air pendant la Seconde Guerre mondiale. Dans son livre Bombing Vindicated, publié en 1944, il révèle que le bombardement impitoyable des villes allemandes a commencé le 11 mai 1940, le soir du jour où Winston Churchill est devenu Premier ministre. La Grande-Bretagne a commencé les bombardements et, comme on pouvait s'y attendre, l'Allemagne a riposté. C'est ainsi que la guerre a été placée sur une base destructive.

M. Spaight révèle également que le 2 septembre 1939, alors que M. Chamberlain était encore en fonction, les gouvernements britannique et français avaient déclaré que "seuls les objectifs strictement militaires, au sens le plus étroit du terme, seraient bombardés". La politique de Churchill consistant à bombarder des villes ouvertes a été défendue, mais elle ne pourra jamais être justifiée.

Un autre point, qui n'est pas généralement connu, doit être mentionné. Il a été rapporté que de nombreux généraux allemands n'étaient pas d'accord avec la politique d'Hitler. Les chefs de guerre nazis savaient qu'ils devaient écarter Hitler et soumettre les dictatures communistes contrôlées par Staline avant de pouvoir mettre en œuvre leur plan à long terme de domination du monde. La guerre totale contre la Grande-Bretagne n'était pas conforme à leur programme. Le communisme russe et les Juifs devaient être soumis et détruits avant qu'ils ne puissent lancer leur attaque vers l'ouest et soumettre la Grande-Bretagne et les États-Unis. Tel était le plan nazi, et non la politique fasciste. Le plan nazi avait une portée internationale. La cause fasciste était nationale.

Une réunion secrète des seigneurs de la guerre nazis s'est tenue en mai 1941. Ils décident d'utiliser la politique amicale de Herr Hitler à l'égard de la Grande-Bretagne pour tenter d'amener cette dernière à mettre fin à la guerre contre l'Allemagne. Rudolf Hess a reçu l'ordre de se rendre en Écosse et de contacter Lord Hamilton et Churchill, afin d'essayer d'influencer le gouvernement britannique pour qu'il signe un traité de paix.

Hess a été chargé de dire au gouvernement britannique que s'il signait un traité de paix, les généraux allemands se débarrasseraient d'Hitler et concentreraient ensuite toute leur puissance militaire sur la destruction du communisme en Russie et dans d'autres pays européens. *Hitler ne savait rien de ce plan.*

Hess s'envole pour l'Écosse, mais Churchill refuse d'accepter l'offre de Hess. Les généraux allemands persuadent alors Hitler d'entreprendre une offensive totale contre la Russie, soulignant que tant que la Russie ne serait pas vaincue, ils ne pourraient pas étendre leurs opérations militaires en dehors de l'Allemagne sans courir le risque sérieux d'être poignardés dans le dos par Staline lorsqu'il jugerait le moment opportun.

Le 22 juin 1941, les forces allemandes ont envahi la Russie. La Grande-Bretagne et les États-Unis d'Amérique mettent en commun leurs ressources pour aider Staline à vaincre les forces armées allemandes. Des convois de navires ont été organisés pour transporter des munitions de guerre vers la Russie via Mourmansk et le golfe Persique.[191]

---

[191] J'étais l'un des officiers de contrôle naval du Canada à cette époque. J'ai estimé qu'il était de mon devoir de protester contre la politique qui consistait à détourner des navires, dont on avait cruellement besoin pour acheminer des fournitures en Angleterre, et à les envoyer à Mourmansk. Ma protestation a été ignorée. La bataille pour sauver le communisme international avait commencé.

Pendant la rébellion irlandaise, un règlement de sécurité 18-B avait été adopté par décret pour permettre à la police anglaise de détenir et d'interroger les personnes qu'elle "soupçonnait" d'être des membres de l'Armée républicaine irlandaise ayant l'intention de commettre des actes de nuisance ou de sabotage. En 1940, cette pratique a été abandonnée pendant de nombreuses années.

Le 23 mai 1940, au cours des deux premières semaines de son mandat, M. Churchill a utilisé ce règlement obsolète pour arrêter toutes les personnalités qui avaient tenté d'empêcher la Grande-Bretagne d'être entraînée dans une guerre avec l'Allemagne avant septembre 1939, ainsi que celles qui s'étaient opposées à sa politique visant à transformer la drôle de guerre en une guerre de combat.

Plusieurs centaines de sujets britanniques ont été arrêtés sans qu'aucune charge ne soit retenue contre eux. Ils ont été jetés en prison sans procès en vertu du règlement 18-B *qui les privait des droits et privilèges de la loi sur l'Habeas Corpus*. La Magna Carta a été ignorée et ridiculisée.

Ces arrestations massives ont été effectuées par la police sur la base de la déclaration non étayée de M. Herbert Morrison selon laquelle il était, en tant que secrétaire d'État,

> "avait des motifs raisonnables de croire que lesdites personnes avaient été récemment impliquées dans des actes préjudiciables à la sécurité publique, à la défense du royaume, ou dans la préparation ou l'instigation de tels actes, et qu'en raison de cela, il était nécessaire d'exercer un contrôle sur elles".

Le capitaine Ramsay, l'amiral Sir Barry Domvile, leurs épouses et amis, ainsi que des centaines d'autres citoyens ont été jetés dans la prison de Brixton. Certains d'entre eux ont été détenus jusqu'en septembre 1944.[192] Ils ont été traités comme des criminels, et bien plus mal que des prisonniers en détention provisoire.

---

[192] M. Herbert Morrison a visité le Canada en novembre 1954. Il a été l'orateur principal d'une réunion organisée à Toronto pour collecter des fonds destinés à soutenir le "sionisme politique". L'auteur est informé que le gouvernement américain a accepté que les autorités britanniques arrêtent et détiennent Tyler Kent. Cette action allait à l'encontre de tous les principes acceptés régissant le personnel attaché aux ambassades

Juste avant cette action scandaleuse de la part de ceux qui étaient aux ordres des banquiers internationaux, la presse contrôlée par les barons de l'argent avait mené une campagne de propagande hystérique affirmant que l'Allemagne disposait en Grande-Bretagne d'une 5ème colonne forte et bien organisée, prête à apporter son aide aux troupes allemandes envahissantes dès leur débarquement.

Une enquête ultérieure a montré que les très compétents services de renseignement britanniques n'ont jamais produit, à l'époque ou depuis, la moindre preuve que l'une ou l'autre des personnes arrêtées était impliquée dans une quelconque conspiration.

De nombreux éléments prouvent que le nouveau gouvernement britannique, dirigé par Churchill, a reçu l'ordre de prendre cette mesure injuste à l'encontre de toutes les personnes éminentes et influentes de Grande-Bretagne qui avaient exprimé leur opinion selon laquelle la "juiverie internationale" avait encouragé la guerre entre la Grande-Bretagne et l'Allemagne.

Juste avant les arrestations massives, Mme Nicholson, l'épouse de l'amiral Nicholson, un autre officier de marine britannique très distingué, avait été arrêtée à la suite d'une campagne de "diffamation". Elle avait déclaré publiquement qu'elle pensait que le complot visant à impliquer la Grande-Bretagne dans une guerre avec l'Allemagne était l'œuvre des banquiers juifs internationaux. Quatre chefs d'accusation ont été retenus contre Mme Nicholson. Elle a été jugée par un juge et un jury. Elle a été acquittée de tous les chefs d'accusation. Cette action de la part du juge et du jury ne convenait pas à ceux qui étaient déterminés à persécuter les personnes qui s'opposaient à ce que les banquiers internationaux de Grande-Bretagne, de France et d'Amérique dirigent les affaires de la nation de manière à les entraîner dans une nouvelle guerre mondiale. Le règlement 18-B, obsolète, a donc été utilisé pour les mettre hors d'état de nuire. La fausse guerre est devenue une guerre de combat. Les empires britannique et allemand se sont affaiblis, tandis que ceux qui ont déclenché les guerres ont renforcé leurs positions. Les Illuminati ont ri dans leur manche.

---

dans les pays étrangers. Cette question a été soulevée à nouveau aux États-Unis en 1954, mais il semble que rien n'en ait résulté.

Bien que Mme Nicholson ait été exonérée de toute culpabilité et de tout blâme concernant les accusations portées contre elle, *elle a fait partie des personnes arrêtées et emprisonnées en vertu du règlement 18-B en mai 1940.*

Le capitaine Ramsay raconte l'ensemble des événements qui ont conduit à son arrestation et à son emprisonnement dans son livre *The Nameless War (La guerre sans nom)*. L'amiral Sir Barry Domvile raconte son expérience dans son livre From Admiral to Cabin Boy. Ces livres devraient être lus par toute personne intéressée par le maintien de la liberté. [193]

M. Neville Chamberlain est mort en 1940. Il s'était épuisé corps et âme à lutter contre "les puissances secrètes " qui gouvernent dans l'ombre. M. William Pitt est mort lui aussi. Mais ceux qui nagent avec la marée de l'Illuminisme et font ce qu'on leur dit de faire, vivent généralement jusqu'à un "âge avancé". Ils sont comblés d'honneurs et de richesses terrestres. Une chose est sûre : Ils ne peuvent pas emporter ces richesses et ces honneurs avec eux lorsqu'ils meurent - et après la mort viendra le jugement.

---

[193] Alors que je révisais et éditais ce M.S.S. en octobre 1954, j'ai reçu une lettre du directeur de la maison d'édition anglaise qui avait osé publier le livre de l'amiral Domviles. La lettre disait en partie Les "puissances du mal", dont vous êtes si bien informé, ont rendu les choses si difficiles que j'ai été "forcé" de cesser mes activités après plus de 50 ans.

Chapitre 18

Les dangers actuels

En étudiant l'histoire, il est possible de prédire les tendances futures avec un certain degré d'assurance. L'histoire se répète parce que ceux qui dirigent le W.R.M. ne CHANGENT pas leurs plans à long terme - ils adaptent simplement leurs politiques aux conditions modernes et ajustent leurs plans pour tirer pleinement parti des progrès de la science moderne.

Pour comprendre la situation internationale telle qu'elle est aujourd'hui, nous devons rappeler ce qui s'est passé depuis que Lénine a instauré la dictature totalitaire en Russie en 1918. Il a été prouvé que cette dictature a été établie pour donner aux internationalistes occidentaux l'occasion de mettre en œuvre leurs idées et théories totalitaires pour une dictature universelle. Ils souhaitaient aplanir les difficultés par un processus d'essais et d'erreurs.

À la mort de Lénine, Staline a pris le relais. Dans un premier temps, il obéit impitoyablement aux diktats des banquiers internationaux. Il nomme Béla Kun pour mettre en œuvre leurs idées de collectivisation des fermes en Ukraine. Lorsque les agriculteurs ont refusé d'obéir à l'édit, cinq millions d'entre eux ont été systématiquement affamés jusqu'à la mort lorsque leurs céréales leur ont été enlevées de force. Ces céréales ont été écoulées sur les marchés mondiaux afin d'aggraver la dépression artificiellement créée. Cinq autres millions d'agriculteurs et de paysans ont été envoyés aux travaux forcés pour enseigner au reste du peuple soumis que l'ÉTAT était suprême et que le chef de l'ÉTAT était leur Dieu, dont les édits devaient être respectés.

Ce n'est que lorsque Staline a commencé à purger un grand nombre de dirigeants communistes juifs, qui étaient indubitablement marxistes, que Trotsky et d'autres dirigeants révolutionnaires ont su avec certitude qu'il avait abandonné les Illuminati et développé des ambitions impérialistes.

La conduite de la révolution en Espagne par Staline perturbe encore plus les internationalistes occidentaux, en particulier lorsque Serges et Maurin prouvent que Staline utilise le communisme international pour promouvoir ses propres plans secrets et ses ambitions impérialistes.

Après la victoire de Franco sur la guerre civile, la conduite de Staline est très difficile à comprendre. Les dirigeants révolutionnaires du Canada et de l'Amérique ne pouvaient tout simplement pas suivre les changements radicaux de la ligne du parti telle qu'elle leur avait été enseignée lors de leur endoctrinement dans les théories marxiennes. Lorsque Staline a signé le pacte de non-agression avec Hitler, après que les empires britannique et allemand eurent été plongés dans la Seconde Guerre mondiale, il est apparu que Staline voulait faire tout ce qui était en son pouvoir pour aider Hitler à envahir l'Europe occidentale et à détruire le pouvoir des banquiers internationaux.

La situation était si grave du point de vue des banquiers internationaux qu'ils ont décidé qu'ils devaient essayer de persuader Staline d'abandonner ses ambitions impérialistes et de les accompagner dans un esprit de coexistence pacifique. Ils ont tenté de persuader Staline qu'il était tout à fait possible qu'il gouverne le monde oriental par le communisme, tandis qu'ils gouverneraient le monde occidental par un super-gouvernement. Staline leur a demandé des preuves de leur sincérité. C'est ainsi qu'est née la théorie de la coexistence pacifique, dont on parle beaucoup aujourd'hui. Mais la coexistence pacifique entre deux groupes internationalistes, ou entre les personnes qui croient en Dieu et celles qui croient au diable, est impossible.

Des communications secrètes entre Churchill et Roosevelt, révélées par Tyler Kent, ont permis de convenir que Chamberlain devait être démis de ses fonctions de Premier ministre afin que Churchill puisse prendre ses fonctions et transformer la "drôle" de guerre en une guerre "chaude" et meurtrière. Ils pensaient que cet acte convaincrait Staline de la sincérité de leurs intentions.

L'histoire révèle que M. Chamberlain a été évincé de son poste de Premier ministre en mai 1940, de la même manière qu'Asquith avait été évincé en 1913. Churchill prend ses fonctions de Premier ministre le 11 mai 1940. Il ordonne à la R.A.F. de commencer à bombarder les villes allemandes le soir même. M. J.M. Spaight, C.B., C.B.E., était alors secrétaire adjoint principal au ministère de l'Air. Après la guerre, il a écrit un livre intitulé *Bombing Vindicated*. Il y justifie la politique de

Churchill consistant à bombarder les villes allemandes au motif qu'il s'agissait de "sauver la civilisation". L'auteur admet cependant que l'ordre de Churchill constituait une violation de l'accord conclu entre la Grande-Bretagne et la France le 2 septembre 1939. Ce jour-là, le Premier ministre britannique et le président de la République française ont convenu que la guerre devait être déclarée à l'Allemagne en raison de l'invasion de la Pologne par Hitler ; ils ont également convenu de ne PAS bombarder les villes allemandes et de ne pas faire souffrir le peuple allemand pour les péchés d'un seul homme. Les dirigeants des deux gouvernements ont solennellement convenu que les bombardements devaient être limités à des objectifs strictement militaires, au sens le plus étroit du terme.

Depuis la guerre, il a été prouvé que la véritable raison pour laquelle Churchill a bombardé les villes allemandes, contrairement à l'accord , était que les banquiers internationaux occidentaux souhaitaient donner à Staline l'assurance qu'ils étaient sincères dans leur désir de mener à bien la politique de coexistence pacifique entre le communisme oriental et l'illuminisme occidental qu'ils avaient suggérée.

Les bombardements sur l'Allemagne entraînent des représailles immédiates et le peuple britannique est soumis à une épreuve telle qu'il n'en a jamais connue depuis l'aube de la création.

Il est difficile pour le citoyen moyen d'apprécier les profondeurs auxquelles peuvent descendre les personnes impliquées dans les intrigues internationales. Il sera prouvé que les Illuminati n'avaient pas l'intention de rester fidèles à Staline. Il sera prouvé que Staline n'avait pas l'intention de leur faire confiance. Il sera également prouvé que les seigneurs de la guerre nazis, tout en étant secrètement déterminés à écraser à la fois le communisme international et le capitalisme international, ont en fait essayé de tromper Churchill en lui faisant croire qu'ils n'avaient pas de plans secrets pour dominer le monde par la conquête militaire.

Au printemps 1941, les chefs de guerre nazis, à l'insu d'Hitler, ont ordonné à Hess de se rendre en Grande-Bretagne et de dire à Churchill que s'il acceptait de mettre fin à la guerre contre l'Allemagne, ils s'engageaient à se débarrasser d'Hitler, puis à détruire Staline et le communisme international. Après avoir consulté Roosevelt, Churchill a rejeté l'offre de Hess.

Les seigneurs de la guerre nazis ont alors tenté de convaincre les internationalistes occidentaux de la sincérité de leurs intentions en ordonnant l'assassinat d'Hitler. Le complot échoue et Hitler s'en sort avec la vie sauve. Cet acte n'ayant pas réussi à convaincre ceux qui donnaient secrètement des instructions à Churchill et à Roosevelt, les seigneurs de la guerre nazis décidèrent qu'ils devaient d'abord attaquer la Russie et vaincre Staline, puis tourner leurs forces militaires contre la Grande-Bretagne et les Amériques. Ils ont lancé leur attaque contre la Russie le 22 juin 1941. Immédiatement, Churchill et Roosevelt annoncent publiquement que leurs gouvernements respectifs s'engagent à soutenir Staline jusqu'à la limite de leurs ressources. Churchill, toujours dramatique, , a déclaré qu'il serrerait la main du diable en personne s'il promettait de l'aider à détruire le fascisme allemand. Il qualifie Hitler de "ce monstrueux avorton de mensonges et de tromperies", alors que Churchill devait savoir qu'Hitler, malgré toutes ses fautes, n'était pas un internationaliste.

Cette action visait à ôter de l'esprit de Staline tout doute qu'il pouvait encore avoir quant à l'honnêteté des intentions des internationalistes occidentaux de diviser le monde en deux moitiés et de vivre ensuite dans une coexistence pacifique. Roosevelt et Churchill ont ensuite apporté à Staline une aide illimitée. Ils ont emprunté des sommes astronomiques aux banquiers internationaux et leur ont versé des intérêts sur les prêts. Ils ont ensuite imputé le principal et les intérêts à la dette nationale de leurs deux pays, de sorte que les contribuables ont payé et mené la guerre fomentée par les Illuminati, tandis que les banquiers se sont contentés de gagner des centaines de millions de dollars grâce à l'opération. Cette extraordinaire générosité avec le sang et l'argent du peuple a ouvert la voie aux réunions que "LES TROIS GRANDS" ont ensuite tenues à Téhéran, Yalta et Potsdam.

Staline a joué un jeu très astucieux à Téhéran. Il a clairement fait savoir qu'il soupçonnait toujours les internationalistes occidentaux d'être trompeurs plutôt que sincères. Il s'est efforcé d'être difficile à persuader et très difficile à obtenir. Il a formulé des exigences scandaleuses. Il a exigé des concessions déraisonnables. Il laissa entendre qu'en faisant ces demandes, il ne faisait que tester la sincérité des hommes dont il savait trop bien, par une longue expérience, qu'ils étaient à la tête de la conspiration internationale. Roosevelt avait été bien informé. Il a donné à Staline tout ce qu'il demandait. Churchill doit s'y plier sous peine de perdre le soutien financier des bailleurs de fonds internationaux et l'appui militaire des États-Unis.

Puis vint Yalta. Staline change d'attitude. Il fait semblant d'avoir été conquis. Il devient l'hôte idéal. Churchill et Roosevelt sont reçus à dîner. Staline dissout le Comintern. Le Comintern était l'organe exécutif qui avait comploté et planifié les révolutions dans tous les pays. Staline, Roosevelt et Churchill boivent à la santé des Allemands. Roosevelt a assuré à Staline qu'une fois qu'ils auraient terminé, il ne resterait plus assez d'Allemands pour s'inquiéter, et il aurait préconisé d'abattre 50 000 officiers allemands sans procès. La presse contrôlée n'a jamais cessé d'insister sur la politique nazie de génocide des Juifs, mais elle est restée singulièrement silencieuse sur la politique de génocide de Roosevelt à l'égard des Allemands. En échange de la dissolution du Comintern, Roosevelt a fait de nouvelles concessions à Staline. Six cents millions d'êtres humains à l'est de Berlin ont été livrés à la servitude communiste.

Churchill a accepté tout ce que Roosevelt et Staline ont fait. L'histoire prouvera que lors de la réunion de Yalta, Staline et Roosevelt ont tenu plusieurs réunions secrètes sur le site après que Churchill eut été trop bien nourri et trop bien soigné pour qu'il puisse garder toute sa lucidité. Roosevelt prétendait être amical avec Churchill mais, d'après son propre fils, il a souvent dit des choses et suggéré des politiques qui montraient que, secrètement, il le considérait avec mépris.

Seul Churchill peut expliquer POURQUOI il a dû écouter les suggestions de Roosevelt de donner Hong Kong à la Chine communiste afin de soudoyer Mao-Tse-Tung pour qu'il joue le jeu des internationalistes occidentaux. Comment Churchill a-t-il pu professer publiquement une amitié aussi étroite et sincère pour Roosevelt, alors que ce dernier ne cessait de répéter qu'il considérait la dissolution du Commonwealth britannique comme nécessaire au bien-être futur de la race humaine ? Hitler pensait exactement le contraire.

Mais Staline n'était pas dupe. Il était associé aux agents des banquiers internationaux depuis si longtemps qu'il pouvait lire dans leurs pensées les plus secrètes comme dans un livre ouvert. Il savait mieux que quiconque qu'ils avaient utilisé le communisme pour promouvoir leurs idées totalitaires, et c'est pourquoi il les a joués à leur propre jeu. Au cours des dernières phases de la guerre, il a forcé les armées alliées à s'arrêter et à attendre que ses armées occupent Berlin.

Les déclarations ci-dessus sont prouvées par l'existence d'un ordre secret adressé par Staline aux officiers généraux des armées soviétiques pour expliquer sa politique. Cet ordre est daté du 16 février 1943. Il se lit comme suit :

"Les gouvernements bourgeois des démocraties occidentales, avec lesquels nous avons conclu une alliance, peuvent croire que nous considérons que notre seule tâche est de chasser les fascistes de notre pays. Nous, bolcheviks, et avec nous les bolcheviks du monde entier, savons que notre véritable tâche ne commencera qu'après la fin de la deuxième phase de la guerre. Alors commencera pour nous la troisième phase, qui est pour nous la dernière et la plus décisive... la phase de la destruction du capitalisme mondial. NOTRE SEUL OBJECTIF EST ET RESTE LA RÉVOLUTION MONDIALE : LA DICTATURE DU PROLÉTARIAT. Nous nous sommes engagés dans des alliances parce que c'était nécessaire, pour atteindre la troisième phase, mais nos chemins se séparent là où nos alliés actuels nous barreront la route dans la réalisation de notre but ultime".

Staline n'a montré son vrai visage qu'après avoir pris Berlin et occupé l'Allemagne de l'Est. Il a alors rompu toutes les promesses qu'il avait faites. Cette tournure des événements n'a pas été publiée dans la presse parce que ni Roosevelt ni Churchill ne souhaitaient que le public de sache comment Staline, le voleur de banques, le meurtrier, le faussaire international, les avait recouverts comme une couverture.

Les internationalistes occidentaux n'ont plus qu'à attendre leur heure. Ils ont compris que si Staline et Mao-Tse-Tung unissaient leurs forces, les hordes communistes pourraient déferler sur le monde occidental comme une invasion de sauterelles. Ils ont fait valoir que Staline se faisait vieux. Ils savaient qu'il ne lui restait plus beaucoup de temps à vivre. Il valait mieux l'amadouer plutôt que de l'obliger à dévoiler toute la conspiration diabolique.

Les capitalistes occidentaux considèrent que la défiance ouverte de Staline est grave, mais ils ont un atout dans leur manche. Avant de jouer cette carte, ils ont demandé à Roosevelt de faire un dernier effort pour ramener Staline dans le droit chemin. Roosevelt a proposé d'accorder tout ce que Staline demandait, en ce qui concerne l'Extrême-Orient, à condition qu'il joue le jeu des capitalistes occidentaux. La presse contrôlée a constamment rapporté que Roosevelt avait accordé à Staline les concessions qu'il a faites en Extrême-Orient parce que ses conseillers militaires lui avaient dit qu'il faudrait deux années entières de combats acharnés, après l'effondrement de l'Allemagne, avant que le Japon puisse être mis à genoux. Ce mensonge est si évident que il n'était pas nécessaire que le général MacArthur le dise directement à Roosevelt. Les généraux américains savaient que le Japon essayait de négocier la paix depuis longtemps avant que Roosevelt ne fasse les concessions qu'il a faites à Staline.

Une fois de plus, Staline s'empare de tout ce qu'il peut saisir en Mandchourie. Il renonce à nouveau à ses promesses et renouvelle son attitude de défi. Cette fois, les puissances derrière l'administration de la Maison Blanche étaient vraiment en colère. Ils ont dû faire une suggestion d'une nature si diabolique qu'elle a même choqué Roosevelt, qui est tombé malade et est mort. On dit qu'il est mort dans la maison de Bernard Baruch. Les conseillers du gouvernement américain ont alors décidé de jouer leur carte maîtresse : la bombe atomique. Les bombes atomiques ont été larguées sur Hiroshima et Nagasaki pour indiquer à Staline ce qui attendait la Russie s'il ne respectait pas la ligne de conduite. Le fait que l'Amérique disposait de bombes atomiques avait été gardé secret. Le Japon était déjà vaincu lorsque les bombes ont été larguées. La capitulation n'était plus qu'une question de jours. Plus de cent mille êtres humains ont été sacrifiés, et deux fois plus ont été blessés au Japon, pour démontrer à Staline que les États-Unis disposaient effectivement de bombes atomiques. On voit donc que Churchill a ordonné le bombardement sans restriction de l'Allemagne pour essayer de faire croire à Staline que les capitalistes internationaux voulaient être des amis, et que les États-Unis ont ensuite bombardé le Japon avec des bombes atomiques pour l'avertir qu'il ferait mieux de jouer le jeu et de faire ce qu'on lui disait... ou bien.

Molotov était l'homme le mieux à même de juger ce qui se passait dans le cerveau de Staline. Pendant la période d'après-guerre, Molotov a été le ministre des affaires étrangères de l'Union soviétique. Il a représenté le Kremlin aux Nations unies pendant de nombreuses années. Molotov a épousé la fille de Sam Karp de Bridgeport, Connecticut. Molotov est ainsi devenu le lien entre le Kremlin et les financiers internationaux du monde occidental. Il a été rapporté de manière fiable qu'immédiatement après que Staline ait retiré Molotov des Nations Unies, il a envoyé la femme de Molotov en exil en Sibérie. Ces seuls actes indiquent clairement que Staline a rompu avec les capitalistes occidentaux qui l'avaient aidé à prendre le pouvoir en Russie.

Le fait que Tito ait rompu avec Staline après la fin de la guerre est une preuve supplémentaire que Staline était déterminé à poursuivre son programme impérialiste. Tito a toujours été soumis aux financiers occidentaux qui lui ont fourni tout l'argent dont il avait besoin pour s'établir dans sa position actuelle en Europe centrale. Le fils de Churchill a risqué sa vie sur plus d'une fois au cours de la deuxième guerre mondiale en se parachutant dans les territoires de Tito pour s'entretenir avec lui au nom des puissances occidentales.

Finalement, Staline est mort ou a été éliminé. Il a quitté ce monde les lèvres scellées comme n'importe quel gangster. Les agents des internationalistes occidentaux, installés à Moscou, ont frappé dès la mort de Staline. Beria et les autres lieutenants de confiance de Staline ont été éliminés. Le fils de Staline disparaît sans laisser de traces.

Afin que ce qui se passait en Russie ne paraisse pas trop évident, il a été convenu que Malenkov prendrait temporairement le relais après la mort de Staline. Il reçut l'ordre de décrier le Grand Staline et, pendant un certain temps, il le dégonfla aux yeux de la population. Puis il change de tactique. Il a renoué des relations amicales avec le dictateur chinois ; il a commencé à se lier d'amitié avec le peuple russe ; il a encouragé le développement d'un esprit de fierté nationale. Ce faisant, il a scellé son propre destin.

Les internationalistes occidentaux répliquent en exigeant que l'Allemagne de l'Ouest soit immédiatement réarmée. La France est la pierre d'achoppement. Mendes-France est resté au pouvoir suffisamment longtemps pour que la France ratifie l'accord de réarmement de l'Allemagne. Après avoir rempli sa mission, il a été mis au rebut comme tant d'autres.

La situation en Extrême-Orient a été volontairement confuse, mais elle n'est pas difficile à expliquer. Les internationalistes occidentaux avaient des amis en Chine, tout comme en Russie, mais Mao-Tse-Tung ne peut être considéré comme l'un d'entre eux. Staline et lui avaient des idées très similaires à l'égard des internationalistes occidentaux. Mais les groupes totalitaires de l'Est et de l'Ouest avaient une chose en commun... Ils voulaient se débarrasser de Tchang-Kaï-Chek.

Les capitalistes occidentaux ont entamé une campagne de propagande contre Chiang-Kai-Shek dès la fin de la guerre japonaise. Cette action avait un double objectif. Ils voulaient prouver à Mao-Tse-Tung que la coexistence avec eux était possible et, en même temps, ils voulaient éliminer le leader nationaliste. La presse a accusé le gouvernement nationaliste d'être corrompu, les généraux nationalistes d'être laxistes et de ne pas maintenir la discipline au sein de leurs troupes, les troupes nationalistes d'avoir commis des pillages et des viols en public. Il est juste d'admettre que beaucoup des accusations portées contre les nationalistes étaient vraies.

Le fait que de nombreux fonctionnaires du gouvernement nationaliste chinois se soient avérés corrompus a été utilisé pour justifier la politique de reconnaissance du régime communiste par la Grande-Bretagne. Il a également été utilisé par certains conseillers américains pour justifier le retrait du soutien de l'Amérique à Tchang-Kaï-Chek. Ce que le grand public ne sait pas, c'est qu'après la prise de pouvoir des communistes en Chine, il a été prouvé que la plupart des hauts fonctionnaires qui avaient jeté le discrédit sur Tchang-Kaï-Chek et son gouvernement nationaliste étaient des cellules communistes qui s'étaient infiltrées dans le gouvernement nationaliste dans le but de le détruire de l'intérieur. Cette affirmation est corroborée par le fait que de nombreux fonctionnaires du gouvernement nationaliste, critiqués pour leurs pratiques corrompues, ont été absorbés par le régime communiste, qui leur a accordé des postes privilégiés et des promotions accélérées. Le révérend Leslie Millin de Toronto, qui était missionnaire en Chine pendant cette période, se porte garant de la véracité des déclarations ci-dessus.

L'évolution des affaires internationales après 1946 semble indiquer que Staline ne disposait pas d'armes atomiques au moment de sa mort. S'il avait possédé des armes atomiques, il aurait pu faire tomber les principales villes du Canada et des États-Unis dans un chapeau mouillé.

Pour les banquiers internationaux, Churchill a fait son temps. Il vieillit et devient un peu gênant. Il doit également être mis au rebut. Mais la propagande des capitalistes occidentaux a fait de Churchill un GRAND homme. Il est le héros national du peuple. Il ne pouvait pas être éliminé par une campagne de *L'Infamie*. Il ne pouvait pas être ridiculisé. Avec une rare ruse, les internationalistes occidentaux ont déguisé leurs intentions en ordonnant à la presse d'organiser le plus grand hommage qu'un homme ait jamais reçu. Le jour du quatre-vingtième anniversaire de Churchill, ils l'ont couvert de cadeaux et d'honneurs. Ils ont convaincu la grande majorité des gens que Churchill n'avait pas d'ennemi dans le monde.

Les événements indiquent que les dictateurs communistes et les internationalistes occidentaux étaient d'accord sur le fait que Churchill pourrait être un obstacle à la réalisation de leurs plans. Les dictateurs communistes ont décidé d'utiliser Aneurin Bevan pour graisser la patte à Churchill. Ils le firent savoir aux communistes du monde entier lorsque le dictateur chinois Mao-Tse-Tung invita Attlee et Bevan à un banquet lors de leur visite en Chine en 1954. La presse internationale a publié des photos prises lors de ce banquet.

Il est peu probable qu'une personne sur un million, autre qu'un communiste, comprenne la signification de cette image. Attlee était assis à la table d'honneur. Bevan est montré comme ayant été placé au fond, le plus près de la porte. L'impression générale était qu'Attlee était l'invité d'honneur et que Bevan était considéré comme très peu important en ce qui concerne le régime communiste en Chine et les Soviétiques. Mais c'est ainsi que le public est confondu et trompé. En Chine, la coutume veut que l'invité d'honneur soit assis le plus près possible de la porte.

Au vu des événements enregistrés, on peut raisonnablement prévoir que les événements suivants se produiront dans un avenir proche.

Un. À son insu ou non, les dictateurs communistes utiliseront Aneurin Bevan pour aider à évincer Churchill en attaquant sa politique étrangère à la Chambre des communes.

Deuxièmement. Les internationalistes occidentaux utiliseront les attaques de Bevan contre Churchill comme un levier pour écarter Bevan du parti travailliste britannique et du parlement. En même temps, ils se débarrasseront de Churchill en jetant le doute dans l'esprit des gens sur sa capacité à mener des négociations secrètes au plus haut niveau, maintenant qu'il a dépassé les 80 ans. Il est possible que les internationalistes occidentaux lèvent le voile sur la diplomatie secrète de juste assez pour justifier les personnes choisies pour mener l'attaque. Ce faisant, la menace serait implicite que s'il ne se retire pas gracieusement, ils dévoileraient tout ce qui s'est passé dans les coulisses à Téhéran, Yalta, Potsdam, etc.

Troisièmement. On peut prédire sans risque de se tromper que Churchill démissionnera dès que des pressions seront exercées sur lui. On peut également prédire que Bevan ne démissionnera pas. Il y a cent chances contre une qu'Attlee et Deakin quittent ou soient écartés du parti travailliste britannique et que Bevan prenne la tête du parti contre Sir Anthony Eden lorsqu'il décidera de se présenter aux élections générales après avoir succédé à Churchill.[194]

Quatrièmement. Le fait que le fils de Roosevelt ait laissé entrevoir que Churchill devait jouer le jeu de son père, faire ce qu'on lui demandait et même professer publiquement son amitié pour le président après que celui-ci lui eut si brutalement dit qu'il était favorable à la dissolution du Commonwealth britannique, est une indication claire de la ligne d'attaque que les internationalistes occidentaux adopteront pour se débarrasser de celui que tant de gens considèrent comme "le Grand Old Man de la politique britannique".

Ce qu'il faut retenir, c'est ceci. Les internationalistes nazis ont, à toutes fins utiles, été éliminés du jeu. Il reste deux groupes d'hommes à l'esprit totalitaire : les dictateurs communistes de Russie et de Chine, et les capitalistes ou internationalistes occidentaux, selon le nom que l'on veut leur donner.

Tant que les deux groupes se contenteront de vivre dans une coexistence pacifique, avec le monde pratiquement divisé entre eux, il y aura une paix précaire. Mais si les dirigeants de l'un ou l'autre camp décident que la coexistence est une structure trop fragile sur laquelle ils peuvent bâtir leurs ordres nouveaux respectifs, la guerre éclatera.

La troisième guerre mondiale, si elle est déclenchée par les dictateurs communistes de l'Est, commencera sans aucun avertissement préalable. Une grève générale internationale sera déclenchée dans tous les pays capitalistes. Cette action est calculée pour produire la paralysie mentionnée précédemment. Les avions communistes bombarderont tous les centres industriels afin d'anéantir le potentiel de guerre des États-Unis et du Canada et de tuer le plus grand nombre possible de personnes afin d'obtenir une capitulation et une soumission rapides. La Grande-Bretagne subira probablement le même traitement. Des gaz neurotoxiques peuvent être utilisés dans les zones industrielles que

---

[194] Ce texte a été écrit avant mars 1955.

l'ennemi ne souhaite pas détruire. Les forces soviétiques occuperont les districts miniers du nord du Canada, d'un océan à l'autre. Les zones occupées serviront de bases d'opérations contre les objectifs du Sud. La grève générale internationale bloquera le transport maritime dans tous les ports du monde, rendant impossible l'acheminement du ravitaillement au peuple britannique. Le blocus des îles britanniques par les sous-marins soviétiques empêchera toute fuite. Le peuple britannique sera affamé et soumis quatre semaines après le début des hostilités. Les membres du mouvement communiste clandestin de toutes les villes du monde occidental évacueront les zones ciblées immédiatement avant les attaques. Les armées clandestines reviendront et s'empareront des zones dévastées dès que le "All-Clear" aura été donné. La 5e colonne communiste rassemblera et liquidera toutes les personnes dont le nom figure sur la liste noire. C'est ainsi que les dirigeants des internationalistes occidentaux seront éliminés beaucoup plus rapidement qu'ils ne l'ont été de leurs adversaires nazis lors du procès de Nuremberg.

D'autre part, si les internationalistes occidentaux sont convaincus que les dictateurs communistes vont les attaquer, ils forceront les démocraties occidentales à entrer dans une nouvelle guerre mondiale afin de pouvoir porter le premier coup. En prélude à leur attaque, le public sera sensibilisé aux dangers du communisme international. Le danger pour la démocratie chrétienne sera souligné. Les matérialistes athées, qui tiennent le monde occidental en esclavage économique, appelleront à une croisade chrétienne. Ils justifieront leurs attaques atomiques contre la Russie et la Chine comme Churchill a justifié son attaque contre l'Allemagne. Ils diront que c'était nécessaire pour sauver notre civilisation. Mais ne nous leurrons pas. Quelle que soit la façon dont l'affaire est présentée au public, il n'en reste pas moins que si la troisième guerre mondiale est autorisée, elle sera menée pour décider si le communisme de l'Est s'empare du monde entier ou si les capitalistes occidentaux continueront à régner sur le monde.

Si la troisième guerre mondiale est autorisée, la dévastation sera si importante que les internationalistes continueront à justifier leurs affirmations selon lesquelles SEUL un gouvernement mondial, soutenu par une force de police internationale, peut résoudre les divers problèmes nationaux et internationaux sans avoir recours à de nouvelles guerres. Cet argument paraîtra très logique à beaucoup de gens qui ne voient pas que les dirigeants communistes de l'Est et les dirigeants capitalistes de l'Ouest ont tous deux l'intention de mettre en œuvre, à terme, LEUR idée de dictature athée-totalitaire.

Les personnes qui veulent rester LIBRES ne peuvent suivre qu'un seul plan d'action. Ils doivent soutenir le christianisme contre TOUTES les formes d'athéisme et de laïcité. Ils doivent soutenir l'entreprise privée responsable contre les cartels et les combinaisons. Ils doivent soutenir ceux qui prônent la "nouvelle économie" contre ceux qui veulent continuer avec l'ancienne.

Lorsqu'une personne a des doutes sur le bien ou le mal de quelque chose, il lui suffit de réciter LENTEMENT la première moitié du Notre Père et de contempler le sens de ces merveilleuses paroles de sagesse. "Notre Père... qui êtes aux cieux... que votre nom soit sanctifié... Que ton règne vienne... que ta volonté soit faite... sur la terre comme au ciel". Il ne faut pas plus de quelques minutes pour décider si un acte à accomplir individuellement ou collectivement est conforme à la volonté de Dieu ou s'il favorise les machinations du diable.

Si nous voulons sauver les générations futures du sort que leur préparent les forces du mal, nous devons AGIR IMMÉDIATEMENT... IL N'Y A PAS DE TEMPS À PERDRE. Le lecteur se demandera peut-être : "Mais quelle action devons-nous entreprendre ?"

C'est une très bonne question. Si la réponse n'était pas donnée, la publication de ce livre ne serait pas justifiée. Beaucoup trop d'hommes passent beaucoup de temps à dénoncer ceci ou cela. Ils sont contre ceci et contre cela. Mais très peu d'orateurs ou d'écrivains qui condamnent une idée, une organisation ou un mouvement, proposent des solutions pratiques aux problèmes ou font des suggestions pour mettre fin aux maux exposés.

PREMIÈREMENT : Nous devons, en tant qu'individus, reconnaître les questions spirituelles en jeu. Une fois de plus, les Écritures nous conseillent sur la manière d'atteindre cet objectif. Les versets 10 à 17 du chapitre 6 de l'épître aux Éphésiens nous disent : "Frères, fortifiez-vous dans le Seigneur et dans toute sa puissance. Revêtez l'armure de Dieu, afin de pouvoir résister aux ruses du diable. Car ce n'est pas contre la chair et le sang que nous luttons, mais contre les Principautés et les Puissances, contre les dominateurs de ce monde de ténèbres, contre les forces spirituelles de la méchanceté dans les hauteurs. C'est pourquoi, prenez l'armure de Dieu, afin de pouvoir résister au mauvais jour, et de vous tenir debout sur tout en étant parfaits. Tenez-vous donc debout, ayant ceint vos reins de la VÉRITÉ, et ayant revêtu la cuirasse de la justice, et ayant les pieds chaussés de la préparation de l'Évangile de paix, prenant à tous égards le bouclier de la Foi, avec lequel vous pourrez éteindre tous les traits enflammés du plus méchant des malfaiteurs. Prenez aussi le casque du salut et l'épée de l'esprit, c'est-à-dire LA PAROLE DE DIEU".

DEUXIÈMEMENT : Nous devons prendre des mesures pratiques et utiliser des moyens constitutionnels pour contrer la menace du communisme international et du capitalisme international, ainsi que de toute autre idéologie subversive qui pourrait tenter de détruire la VRAIE démocratie chrétienne. Afin d'exécuter le mandat de l'Évangile ci-dessus, nous devons faire les choses suivantes :

A. *Exiger des réformes monétaires* : L'égoïsme, la cupidité et le désir de pouvoir étant les racines de tout mal, il est logique que des moyens constitutionnels soient mis en place pour retirer la richesse et limiter les pouvoirs des dirigeants de tous les groupes athées et matérialistes qui, en premier lieu, les ont usurpés aux gouvernements du peuple. Ceci étant la VÉRITÉ, les contribuables ont le droit légal d'exiger que leurs gouvernements élus réparent les torts commis à leur égard, mettent fin à toutes les formes d'usure et remboursent leurs départements du Trésor à hauteur des emprunts contractés au cours du siècle dernier pour mener des guerres fomentées pour promouvoir les intérêts de ceux qui ont prêté l'argent et facturé des intérêts sur ces emprunts. Si ces conseils sont suivis, le prolétariat aura rétabli une véritable démocratie et les dictateurs soviétiques et chinois n'auront plus d'excuse pour déguiser leurs ambitions impérialistes sous le couvert de l'anticapitalisme.

B. *Contrôle monétaire* : Les électeurs doivent insister pour que l'émission de la monnaie et son contrôle soient remis entre les mains du gouvernement, comme il se doit. Par gouvernement, on entend l'organe exécutif suprême choisi parmi les représentants élus en raison de leurs qualifications pour conduire les affaires de la nation de manière efficace et professionnelle, en fondant leurs décisions sur la justice démocratique et la charité chrétienne.

C. *L'action punitive* : L'électorat peut à juste titre exiger que de lourdes sanctions soient imposées à tous ceux qui se rendent coupables de corruption et de concussion, car ces deux pratiques néfastes sont les principaux moyens utilisés par les agents de toutes les organisations révolutionnaires pour subvertir, ou forcer, les autres à faire leur volonté. Toutes les organisations subversives doivent être déclarées illégales et toutes les personnes dont il est prouvé qu'elles sont membres doivent être passibles des sanctions prévues par la loi. Ceux qui prônent le renversement violent du gouvernement constitutionnel le font pour s'emparer de la richesse et du pouvoir sans avoir à travailler pour cela. Leur punition doit donc consister en l'exécution de travaux manuels et/ou de services publics. Leurs heures de travail devraient être prolongées de 25% au-delà des limites syndicales et leur salaire devrait être inférieur de 25% aux taux syndicaux. La durée de leur détention devrait être déterminée en fonction de l'amélioration de leur attitude négative à l'égard de la société et de la religion.

D. *Négociations diplomatiques* : Parce que les agents de la conspiration internationale travaillent toujours dans les coulisses du gouvernement et utilisent toujours des réunions SECRÈTES et la diplomatie pour faire avancer leurs propres plans et ambitions, les négociations secrètes ne devraient en aucun cas être autorisées. Si le gouvernement doit être "du peuple, par le peuple, pour le peuple", alors le peuple a le droit de connaître tous les détails de ce qui se passe.

E. *Croisade chrétienne* : Les laïcs de toutes les confessions chrétiennes devraient s'unir au nom de Dieu pour mettre fin à la bigoterie et à l'incompréhension qui permettent aux idéologies anti-chrétiennes de de maintenir les chrétiens divisés et en conflit.

La maison divisée en elle-même doit tomber. La Croisade devrait être organisée dans le but d'éduquer le public sur les méthodes utilisées par ceux qui dirigent les idéologies athées et matérialistes. Une attention particulière devrait être accordée à l'intérêt de la jeunesse de nos nations pour le mouvement afin qu'elle puisse être protégée des actions subversives des agents des conspirateurs. Les croisés devraient être formés à adopter une approche POSITIVE lorsqu'ils traitent avec ceux qui ont rejoint des organisations subversives, soit volontairement, soit par ignorance. Abuser, frapper et condamner des personnes ne fait qu'accroître leur résistance et les rendre plus antisociales.

En gagnant d'abord leur confiance, le croisé est en mesure de leur prouver que les chefs de toutes les idéologies matérialistes athées n'utilisent les autres que comme des "pions dans le jeu" pour faire avancer leurs plans et leurs ambitions secrètes. Une fois qu'une personne est convaincue, elle sera jetée au rebut dès que les dirigeants de son mouvement estimeront qu'elle n'est plus utile, ce qui blessera son orgueil et l'amènera à réfléchir à la sagesse de son comportement. Une fois le doute créé dans leur esprit, il est possible de les convaincre en leur fournissant une littérature appropriée sur le sujet. C'est pour répondre à ce besoin que *Pawns In The Game* a été publié. Un réveil religieux parmi les membres de toutes les confessions chrétiennes est essentiel pour changer la pensée des hommes en ce qui concerne la valeur et l'importance qu'ils accordent aux biens de ce monde. Le cœur des hommes doit être tourné vers l'amour du Dieu tout-puissant. Nous devons réapprendre à prendre plaisir à Le servir et à accomplir Sa Sainte Volonté. La Fédération Nationale des Laïcs Chrétiens a été organisée pour mettre en œuvre cette idée.

F. *Nations Unies* : La constitution des Nations Unies devant être révisée cette année, d'éventuelles modifications pourraient être recommandées. Il est donc important que tous ceux qui s'opposent à l'internationalisme sous quelque forme que ce soit organisent des groupes de pression politique dans tous les partis pour demander instamment que les délégués des nations chrétiennes-démocratiques ne se prêtent en aucune façon à des suggestions favorisant l'essai d'un gouvernement mondial, qu'il soit appelé gouvernement super-nationaliste ou déguisé d'une autre manière. Les propositions de Churchill en faveur des États-Unis d'Europe n'étaient qu'un pas dans la direction de l'internationalisme. Lui seul peut dire si elle était destinée à aider les communistes de l'Est ou les capitalistes de l'Ouest.

G. *Trafic et commerce illégaux* : Parce que les 5èmes colonnes subversives et les organisations clandestines sont organisées, cachées et subsistent dans les bas-fonds des grandes villes, et parce qu'aucun effort révolutionnaire ne peut espérer réussir sans la pleine coopération d'une 5ème colonne ou d'une organisation clandestine bien organisée, bien entraînée, bien équipée et bien disciplinée, il est nécessaire que l'opinion publique soit organisée pour exiger que tous ceux qui se livrent au trafic et au commerce illégaux, ou qui ont des liens criminels avec la pègre, soient arrêtés et traduits en justice, quels que soient leurs affiliations politiques ou la position qu'ils occupent dans la société. Le public doit s'organiser pour soutenir tous les officiers de police honnêtes et les administrateurs de la loi. L'opinion publique exprimée dans les chambres du Parlement doit insister sur le fait que la pègre doit être nettoyée, et pas seulement perquisitionnée et dispersée. La politique de perquisition et de dispersion des personnages de la pègre n'a eu pour résultat que de créer, à l'adresse , une centaine de repaires d'iniquité là où il n'en existait qu'un seul auparavant. Les personnes reconnues coupables doivent être traitées selon les recommandations de la sous-section "C".

H. *Publicité* : Les laïcs chrétiens doivent être organisés pour contrer la propagande de ceux qui prônent l'internationalisme et les idéologies matérialistes athées. Les branches locales doivent être organisées pour insister sur pour que la propagande subversive soit éliminée de la presse, des ondes et des programmes télévisés. Elles devraient exiger que du temps et de l'espace soient mis à disposition pour que le mode de vie démocratique chrétien puisse être présenté à la population. Il est malheureusement VRAI que la démocratie chrétienne n'a pas fonctionné correctement depuis plusieurs siècles.

J. Le *défaitisme* **:** Il faut s'efforcer de contrer les efforts de ceux qui prêchent le défaitisme. Ils affirment généralement qu'il n'y a rien à faire pour corriger les conditions existantes. Ils suggèrent que, puisque le sort qui nous attend est inévitable, il ne sert à rien de s'inquiéter. L'attitude du défaitiste ressemble à celle du violeur professionnel qui conseille à sa victime de se détendre et de profiter de son sort, puisqu'il est inévitable. Ceux qui prétendent qu'il n'y a rien à faire pour échapper au totalitarisme ignorent que Dieu existe et s'intéresse au destin de l'homme. Il faut rappeler à ceux qui se découragent que le seul moyen de sauver leur âme immortelle est de continuer à lutter contre les Forces du Mal, rendant ainsi service à Dieu. Il faut leur faire comprendre qu'ils ne seront pas jugés en fonction de leurs réalisations et de leurs victoires, mais uniquement sur les mérites de l'effort qu'ils ont fourni dans la croisade.

K. *L'amour fraternel* : Puisque Dieu a fourni à l'humanité tout ce dont elle a besoin pour cette existence terrestre, il n'y a aucune raison logique pour que certaines de ses créatures vivent dans l'opulence tandis que d'autres meurent de faim. Les théories des nouveaux économistes devraient être mises à l'épreuve afin de concevoir de meilleures méthodes pour une distribution plus équitable des nécessités de la vie. Une fois que celles-ci auront été assurées à tous les êtres humains, il sera relativement simple de persuader ceux qui ont trop de choses de les partager avec ceux qui en ont nettement moins et qui en ont davantage besoin. Partager ce que nous avons avec ceux qui sont dans le besoin est le plus grand bonheur qu'il soit possible de connaître sur cette terre. En vivant conformément au plan de Dieu, les conditions économiques s'amélioreraient à tel point que l'on pourrait fonder des foyers, et élever des familles, dans une sécurité raisonnable. Les conditions de "peur" et d'"incertitude" seraient abolies.

L. La *préparation militaire* : La préparation militaire est absolument nécessaire tant que les conditions exposées dans ce livre seront maintenues. Quiconque accepte l'hospitalité d'un pays et jouit des privilèges de la citoyenneté doit être prêt à défendre ce pays contre les agresseurs, qu'il s'agisse d'ennemis extérieurs ou intérieurs. La seule justification de la guerre est d'empêcher l'asservissement par l'ennemi sur l'argument rationnel que tant qu'il nous reste un semblant de liberté, il y a encore un espoir de vaincre les forces du mal et de rétablir une véritable démocratie chrétienne.

M. *Sécurité intérieure* : Le meilleur moyen de renforcer la sécurité intérieure d'une nation est de mettre en place une organisation de défense civile forte et efficace. Pour permettre un développement rapide, la défense civile devrait faire partie intégrante du système national de sécurité intérieure. En tant que telle, elle devrait être un projet et une responsabilité du gouvernement fédéral. Cette suggestion s'applique particulièrement au Canada, car le ministre de la Justice, appuyé par la Gendarmerie royale du Canada , est chargé de la sécurité intérieure de la nation.

La protection civile est l'organisation et la formation de la population civile en unités auxiliaires pour renforcer les services réguliers qui rendent le service public dans des conditions normales. Les travailleurs de la protection civile sont formés pour se protéger et protéger les communautés dans lesquelles ils vivent, en cas d'attaque par un ennemi. Étant donné que nos seuls ennemis potentiels utilisent leur cinquième colonne et leurs organisations clandestines pour renverser le gouvernement constitué par une action révolutionnaire et soumettre la population par le terrorisme, il est logique que la protection civile soit organisée comme une organisation contre-révolutionnaire. Les unités spéciales de police et de renseignement de la protection civile devraient donc être formées sous la supervision du R.C.M.P. afin qu'elles puissent coopérer avec lui pour assurer notre sécurité intérieure en cas d'urgence.

N. *Action*. Il n'y a pas de temps à perdre : En lisant ce livre, vous avez relevé le défi et votre réponse à l'action décrite, entreprise avec une forte foi en Dieu, déterminera l'avenir de l'humanité et entraînera le renversement des forces du mal qui complotent pour détruire notre mode de vie démocratique chrétien. La tâche n'est pas au-dessus de nos capacités. Nous devons nous rappeler que l'important noyau maléfique du Diable dans ce monde à l'heure actuelle n'est pas plus de trois cents maîtres à penser.

O. Foi, Espérance et Charité : Nous ne devons jamais oublier que la religion chrétienne est basée sur la Foi, l'Espérance et la Charité, alors que toutes les idéologies athées sont basées sur le doute, la haine et le désespoir. Le Dieu tout-puissant nous a permis de résoudre GRADUELLEMENT de nombreux mystères de la NATURE afin que nous utilisions ces avantages extraordinaires plutôt que d'en abuser. Nous pouvons maintenant utiliser ou abuser de l'énergie atomique. Si nous permettons qu'elle soit mal utilisée, il est certain que les puissances du mal élimineront la moitié de la race humaine et paralyseront la plupart des autres. Nous pouvons être sûrs que parmi ceux qui survivront se trouveront les agents des puissances du mal.

Le Dieu tout-puissant a fourni à l'humanité tout ce dont elle a besoin pour vivre. Il a pourvu à notre confort et à nos plaisirs raisonnables. Il est de notre devoir de veiller à ce que tous les membres de la race humaine partagent équitablement les bienfaits et les bénédictions de Dieu tout-puissant. Il ne devrait jamais arriver que les greniers du monde occidental débordent alors que les populations de l'Extrême Orient meurent de faim par millions. Nous devons partager librement et généreusement avec les autres ce que nous possédons au-delà de nos propres besoins, car il est certain que nous ne pourrons rien emporter avec nous à notre mort.

P. La croisade chrétienne : Il est suggéré que "LA CROIX ET LE DRAPEAU" soit le slogan de la croisade chrétienne. Il est également suggéré que l'hymne suivant soit utilisé pour ouvrir ou clore toutes les réunions publiques organisées dans le cadre de la croisade.

"LA CROIX ET LE DRAPEAU

"La Croix et le Drapeau seront nos emblèmes,
Notre but dans la vie est de ne servir que Toi
Ta volonté sera faite...
Ton règne viendra
Sur la terre comme au ciel, éternellement."

1. Les pouvoirs de Satan
Notre Dieu peut nier

Et prétendre qu'il n'y a pas de paradis
Pour nous quand nous mourrons
Tous les tyrans et despotes
Notre foi peut décrier
Leurs tourments et leurs terreurs
Nous les défierons toujours.

2. Nous marcherons au
Défendre ton nom
Pas d'enchantements mondains
Notre "cause" ne doit pas être diffamée
Aucun esclavage diabolique
Ne dévieront pas de leur but
Tes légions militantes
Jusqu'à ce qu'elles atteignent ton bercail

3. A quoi sert à un homme
A gagner le monde entier
En servant sous des bannières
Les agents de l'enfer déployés ?
Nous tiendrons Ta promesse.
"L'enfer ne prévaudra pas."
Seigneur, donne-nous la sagesse
Les vils complots à enrayer.

4. Les hommes cherchent à s'enrichir
Utiliser la richesse pour obtenir le pouvoir.
Mais Seigneur, nous avons tous besoin de Toi.
La vie ne dure qu'une heure.
De l'obscurité à la lumière du jour
Soutiens-nous avec grâce.
Nous nous battrons pour la gloire,
Nous courrons la bonne course.[195]

---

[195] Depuis la rédaction de ce texte, le Dr Joseph Roff l'a mis en musique. Elle a été publiée en deux éditions par The Neil A. Kjos Music Co. de Chicago, Illinois. L'une des éditions est pour quatre voix, tandis qu'une "édition spéciale" est destinée aux chorales et aux chants communautaires.

"La Fédération nationale des laïcs chrétiens

La Fédération Nationale des Laïcs Chrétiens est en train de s'organiser et de demander une charte. Notre but est d'essayer d'unir toutes les organisations de laïcs chrétiens existantes pour combattre toutes les formes de matérialisme athée et d'internationalisme. La N.F.C.L. restera strictement non partisane et non confessionnelle. Elle n'a pas pour but d'interférer avec l'autonomie des organisations chrétiennes existantes. Notre but est éducatif.

PAWNS IN THE GAME a été publié pour savoir combien de citoyens sont intéressés par une action constitutionnelle visant à mettre fin à la conspiration internationale exposée dans ce livre, et par une action juridique visant à briser la mainmise économique que quelques internationalistes ont obtenue sur les gouvernements et les peuples des soi-disant nations libres par leur pratique de l'usure systématiquement appliquée. La réponse a été remarquable et a justifié l'impression de cette édition.

Il est suggéré que les personnes intéressées organisent des sections de la N.F.C.L. dans leurs villes et villages et dans leurs communautés agricoles. Chaque groupe devrait se doter d'une bibliothèque choisie parmi les livres énumérés sur une autre page. Le matériel contenu dans les livres fournira des sujets de réflexion et de discussion à lors des groupes d'étude. Lorsque les sections locales auront été organisées, il est prévu d'envoyer des conférenciers, bien qualifiés pour expliquer les différents aspects des affaires internationales, pour prendre la parole lors de réunions publiques parrainées par les sections locales de la N.F.C.L.

NOTRE POLITIQUE

1. Nous prônons le christianisme et nous nous opposons à l'illuminisme et au matérialisme athée. Nous tendons la main de l'amitié à TOUS ceux qui adorent Dieu et s'opposent au satanisme.

2. Nous soutenons le nationalisme et nous nous opposons à toute forme d'internationalisme.

3. Nous prônons une industrie privée responsable et nous nous opposons aux cartels et aux combinaisons.

4. Nous prônons la loyauté envers la Constitution et nous nous opposons à toutes sortes d'activités subversives.

5. Nous soutenons l'autorité légale et nous nous opposons au crime organisé.

6. Nous prônons la pratique de l'éthique dans les échanges et le commerce et nous nous opposons à toute forme de trafic et de commerce illégal.

7. Nous recommandons l'amour fraternel entre tous ceux qui craignent Dieu et nous nous opposons à toute forme de sectarisme.

8. Nous défendons la liberté et nous nous opposons à la licence.

9. Nous défendons la liberté par opposition aux dictatures et à la tyrannie.

10. Nous prônons la justice pour tous et les faveurs pour personne.

11. Nous recommandons que la peine soit adaptée au crime.

12. Nous préconisons une préparation nationale contre les ennemis intérieurs et extérieurs.

13. Nous prônons l'intérêt et la participation active dans les domaines de la politique, de l'économie, de la santé et de l'éducation, par opposition à l'apathie, à l'indifférence et au désespoir.

14. Nous travaillons pour que le plan de Dieu tout-puissant pour la création puisse être mis en œuvre sur cette terre.

Autres titres

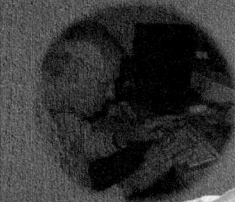

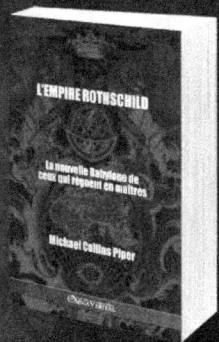

OMNIA VERITAS LTD PRÉSENTE :

L'ENNEMI INTÉRIEUR

Les boucs de Judas

Michael Collins Piper

Plutôt que de permettre aux Juifs de poursuivre leur dangereuse démarche raciste et suprémaciste en se qualifiant de "peuple élu de Dieu", les Américains devraient la combattre...

Brisons les reins du lobby sioniste, changeons la politique américaine!

OMNIA VERITAS LTD PRÉSENTE :

LES GRANDS-PRÊTRES DE LA GUERRE

Michael Collins Piper

Le fondement de l'agenda néo-conservateur - depuis le début - n'était pas seulement la sécurité, mais aussi l'avancement impérial de l'État d'Israël...

La guerre froide était bel et bien une supercherie...

OMNIA VERITAS LTD PRÉSENTE :

SECRETS D'ÉTAT

Michael Collins Piper

La vérité est que les extrémistes musulmans se sont révélés des outils utiles (bien que souvent involontaires) pour faire avancer l'agenda géopolitique d'Israël...

Pourquoi Israël soutiendrait-il secrètement des extrémistes islamiques fondamentalistes ?

www.ingramcontent.com/pod-product-compliance
Lightning Source LLC
Chambersburg PA
CBHW071637270326
41928CB00010B/1950